Gesa Lindemann
Weltzugänge

Gesa Lindemann
Weltzugänge

Die mehrdimensionale Ordnung des Sozialen

VELBRÜCK WISSENSCHAFT

Erste Auflage 2014
© Velbrück Wissenschaft, Weilerswist 2014
www.velbrueck-wissenschaft.de
Printed in Germany
ISBN 978-3-942393-76-8

Bibliografische Information der Deutschen Nationalbibliothek
Die Deutsche Nationalbibliothek verzeichnet diese Publikation in der
Deutschen Nationalbibliografie; detaillierte bibliografische Daten
sind im Internet über http://dnb.ddb.de abrufbar.

Dieses Buch ist im Verlag Humanities Online
(www.humanities-online.de) als E-Book erhältlich.

Inhalt

Danksagung

Die Theorie der Weltzugänge bündelt Überlegungen der letzten Jahrzehnte, die ich in unterschiedlichen Kontexten immer wieder diskutieren konnte. Die Theorie entwickelte sich nicht zuletzt in der intensiven Auseinandersetzung mit Fragen empirischer Forschung, für deren Förderung ich der DFG danken möchte.[1] Nachdem ich eine erste Fassung des Manuskripts im Spätsommer 2012 fertig gestellt hatte, folgte ein Jahr intensiver Diskussion mit Kollegen und Kolleginnen. Einzelne Kapitel konnte ich in den Kolloquien von Hubert Knoblauch und Werner Rammert vorstellen. Das letztere wurde von einem ausführlichen Kommentar von Jörg Potthast eingeleitet. Ich habe dadurch – auch durch die gründliche Kritik von Michael Hutter – Anregungen bekommen, die Abschnitte über Sachtechnik und Symbolbildung präziser auszuarbeiten. Die Diskussionen mit Rainer Greshoff und Uwe Schimank haben mir verdeutlicht, wie wichtig es ist, das Buch mit einem Ausblick auf unterschiedliche Ordnungstypen zu schließen. Jens Greve hat das Kapitel zur Sozialdimension und Hans-Peter Krüger das gesamte Manuskript einer gründlichen Kritik unterzogen. Die Einleitung hat viel von den kritischen Anmerkungen Christine Hauskellers profitiert.

Dass das Buch seine jetzige Form erhalten hat, habe ich nicht zuletzt den Teilnehmerinnen des Kolloquiums der Arbeitsgruppe Sozialwissenschaftliche Theorie und Kollegiaten des Graduiertenkollegs »Selbstbildungen« in Oldenburg zu verdanken. Diese Kritiken haben mich in besonderer Weise herausgefordert und an wichtigen Punkten zu neuen Weichenstellungen beim Aufbau des Buches motiviert. Eines der zentralen Konzepte, dasjenige der leiblichen Berührung, verdankt sich den intensiven Diskussionen mit Christian Fritz-Hoffmann. Anna Henkel hat mich dazu ermuntert, das Verhältnis zur Systemtheorie, insbesondere den Aspekt der historischen Reflexivität, genauer herauszuarbeiten. Nikolaus Buschmann und Jonas Barth haben das gesamte Manuskript einer gründlichen und detailreichen Kritik unterzogen, von der ich viel gelernt habe. Besonderen Dank schulde ich Günter Ulrich, der das Manuskript Kapitel für Kapitel (teilweise mehrfach) gelesen und mich unerbittlich auf Fehler und Inkonsistenzen aufmerksam gemacht hat. Martin Kubis hat mich stets zuverlässig bei der Literaturrecherche unterstützt.

---

1 Es handelt sich dabei um die Projekte: 1. Bewusstsein und anthropologische Differenz (2003-2007), 2. Die Entwicklung von Servicerobotern und humanoiden Robotern im Kulturvergleich – Europa und Japan, 3. Behandlungsentscheidungen bei Frühgeborenen – eine theoriegeleitete, ethnographische Untersuchung.

Einleitung

Wenn man die sozialtheoretischen Diskussionen der letzten Jahrzehnte Revue passieren lässt, lassen sich mehrere zum Teil nebeneinander herlaufende Diskussionsstränge identifizieren. Zum einen das Konglomerat an Debatten um die Notwendigkeit theoretischer Neuorientierungen (»turns« oder »Wenden«), zum anderen die Problematisierung der Grenzen der Sozialwelt bzw. des Akteursstatus nichtmenschlicher Entitäten und schließlich die immer wieder aufflackernden Auseinandersetzungen um die Bedeutung von Gewalt für die Gestaltung sozialer Prozesse. Vor dem Hintergrund dieser Debatten ergeben sich neuartige Anforderungen an eine allgemeine Sozialtheorie. Ich formuliere sie in Frageform.

Wie muss eine allgemeine Theorie des Sozialen aussehen,
– die den Kreis legitimer Akteure als historisch variabel, d. h. als kontingent, begreift, statt ihn – als verstünde sich das von selbst – auf den Kreis lebendiger Menschen zu beschränken?
– die die Natur-Kultur-Unterscheidung nicht als gegeben voraussetzt, sondern als eine mögliche Ordnung des Zugangs zur Welt versteht?
– die Ordnung nicht nur als eine Ordnung des Sozialen analysiert, sondern auch Materialität und die Dimensionen von Raum und Zeit einbezieht?
– die Gewalt als ordnungsbildende Kraft begreifen kann?
– die eine Perspektive für die Formulierung einer Gesellschaftstheorie erschließt?

Die Theorie der Weltzugänge ist der Versuch, sich diesen Anforderungen zu stellen und die verschiedenen Aspekte in einer Sozialtheorie so zusammenzuführen, dass sich daraus auch eine Perspektive für die Ausarbeitung einer Gesellschaftstheorie ergibt. Dieser Schritt ist theoriearchitektonisch notwendig, denn dadurch lassen sich die Sozialtheorie und damit auch die durch sie angeleiteten Forschungen reflexiv historisch situieren. Dies ist die Voraussetzung für eine rationale Theoriekonstruktion.

Die Diskussionslage

Was den ersten Diskussionsstrang betrifft, waren die letzten Jahrzehnte durch eine immer dichtere Folge von »turns« bzw. Wenden gekennzeichnet. Dazu gehört die schon klassische linguistische Wende (»linguistic turn«), auf die die Praxiswende (»practice turn«), die materielle Wende (»material turn«), die Wende zum Raum (»spatial turn«), die Körperwende (»body turn«) und die Wende zum Visuellen (»pictorial turn«) folgten.[1] Der zweite Diskussionsstrang entwickelte sich parallel zu den Wende-Diskussionen. Dabei geht es um die Frage des Akteursstatus nichtmenschlicher Entitäten. Können soziale Phänomene als ausschließlich aus Handlungen, Interaktionen oder Kommunikationen von Menschen bestehend begriffen werden oder müssen nicht auch andere Entitäten als soziale Akteure berücksichtigt werden, wie z. B. technische Artefakte, Tiere, Geister, Götter, Pflanzen oder verstorbene Ahnen. Ganz unabhängig davon hat sich die Diskussion um die Bedeutung von Gewalt für die Gestaltung sozialer Prozesse in den letzten Jahren belebt. Hier wird der exklusive Personenstatus menschlicher Akteure als selbstverständlich vorausgesetzt. Es geht um die Gewalt in zwischenmenschlichen Beziehungen und dabei vor allem darum, dass Gewalt soziale Beziehungen zerstören kann.

Die beiden ersten Diskussionsstränge weisen eine grundlegende Gemeinsamkeit auf – nämlich die Unzufriedenheit damit, Ordnungsbildung auf die Bildung sozialer Ordnung zu reduzieren. Letztere wird als die Ordnung zwischenmenschlicher Beziehungen begriffen, die z. B. durch Kooperation, Arbeitsteilung, Konflikt, Macht und/oder Herrschaft sowie deren jeweilige Legitimationen charakterisiert sind. Die Wende-Diskussionen verarbeiten die Unzufriedenheit damit, Ordnungsbildung auf die Sozialdimension zu reduzieren, indem letztere um einen je spezifischen Aspekt angereichert wird: Ordnung = Ordnung in der Sozialdimension – in besonderer Weise bestimmt durch X. Das jeweilige X akzentuiert den je spezifischen Charakter der aktuellen Wende. Die linguistische Wende fordert entsprechend, nicht nur soziale bzw. gesellschaftliche Strukturen, sondern auch die sprachlich-symbolischen Strukturen maßgeblich in die Analyse sozialer Vorgänge einzubeziehen, denn durch jene Strukturen würden die Bezüge zur Welt und vor allem soziale Beziehungen wesentlich bestimmt. Während die linguistische Wende[2] die Soziologie ungefähr seit der ersten Hälfte des 20. Jahrhunderts begleitet hat, folgen die weiteren Wenden seit den 1980er bzw. 1990er Jahren dicht aufeinander. Die Praxiswende (Schatzki, Knorr Cetina 2000, Reckwitz 2003) stellt die Relevanz beobachtbarer sozialer

---

1 Vgl. als Überblick Bachmann-Medick (2006).
2 Für einen Überblick vgl. Habermas (1999). Die Spielarten dessen, was im weiteren Sinn der linguistischen Wende zuzurechnen ist, sind sehr vielfältig. Sie reichen von der Sprachtheorie Johann Gottlieb Herders (1772/2012), Wilhelm von Humboldts (1836/1985) Analysen zur inneren Sprachform sowie deren Rezeption und Weiterentwicklung etwa bei Plessner (1923/1981: 163 ff.) über Ernst Cassirers (1923-29/1994) »Philosophie der symbolischen Formen« und die Hermeneutik Gadamers (1960/1986) sowie die Beiträge von Wittgenstein (1977) und deren Rezeption in den Sozialwissenschaften bis hin zur Diskursanalyse Foucaults (1966/1971, 1972/1993).

Praktiken in den Mittelpunkt[3], während die Körperwende (Gugutzer 2006, Jäger 2004, Shilling 1993) darauf abhebt, dass Praktiken von menschlichen Körpern ausgeführt werden, und darauf, dass der Körper bzw. die Erfahrung des Körpers sozial bzw. diskursiv bestimmt ist. Annähernd parallel werden die Wenden zum Raum (Döring, Thielmann 2008) und zur Bedeutung des Bildhaft-Visuellen (Mitchell 1994) proklamiert. Die Wende zum Materiellen wurde in der Soziologie nicht zuletzt von den Autorinnen der Wissenschafts- und Technikforschung vorbereitet, denen zufolge der wissenschaftliche Forschungsprozess nicht begriffen werden könne, ohne die Bedeutung von Artefakten für die Konstruktion wissenschaftlicher Experimente zu berücksichtigen (Woolgar, Latour 1979).

In den neueren Wende-Diskussionen wird die Einsicht zum Ausdruck gebracht, dass soziale Vorgänge sich nicht angemessen begreifen lassen, wenn man sie ausschließlich als unkörperlich sinnhaft begreift, wie es etwa im Handlungsbegriff Max Webers angelegt ist und in Niklas Luhmanns Konzeption des Sozialen als aus sinnhaften Kommunikationen bestehend explizit formuliert wird. Wenn Menschen als verkörperte Akteure verstanden werden und materielle Artefakte bzw. nichtmenschliche Wesen in gleicher Weise an der Bildung von Ordnung beteiligt sind, wird akzentuiert, dass Ordnungsbildung nicht nur als ein rein sinnhafter, sondern auch als ein leiblicher bzw. als ein materieller und sinnlich-wahrnehmbarer Vorgang zu begreifen ist. Ordnungsbildung wird damit zugleich auch als räumlich-zeitlich gebunden verstanden (Bourdieu 1972/1979, Giddens 1984). An den Einsichten der neueren Wende-Diskussionen gilt es festzuhalten, ohne dabei zu vergessen, was zuvor bereits die linguistische Wende beigesteuert hatte, nämlich die Einsicht in die Bedeutung sprachlich-symbolischer Strukturen für die Gestaltung von Ordnungen. Wenn man diese Debatten insgesamt betrachtet, verweisen sie darauf, dass Ordnungsbildung als ein mehrdimensionaler Vorgang zu begreifen ist. Es fehlt bislang allerdings eine Sozialtheorie, die die verschiedenen Aspekte der Wende-Debatten systematisch zusammenführt.

Die materielle Wende in der Wissenschafts- und Technikforschung bildet den Schnittpunkt zum zweiten Diskussionsstrang. Hier wird die Frage aufgeworfen, ob nur menschliche Akteure an der Bildung von Ordnung beteiligt sind, bzw. welche Bedeutung den nichtmenschlichen Akteuren zukommt. Der zentrale Schachzug innerhalb dieser Debatte

3 Auch in diesem Fall werden eine Reihe teilweise sehr heterogener sozialtheoretischer Konzepte unter einer Überschrift zusammengefasst. Dazu gehören etwa die Ethnomethologie (Garfinkel 1967), Bourdieus Habitus-Analysen (Bourdieu 1972/1979) oder die Strukturierungstheorie von Giddens (1984).

besteht darin, die Grenzen der Sozialwelt als historisch variabel, d.h. als kontingent, zu betrachten. Der Status eines sozialen Akteurs[4] wird nicht auf lebende Menschen begrenzt, vielmehr können grundsätzlich auch nichtmenschliche Wesen als soziale Akteure gelten. In der Wissenschafts- und Technikforschung steht dabei die mögliche Inklusion technischer Artefakte im Vordergrund (Latour 2005). In anderen Zusammenhängen bilden ethnologische Forschungen den Bezugspunkt; hier geht es darum, dass die Grenzen der Sozialwelt je nach Gesellschaftstypus unterschiedlich gezogen werden. Während in der Moderne nur lebende Menschen in allgemein anerkannter Weise soziale Personen sein können, würden andere Gesellschaften die Grenzen des Sozialen anders ziehen, es würden auch Geister, Ahnen, Pflanzen und Tiere gleichwertig als soziale Personen anerkannt. Thomas Luckmann (1970/1980) und Philippe Descola (2005/2011) fordern daher eine Sozialtheorie, die diese Variabilität erfassen kann. Eine solche Sozialtheorie müsse die moderne Natur-Kultur-Unterscheidung unterlaufen, wonach es eine einheitlichen Gesetzmäßigkeiten folgende Natur gibt und eine Vielzahl von einander als gleichwertig gegenüberstehenden Kulturen. Die Differenz zwischen »Mononaturalität« und »Multikulturalität« (Viveiros de Castro 1998) bilde die Matrix der Moderne, in der dem Menschen eine Scharnierposition zukäme. Helmuth Plessner (1931/1981) resümiert diese Position so: »Mensch« sei als Kollektivsingular zu verstehen, d.h., es gebe eine Menschheit, die in eine Vielzahl von Einzelindividuen zerfalle, die einander als Menschen aber gleich bzw. gleichwertig seien. Auch die von Menschen geschaffenen unterschiedlichen Kulturen seien als einander prinzipiell gleichwertig zu betrachten.[5]

Luckmann und Plessner arbeiten die normative Brisanz der Infragestellung der Natur-Kultur-Unterscheidung heraus. Luckmann formuliert explizit, dass die Begrenzung des Kreises sozialer Personen zugleich die Grenzen des Moralischen festlegt (Luckmann 1970/1980: 56). Wer eine soziale Person ist, hat einen anderen moralischen Status als diejenigen Wesen, die aus diesem Kreis herausfallen. Wenn der Kreis der Wesen mit einem eigenständigen moralischen Status nicht auf Menschen beschränkt ist, werden auch die Beziehungen zu solchen Wesen als moralisch relevant erlebt, die in der Moderne als der Natur zugehörig oder vielleicht sogar als inexistent gelten. In einem solchen Rahmen ist es z.B. von erheblicher Bedeutung, den Gestirnen höflich zu begegnen und etwa die Sonne morgens zu begrüßen, sonst könnte sie verärgert sein und nicht mehr erscheinen. In ähnlicher Weise kann es überlebenswichtig sein zu wissen, was die Ahnengeister fordern und

---

4 Ich verwende die Worte sozialer Akteur und soziale Person synonym.
5 Diese von Plessner 1931 formulierte Position nimmt die postkoloniale Kritik an westlichen Denkfiguren in bemerkenswerter Weise vorweg.

wie diesen Forderungen zu entsprechen ist, da diese sonst die Lebenden heimsuchen. Solche moralisch strukturierten Beziehungen zu Gestirnen oder Ahnengeistern erscheinen im Rahmen der modernen Ordnung als fälschlicherweise moralisierte Beziehungen zu natürlichen Phänomenen oder als vergegenständlichte innerpsychische Prozesse. Das heißt, solche Beziehungen lassen sich nur um den Preis einer ihren Sinn zerstörenden Umdeutung in einer Ordnung unterbringen, die durch die Natur-Kultur-Unterscheidung gekennzeichnet ist. Um Ordnungen analysieren zu können, in denen solche Beziehungen vorkommen, müssen neuartige Analysekategorien entwickelt werden. Erst dadurch wird eine vergleichende Perspektive erschlossen, die unterschiedliche Ordnungen als in gleicher Weise möglich begreifen kann.

Es ist bemerkenswert, dass die Debatte um die Bedeutung von Gewalt für die Gestaltung sozialer Prozesse in der Soziologie weitgehend überschneidungsfrei mit den beiden vorgenannten Diskurszusammenhängen abläuft. Denn es ist offensichtlich, dass Gewalt in einem immanenten Zusammenhang mit der Begrenzung des Kreises sozialer Personen steht. Um dies zu begreifen, ist es erforderlich, sich den Zusammenhang von Gewalt und Moralität zu vergegenwärtigen. Gewalt wird von Entitäten ausgeübt, die einen moralischen Status haben, also von legitimen sozialen Akteuren. Und: Gewalt wird gegen solche Entitäten angewendet, die einen moralischen Status haben, die also ebenfalls als legitime, als allgemein anerkannte soziale Akteure gelten. Wenn man eine Sozialtheorie so anlegt, dass die Dimension des Normativen, der Moralität, nicht erfasst wird, gerät auch das Phänomen der Gewalt aus dem Blick. Dies trifft etwa auf Latour zu, der soziale Zusammenhänge von einem flachen Handlungsbegriff her begreift, der auf Wirkungen abstellt. Der Zusammenhang zwischen einem Gewehr, einem Schützen und einem getöteten menschlichen Körper, erscheint in dieser Perspektive als eine Abfolge von Wirkungen (vgl. Latour 1994). Der Schütze drückt ab, dies löst die mechanische Kraftaufwendung gegen die zuvor inaktive Kugel aus, die aus dem Lauf herausgeschleudert wird. Wenn der Schuss trifft, durchdringt die Kugel Haut und Schädelknochen und bleibt im Hirn stecken. Dies löst wiederum Wirkungen im Steuerungsmechanismus des getroffenen lebendigen Körpers aus, die zu einem Erlöschen seiner Steuerungs- und Integrationsfähigkeiten führen, weshalb ein herbeigerufener Arzt nur noch den Tod feststellen kann. In einer solchen Beschreibung gibt es entweder keinen Platz für Gewalt, denn es gibt nur Wirkungen von Aktanten aufeinander, oder sehr vieles könnte als Gewalt gelten. Ist es nicht Gewalt gegen die Kugel, wenn sie durch den engen Lauf herausgeschleudert wird? Ist es Gewalt, wenn die Kugel den Schädelknochen durchdringt? Um einen Kraftaufwand gegen einen Aktanten im Netzwerk handelt es sich in beiden Fällen. Da die Akteur-Netzwerk-Theorie nicht zwischen kraftaufwendenden Aktanten und deren Wirkungen auf der einen und moralisch relevanten Akteuren auf der anderen Seite unterscheidet, kann sie das Spezifische des Phänomens Gewalt nicht mehr erfassen und damit auch die Bedeutung von Gewalt für die Begrenzung des Kreises sozialer Personen nicht mehr sehen. Dass es einen Zusammenhang zwischen dem Phänomen Gewalt und der Begrenzung des Kreises sozialer Personen gibt, wird aber auch in der Gewaltdiskussion als Problem ignoriert, denn hier werden die Grenzen des Sozialen als selbstverständlich vorausgesetzt. Gewaltanwendung in sozialen Beziehungen wird als Gewalt in zwischenmenschlichen Beziehungen verstanden (Endreß/Rampp 2013, Neckel/Schwab-Trapp 1999) und als ein zu bearbeitendes bzw. zu lösendes Problem begriffen (Heitmeyer/Soeffner 2004). Aus diesem Grund ist Gewaltforschung zu einem großen Teil Gewaltursachenforschung oder eine Kritik der Legitimation von Gewalt (Butler 2004/2006, 2007, Habermas 2009). Damit wird Gewalt auf soziale Faktoren zurückgeführt oder ihre Legitimation wird in Frage gestellt, aber Gewalt wird nicht selbst als ordnungsbildend begriffen. Trutz von Trotha hatte gefordert, die Ursachenforschung durch eine »Soziologie der Gewalt« (Trotha 1997b) zu ersetzen, die Gewalt als soziales Handeln begreift und mikrosoziologisch untersucht. Eine Forderung die mittlerweile als vielfach eingelöst gelten kann (Collins 2008, Cooney 1998). Jan Philip Reemtsma (2008) hat von der Problematisierung der Gewalt ausgehend kritische Anfragen an die allgemeine Sozialtheorie formuliert. Er wirft die Frage auf, warum allgemeine Sozialtheorien, also etwa »Soziale Systeme« (Luhmann 1984) oder die »Theorie des kommunikativen Handelns« (Habermas 1981/1985) physische Gewalt nicht thematisieren bzw. nicht thematisieren können. Sein Fazit lautet: Die Soziologie schweigt zur Gewalt (Reemtsma 2008: 458). Die etablierten Sozialtheorien erscheinen als Schönwettertheorien, die nicht dazu taugen, die durch Gewaltexzesse gekennzeichnete soziale Realität des 20. und 21. Jahrhunderts zu erfassen.[6] Damit fordert Reemtsma zumindest implizit dazu auf, über eine Soziologie der Gewalt hinauszugehen und Gewalt allgemein in ihrer ordnungsbildenden Funktion zu begreifen.

Wenn man Gewalt auf der Ebene einer allgemeinen Theorie des Sozialen in den Blick nimmt, stellt sich das Problem der Gewaltvergessenheit der soziologischen Theorie in verschärfter Form, denn der Fokus wird nun darauf gerichtet, wie Gewalt dazu beiträgt, die Grenzen des Sozialen zu ziehen. Von Gewalt kann sozialtheoretisch nur dann die Rede sein, wenn diejenigen, die Gewalt anwenden und diejenigen, gegen die Gewalt angewendet wird, in den Kreis sozialer Personen gehören.[7] Nur

---

6 Dieser Vorwurf trifft in gleicher Weise auch neuere Richtungen wie etwa die Netzwerkanalyse (White 2008), oder den sogenannten französischen Pragmatismus (Boltanski/Thevenot 1991/2007).

unter dieser Voraussetzung kann man den genuin ordnungsbildenden Charakter von Gewalt und den Zusammenhang von Gewalt, Recht, Macht und Herrschaft in den Blick nehmen.

Eine erweiterte Sozialtheorie

Vor dem Hintergrund dieser Diskussionslage stellt sich die Frage nach einer neuen Sozialtheorie. Diese sollte erstens die Mehrdimensionalität der Ordnungsbildung berücksichtigen; zweitens sollte sie das Problem der Kontingenz der Grenzen des Sozialen einbeziehen; drittens sollte sie Gewalt, d. h. tätliche Angriffe, Totschlag, Krieg und Folter sowie die sublimen Formen der Gewalt in ihrer Bedeutung für die Bildung von Ordnung begreifbar machen; schließlich sollte die Sozialtheorie viertens eine Perspektive für die Formulierung einer gesellschaftstheoretischen Perspektive eröffnen.

Als Ausgangspunkt wähle ich – an die Positionalitätstheorie von Plessner (1928/1975) anschließend – die exzentrisch-mitweltlich verfasste Leib-Umwelt-Beziehung. Diese bietet gegenüber traditionell phänomenologisch orientierten Versionen der Leib-Umwelt-Beziehung zwei wichtige Vorteile, auch gegenüber der in der internationalen Diskussion weitaus bekannteren Phänomenologie Edmund Husserls (1913/1976, 1936/1967) und den Phänomenologien von Maurice Merleau-Ponty (1945/1966) und Jean Paul Sartre (1943/1993).

1. Plessner formuliert nicht nur eine Theorie, sondern macht zudem das Verfahren der Konstruktion der Theorie transparent. Dadurch wird es möglich, rational zu rekonstruieren, wie empirische Phänomene auf die Theorie zu beziehen sind und wie empirische Phänomene die Theorie irritieren können. Eine derartige methodische Kontrolle findet man so weder bei Husserl[8] noch bei Merleau-Ponty oder Sartre.

2. Merleau-Ponty und Sartre folgen der phänomenologischen Tradition Husserls darin, dass sie vom Leib des handelnden und wahrnehmenden Subjekts ausgehen, auf welches die Analyse im Sinn einer subjektiven Selbstreflexion bezogen ist.[9] Wenn das leibliche Subjekt

7 Für die Ordnung der Moderne, die den Kreis sozialer Personen auf lebende Menschen beschränkt, gilt dabei, dass es auch Gewalt gegen Sachen und Tiere geben kann. Dies setzt aber voraus, dass Sachen in einem besonderen Bezug zu Menschen stehen und dass Tiere bestimmte Merkmale mit Menschen teilen, etwa Schmerzempfindlichkeit. Die Details der Ordnung der Gewalt in der Moderne lassen sich nur im Rahmen einer Gesellschaftstheorie die Moderne klären.

8 Für eine methodische Kritik an Husserl vgl. Plessner (1938/1985).

9 Dies gilt auch noch für das Spätwerk Husserls, in dem er eine Mundanisierung des transzendentalen Subjekts versucht (vgl. Husserl 1936/1976).

derart zum Ausgangspunkt der Analyse gemacht wird, wird der Leib zu einer allgemeinen und damit transhistorischen Bedingung von Erfahrung, in welche erst in einem zweiten Schritt auch soziale Bezüge und eine historische Formung eingetragen werden können. Von diesen in der Phänomenologie vorherrschenden Auffassungen unterscheidet sich die Leibkonzeption Plessners durch zwei Momente. Erstens wird der Leib nicht im Sinne einer subjektiven Reflexion von Erfahrung thematisiert. Es geht nicht um den Leib des Ich, welches diesen erlebt, sondern darum, den Sachverhalt, dass es ein Ich gibt, welches seinen Leib erlebt, von außen als einen gegebenen Sachverhalt zu deuten. Zweitens wird die Struktur der leiblichen Erfahrung im Rahmen der Theorie der exzentrischen Positionalität von der Mitwelt, d. h. von der Beziehung zu anderen her, begriffen. Damit wird für die Analyse von Erfahrung nicht der Leib, sondern der durch die Mitwelt vermittelte Leib zum Ausgangspunkt gemacht. Plessner macht die Bezogenheit der Leiber aufeinander und nicht den individuellen Leib und seine Umweltbeziehung zum Ausgangspunkt der Analyse.

Innerhalb derjenigen Ansätze, die die Leib-Umwelt-Beziehung zentral stellen, nimmt Plessner eine besondere Stellung ein, weil seine Theorie der mitweltlich verfassten exzentrischen Positionalität die Geschichtlichkeit und damit die Kontingenz und Variabilität der Leib-Umwelt-Beziehung in den Mittelpunkt rückt.[10]

Wenn man sozialtheoretisch von der Leib-Umwelt-Beziehung ausgeht, scheint die Theorie exzentrischer Positionalität eine gute Wahl zu sein, aber warum sollte man überhaupt von der Leib-Umwelt-Beziehung ausgehen? Diese Setzung kann als solche nicht in einem strengen Sinn begründet werden, denn es gibt kein allgemein anerkanntes Prinzip, aus dem rational deduziert werden könnte, dass bei der Formulierung einer Sozialtheorie mit der Leib-Umwelt-Beziehung zu beginnen ist. Es ist lediglich möglich, die Setzung mit Bezug auf die aktuellen Diskussionskontexte zu plausibilisieren.

Es sprechen fünf Argumente dafür, eine systematische Sozialtheorie von der mitweltlich verfassten Leib-Umwelt-Beziehung her auszuarbeiten.

---

10 Damit erübrigen sich auch die Einwände, die etwa von Vertretern der linguistischen Wende gegen eine leibtheoretische Fundierung vorgebracht worden sind und die dazu geführt haben, den Körper und Materialität mehr oder weniger in Diskurse aufzulösen (vgl. etwa Butler 1990, 1993). Die sich daraus ergebenden Probleme sind vor allem in der feministischen Diskussion um den Körper sehr intensiv und auf hohem theoretischem Niveau geführt worden (vgl. für einen Überblick über die Debatte: Institut für Sozialforschung 1994, Wobbe/Lindemann 1994).

1. Die Theorie der Mitwelt expliziert die soziale Dimension der Ordnungsbildung, enthält aber keine Vorgabe darüber, welche Wesen
als Glieder der personalen Mitwelt anzuerkennen sind. Die Grenzen
einer historisch bestimmten personalen Mitwelt müssen historisch
immer wieder neu gezogen werden. Ich bezeichne dies als das Problem der Kontingenz der Mitwelt, es verweist auf die Notwendigkeit
historischer Grenzziehungsprozesse.

2. Die Leib-Umwelt-Beziehung ist raum-zeitlich verfasst: Der leibliche
Umweltbezug wird im Hier/Jetzt praktisch vollzogen. In zeitlicher
Hinsicht weisen die sich »jetzt« ereignenden Praktiken jeweils aktuelle Zukunfts- und Vergangenheitsbezüge auf. In räumlicher Hinsicht
wird der Leib als ein »hier« existierendes Aktionszentrum begriffen,
welches von seinem je aktuellen »hier« ausgehend unterschiedliche
Raumbezüge entfaltet, indem es sich sinnlich wahrnehmend und
agierend auf den umgebenden Raum richtet.

3. Leibliche Akteure sind sinnlich und praktisch in ihre Umweltbeziehungen eingebunden. Sie können Werkzeuge verwenden und
miteinander kooperieren – sich in komplexen Handlungsfolgen
aufeinander beziehen, zu denen einzelne Akteure jeweils Beiträge,
Teilhandlungen, beisteuern. Leibliche Akteure sind damit eingebunden in materielle praktische Vollzüge, deren Reichweite sie oft nicht
mehr überschauen können.

4. Die exzentrisch-mitweltliche Leib-Umwelt-Beziehung ist durch eine
spezifische Reflexivität gekennzeichnet. Diese ist in zweifacher Hinsicht für die Bildung von Ordnung relevant. Zum einen ermöglicht
die reflexive Struktur der exzentrischen Positionalität die Bildung
von bedeutungsidentischen sprachlichen und nichtsprachlichen
– also auch visuellen – Symbolen, und zum anderen ermöglicht sie
symbolische Generalisierungen: situationsübergreifende Sinnstrukturen, an denen die wechselseitigen Leib-Umwelt-Beziehungen orientiert werden können.

5. Vom Leib auszugehen, erlaubt es, Gewalt in ihren vielfältigen Facet-
ten theoretisch zu berücksichtigen – von direkter Gewaltanwendung
bis hin zur vermittelten Drohung. Denn Leiber sind Aktionszentren,
die psycho-physische Gewalt nicht nur ausüben, sondern auch erlei-
den und von der Drohung mit Gewalt beeindruckt werden können,
denn sie können Schmerz und Angst erleben. Da Symbolisierung von
der Leib-Umwelt-Beziehung her gedacht wird, wird es möglich, auch
die symbolisch-ordnungsbildende Funktion der Gewalt einzubeziehen.

Die fünf Argumente verweisen darauf, wie – von der Theorie der exzentrisch-mitweltlich verfassten Leib-Umwelt-Beziehung – die spezifischen
Anforderungen erfüllt werden können, die sich aus der aktuellen Diskussionslage ergeben.

Aufbau des Buches

Ausgehend vom Problem der Entstehung sozialer Ordnung werden in den Kapiteln 1 und 2 die Anforderungen an eine Theorie der mehrdimensionalen Ordnungsbildung herausgearbeitet, die im 3. und 4. Kapitel expliziert wird. Das abschließende 5. Kapitel skizziert die gesellschaftstheoretische Perspektive.

Im 1. Kapitel wird die Natur-Kultur-Unterscheidung als Strukturmerkmal eines spezifischen, nämlich des modernen, Weltzugangs beschrieben. Daraus folgt: Wenn eine Sozialtheorie auch nicht-moderne Ordnungen in den Blick nehmen möchte, muss sie den modernen Weltzugang als einen Weltzugang neben anderen erfassen können. Dies führt auf die Notwendigkeit, Ordnungsbildung nicht auf die Bildung menschlich-kultureller Ordnung zu beschränken. Traditionellerweise bildet das »Hobbes'sche Problem der Entstehung/Stabilisierung sozialer Ordnung« (vgl. Parsons 1937/1968) den Bezugspunkt sozialwissenschaftlicher Analysen. Dieses Problem ist eindeutig in der Sozialdimension situiert. Es besteht, wenn das Verhalten von Akteuren nicht durch Instinkte festgelegt ist. Die Akteure Ego und Alter wissen nicht, wie sich ihr Gegenüber verhalten wird und welche Erwartungen das Gegenüber an sie richtet. Diese wechselseitige Unsicherheit wird von Parsons und Luhmann auch als Problem der doppelten Kontingenz bezeichnet (Parsons 1968, Luhmann 1984: Kap. 3). Dessen Lösung bildet den Ausgangspunkt für die Entstehung sozialer Ordnung. Deren Funktion besteht darin, dass Ego und Alter lernen, wie sich ihr Gegenüber in Abhängigkeit von den an sie gerichteten Erwartungen verhalten wird. Unter dieser Voraussetzung können Ego und Alter erwartungssicher handeln. Das Problem der doppelten Kontingenz bildet das klassische Bezugsproblem sozialwissenschaftlicher Forschung. Die Erweiterung des Bezugsproblems besteht darin, es auch als unbestimmt zu begreifen, welche Entitäten als mögliche soziale Akteure in Betracht kommen. Dies bezeichne ich als das Problem der Kontingenz der Mitwelt, dem auch eine methodologische Bedeutung zukommt. Soziale Akteure sind diejenigen, die eine für die soziologische Beobachtung verständliche Ordnung bilden. Die Frage nach den Grenzen des Sozialen ist also in methodologischer Hinsicht die Frage danach, wie weit der Kreis derjenigen reicht, deren Äußerungen, Handlungen und Erwartungen als verstehbar gelten können. Aus diesem Grund gliedere ich die Frage nach den Grenzen des Sozialen in die Debatte um Erklären und Verstehen ein.

Das 2. Kapitel diskutiert diejenigen Ansätze, die versuchen, die moderne Natur-Kultur-Unterscheidung auf Distanz zu bringen und ihrerseits zum Gegenstand der Analyse zu machen. Als Ausgangspunkt dient das Problem, wie die Natur-Kultur-Unterscheidung in der Erklären-Verstehen-Kontroverse begriffen worden ist, denn auf diese Weise lassen sich auch die impliziten normativen Probleme dieser Debatte gut rekonstruieren. Die moderne Natur-Kultur-Unterscheidung hängt auf das Engste damit zusammen, dass der Kreis möglicher Akteure auf lebendige Menschen beschränkt ist. Diese Grenzziehung beinhaltet eine als zweifelsfrei vorausgesetzte Unterscheidung zwischen moralisch bedeutsamen zwischenmenschlichen Beziehungen und dem Bereich der Natur. Die Infragestellung der Natur-Kultur-Unterscheidung führt also auch zu normativen Problemen von erheblicher Reichweite. Die Anforderungen an eine Theorie der Ordnungsbildung, die die Grenzen des Sozialen als historisch variabel begreift, werden in der Auseinandersetzung mit der Akteur-Netzwerk-Theorie sowie den Ansätzen von Luckmann, Descola und Plessner ausgearbeitet.

Das 3. Kapitel entwickelt die Theorie exzentrischer Positionalität zu einer Theorie mehrdimensionaler Ordnungsbildung weiter. Dabei geht es zunächst darum, wie Ordnungsbildung in der SOZIALDIMENSION gedacht werden muss (Kap. 3.1), wenn die Grenzen der Mitwelt als historisch veränderbar verstanden werden. Als zentral stellt sich dabei der Zusammenhang zwischen »leiblicher Berührung« und »Kommunikation« heraus. Leibliche Akteure machen die Erfahrung, von anderen berührt zu werden. Berührung ist dabei nicht zu verstehen als ein Aufeinandertreffen von Oberflächen, sondern als die Erfahrung, dass sich ein leiblicher Akteur auf einen anderen richtet. In diesem Sinne kann man auch durch einen Blick berührt werden. Leibliche Akteure finden sich in Berührungsbeziehungen und sie stellen kommunikativ füreinander und voreinander dar, welche Berührungen als Berührungen von einer anderen Person erlebt werden bzw. zu erleben sind. In diesem Zusammenhang wird ein leibtheoretisch fundierter triadischer Kommunikationsbegriff entwickelt, der es ermöglicht, die Grenzziehung zwischen sozialen Personen und anderen Entitäten als ein empirisches Problem zu behandeln. Es geht darum, ob und wie Ego eine fragliche Entität als ein Alter Ego interpretiert. Dass Ego hierbei nicht willkürlich vorgeht, sondern sich an Regeln orientiert, wird nur begreiflich, wenn man einbezieht, dass Ego seine Interpretation als eine von Tertius beobachtete Interpretation durchführt und erlebt. Insofern die von Ego durchgeführte Interpretation als beobachtet erlebt wird, kann von Ego aus der Tertiusperspektive in der aktuell ablaufenden Interpretation ein Muster identifiziert werden, das als solches von seiner aktuellen Anwendung unterschieden und als Regel begriffen werden kann, an der auch im Weiteren Interpretationen orientiert werden können. Die Einführung des triadischen Kommunikationsbegriffs erlaubt es, die historisch veränderlichen Regeln herauszuarbeiten, anhand derer im Feld zwischen sozialen Personen und anderen Entitäten unterschieden wird.

In Kapitel 3.2 wird analysiert, wie die RAUM- UND ZEITDIMENSION leiblicher Umweltbezüge zu denken ist und welche Implikationen dies für die Gestaltung sozialer Prozesse hat. Wenn die Natur-Kultur-Unterscheidung als eine mögliche Ordnung des Zugangs zur Welt verstanden wird – neben anderen möglichen Ordnungen –, stellt sich automatisch die Frage, wie Raum und Zeit in einer solchen Sozialtheorie zu berücksichtigen sind. Denn Raum und Zeit können nicht mehr als allgemeine Anschauungsformen begriffen bzw. mit dem messbaren Raum und der messbaren Zeit identifiziert werden. Bereits die pragmatistische Theorie Meads und später die Praxistheorie (Bourdieu, Giddens) haben aus diesem Grund gefordert, die je gegenwärtig hier/jetzt stattfindenden Leib-Umweltbezüge zum Ausgangspunkt für die Analyse sozialer Prozesse zu machen.

Kapitel 3.3 behandelt die SACHDIMENSION. Die Leib-Umwelt-Beziehung in den Mittelpunkt zu rücken, erlaubt es, eine zentrale Einsicht der Praxistheorie und insbesondere das Anliegen der materiellen Wende aufzunehmen. Das soziale Leben wird maßgeblich durch den praktischen Umgang mit Werkzeugen oder allgemeiner mit Artefakten bestimmt. Erst deren Einbeziehung ermöglicht die Bildung und Stabilisierung komplexer räumlich und zeitlich weit ausgreifender sozialer Beziehungen. Wie die Eigendynamik der Sachtechnik bzw. des Technisch-Materiellen die leiblichen Umweltbezüge bestimmt und wie die praktische Handhabung von Artefakten und ihre Symbolisierung sozialen Beziehungen Struktur und Stabilität verleiht, ist der Gegenstand des dritten Abschnitts des dritten Kapitels.

Kapitel 3.4 rückt die SYMBOLDIMENSION in den Mittelpunkt. Die exzentrisch-mitweltlichen Leib-Umweltbezüge weisen eine spezifische Form der Reflexivität auf. Die Erfahrung des je eigenen Leibes und die praktischen Bezüge zur Umwelt bzw. zu anderen leiblichen Aktionszentren sind als leibliche Vollzüge einerseits unmittelbar erlebt und zugleich mitweltlich, d. h. aus der Perspektive anderer, reflektiert. Plessner bezeichnet diesen Sachverhalt als vermittelte (leibliche) Unmittelbarkeit. Die reflexive Gestaltung der Leib-Umwelt-Beziehung ermöglicht die Bildung bedeutungsidentischer Symbole, wobei sprachliche und nichtsprachliche, also auch visuelle, Symbole in gleicher Weise berücksichtigt werden. Dies wird in Auseinandersetzung mit der Symboltheorie Meads und allgemeiner der Gebrauchstheorie der Bedeutung sprachlicher Symbole (Wittgenstein) ausgearbeitet. Hierbei handelt es sich um eine symboltheoretische Präzisierung des bereits im ersten Abschnitt entwickelten triadischen Kommunikationsbegriffs. Auf diese Weise lassen sich zentrale Einsichten der linguistischen Wende und der Wende zum Bildhaft-Visuellen in eine leibtheoretisch fundierte Sozialtheorie integrieren, denn sowohl das Erleben des eigenen Leibes als auch das Erleben der Umwelt und der anderen leiblichen Aktionszentren bzw.

der anderen sozialen Personen wird als symbolisch vermittelt begriffen, wobei der visuellen Symbolik in der Darstellung sozialer Beziehungen eine hohe Bedeutung zukommt.

Die Einbeziehung symbolischer Vermittlungen erlaubt es auch, das Konzept der symbolischen Generalisierung (Parsons, Luhmann) aufzunehmen und auf einer leibtheoretischen Grundlage weiterzuführen. Luhmann hatte das Konzept symbolischer Generalisierungen genutzt, um seine Theorie symbolisch generalisierter Kommunikationsmedien bzw. der Codes gesellschaftlicher Subsysteme zu entwickeln (Luhmann 1974/2005a). Theoriearchitektonisch bezeichnet symbolische Generalisierung ein Scharnier zwischen allgemeiner Sozialtheorie und Gesellschaftstheorie. Wenn es gelingt, ein solches Konzept auf einer leibtheoretischen Grundlage auszuarbeiten, ergeben sich daraus wichtige Theorieperspektiven. Denn dadurch wird eine Vermittlung zwischen der Ebene des Leiblichen, des Sinnlich-Materiellen auf der einen Seite und der Ebene allgemeiner gesellschaftlicher Sinnstrukturen möglich. Die Entfaltung dieses Ansatzes erfolgt, indem symbolische Generalisierungen vom Institutionenbegriff her entwickelt werden. Institutionen verstehe ich im Sinne Meads als institutionalisierte Gesamthandlungen, in deren Rahmen die Beteiligten symbolisch darstellen, als wer (Identität) sie welche Teilhandlungen zu einzelnen Gesamthandlungen beitragen. Institutionelle Gesamthandlungen werden ihrerseits durch symbolische Kommunikationsmedien miteinander in Beziehung gesetzt. Parsons und Luhmann hatten symbolische Medien (z. B. Macht, Geld, Einfluss/Überredung, Wahrheit) allgemein vom Problem der doppelten Kontingenz her gedacht. Mithilfe solcher Medien kann Ego ein Alter Ego dazu motivieren, eine Kommunikationsofferte anzunehmen, weshalb Parsons sie auch als Erfolgsmedien bezeichnet. Ich beziehe die symbolischen Erfolgsmedien auf ein stärker spezifiziertes Problem, nämlich darauf, wie Akteure eine neue Gesamthandlung beginnen, wenn eine andere abgeschlossen ist. Eine institutionelle Gesamthandlung wäre etwa der Bau eines Hauses. Wenn das abgeschlossen ist, stellt sich die Frage, wie zu anderen Gesamthandlungen überzugehen ist. Sollen wir jetzt gemeinschaftlich jagen, Bier brauen oder fallen die Vorbereitungen für das Blumenfest an? Oder: Das gemeinsame Projekt ist beendet, sollen wir jetzt essen gehen, gleich ein neues Projekt beginnen oder macht jede mit anderen jeweils etwas ganz anderes? Ordnungen lassen sich auf diese Weise als ein Zusammenhang von Institutionen begreifen, die durch reflexive Institutionalisierungen wie z. B. symbolische Erfolgsmedien immer komplexer gestaltet werden können.

Die leibtheoretische Fundierung symbolbildender Prozesse erlaubt es auch, die ordnungsbildende Kraft von GEWALT zu begreifen. Dies wird im 4. Kapitel eingehender untersucht. Gewalt auf der Ebene der Sozialtheorie einzuführen, beinhaltet notwendigerweise, die Bedeutung des

Wortes zu definieren.[11] In Auseinandersetzung mit den sozialtheoretisch relevanten Reflexionen von Luhmann (1972, 1974/2005b), Reemtsma (2008), Randall Collins (2008) sowie Walter Benjamin (1920-1921/1999) und Jaques Derrida (1991) bzw. den historisch-materialen Studien Viktor Achters (1951), René Girards (1972/2002) und Michel Foucaults (1975/1979) begreife ich Gewalt folgendermaßen: Gewalt ist eine von Ego gegen einen anderen leiblichen Akteur, Alter Ego, gerichtete verletzende bzw. tödliche Kraft, deren Ausübung zugleich Legitimität beansprucht; sie ist adressiert an Alter Ego als Normverletzer und stellt diesem gegenüber dar, dass die durch Alter Ego verletzten Erwartungen unbedingt aufrechtzuerhalten sind. Wenn die Gewaltanwendung durch Dritte anerkannt wird, handelt es sich um legitime Gewalt. Diese stellt zum einen die Legitimität der normativen Erwartungen dar und zum anderen, dass es eines solchen Gewaltaktes bedarf, um die Gültigkeit der verletzten Erwartungen darzustellen. Gewalt verstehe ich also als eine symbolisch generalisierbare leibliche Aktion, bei der es sich im Fall gelingender symbolischer Generalisierung um die Kommunikation der Gültigkeit normativer Erwartungen handelt. Legitime – d.h. symbolisch generalisierte – Gewalt beinhaltet auch eine Verpflichtung zur Wiederholung, wenn die entsprechenden normativen Erwartungen wieder verletzt werden. Darin zeigt sich, dass legitime Gewalt eine Tendenz zur verfahrensmäßigen Gestaltung impliziert. Eine derart durch den Bezug auf Dritte rationalisierbare Gewalt scheint für die Aufrechterhaltung einer Ordnung unabdingbar zu sein. Auf dieser Grundlage kann man das Verhältnis von Gewalt, Macht, Herrschaft und Recht im Sinne von zunehmend komplexer werdenden verfahrensmäßigen Gestaltungen begreifen. Dabei können im Weiteren auch gewaltfreie Verfahren zur Darstellung der Gültigkeit normativer Erwartungen entwickelt werden. Diese Theorie der Gewalt erlaubt es, Phänomene wie Blutrache, Opferungen, Folter, Terrorismus und/oder öffentliche Hinrichtungen ebenso einzubeziehen wie die bloße Androhung von Gewalt bzw. sublimere Formen der Gewaltanwendung. Gewalt und die ihr eigenen Rationalisierungsmöglichkeiten sind insgesamt der Gegenstand des 4. Kapitels.

Das fünfte Kapitel entfaltet die GESELLSCHAFTSTHEORETISCHE PERSPEKTIVE. Auf der Ebene der Gesellschaftstheorie besteht das Ziel darin, Typen unterschiedlich geordneter Weltzugänge voneinander zu unterscheiden. Es lassen sich vorläufig drei unterschiedlich geordnete Weltzugänge voneinander abheben: Die Ordnung der dividualisierenden und

---

11 Unter dem Stichwort »Gewalt« findet sich in Grimms »Deutsches Wörterbuch« ein Eintrag von ca. 180 Spalten (vgl. Grimm 1911/1999: 4910-5093). Die darin enthaltene Bedeutungsvielfalt wird in meiner Definition notwendigerweise reduziert. Dem Wort Macht ist in der soziologischen Theorie Ähnliches widerfahren.

diejenige der individualisierenden Vergesellschaftung sowie diejenige der kontingenten Mehrfachvergesellschaftung. Der letztere Typus entspricht der Ordnung der Moderne – einem Ordnungstypus, für den die Unterscheidung zwischen Natur und Kultur konstitutiv ist. Aufgrund der großen empirischen Variationen lassen sich Typen von Weltzugängen nur im Sinne von Idealtypen beschreiben. Ein solcher Idealtypus ist gekennzeichnet durch zueinander passende Strukturbildungen in der Sozialdimension, den Dimensionen von Raum und Zeit, sowie der Sach- und Symboldimension und einer passenden verfahrensmäßigen Gestaltung von Gewalt. Die zueinander passenden Strukturen bilden das, was man als »historisches Apriori« eines jeweiligen Ordnungstypus beschreiben könnte.[12] Das historische Apriori einer Ordnung muss Aussagen darüber enthalten,
– anhand welcher Regeln zwischen sozialen Personen und anderem unterschieden wird,
– welche Raum-Zeit-Strukturen allgemein verbindlich wirksam sind,
– welche Formen von Sachtechnik möglich sind,
– welche symbolischen Strukturen gebildet werden,
– wie Gewalt verfahrensmäßig gestaltet wird.
Eine Ordnung ist dann stabilisiert, wenn die Strukturen in den einzelnen Ordnungsdimensionen einander stützen oder zumindest zueinander passen und sich nicht destabilisieren.

Das Buch schließt mit einer Explikation des reflexiven Verhältnisses von Sozialtheorie und Gesellschaftstheorie. Eine Sozialtheorie erhebt notwendigerweise den Anspruch, alle Phänomene der Ordnungsbildung in den Blick nehmen zu können. Zugleich gilt aber, dass die Formulierung einer Sozialtheorie ein kommunikatives Ereignis im Rahmen der modernen Wissenschaft darstellt und insofern deren Kommunikationsstrukturen reproduziert. Mit Bezug auf die Moderne gilt also: Nicht nur die Theorie der Gesellschaft, sondern auch eine allgemeine Sozialtheorie ist als Teil des Gegenstandes zu begreifen, den sie analysieren soll (vgl. Luhmann 1997: Kap.1). Es gilt zu prüfen, ob und inwiefern dies Auswirkungen auf den Universalitätsanspruch der Theorie hat. Dieser besteht darin, nicht nur die moderne Ordnung, sondern auch nichtmoderne Ordnungen in gleicher Weise analysieren zu können. Dieser Anspruch wäre naiv und letztlich irrational, wenn er nicht seinerseits durch eine Reflexion seiner kommunikativen Bedingungen kontrolliert würde.

---

12 Der Terminus historisches Apriori wurde meines Wissens zuerst von Misch (1929-30/1967) geprägt und später von Foucault (1966/1971) in ähnlicher Bedeutung aufgenommen.

1. Die Natur-Kultur-Unterscheidung in der Erklären-Verstehen-Kontroverse

Die Sozialwissenschaften sind ein Kind der Moderne. Die tragenden Konzepte, die auch heute noch den Referenzpunkt soziologischer Forschung bilden, sind im 19. bzw. dem frühen 20. Jahrhundert entstanden. Die Begriffe Gesellschaft, Handlung bzw. soziales Handeln, Wechselwirkung, Interaktion usw. wurden von Autoren wie Marx (1890/1977), Durkheim (1902/1992), Simmel (1908/1983), Weber (1904/1988b) und Mead (1924-25/1987) geprägt. Eine genauere historische Erforschung sozialwissenschaftlicher Konzepte verlegt deren Entstehung zwar um ca. 100 Jahre zurück, d.h. in die Zeit um 1800 (Heilbron et al. 1998, Luhmann 1980-1995), aber dadurch wird der Befund selbst kaum geändert. Strittig bleibt lediglich, ob man eher Foucault (1966/1971) folgend von einem abrupten Bruch der Episteme oder von einem konzeptuellen Wandel im Rahmen der »Sattelzeit« (Kosellek, Vierhaus), d.h. zwischen 1750 und 1850, ausgehen sollte. Die Wurzeln der in der Sattelzeit kulminierenden semantischen Veränderungen können dabei durchaus bis in das 17. Jahrhundert zurückverfolgt werden (Magnusson 1998). Die tragenden Annahmen der Sozialwissenschaften, d.h. ihre sozialtheoretischen Konzepte, sind damit als ein integraler Bestandteil einer sich im 19. Jahrhundert verfestigenden Ordnung des Wissens zu begreifen, die zwischen zwei unterschiedlichen Wissenschaftsgruppen, den Sozial- und Geisteswissenschaften sowie den Naturwissenschaften, und den von ihnen erforschten Gegenstandsbereichen, Kultur und Natur, unterscheidet.

Einführung in das Diskursfeld

Für die Gruppe der Geistes- und Sozialwissenschaften bzw. der Kultur- und Sozialwissenschaften stellte sich in der zweiten Hälfte des 19. Jahrhunderts die Frage nach der Begründung ihres spezifischen Erkenntniszugangs zur Welt. Diese Diskussion ist als Erklären-Verstehen-Kontroverse bekannt geworden. Apel (1979) folgend lassen sich drei Phasen unterscheiden. Für die erste war die Auseinandersetzung mit der Transzendentalphilosophie Kants prägend. Das Problem war, ob und inwiefern die kritisch-erkenntnistheoretische Begründung der physikalisch-naturwissenschaftlichen Forschung, die Kant anerkanntermaßen mit der »Kritik der reinen Vernunft« (Kant 1787/1956) geleistet hatte, für alle Wissenschaften gelten sollte oder nicht. Genauer: Sollte diese erkenntniskritische Begründung von Wissenschaft nicht nur für die

Naturwissenschaften gelten, sondern auch für die im 19. Jahrhundert entstehende historisch-geisteswissenschaftliche Forschung und damit im Weiteren auch für die Soziologie? Dilthey hatte folgendermaßen argumentiert: Die Gegenstände der (Sozial- und) Geisteswissenschaften würden einen prinzipiell anderen Zugang erfordern, denn es handele sich nicht einfach um Objekte, sondern zugleich um Subjekte, die sich selbst Ausdruck verleihen würden. Die Geisteswissenschaften wären also mit einem von Subjekten hergestellten Ausdruckszusammenhang konfrontiert. Damit wird ein entscheidender Unterschied zum naturwissenschaftlichen Gegenstandsverständnis benannt: Wenn die Gegenstände selbst Subjekte sind, so stellen sie selbständig untereinander einen ausdrucksmäßig gestalteten »Lebenszusammenhang« (Dilthey) her. Ein sinnhafter Zusammenhang werde nicht erst in Form von Gesetzesannahmen an den Objektbereich herangetragen, sondern er bestehe im Objektbereich von sich aus, da er von Subjekten hergestellt wird. Dies ist auch das Argument Simmels, mit dem er die Eigenständigkeit der apriorischen Annahmen soziologischer Forschung begründet (Simmel 1908/1983: 22 f.). Über Rickert (1898/1921) vermittelt stellt sich auch Max Weber (1904/1988a, b) in diese Tradition.

Während der zweiten Phase stand das deduktiv-nomologische Modell von Hempel und Oppenheim (1948; Hempel 1959) im Zentrum der Diskussion. Auch hier war wieder die Frage, soll dieses Modell allgemein gelten, oder soll es für die sozialwissenschaftliche Forschung nicht oder nur in einem eng begrenzten Rahmen gelten? In der dritten Phase wird der Universalitätsanspruch des deduktiv-nomologischen Modells aus der Perspektive der analytischen Philosophie bestritten. Dabei werden Erklären und Verstehen im Anschluss an Wittgenstein (1977) als unterschiedliche Sprachspiele verstanden. Zu den wichtigen Autoren dieser Phase zählen Winch (1958/1966) und Wright (1971/2008) sowie Apel (1979) selbst (vgl. auch Apel, Manninen, Tuomela 1978).

Ein gemeinsames Merkmal aller drei Phasen der Erklären-Verstehen-Kontroverse besteht darin, dass die Frage im Mittelpunkt steht, ob bzw. wie mit Bezug auf die Methode des »Verstehens« ein eigenständiger Erkenntniszugang zur Welt begründet werden kann, der einer grundlegend anderen Rationalität folgt, als das an allgemeinen Gesetzmäßigkeiten orientierte Erklären. Die Differenz dieser Zugänge lässt sich für die Zwecke meiner Argumentation so zusammenfassen: ERKLÄREN heißt, dass der Beobachter einen sinnhaften Zusammenhang konstruiert, etwa im Sinne eines Kausalverhältnisses. Er beobachtet äußere Phänomene und untersucht, ob die beobachteten Elemente sich gemäß der von ihm postulierten Annahme verhalten. Die Kontrolle über die Situation wird durch die Konstruktion von Experimenten gesteigert. In diesem Fall wird eine technisch-materielle Experimentalanordnung geschaffen, in der ein Ereignis bzw. eine Abfolge von Ereignissen ausgelöst wird. Es kann dann geprüft werden, ob die ausgelösten Ereignisse gemäß der durch den Forscher postulierten Annahme stattfinden. Dies kann eine reflexive Wendung auf den Beobachter einschließen. Denn die Konstruktion des Experiments stellt einen praktischen Eingriff in das zu untersuchende Feld dar, welcher den weiteren Ablauf der zu beobachtenden Ereignisse bestimmt. Dies muss berücksichtigt werden, wenn es um die Begrenzung der Gültigkeit experimenteller Aussagen geht.[1] Im Fall von VERSTEHEN werden andere forschungsleitende Annahmen gemacht. Danach gibt es Akteure, die als ein anderes Ich erscheinen, welches seinem Inneren Ausdruck verleiht. Solche Akteure verstehen einander und bilden einen geordneten Ausdruckszusammenhang. In den früheren Fassungen des Verstehens liegt der Schwerpunkt darauf, dass der Forscher/Historiker andere Individuen versteht. Bereits bei Dilthey (1900/1924) und Misch (1929-30/1967) sowie später in der verstehenden Soziologie wird der Schwerpunkt anders gesetzt. Es geht darum, dass die Akteure des Feldes einander verstehen und in ihren wechselseitigen Bezügen Regeln hervorbringen, die ihr wechselseitiges Verstehen regulieren. Der Schwerpunkt der Analyse liegt nicht darauf, einzelne Individuen in ihrer Individualität, sondern darauf, die Regelhaftigkeit des Handlungs-, Interaktions- oder Kommunikationszusammenhangs zu verstehen. Verstehen heißt, die Regeln des wechselseitigen Verstehens zwischen den Akteuren des Feldes sinnhaft zu rekonstruieren.[2]

Die Konzentration auf die Unterscheidung zwischen Erklären und Verstehen beinhaltet vom Sachbezug her auch eine Fokussierung auf die Unterscheidung von Natur und Kultur im Sinne zweier Gegenstandsbereiche, denen zwei unterschiedliche Erkenntniszugänge entsprechen. Die Erklären-Verstehen-Kontroverse ist also implizit auch eine Auseinandersetzung über das Verhältnis von zwei Gegenstandsbereichen und eine Auseinandersetzung darum, ob der Unterscheidung zwischen Natur und Kultur universale Gültigkeit zukommt. Dazu gehört auch die Frage, gegenüber wem der verstehende Zugang angemessen ist. Das heißt: Wem bzw. welchen Gegenständen gegenüber ist es angemessen, sie zu verstehen? Bei welchen Entitäten bzw. Gegenständen handelt es

---

1 Dieses Verständnis von Erklären baut auf der Analyse des experimentellen Handelns von Wright (1971/2008) auf.
2 Vgl. hierzu Apel (1979: 15 f) sowie für die Soziologie Simmel (1908/1983: 22 f) und Schütz' Differenzierung zwischen Konstruktionen erster und zweiter Ordnung. Auch der Deutungsbegriff von Luhmann und sein Kommunikationsverständnis bauen auf einem solchen abstrakt formalen Verstehenskonzept auf. Ein Beispiel aus der neueren qualitativen Sozialforschung wären Amann/Hirschauer (1997: 19 ff.), die für die ethnographische Forschung fordern, sich maximal auf die Systematizität des Feldes einzulassen.

sich um solche, denen gegenüber ein erklärender Zugang angemessen ist?

Diese implizit in der Erklären-Verstehen-Kontroverse enthaltenen Aspekte treten seit den 1980er Jahren stärker in den Vordergrund. Wesentlich dafür waren nicht zuletzt die Arbeiten der empirischen Wissenschafts- und Technikforschung, die als ein Ergebnis zutage gefördert hatten, dass Natur und Kultur nicht als zwei ontologisch getrennte Bereiche zu begreifen seien (Latour 1991/1995). In methodologischer Hinsicht stand die Frage im Vordergrund, wie weit das Verstehen reicht. Fallen nur lebende Menschen in den Kreis derjenigen, die etwas zu verstehen geben oder gehören auch andere Wesen dazu? Gehören alle zu verstehenden Wesen in den Bereich der Kultur oder muss man Konzepte des Verstehens entwickeln, die die Natur-Kultur-Unterscheidung unterlaufen? Die Apelsche Zählung fortsetzend kann man dies als vierte Phase der Erklären-Verstehen-Kontroverse bezeichnen.

Die ersten drei Phasen zeichnen sich durch die Fokussierung auf im engeren Sinne methodische Fragen des Zugangs zur Welt aus; demgegenüber tritt in der vierten Phase ein Aspekt in den Vordergrund, der auf das Engste mit der Frage nach der Entstehung sozialer Ordnung zusammenhängt. Denn die Frage danach, wie weit Verstehen reicht, wird als Frage nach dem Akteursstatus einer Entität verhandelt. Die Frage ist also: Wer gehört zu denjenigen Entitäten, die als zu verstehende Ko-Akteure bei der Analyse der Bildung sozialer Ordnung berücksichtigt werden müssen?

Der enge Zusammenhang von methodischem Zugang und Ordnungsfrage ist offensichtlich. Ist eine Entität eine solche, deren Handlungen zu verstehen sind, oder sind ihre Bewegungen mechanisch zu erklären? Handelt es sich um eine Unterscheidung, die in jeder Situation klar und einfach zu treffen ist? Gibt es Zweifelsfälle und wie werden diese im sozialen Leben bearbeitet? Können Handlungen überhaupt auf einzelne Akteure zurückgeführt werden oder muss man nicht vielmehr von Gesamthandlungen ausgehen, zu denen einzelne Akteure und technische Artefakte unterschiedlich strukturierte Beiträge leisten? Solche Fragen werden seit den 1980er Jahren in der Wissenschafts- und Technikforschung diskutiert (Linde 1982, Latour 1991/1995, Rammert 2007). Im Dialog mit der Ethnologie (Viveiros de Castro 1998) wurde die zunächst auf den Bereich der Wissenschafts- und Technikforschung beschränkte Frage nach dem Akteursstatus generalisiert. Welche Entitäten sollen als personale Akteure in denjenigen Prozessen gelten, in denen gesellschaftlich-kulturelle Ordnungen hervorgebracht werden? Sollen nur lebende Menschen als personale Akteure dieser Prozesse gelten oder sollen auch andere Entitäten mit einbezogen werden?

Mit der Einbeziehung der Ordnungsfrage nimmt die Erklären-Verstehen-Kontroverse eine neue Wendung. Es wird in den Mittelpunkt gestellt, was bislang lediglich implizit als Problem mitgeführt wurde. Die Frage, wie weit das Verstehen reicht, war bereits von Wundt (1896: 355 f.) sowie Scheler (1912/1973) in seiner Analyse des Fremdverstehens und in Plessners Konzept der Mitwelt (Plessner 1928/1975) behandelt worden; sie war also bereits in der ersten Phase der Erklären-Verstehen-Kontroverse präsent. In der zweiten und dritten Phase wurden diese Aspekte vergessen. In der Auseinandersetzung um das deduktiv-nomologische Modell und in der Diskussion um den neuen Dualismus und die Hypothese, dass es sich bei Erklären und Verstehen um unterschiedliche Sprachspiele handele, spielte die Ordnungsfrage bzw. die Frage, welche Entitäten zu verstehen sind, keine Rolle.

Das erweiterte Ordnungsproblem

Das in der Erklären-Verstehen-Kontroverse implizit mitgeführte Ordnungsproblem, nämlich die Frage, wie weit das Verstehen reicht, und damit die Frage nach den Grenzen der Sozialwelt, wurde in den Sozial- und Geisteswissenschaften bislang kaum als ein Problem von allgemeiner Bedeutung begriffen. Im sozialwissenschaftlichen Mainstream gibt es eine deutliche Hemmung, die Frage überhaupt zu verstehen.

Die Verwendung des Wortes Ordnungsproblem ist auch missverständlich, denn in den Sozialwissenschaften gibt es spätestens seit Parsons (1937/1968) das etablierte »Hobbes'sche Problem der Entstehung sozialer Ordnung«. Dieses kann als das allgemeine Bezugsproblem der Sozialwissenschaften gelten. Es ist daher sinnvoll zu klären, wie sich das in der Erklären-Verstehen-Kontroverse lange Zeit implizit mitgeführte Ordnungsproblem vom Hobbes'schen Problem der Möglichkeit sozialer Ordnung unterscheidet. Ich untersuche die Differenzen dieser Ordnungsprobleme am Leitfaden anthropologischer Annahmen. Auf diese Weise lässt sich gut herausarbeiten, welche Bedeutung es hat, den Kreis der Akteure gesellschaftlicher Prozesse zu problematisieren.

Das Hobbes'sche Problem der Etablierung sozialer Ordnung stellt sich, wenn Menschen als aus vorgegebenen Bindungen freigesetzt angesehen werden, ohne dass ihnen eine übergreifende Macht gegenüberstünde. Die Annahme, dass es keine selbstverständlich geltende übergreifende Macht gibt, muss auch aus der Analyseperspektive gelten. Unter dieser Voraussetzung wird es zum Problem, wie eine gültige Ordnung von Menschen selbstständig hergestellt werden kann, die das aufeinander bezogene Handeln der Menschen kalkulierbar macht (Wagner 1998). Dass diese Problemlage als solche identifiziert wird, gilt als ein Kennzeichen der Umbrüche zur Moderne in Europa. Dieses Bezugsproblem wird unterschiedlich modelliert, je nachdem, ob es entscheidungs-, handlungs-, interaktions- oder kommunikationstheoretisch begriffen wird. In den jeweiligen Modellierungen werden je unterschiedliche anthropologische Annahmen vorausgesetzt.

Historisch zeichnet sich ein Trend ab, den positiven Gehalt anthropologischer Annahmen auszudünnen. In den Vertragstheorien von Hobbes (1651/1984), Locke (1689/1977) oder Rousseau (1762/1977) sowie in den frühen Arbeiten zur Nationalökonomie (Smith 1776/1978) finden sich relativ starke anthropologische Annahmen. Die Tradition positiver anthropologischer Annahmen wird gegenwärtig vor allem in Theorien der rationalen Wahl fortgesetzt. Menschliche Antriebe werden abstrakt als Bedingungen für eine methodisch kontrollierte Erforschung menschlichen Handelns angenommen (Menger 1883/2004) bzw. es werden evolutionär begründete anthropologische Annahmen gemacht (Esser 1993, 2006).[3] Andere Ansätze verzichten auf positive anthropologische Annahmen und begreifen den Menschen eher als eine Art *tabula rasa*. Es gilt durch konkrete empirische Analysen herauszuarbeiten, wie die Antriebsstruktur gesellschaftlich geformt wird. In diese Richtung gehen etwa die Studien von Marx (1844/1977, 1857-58/1974), Durkheim (1912/1984) und Weber (1920/1986). Diese Auffassung vom Menschen mündet schließlich in einen fast vollständigen Verzicht auf anthropologische Annahmen. Positive anthropologische Annahmen werden durch anthropologische Universalien bzw. die *conditio humana* ersetzt. In der philosophischen Anthropologie wurde dieser Sachverhalt als »Weltoffenheit« (Gehlen 1940/1993, Plessner 1928/1975) bezeichnet.

Während in den Vertragstheorien Menschen im »Urzustand« mit bestimmten Verhaltensmöglichkeiten vorausgesetzt werden, geht die Theorie der Weltoffenheit von der Unbestimmtheit menschlichen Verhaltens aus. Für Menschen gilt, dass sie von ihrer Natur her unbestimmt sind. Aus diesem Grunde müssen Menschen ihre eigene Antriebsstruktur künstlich mit Hilfe von gesellschaftlichen Einrichtungen wie Institutionen (Gehlen 1964/1975) oder dem generalisierten Anderen (Mead 1934/1967) selbst schaffen, um auf diese Weise künstlich ein natürliches Verhältnis zu ihrer Umwelt herzustellen (Plessner 1928/1975). Deshalb würden Menschen nicht in einer für sie natürlichen Umwelt leben, sondern in einer Wirklichkeit, die künstlich geschaffen ist.[4]

Es ist einsichtig, dass auf dieser Grundlage eine positive Bestimmung des menschlichen Wesens sowie menschlicher Umweltbezüge nicht mög-

---

3 Ich lasse es an dieser Stelle offen, ob Coleman (1990) eher im Sinne von Menger methodologisch begründete anthropologische Annahmen macht, oder eher im Sinne von Esser von evolutionär entstandenen anthropologischen Merkmalen ausgeht.

4 Für die sachlich engen Beziehungen zwischen Pragmatismus (Dewey, Mead) und philosophischer Anthropologie (Scheler, Gehlen, Plessner) vgl. Krüger (2001).

lich ist. Vielmehr zeichnet es die *conditio humana* aus, dass der Mensch sich selbst erschaffen muss. Die *conditio humana* im Sinne der philosophischen Anthropologie wird in direkter Auseinandersetzung mit kulturvergleichenden soziologischen, ethnologischen und historischen Forschungen herausgearbeitet (Gehlen 1940/1993, 1964/1975).[5] Dabei erweist sich der Mensch in doppelter Weise als ein geschichtliches Wesen, denn in die historischen Veränderungen des Umweltverhältnisses von Menschen ist auch die Veränderlichkeit ihrer Selbstdeutung eingeschlossen.[6]

Obwohl anthropologische Annahmen grundierend in sozialwissenschaftliche Theorien einfließen, findet innerhalb der Soziologie eine explizite Thematisierung anthropologischer Fragen kaum statt.[7] Entweder implizit oder explizit schließt die gegenwärtige sozialwissenschaftliche Forschung bzw. Theoriebildung aber an die Annahme an, das Wesen des Menschen sei nicht festgelegt, sondern müsse erst durch die historisch-gesellschaftliche Praxis hervorgebracht werden. Ein Beispiel für einen expliziten Anschluss an die philosophische Anthropologie wäre die Wissenssoziologie von Berger/Luckmann (1966/1980), in der die von Gehlen entwickelten Kategorien der »Weltoffenheit« und »Instinktreduktion« als fundierende Annahmen über die Natur des Menschen gelten, auf denen aufbauend spezifisch soziologische Kategorien entwickelt werden. In seinen frühen Arbeiten bezieht sich auch Luhmann positiv auf das Konzept der Weltoffenheit der philosophischen Anthropologie (Luhmann 1967/2005: 166f.) und begründet seine These der Notwendigkeit von Komplexitätsreduktion explizit anthropologisch (Luhmann 1967/2005: 147, Luhmann 1972: 31). Dieser Gedanke bleibt von seiner Struktur her auch nach der autopoietischen Wende (Luhmann 1984) erhalten.

Bei Mead (1934/1967) findet sich eine konzeptuelle Analogie. Wie Habermas (1981/1995: Kap. V, 1) gezeigt hat, führt die Entwicklung symbolvermittelter Kommunikation zu einer Außerkraftsetzung natürlicher Antriebe und zu deren gesellschaftlich-symbolischer Durch-

---

5 Die philosophische Anthropologie soll hier nur als Beispiel dienen. Andere Autoren, wie etwa Sartre (1960/1967) oder Merleau-Ponty (1945/1966) unterscheiden sich zwar hinsichtlich der Art und Weise ihres Bezuges auf empirische Forschung, aber auch sie formulieren anthropologische Aussagen als deren Reflexion.

6 Kamper (1973: 22ff.) folgert daraus, Anthropologie müsse die Versuche, einen Begriff vom Menschen zu entwickeln, reflexiv in den Blick nehmen und so die Unmöglichkeit eines Begriffs vom Menschen herausarbeiten.

7 Das heißt nicht, dass anthropologische Annahmen keine Rolle spielen würden. Honneth und Joas (1980) haben dargelegt, wie anthropologische Annahmen in gesellschaftstheoretische Argumentationen eingehen.

gestaltung. Dies entspricht von der Sache her dem Konzept der Welt-offenheit. Auch die Theorien der rationalen Wahl haben ein Analogon zur Weltoffenheit ausgebildet, insofern als deren interpretative Variante (Esser 1993, vgl. auch Greshoff 2006) annimmt, dass die relevanten handlungsleitenden Präferenzen kulturell bedingt sind. Aber bei Esser bleibt der Bezug auf Nutzenmaximierung im Sinne einer gesetzesförmig wirksamen anthropologischen Annahme unverzichtbar. Schlussendlich müssen die Ergebnisse des Verstehens in den Algorithmus der Nutzen-maximierung integriert werden.

Zusammenfassend halte ich fest:
Das zentrale Bezugsproblem sozialwissenschaftlicher Forschung bilden bislang die Unwägbarkeiten in den Beziehungen zwischen menschlichen Akteuren. Diese resultieren aus der Weltoffenheit des Menschen, wes-halb menschliche Umweltbeziehungen in eine künstliche – eine symbo-lisch vermittelte – Form gebracht werden müssen. Auf dieser Grund-lage geht es um die Analyse der Möglichkeiten von gesellschaftlicher Ordnungsbildung. Dabei wird als bekannt vorausgesetzt, für welche Entitäten sich das Problem der Weltoffenheit stellt: Das Soziale ist eine menschliche Angelegenheit, weshalb die Frage nach den in die Ord-nungsbildung einbezogenen Akteuren nicht eigens gestellt werden muss.

Die Bildung sozialer Ordnung unter den Bedingungen von Weltoffen-heit bildet das traditionelle Bezugsproblem der Sozialwissenschaften. Im Rahmen dieses Bezugsproblem haben Radikalisierungen dahinge-hend stattgefunden, dass haltgebende anthropologische Annahmen, die die frühen Vertragstheorien und gegenwärtig einige Theorien der rati-onalen Wahl auszeichnen, zunehmend aufgelöst werden zugunsten des Bezugs auf die *conditio humana* und die mit ihr gegebene Weltoffenheit. Dabei bleibt eine grundlegende Festlegung für die Sozialdimension der Ordnungsbildung erhalten. Nur lebende Menschen kommen als perso-nale Akteure in Betracht.

Die Frage nach den Grenzen des Kreises personaler Akteure schließt an diese Radikalisierung an und geht einen Schritt weiter. Sie richtet den Blick auf diejenigen Prozesse, in denen festgelegt wird, wie die Grenzen zwischen sozialen Personen und anderen Entitäten gezogen werden. Es handelt sich also um eine erweiterte Weltoffenheit. Denn es steht nicht mehr fest, wer als personaler Akteur eines strukturierten Zugangs zur Welt gelten kann. Im Weiteren unterscheide ich also zwischen einfacher und erweiterter Weltoffenheit.

Weltoffenheit und Ordnungsbildung hängen eng miteinander zusam-men. Denn Ordnungsbildung wird von den Kontingenzen her gedacht, die sich aus der Weltoffenheit ergeben. Analog zur Unterscheidung zwischen einfacher und erweiterter Weltoffenheit differenziere ich zwi-

schen dem einfachen und erweiterten Bezugsproblem der Ordnungsbildung. Das einfache Bezugsproblem der Ordnungsbildung entspricht
dem von Parsons als das Hobbes'sche Problem der Entstehung sozialer
Ordnung identifizierte Problem. Die Frage nach den personalen Akteuren gesellschaftlicher Ordnungen erweitert das Bezugsproblem sozialwissenschaftlicher Forschung in grundlegender Weise. Sie zwingt
dazu, das Ordnungsproblem in einer verallgemeinerten Weise zu stellen.
Die moderne Unterscheidung, die nur Menschen als legitime allgemein
anzuerkennende Personen berücksichtigt, ist konstitutiv an einen durch
die Natur-Kultur-Unterscheidung strukturierten Weltzugang gebunden
(Descola 2005/2011). Im Rahmen dieses Weltzugangs wird die nicht-
menschliche Natur entpersonalisiert und auch der Mensch selbst wird
in einen natürlichen und einen personalen Anteil gespalten. Der nicht-
personale Teil wird von den Naturwissenschaften zum Gegenstand gemacht, während der personale Anteil als schöpferischer Grund für die
Schaffung unterschiedlichster Kulturen gilt. Wenn der Kreis personaler
Akteure einer Ordnung als kontingent gesetzt wird, gilt dies auch für
die Natur-Kultur-Unterscheidung. Sie bezeichnet die Struktur eines historisch entstandenen Weltzugangs, die aber nicht universalisiert werden kann. Folglich muss der Entwurf einer allgemeinen Sozialtheorie es
erlauben, die Natur-Kultur-Unterscheidung als solche in den Blick zu
nehmen. Diese Unterscheidung darf also nicht vorausgesetzt werden,
sondern sie muss als eine mögliche Ordnung der Welt neben anderen
begreifbar sein.

Daraus folgt: Diejenigen Ansätze, die die Frage nach den Akteuren
gesellschaftlicher Ordnungen stellen, müssen notwendigerweise ein Angebot machen, wie die Natur-Kultur-Unterscheidung reflexiv auf Distanz gebracht werden kann. Die Festlegung der Grenzen des Kreises
sozialer Personen steht in einem konstitutiven Zusammenhang nicht
nur mit der Ordnung der gesellschaftlichen Welt, sondern auch mit der
sachlichen bzw. der raum-zeitlichen Ordnung von Phänomenen, die
den jeweiligen sozialen Personen begegnen können. Eine Sozialtheorie,
die eine umfassende Analyse von Ordnungsbildung erlaubt, kann sich
nicht auf die Ordnung des Sozialen, die Ordnung der Sozialdimension,
beschränken, sondern muss Ordnungsbildung pluridimensional begreifen. Wie sich später herausstellen wird, gilt es neben der Sozialdimension auch die Symbol- sowie die Sach-, Raum- und Zeitdimension in die
Analyse der Ordnungsbildung einzubeziehen.

2. Kritik der Ordnungskraft

Bei der Analyse der Ordnungsbildung setze ich bei den Autoren der dritten Phase der Erklären-Verstehen-Kontroverse an. Diese Autoren unterscheiden zwischen Natur und Kultur und begründen mit Bezug auf diese Unterscheidung die Möglichkeit von Kritik. Damit wird eine Funktion der Natur-Kultur-Unterscheidung deutlich, die in deren rein methodischer Bedeutung nicht aufgeht. Das emanzipatorische Erkenntnisinteresse im Sinne Apels z.B. ist ohne die Natur-Kultur-Unterscheidung nicht denkbar. Aber auch diejenigen Autoren, die versuchen, die Natur-Kultur-Unterscheidung zu unterlaufen, halten zumindest implizit daran fest, dass die Sozialwissenschaften sich kritisch auf etablierte Ordnungen beziehen müssten. Latour hat auf der Grundlage seiner Analyse der Verfassung der Moderne (Latour 1991/1995) sogar einen Verfahrensvorschlag gemacht, wie die diagnostizierten Probleme gelöst werden können, nämlich durch Einbeziehung der Dinge in die politische Repräsentation (Latour 1999/2001). Zugleich basiert ein nicht unerheblicher Teil der innerwissenschaftlichen Kritik an dem Versuch, die Natur-Kultur-Unterscheidung kontingent zu setzen, auf der Annahme, dass dadurch die Möglichkeit normativer Kritik an gesellschaftlichen Entwicklungen zerstört würde (Star 1995). Da die Möglichkeit normativer Kritik entweder implizit oder neuerdings auch wieder explizit (Boltanski 2010) für große Teile der Sozialwissenschaften relevant ist, halte ich es für angemessen, diesen Aspekt bei der Infragestellung der Natur-Kultur-Unterscheidung im Blick zu behalten. Nicht zuletzt aus diesem Grund beginne ich mit der transzendentalpragmatischen Auseinandersetzung Apels mit der Erklären-Verstehen-Kontroverse und gehe von dort aus zu den Versuchen über, die Natur-Kultur-Unterscheidung als eine mögliche Form der Ordnungsbildung neben anderen zu begreifen.

2.1. Die transzendentalpragmatische Kritik der Natur-Kultur-Unterscheidung

Wenn man die Natur-Kultur-Unterscheidung von der Erklären-Verstehen-Kontroverse ausgehend untersucht, wird sehr schnell klar, dass es sich bei dieser Unterscheidung zunächst nicht um eine ontologische handelt. Vielmehr ist diese Unterscheidung das Ergebnis der Reflexion auf die Möglichkeit unterschiedlicher Forschungsperspektiven. Der Streit um deren jeweilige Legitimität ist bis heute nicht beigelegt, weshalb die Erklären-Verstehen-Kontroverse zu den Dauerbrennern unter den sozialwissenschaftlichen Theorie- bzw. Methodendebatten gehört (Winch 1958/1966, Mantzavinos 2005, Greshoff et al. 2008).

Die transzendentalpragmatische Kritik an der Natur-Kultur-Unterscheidung wurde maßgeblich im Rahmen der zweiten und dritten Phase der Erklären-Verstehen-Kontroverse formuliert. Hempel/Oppenheim (1948) zufolge sei einzig ein erklärendes Vorgehen in der Wissenschaft legitim. Gegen diese Position wurde von Seiten der sprachanalytischen Philosophie der »neue Dualismus« (Landesman 1965/66) stark gemacht. Dieser besagt, dass die beiden Erkenntnisweisen »Erklären der Natur« und »Verstehen menschlicher Handlungen« als Sprachspiele im Sinne Wittgensteins zu begreifen seien. Danach könnten Erklären und Verstehen nicht aufeinander zurückgeführt werden, weil es sich um jeweils unterschiedliche Sprachspiele handele, die nebeneinander stehen und zueinander komplementär seien. Die Auseinandersetzung mit diesen Ansätzen bzw. deren Weiterentwicklung durch Wright (1971/2008) kennzeichnet die von Apel (1979) als dritte Phase der Erklären-Verstehen Kontroverse gekennzeichnete Debatte.

Apel selbst versucht dabei, die Position Wrights kritisch weiter zu entwickeln, indem er nicht nur die Eigenständigkeit der beiden Erkenntniszugänge herausarbeitet, sondern auch versucht, deren inneren Zusammenhang zu begründen und so die Trennung zwischen Natur und Kultur zu überwinden. Der transzendentalpragmatische Vorschlag enthält also eine doppelte Bewegung. Zum einen begründet er dem neuen Dualismus folgend die jeweilige Irreduzibilität von Erklären und Verstehen und nimmt zugleich die Trennung als solche in den Blick und arbeitet einen Bezugspunkt heraus, von dem aus die Trennung und das Aufeinanderbezogensein von Erklären und Verstehen zu begreifen sind. Diese Argumentation ist zugleich kritisch gegen Kant gerichtet, denn sie ersetzt das transzendentale Subjekt als Bedingung der Ordnungsbildung durch die Diskursgemeinschaft der Ko-Subjekte (Apel 1973).

Apel begründet die Legitimität des Verstehens, indem er Wrights (1971/2008: 71 ff.) Interpretation der Durchführung naturwissenschaftlicher Experimente aufnimmt und weiterführt. Wrights Argument ist, dass die Durchführung eines Experiments nicht begriffen werden kann, ohne die Annahme zu machen, dass jemand sinnhaft und damit verstehbar gehandelt hat. Es muss einen Experimentator geben, der eine experimentelle Anordnung aufbaut, innerhalb derer durch bestimmte Handlungen eine Konsequenz herbeigeführt wird. Ein Experiment bestehe aus einer manipulierenden Eingriffshandlung, die eine vom Experimentator im Weiteren nicht mehr beeinflusste Abfolge von Prozessen in Gang setzt. Wright unterscheidet strikt zwischen der bewirkenden Handlung und dem bewirkten Ereignis, das im Experimentalsystem[1]

---

1 Das Konzept der Experimentalsysteme wurde später von Rheinberger (1992a,b, 2007) prominent vertreten. Für Rheinberger steht dabei weniger die Arbeit der sinnhaften Konstruktion im Mittelpunkt, sondern der Sach-

Folgeereignisse nach sich zieht. Auf die Art und Weise, wie sich die Folgeereignisse vollziehen, bezieht sich die Hypothese, die eine bestimmte gesetzesmäßige Annahme über die Welt enthält und die entweder bestätigt oder widerlegt wird.

Ohne die Ausführung von Zweckhandlungen wären das Design und die praktische Konstruktion eines Experimentalsystems nicht möglich. Die rationalen Zweckhandlungen müssen als Handlungen verstanden werden, die dazu dienen, ein Experiment zur Testung einer Hypothese zu konstruieren und durchzuführen. Ohne ein Verständnis des Sinns der Handlungen wäre das Experiment sowohl für den Experimentator als auch für einen Beobachter sinnlos. Die Annahme, dass ein Experiment der Beantwortung einer wissenschaftlichen Frage dient, setzt notwendigerweise voraus, dass man eine sinnhafte Handlung unterstellt.

Wenn man die Eingriffshandlung des Experimentators, die eine von ihm im Weiteren nicht mehr beeinflusste Abfolge von Naturprozessen in Gang setzt, seinerseits als Abfolge natürlicher Ereignisse auffassen würde, ginge der Sinn des Ereignisses »Durchführung eines Experiments zur Prüfung der Hypothese« verloren. Dass es diesen Sinn gibt, ist aber die Bedingung für die Existenz einer Kausalerklärung. Denn die Konstruktion einer Kausalerklärung setzt voraus, dass es nur eine Abfolge von beobachtbaren Ereignissen gibt, die erst durch den Bezug auf die Hypothese in einen geordneten Kausalzusammenhang gebracht werden kann. Wenn der sinnhafte Zusammenhang zwischen manipulativer Handlung und experimentellem Ablauf zerstört wird, indem auch die Handlung nur als ein Naturereignis ohne Sinn begriffen wird, ginge der Sinn der Aussage verloren, dass hier eine kausale Erklärung für das Phänomen X gegeben wird. Der Vorgang würde sich auflösen in eine unverknüpfte Abfolge von Ereignissen, die nur von einem externen Beobachter des Sachverhalts »Durchführung eines Experiments« in einen sinnvollen Zusammenhang gebracht werden könnte. Daraus folgt: Wenn ein Experiment ausschließlich im Sinne des deduktiv-nomologischen Modells betrachtet würde, also ohne den Sinn der Handlungen des Experimentators zu verstehen, gäbe es für niemanden eine Kausalerklärung, sondern es gäbe lediglich eine Abfolge unzusammenhängender Ereignisse. Damit es den Sachverhalt einer Kausalerklärung geben kann, bedarf es eines verstehenden Zugangs. Das heißt, eine wissenschaftliche Untersuchung des Experimentierens bedarf eines eigenen verstehenden wissenschaftlichen Zugangs, um den wissenschaftlichen Gehalt der Durchführung von Experimenten, die Konstruktion einer Kausalerklärung, zum Gegenstand zu machen.

verhalt, dass das Experimentalsystem im Zusammenspiel von technischen und wissenschaftlichen Objekten selbst Neues erzeugt.

Diese Interpretation würde nicht dadurch in Frage gestellt, dass eine Beobachtung des Handlungsvorgangs darauf stößt, dass neurobiologisch zu beschreibende instrumentelle Bedingungen auf Seiten des Forschers vorhanden sein müssen, um eine Handlung auszuführen. Die Ausführung einer Handlung funktioniert z.B. nicht, ohne dass neurophysiologisch messbare Steuerungsprozesse ablaufen. Der Sinn der Handlung kann aber nicht auf diese messbaren Ereignisse reduziert werden. Dass es sich bei einer Körperbewegung um eine Handlung handelt, lässt sich nicht neurobiologisch erklären (vgl. auch die neuere Diskussion in Krüger 2007).[2]

Dieses Argument entwickelt Apel weiter, indem er das Leibapriori einführt. Menschen seien unhintergehbar an die Position ihres Leibes im Sinne eines sinnlichen Bezuges auf die Umwelt hier/jetzt gebunden (Apel 1975). Zugleich könne die leibliche Position auch von außen als Körper betrachtet werden. Es gibt also eine permanente Doppelperspektive: Innenperspektive des Leibes und Außenperspektive auf den Körper. Die Handlung kann nur dann gelingen, wenn ein Handelnder sich aus der leiblichen Perspektive heraus auf die Umwelt bezieht und zugleich diejenigen Zustände seines Körpers herbeiführen kann, die die instrumentelle Voraussetzung des Handelns darstellen. Die zentralnervöse Steuerung muss subjektiv so gestaltet werden, dass die entsprechenden Bewegungsabläufe ausgeführt werden können (Apel 1979: 147).[3] Der Leib selbst bildet dabei für den Handelnden unhintergehbar den Verankerungspunkt in der Welt. Dieser wird als solcher nicht durch die objektivierende neurophysiologische Messung erfasst.

Die Kausalerklärung, wie sie im Rahmen des deduktiv-nomologischen Modells verstanden wird, setzt einen unbeteiligten, von der Welt distanzierten Beobachter voraus, der eine rein theoretische Einstellung zu seinem Objekt einnimmt. Für einen solchen Beobachter weist die Welt nicht von sich aus einen Zusammenhang auf. Ein Zusammenhang wird erst dadurch gestiftet, dass durch eine Handlung ein Anfangspunkt gesetzt wird, dessen Folgen anhand eines Schemas beobachtet werden. Der Beobachter muss handelnd in die Welt eingreifen, um ein System zu konstruieren, in dem wiederholbar auf eine festgelegte Manipulation Ereignisse in einer bestimmten Weise aufeinander folgen. Der Ge-

---

2 Bei genauerem Hinsehen zeigt sich sogar, dass neurobiologische Experimente auf einem verstehenden Zugang zu ihren Forschungsobjekten, menschlichen und nichtmenschlichen Primaten, aufbauen (Lindemann 2009d).

3 Dass neurologische Prozesse subjektiv beeinflussbar sind, zeigt sich schon in Experimenten an Affen. Vgl. hierzu etwa Fetz (1969). Eine Analyse der spezifischen Reduktionen, die in der neurophysiologischen Analyse durchgeführt werden müssen, findet sich bei Lindemann (2005, 2009d).

samtzusammenhang von manipulativer Eingriffshandlung und daran anschließende Ereignisfolge und deren schematisierender Beobachtung ist die notwendige Voraussetzung für die Etablierung einer Kausalerklärung. Damit wird eine verstehende Perspektive, die die Perspektive handelnder Ko-Subjekte einführt, zur Bedingung, um die Funktionsweise eines Experiments im deduktiv-nomologischen Modell zu erfassen. Das deduktiv-nomologische Modell kann sich in seiner Funktionsweise nicht selbst begreifen. Die Ergebnisse der empirischen Wissenschafts- und Technikforschung sowie die Studien zur Wissenschaftsgeschichte stützen diese theoretische Aussage in überzeugender Weise.[4]

Das emanzipatorische Erkenntnisinteresse

Bei dieser Relationierung von Erklären und Verstehen könnte es Apel zufolge bleiben, wenn das deduktiv-nomologische Modell der Erklärung nicht unter bestimmten Bedingungen auch erfolgreich auf die Analyse menschlicher Handlungszusammenhänge angewendet werden könnte. Dieser Fall ist für Apel besonders wichtig, denn dessen Analyse führt ihn auf das »emanzipatorische Erkenntnisinteresse«. In seiner emphatischen Form, die von Apel vertreten wurde, ist der Bezug auf dieses Erkenntnisinteresse nahezu irrelevant geworden. Dennoch ist es wichtig, herauszuarbeiten was das emanzipatorische Erkenntnisinteresse auszeichnet, denn in abgeschwächter und teils kryptisch verklausulierter Form bleibt dieses Erkenntnisinteresse ein Merkmal nahezu aller Ansätze, die einen verstehenden Zugang präferieren. Wenn man einmal die Grundstruktur herausgearbeitet hat, lassen sich Spuren dieses Erkenntnisinteresses selbst bei sich antihumanistisch gerierenden Theoretikern wie Foucault nachweisen und in modifizierter Form auch in der Akteur-Netzwerktheorie.

Das emanzipatorische Erkenntnisinteresse arbeitet Apel heraus, indem er die Probleme untersucht, die sich bei der Analyse menschlicher Handlungszusammenhänge im Rahmen des deduktiv-nomologischen Modells ergeben. Dieses könne auf menschliche Zusammenhänge dann angewendet werden, wenn diese so fest institutionalisiert sind, dass sie bei den Beteiligten zu weitgehend festgelegten Verhaltensweisen bzw. Verhaltensdispositionen führen. Menschen verhalten sich unter dieser Voraussetzung so, als wären sie durch ihre gesellschaftlich geschaffene zweite Natur determiniert. Wenn man zusätzlich von der Möglichkeit der Veränderung der zweiten Natur abstrahiert, sind die Voraussetzungen für die Anwendung des deduktiv-nomologischen Modells ge-

---

4 Für die Wissenschaftsgeschichte vgl. Shapin/Schaffer (1985), für die Wissenschaftsforschung vgl. Fleck (1935/1980), Knorr Cetina (1981/1991, 2002), Garfinkel et al. (1981).

schaffen. Forschungspragmatisch sind damit die Bedingungen für einen erklärenden Zugang hergestellt. Vor dem Hintergrund der Argumentation Apels stellt diese Situation aber eine paradoxe und daher nicht dauerhaft stabilisierbare Situation dar.

Um eine Kausalerklärung sinnvoll konstruieren zu können, muss sich die Forscherin selbst als eine frei Handelnde begreifen, sonst könnte sie den Sinnzusammenhang der Kausalkonstruktion und das entsprechende Forschungsdesign nicht entwickeln. Die Konstruktion der Kausalerklärung (und evtl. des entsprechenden Experiments) erfolgt notwendigerweise verständigungsorientiert – mit anderen Forscherinnen. Diese Gruppe von Menschen nimmt für sich in Anspruch, das Handeln anderer Menschen im Sinne einer gesetzmäßig zu rekonstruierenden Abfolge von Ereignissen zu modellieren. Damit wird im Verhältnis zu den Beobachteten ein Subjekt-Objekt-Verhältnis realisiert. Da es sich auf beiden Seiten des Verhältnisses – also sowohl auf der Objekt- als auch auf der Subjektseite – um Menschen handelt, stellt sich die Frage, wie die Forschenden sich dabei verstehen. Es gibt zwei Möglichkeiten: (1.) Die Forscherinnen begreifen ihre eigene Praxis einschließlich ihres verständigungsorientierten Handelns ebenfalls als ein nur zu erklärendes Phänomen. (2.) Die Forscherinnen begreifen zwar ihr eigenes Tun als eine zu verstehende Praxis, aber das Handeln der Menschen auf der Objektseite als eine natürliche nur zu erklärende Abfolge von Ereignissen, die äußerlich durch eine Hypothese in einen Kausalzusammenhang gebracht werden kann.

1. Szientismus/Selbstobjektivierung/Selbstnaturalisierung: Die erste Position stellt für Apel einen naiven Szientismus dar, den er etwa Skinner unterstellt. Apel zufolge gerät diese Position in eine Paradoxie, denn die Konstruktion einer Kausalerklärung setzt notwendigerweise voraus, dass es Handelnde gibt, die Manipulationen in der Welt vornehmen und auf der Grundlage dieser Manipulation erwarten, dass ein bestimmtes Ereignis eintritt. Tritt das Ereignis ein, ist die Hypothese über einen bestimmten gesetzmäßigen Zusammenhang bestätigt. Wenn die Forscherinnen verneinen, dass sie es sind, die diese Manipulation vornehmen, die Erwartungen haben, bzw. die Daten auf die Hypothese beziehen, stellt sich die Frage, wer es dann war. Wenn es niemand war, gab es nur eine Abfolge von Ereignissen, aber keine Hypothese über einen gesetzmäßigen Zusammenhang, die geprüft werden soll (Apel 1979: 287).

2. Subjekt-Objekt-Trennung innerhalb der Subjektgruppe: Wenn die zweite Version das Selbstverständnis der Forschenden charakterisiert, stellt sich die Frage nach der Legitimität der Aufteilung der Menschen in zu verstehende Ko-Subjekte und zu erklärende Objekte. Diese Trennung sei im Sinne einer dauerhaften Aufteilung von Menschen letztlich nicht zu rechtfertigen. Denn im Prinzip seien alle

Menschen zu verstehende Ko-Subjekte. Die Verfestigung spezifischer Handlungsdispositionen zu einer zweiten Natur, die Erklärungen ermöglicht, würde im Fall des Menschen dessen wahrer Natur nicht gerecht. Dieser würde es entsprechen, sich in der kommunikativen verständigungsorientierten Auseinandersetzung mit Ko-Subjekten selbst zu bestimmen. Die Aufspaltung von Menschen in Subjekte und Objekte ist demnach nicht dauerhaft aufrechtzuerhalten.

Ausgehend von diesen Paradoxien legt die transzendentalpragmatische Reflexion ein drittes Erkenntnisinteresse frei, das »emanzipatorische Erkenntnisinteresse« (Apel 1979: 301). Die Notwendigkeit, dieses Erkenntnisinteresse einzuführen, ergibt sich daraus, dass im Fall der Erklärung menschlicher Handlungszusammenhänge auf die gesellschaftlich hergestellte zweite Natur des Menschen, die menschliche Quasi-Natur, zurückgegriffen werden müsse. Diese falle aber nicht mit der wahren Natur des Menschen zusammen. Auch unter den Lebensbedingungen moderner Industriegesellschaften sei es unvermeidlich, dass institutionelle Zusammenhänge menschliche Handlungen derart festlegten bzw. feste Handlungsdispositionen erzeugten, dass ein erklärender Zugang unter Zugrundelegung einer Quasi-Natur legitim sei. Zugleich dürfe eine solche Forschung aber nie das letzte Wort sein. Vielmehr gelte es, die unbewussten Determinationen durch verstehende Analysen wieder aufzulösen und so die Voraussetzungen für eine Veränderung der gesellschaftlichen Situation zu schaffen. Die transzendentalpragmatische Reflexion eröffnet so die Möglichkeit, auf wissenschaftlicher Basis eine emanzipatorische politische Praxis anzuleiten. Diese bleibe allerdings nur solange emanzipatorisch, wie sie sich einer Kritik im Sinne einer diskursiven Kontrolle durch Ko-Subjekte stelle (Apel 1979: 300 ff.).

Das dritte Erkenntnisinteresse zielt auf eine praktische Überwindung des Gegensatzes von Natur und Kultur, indem die verdinglichte zweite Natur der Menschen, ihre Quasi-Natur, zunehmend in eine verstehbare diskursive Handlungspraxis überführt wird. Diese ermöglicht gesellschaftliches Lernen und verantwortungsvolles gesellschaftliches Handeln, das äußere Zwänge entweder beseitigt oder aber die Notwendigkeit handlungsbegrenzender Normen einsieht und den Normen daher aus freier Einsicht heraus folgt.

Obwohl nicht alle verstehenden Sozialwissenschaften das im emanzipatorischen Erkenntnisinteresse angelegte emphatische Modell gesellschaftlichen Lernens teilen, so kennzeichnen andere Merkmale des emanzipatorischen Erkenntnisinteresses doch einen generellen Zug der verstehenden Sozialwissenschaften. Die allgemein geteilte Rumpfform des emanzipatorischen Erkenntnisinteresses formuliert – zumeist implizit – eine Kritik an kategorisierenden Festlegungen von Menschen, die diese zu Agenten von kulturellen Normen machen. Darin steckt implizit die normativ-emanzipatorische Annahme, dass Menschen grundsätzlich nicht bzw. nicht nur als Objekte von Wissens- bzw. Machtpraktiken behandelt werden sollten. Eher sollten Menschen als agierende, aushandlungsfähige, wenn nicht gar handlungsfähige Subjekte anerkannt werden. Garfinkels Parsonskritik, die die Reduktion von Menschen auf Ausführungsorgane kultureller Werte, auf »kulturelle Deppen« (Garfinkel 1967) in den Blick nimmt sowie die ethnomethodologisch bzw. alltagssoziologisch oder symbolisch-interaktionistisch inspirierte Wissenschafts- und Technikforschung setzen Menschen in die Position von Akteuren, die Ordnung schaffen, wobei alle Beteiligten aktiv in die Ordnungsbildung einbezogen sein sollten. Foucaults Kritik von Macht und Disziplin speist sich ebenfalls aus dieser Quelle. Die Analyse der Unterwerfung von Menschen unter Macht- und Disziplinarordnungen erweist sich wie von selbst als eine Kritik dieser Ordnungen (Lindemann 2003). Diese Analysen bearbeiten von ihrer inneren Logik her die Paradoxien des Subjekt-Objekt-Verhältnisses, die sich ergeben, wenn Menschen andere Menschen zu Objekten zu machen suchen. Solche Analysen verweisen damit zumindest indirekt auf das emanzipatorische Erkenntnisinteresse als ihre Grundlage.

Die Möglichkeit emanzipatorischer Kritik ist allerdings daran gebunden, dass bekannt ist, wer als Subjekt zu gelten hat. Denn nur unter dieser Voraussetzung kann ein Beobachter und Interpret gesellschaftlicher Verhältnisse paradoxe Subjekt-Objekt-Verhältnisse identifizieren. Den Kreis sozialer Akteure kontingent zu setzen, könnte also grundlegend die Möglichkeit emanzipatorischer Kritik beschädigen. Die Hitzigkeit der Diskussion um diese Frage in der Wissenschafts- und Technikforschung lässt sich nur vor diesem Hintergrund begreifen (vgl. Collins/Yearley 1992a,b). Susan L. Star (1995) hat ihre Kritik an der Erweiterung des Kreises möglicher Subjekte über die Menschen hinaus unter die Überschrift gestellt: »Why I am not a nazi«. Gemeint ist, dass man die verdinglichende Kategorisierung von Menschen nicht mehr kritisieren könne, wenn man auch nicht-menschliche Wesen (Katzen, technische Artefakte usw.) als handelnde Akteure begreifen würde.

Insgesamt lässt sich festhalten, dass in der handlungszentrierten Transzendentalpragmatik das Subjekt des Ordnenkönnens die von Ko-Subjekten gebildete Kommunikationsgemeinschaft darstellt. Es scheint so, als könnten nur lebende Menschen als kommunikative Ko-Subjekte integriert werden.[5] Die klare Definition der Grenzen der Kommunikati-

---

5 Bezogen auf eine mögliche Erweiterung des Kreises der zu Verstehenden findet sich bei Apel allerdings eine Art Ausrutscher – eine schwer einzuordnende Passage. Auf der Ebene der »Naturwissenschaften (zumindest der Physik) ... hatte man sich damit abzufinden, dass dem (in der archaischen Magie wohlbelegten) Verständigungsinteresse zumindest in der anorga-

onsgemeinschaft ist die Bedingung für die praktische Wirksamkeit eines emanzipatorischen Erkenntnisinteresses. Dies gilt nicht nur für das auf gesellschaftliches Lernen zielende starke emanzipatorische Erkenntnisinteresse im Sinne Apels, sondern auch für dessen schwache bzw. kryptische Version, bei der es lediglich um die Kritik daran geht, dass Menschen zu Objekten gesellschaftlicher Strukturen gemacht werden. Wenn das Subjekt der Kritik wie bei Apel im Sinne einer rational sich selbst kritisierenden Kommunikationsgemeinschaft gedacht wird, stellt sich die Frage, ob dieses Subjekt fraglos universalisiert werden kann. Denn bereits der Anspruch, bestehende Ordnungen rational zu kritisieren, stellt aller Wahrscheinlichkeit nach ein Merkmal der Moderne dar. Wenn man diesen Maßstab universalisieren würde, gäbe es in vormodernen Gesellschaften bestenfalls unentwickelte Vorläufer. Damit verunmöglicht es das Modell der rationalen Erkenntniskritik bzw. der rationalen Kritik von Erkenntnisansprüchen, unterschiedliche Ordnungen als gleich möglich zu begreifen, denn sie erhebt die durch die Moderne ermöglichte rationale Selbstkritik zum Maßstab, an dem andere Ordnungen der Welt gemessen werden.

2.2. Das erweiterte Ordnungsproblem in der Wissenschafts- und Technikforschung

Die empirische Wissenschafts- und Technikforschung hat eine Fülle empirischer und theoretischer Studien hervorgebracht, die durchgängig die These weiter ausarbeiten und belegen, dass wissenschaftliche Forschung nur zu begreifen ist, wenn sie als handlungs- bzw. interaktionsbasiert

nischen Natur kein ontisches Korrelat methodologisch kontrollierbarer Erkenntnisleistungen entspricht, dass dagegen der Verzicht aufs ›Verstehen‹ zugunsten der Kausalerklärung gemäß Gesetzeshypothesen den sicheren Gang progressiver Wissenschaft ermöglicht.« (Apel 1979: 284)
Im Gesamtkontext von Apels Argumentation ist diese Passage rätselhaft, denn sie unterläuft die klare Grenze zwischen Natur und Kultur anhand der methodologischen Differenz von Erklären und Verstehen. Die Ausschließlichkeit des Erklärens wird hier tendenziell auf die anorganische Natur beschränkt. Es wird offen gelassen, ob ein verständigungsorientiertes Erkenntnisinteresse, das sich am Verstehen ausrichtet, sinnvoll auf die organische Natur ausgeweitet werden kann. Denn ausgeschlossen wird es dieser Argumentation Apels zufolge nur für die anorganische Natur. Apel verfolgt diesen Weg nicht weiter. Die Modifikation des Umfangs des Kreises derjenigen Entitäten, die zu verstehen sind, wäre von gravierender Bedeutung mit Bezug auf das dritte Erkenntnisinteresse. Denn dieses behandelt die Paradoxien, die sich daraus ergeben, dass Entitäten, die zu verstehen sind, denen also ein Subjektstatus zukommt, als Objekte behandelt werden.

begriffen wird. Flecks (1935/1980) Studie über die »Entstehung und Entwicklung einer wissenschaftlichen Tatsache« gilt als Klassiker einer Forschungsrichtung, die auch die Unterscheidung zwischen wahrem und falschem Wissen als eine aus Handlungszusammenhängen heraus versteh- und erklärbare Differenzierung begreift. Diese Radikalität ging in der Wissenschaftsforschung zunächst verloren und wurde erst später, in den 1970er Jahren, wieder erreicht (vgl. Heintz 1993a). Eine wichtige Wendemarke stellte hierbei das »strong program« (Bloor 1976/1991) dar. Dieser Ansatz entfernte sich von der im anglo-amerikanischen Raum dominanten Soziologie der Wissenschaftler, ihrer handlungsleitenden Interessen und Wertorientierungen (Merton 1985) und stellte die Forderung auf, dass auch der kognitive Kern der Wissenschaft zum Gegenstand soziologischer Forschung gemacht werden müsse. Damit wird die Unterscheidung zwischen wahrem und falschem Wissen symmetrisch behandelt. Der Hauptstrom der Wissenschaftssoziologie hatte bis dahin die Entstehung wahren Wissens als eine genuin wissenschaftliche Angelegenheit betrachtet. Soziale Faktoren wurden nur dann ins Spiel gebracht, wenn es um als falsch eingestuftes Wissen ging. Dieses wurde auf soziale Ursachen zurückgeführt, während dasjenige Wissen, das nach aktuellem Stand als wahr galt, als ein Erzeugnis reiner Wissenschaft betrachtet wurde. Wenn auch die Unterscheidung zwischen wahrem und falschem Wissen als eine genuin soziologische Frage gilt, wird diese Unterscheidung auf soziale Prozesse zurückgeführt (Bloor 1976/1991). Damit wird auch der kognitive Kern wissenschaftlichen Wissens wieder als handlungs- bzw. interaktionsbasiert verstanden.[6]

Nahezu alle Felder wissenschaftlichen Wissens einschließlich der theoretischen Physik (Merz, Knorr Cetina 1997) und der Mathematik (Heintz 2000) sind auf diese Weise untersucht worden. Dabei tritt zunehmend die Frage nach der Bedeutung der Dinge in den Vordergrund, d.h. die Frage nach der Bedeutung der untersuchten Entitäten bzw. der im Experiment verwendeten Apparaturen und der durch sie erzeugten Inskriptionen. Pickering untersucht diese Aspekte am Beispiel der modernen Teilchenphysik und den dort verwendeten experimentellen Verfahren. Dabei geht es ihm insbesondere um den aufwändigen

---

6 Dass und inwiefern wissenschaftliches Handeln ein verstehbares Handeln ist, wird auch dadurch verdeutlicht, dass Wissenschaft in einem normativen Rahmen stattfindet, der sich ebenfalls nicht eindeutig vom kognitiven Kern wissenschaftlichen Wissens trennen lässt. Ethische, rechtliche und politische Diskurse bleiben dem harten Kern der Wissenschaft nicht äußerlich, denn sie bestimmen auch das wissenschaftliche Forschungshandeln und sind so bestimmend für die wissenschaftlichen Forschungsergebnisse (Hauskeller 2004, Jasanoff 2005).

Prozess, in dem Messverfahren, -apparaturen und Theorien aufeinander abgestimmt werden müssen, um zu konsistenten Ergebnissen zu gelangen (Pickering 1993). In der philosophischen Analyse schien es so, als gäbe es am Anfang des Experiments einmalig manipulative Handlungen, auf die Ereignisse folgen, die nicht direkt durch die Handlung hervorgerufen wurden. Empirisch lässt sich zeigen, dass dieser Zustand erst am Ende einer langwierigen Konstruktionsarbeit hergestellt ist. Die Unterscheidung zwischen der manipulativen Eingriffshandlung und den durch sie ausgelösten Folgeereignissen ist erst dann möglich, wenn im Alltag wissenschaftlichen Handelns Theorien, Apparaturen und Experimentalergebnisse füreinander passend gemacht worden sind (Pickering 1993).

Das erweiterte Ordnungsproblem als Folge der Ausdehnung des Verstehens

Die Hinwendung zur alltäglichen Kleinarbeit der wissenschaftlichen Forschung stellt zunehmend die Bedeutung der Dinge – der Forschungsapparaturen und Forschungsgegenstände – in den Vordergrund (Woolgar/Latour 1979, Garfinkel et al. 1981, Collins 1985, Knorr Cetina 1981/1991, Lynch 1988). Es stellt sich die Frage, wie man von intentionalem Handeln sprechen kann, wenn sich zeigt, dass Handeln durch die Vorgaben materieller Experimentalsysteme bestimmt wird, an denen in mühevoller Kleinarbeit Änderungen vorgenommen werden, die weniger geplant als durch Versuch und Irrtum entwickelt werden. Weiterhin würden die Wissenschaftler in der Selbstbeschreibung ihrer Praxis den Dingen selbst einen Akteursstatus zuschreiben (Callon 1986). Wenn die Dinge in den Beschreibungen von Wissenschaftlern als Akteure auftauchen, müsse dann nicht auch die soziologische Analyse den Akteursstatus erweitern (Callon/Latour 1992)? Soll es soziale Beziehungen nur mit Menschen geben – oder müsse man nicht vielmehr auch von »Objektsozialität«, d.h. sozialen Beziehungen zu Objekten, ausgehen (Knorr Cetina 1998)?

Mit der Problematisierung des Status der Objekte berührt die Wissenschafts- und Technikforschung den kritischen Punkt des emanzipatorischen Erkenntnisinteresses. Denn auf diese Weise wird die Subjekt-Objekt-Paradoxie auf nichtmenschliche Akteure ausgedehnt. Methodisch gibt es drei Möglichkeiten, mit dem Problem umzugehen.

1. *Wenn das Verstehen auf nichtmenschliche Entitäten ausgedehnt wird, hat dies zur Konsequenz, dass es nur noch zu verstehende Subjekte und keine Objekte mehr gibt. Diese Ausdehnung des emanzipatorischen Erkenntnisinteresses führt dazu, dass nicht mehr sinnvoll zwischen Natur (=Erklären) und Kultur (=Verstehen von Ko-Subjekten) unterschieden werden kann. Keine Entität sollte zum Objekt*

gemacht werden, vielmehr sollte jede Entität in die sich emanzipierende Kommunikationsgemeinschaft einbezogen werden. Diese Perspektive berücksichtigt durchaus, dass es Zustände gibt, in denen Entitäten nicht den Status eines Subjekts haben. Dass es sekundäre Trennungen zwischen Subjekt und Objekt in der Forschung gibt, hatte bereits Apel gezeigt (s. o.), dies aber auf die Menschen beschränkt. Dies wird von einigen Autorinnen in der Wissenschafts- und Technikforschung auf alle jeweils beteiligten Entitäten ausgedehnt. Auch hier sei die Trennung zwischen Subjekt und Objekt nur sekundär hergestellt – eine reinigende Spaltung des eigentlich umfassenderen Kreises möglicher Subjekte. Wie bei Apel wird auch hier normativ gefordert, dass solche Zustände nicht als auf Dauer gestellt zu betrachten seien. Es ist die Aufgabe der vom emanzipatorischen Erkenntnisinteresse geleiteten Forschung die aktuell geltenden Zustände als gemacht und damit als veränderbar zu analysieren. Zumindest als utopisches Fernziel gilt es, die Partizipation aller an der Kommunikationsgemeinschaft der Ko-Subjekte zu sichern.

2. *Szientifische Auflösung der Subjekt-Objekt-Paradoxie.* Diese Lösung verzichtet auf die Annahme, dass in verstehbarer Weise sinnhaft gehandelt wird. Es gibt keine handelnden Subjekte, sondern nur von außen zu beobachtende Ereignisse. Dies entspricht der oben von Apel als szientifisch skizzierten Position. Wie sich gezeigt hat, gäbe es in einer solchen Welt keine Kausalerklärung, denn der Handlungsbezug entfiele. Es gäbe nur eine beobachtbare und beschreibbare Abfolge von Ereignissen.

3. *Transformation des kontradiktorischen Subjekt-Objekt-Gegensatzes in einen polaren Gegensatz zwischen natürlicher Wirksamkeit und intentionalem Handeln/verstehbarer Interaktion.* Dies führt zu einem gestuften Konzept, das Erklären und Verstehen in einen polaren Gegensatz mit Abstufungen bringt. An einem Ende des Kontinuums findet sich die rein mechanische Wirksamkeit und am anderen Ende das intentionale Handeln bzw. die zu verstehende personale Interaktion/Kommunikation. Im Rahmen eines solchen Konzepts muss die Methodologie des Verstehens modifiziert werden und bisher als natürlich geltende Entitäten bzw. Vorgänge müssen als einem Verstehen zugänglich begriffen werden. Dadurch wird die bislang gültige Gleichung Natur=Erklären aufgehoben. Diese Option schließt ein, das Verstehen konzeptuell zu differenzieren, das Verstehen im Rahmen personaler Verständigung muss von anderen Formen des Verstehens unterschieden werden. Es bleibt aber die offene Frage, wie der Kreis derjenigen eingegrenzt werden kann, die personal zu verstehen sind. An der Beantwortung dieser Frage entscheidet sich, ob das emanzipatorische Erkenntnisinteresse als universal gelten kann.

Der Ansatz der Akteur-Netzwerk-Theorie (ANT) stellt eine Kombination dieser Möglichkeiten dar, wobei die erste Möglichkeit gleichsam den umfassenden Rahmen darstellt, von dem aus die beiden anderen Möglichkeiten ins Spiel gebracht werden. Primär ist also, dass jeder Entität die Möglichkeit zukommt, für sich bzw. für andere sprechen und damit ein verstehbares Subjekt sein zu können (Latour 1984/1988: 160). Zugleich wird die Bedingung dafür, Mitglied eines Kollektivs und damit ein vertretbares Subjekt sein zu können, im Sinne eines flachen Handlungsbegriffs formuliert. In diesem Sinn heißt zu handeln, eine Wirkung in einem Netzwerk erzeugen zu können (Callon/Latour 1992). Dieser Handlungsbegriff verzichtet darauf, Handeln oder Interaktion mit Bezug auf eine verstehbare Intention zu begreifen. Es gibt vielmehr nur eine Abfolge von Ereignissen, wobei jeweils ein Folgeereignis als Wirkung des Vorgängerereignisses begriffen wird. Eine solche Reduktion von Handlungen auf eine Abfolge beobachtbarer Ereignisse ohne sinnhaften Zusammenhang entspricht derjenigen Weltkonzeption, die Apel als szientifische Auflösung der Subjekt-Objekt-Paradoxie beschrieben hat. Die Gradualisierung des Handelns bzw. Verstehens und Wirkens (Möglichkeit 3) wird von der ANT lediglich gefordert, aber nicht selbst konzeptuell eingelöst.

Die hohe Bedeutung der ersten Lösung der Erweiterung des Kreises möglicher Akteure führt im Weiteren dazu, dass sich Latour das erweiterte Ordnungsproblem stellt. Wie stark Latour vom emanzipatorischen Erkenntnisinteresse getrieben wird, zeigt seine Darstellung der Bedeutung der Wissenschaftsforschung für das, was er später als die allgemeine Sozialtheorie der ANT bezeichnet, die er in »Eine neue Soziologie für eine neue Gesellschaft« (Latour 2005/2007) formuliert. In diesem Buch beschreibt er die elitär objektivierende Forschung der Soziologie, die nach unten aufklärend wirkt, indem sie Gläubige, Politiker usw. darüber informiert, welche sozialen Ursachen hinter ihrem Handeln stecken. »Auch wenn die Soziologen oft das Gegenteil behaupten, ihre Forschung ging stets nach unten …« (Latour 2005/2007: 168). Die Forscher nehmen für sich einen Subjektstatus in Anspruch, von dem aus das Verhalten von Objekten sozial erklärt werden solle. Die Kritik der Objekte konnte überhört werden.[7]

---

7 Latours Verwendung des Wortes »erklären« ist in diesem Zusammenhang nicht besonders glücklich. Denn er wendet sich damit gegen Forschungen, die vielleicht Ursachen angeben, aber nicht Erklärungen im Sinne des deduktiv-nomologischen Modells liefern. Die Wissenschafts- und Technikforschung, die Latour hier kritisiert, weist selbst einen verstehenden Zugang zur wissenschaftlichen Forschungspraxis auf. Gerade deshalb werden technische Artefakte ja nicht berücksichtigt.

Diese Situation ändert sich durch die Wissenschaftsforschung, denn jetzt wird nach oben bzw. auf Augenhöhe geforscht. Der Anspruch, die Anerkennung von Aussagen als wissenschaftliche Wahrheit auf soziale Gründe zurückzuführen, hätte nicht nur Widerspruch von Seiten der Forschungsobjekte hervorgerufen, sondern dieser Widerspruch hätte auch gehört werden müssen, denn er erfolgte im Namen der Wissenschaft, der sich auch die Soziologie zurechnet. Damit ist die Soziologie in eine Auseinandersetzung mit Ko-Subjekten über die Gültigkeit ihrer Forschung verstrickt. Aus dem Subjekt-Objekt-Verhältnis zu den Erforschten ist das Subjekt-Subjekt-Verhältnis von Debattenteilnehmern geworden.

Die neuen Ko-Subjekte, die WissenschaftlerInnen und TechnikerInnen, berichten zugleich von anderen Entitäten, die ebenfalls zu berücksichtigen seien: Viren, Bakterien, Peptide, Neutronen, Elektronen usw. Diese Entitäten seien unverzichtbarer Bestandteil der Wissenschaft, deshalb, so Latour, müssten sie zu den Entitäten gerechnet werden, die insgesamt das »Soziale der Wissenschaft« ausmachen. Dieses neue Soziale bezeichnet Latour als »Kollektiv« (Latour 2005/2007: 424). Der Grundansatz Latours bzw. der ANT besteht darin, nicht selbst festzulegen, welche Entitäten als handelnde Akteure, also als Ko-Subjekte, in Frage kommen, sondern dies »sollte den Akteuren selbst überlassen bleiben« (Latour 2005/2007: 45). Dies entspricht voll und ganz einem verstehenden Zugang zur Welt, der darauf verzichtet, die Welt im Vorhinein zu definieren, sondern versucht, die Welt so zu nehmen, wie sie sich den Akteuren darstellt und darauf aufbauend Interpretationen einer interpretierten Welt vorzunehmen (vgl. Schütz 1973a, Garfinkel 1967, 2002).

Latour (1984/1988), Callon (1986) oder Law (1986) gehen allerdings einen Schritt weiter. Sie nehmen die Beschreibungen über die Beteiligung nichtmenschlicher Entitäten im wörtlichen Sinn ernst und schließen daraus, dass diese in der gleichen Weise an der Ausführung gesellschaftlicher Handlungen beteiligt seien wie menschliche Akteure. Folgerichtig werden Konzepte wie »Übersetzung«, »Interessierung« und »Involvierung« sowohl für das Verhältnis menschlicher Akteure untereinander als auch für das Verhältnis von menschlichen und nichtmenschlichen Akteuren angewendet. Wenn Callon (1986) untersucht, wie die Ansiedlung von Jakobsmuscheln in einer Region der französischen Atlantikküste erfolgt, werden Wissenschaftler, Fischer, Jakobsmuscheln, Meeresströmungen und andere nichtmenschliche Entitäten zu gleich zu behandelnden Entitäten. Es ist nie im Vorhinein abzuschätzen, welche Entitäten als Akteure in ein Netzwerk involviert werden. Entscheidend ist, dass es einem Akteur gelingt, einen anderen Akteur zu interessieren.

»Interessierung« beschreibt Callon (1986: 207 ff.) als ein Dreieck: Entität A formt und konsolidiert eine Verbindung zu B und versucht zugleich Bs Verbindung zu anderen Entitäten C zu schwächen. Die Verbindung zwischen A-B-C stellt das »Dreieck der Interessierung (triangle of interessement)« (Callon 1986: 208) dar. Eine gelungene »Übersetzung« ist die Voraussetzung für As Erfolg. Das heißt etwa, dass Wissenschaftler, die eine bestimmte Art von Jakobsmuscheln an der französischen Küste ansiedeln wollen, ihre Forschungsinteressen in die Interessen der Muscheln und in die Interessen der örtlichen Fischer übersetzen müssen. Nur unter dieser Voraussetzung kann es gelingen, diese Entitäten dauerhaft in ein Netzwerk zu involvieren. Das gleiche analytische Vokabular findet Anwendung, wenn Latour beschreibt, wie ein Atomwissenschaftler seine Forschungsinteressen in die Interessen von Politikern an einer machtvollen Waffe übersetzen muss, um diese dazu zu bewegen, ihm die Mittel für den Bau eines Forschungsreaktors zur Verfügung zu stellen (Latour 2000: Kap. 3).

Diese Auffassung vom Sozialen als einem aus stabilisierten Netzwerken zusammengesetzten Kollektiv bildet die Grundlage für Latours Kritik der Ordnung der Moderne. Diese unterscheide sich von nichtmodernen Ordnungen nicht grundsätzlich. Sowohl für diese als auch für jene gelte, dass Ordnungen nichts anderes seien als strukturierte Assoziationen von menschlichen und nichtmenschlichen Entitäten. Deshalb gilt: »Wir sind nie modern gewesen« (Latour 1991/1995). Das Besondere der Moderne bestünde lediglich darin, dass zugleich behauptet würde, es gäbe eine strenge Trennung zwischen Natur und Kultur, zwischen Menschen und nichtmenschlichen Entitäten. Die behauptete Trennung hätte es den Modernen ermöglicht, die Verbindungen zwischen den Menschen und den Nichtmenschen hemmungslos zu vervielfältigen. Die Basis technischer Macht, die die Moderne auszeichnet, resultiert also aus einer Art falschem Bewusstsein über den tatsächlichen Ablauf der Bildung von Assoziationen. Die Heilung dieses falschen Bewusstseins bestehe darin, alle Mitglieder des Kollektivs als Ko-Subjekte zu repräsentieren (Latour 1999/2001).

Damit das Sprachspiel der Emanzipation der Dinge funktioniert, wird es um ein anderes ergänzt, das der zweiten Lösung der Subjekt-Objekt-Paradoxie Apels entspricht, der szientifischen Selbstobjektivierung. Callon behauptet nicht, dass eine Meeresströmung in einem anspruchsvollen Sinn handelt. Genauso wenig wie Latour behauptet, dass Mikroben in dem Sinne handeln, wie etwa Max Weber von Handlungen spricht. Die Dinge entfalten Wirkungen. Um alle Wirkungen in gleicher Weise berücksichtigen zu können und auch nicht die kleinste von ihnen ausschließen zu müssen, schlagen Callon und Latour vor, eine »symmetrische Metasprache« (Callon/Latour 1992: 354) zu verwenden. In dieser Beschreibungssprache gelten all jene Entitäten als

Akteure bzw. Aktanten, die eine Wirkung entfalten können. Ein Mitglied des Netzwerks ist, wer Wirkungen entfalten kann, die für den Zusammenhalt des Netzwerks wichtig sind. Dies trifft auf Muschelfischer und Wissenschaftler ebenso zu wie auf Meeresströmungen, denn auch letztere müssen berücksichtigt werden, wenn die Jakobsmuscheln erfolgreich angesiedelt werden sollen. Sind sie zu stark, wird der Versuch misslingen (Callon 1986).

Es ist nachvollziehbar, dass Callon und Latour es vermeiden möchten, von vornherein intentionales Handeln für Menschen zu reservieren. Es ist aber nicht einleuchtend, warum sie überhaupt darauf verzichten, den Handlungsbegriff konzeptuell zu differenzieren (Callon/Latour 1992). Wahrscheinlich sehen sie die Gefahr, dass jede weitergehende Differenzierung die Gleichheit der neuen Ko-Subjekte gefährden würde. Die symmetrische Metasprache stellt die Welt als eine dar, in der es konzeptuell nur noch um die Entfaltung von Wirkungen geht. Intentionales Handeln bzw. sinnhafte Interaktion konzeptuell zu berücksichtigen wird als problematisch abgelehnt. Die Vermittlung zwischen dem Sprachspiel der Subjekte und demjenigen der wirkenden Objekte erfolgt im Rahmen des emanzipatorischen Sprachspiels, denn dieses soll es erlauben, die stets reversible Positionierung von Sprechern und damit die Verteilung von Subjekt und Objektpositionen zu untersuchen. Sprecher gibt es nur im Rahmen eines Netzwerks und jede Sprecherposition beinhaltet, dass andere zum Schweigen gebracht worden sind (Latour 1984/1988: 160).

Es scheint so, als sei die erfolgreiche Bildung eines Netzwerks zweistufig angelegt. Es müssen erstens aufeinander bezogene Wirkungen entfaltet und dieser Zusammenhang muss zweitens als solcher beschrieben werden. Die Beschreibung eines Netzwerks stellt dieses als einen Zusammenhang dar, dessen Elemente in einer sinnhaften Weise aufeinander bezogen sind. Diejenigen, die die Sprecherposition innehaben, beschreiben die Positionen aller beteiligten Entitäten und bringen dadurch zumindest einige von ihnen zum Schweigen. Die anspruchsvollere Tätigkeit der sinnhaften Beschreibung von Netzwerken darf aber nicht verwechselt werden mit dem basalen Kriterium für den Zugang zum Netzwerk, das insgesamt sinnhaft zu verstehen ist. Das Kriterium besteht lediglich darin, eine Wirkung entfalten zu können. Die Beschränkung auf ein basales Kriterium ermöglicht das Festhalten an der Gleichheit aller Beteiligten. Damit sind die Dinge in die Struktur des emanzipatorischen Erkenntnisinteresses und seine Auflösung der Subjekt-Objekt-Paradoxie einbezogen.[8]

8 Es scheint so, als ob die ANT mit dieser Wendung dasjenige vorweggenommen hat, was in der im engeren Sinne soziologischen Netzwerkforschung als kulturelle Wende diskutiert wird. Nachdem zunächst einfach nur starke

Dieses Vorgehen hat in mehrfacher Hinsicht Kritik hervorgerufen. Collins und Yearley (1992a: 317-322) hatten gegen die Erweiterung des Akteurskonzepts auf Forschungsobjekte und Apparaturen eingewandt, dass Latour (Latour/Johnson 1988) und Callon (1986) damit die Symmetrieregel Bloors (1976/1991) verletzen würden. Die Macht und die spezifischen Aktionsfähigkeiten der nicht-menschlichen Akteure könnten nur aufgrund der besonderen Expertise von Technikern/Naturwissenschaftlerinnen bestimmt werden, weshalb Soziologinnen dazu gezwungen wären, die Oberhoheit von Wissenschaft/Technik wieder anzuerkennen. Damit könnten sie die Neutralität, die die Symmetrieregel Bloors (1976/1991) fordert, nicht mehr aufrechterhalten, denn die Darstellungen der Technikerinnen bzw. Wissenschaftler müssten von der Wissenschaftsforschung erneut als letztgültige Beschreibungen akzeptiert werden (vgl. Collins/Yearley 1992a: 322).

Lynch (1993: 110 f., 1996: 250) zufolge müsse man von der Struktur grammatischer Beziehungen »verhext sein«, wenn man denjenigen, die in der Sprache die grammatische Position eines Subjekts einnähmen, auch real eine Subjektposition zusprechen würde. Hierbei handele es sich um eine unzulässig formale Übertragung von grammatischen Beziehungen auf die reale Welt. Deshalb müsse dieses Vorgehen durch ein indexikalisches Verständnis sprachlicher Äußerungen ersetzt werden. Eine Analyse sprachlicher Äußerungen, die diese indexikalisch auf ihren Äußerungskontext bezieht, würde klar zutage fördern, dass Dinge nicht in der gleichen Weise als handelnd verstanden würden wie Menschen.

Solche Kritiken berücksichtigen nicht den spezifischen Impetus der ANT. Man muss es ernst nehmen, dass dieser Ansatz dazu dienen soll, die methodisch inspirierte Natur-Kultur-Unterscheidung zu unterlaufen, die für einige Sozialwissenschaftler geradezu ontologische Dignität hat (vgl. Lynch 1993: 110 f.). Dass es um eine Distanzierung von der modernen Ordnung der Welt geht, ist in der anglo-amerikanischen Diskussion leider nicht in angemessener Weise Thema.

Wirken und Handeln als polarer Gegensatz

Eine andere Kritiklinie zielt auf den flachen Handlungsbegriff der ANT, der auf mechanische Wirksamkeit beschränkt ist (vgl. Latour/Johnson 1988). Zwar behaupten Callon und Latour (1992: 349), dass sie eine

und schwache Bindungen diskutiert wurden (Granovetter 1973), wird in neueren Arbeiten von White (2008; vgl. auch White et al. 2007) auch die Dimension der Selbstbeschreibung von Netzwerken in den Vordergrund geschoben. Es geht also auch um die Qualität der Bindungen als Freundschaft, Bekanntschaft etc. und welche Bedeutung dies jeweils für die Akteure hat. Vgl. hierzu auch Fuhse (2009a,b) graduelle Abstufung der Wirkmöglichkeiten als real gegeben ansehen. Eine Skala unterschiedlicher Wirkmöglichkeiten wird aber in der ANT nicht mehr systematisch ausgearbeitet. Der Grund hierfür scheint mir darin zu liegen, dass eine konzeptuell differenzierte Skala unterschiedlicher Wirkmöglichkeiten das Gleichheitsgebot des emanzipatorischen Erkenntnisinteresses verletzen würde. Allein die Möglichkeit, konzeptuell unterschiedliche Aktionspositionen anzunehmen, erscheint für Callon und Latour als Sündenfall, als eine Setzung *a priori*, die es verhindert, die Vielfalt lokaler Unterscheidungen zu sehen (Callon/Latour 1992: 356).

Gegen diese konzeptuelle Armut haben Rammert (2007), Rammert/ Schulz-Schaeffer (2002) und auch ich (Lindemann 2002b, 2009d) eingewendet, dass komplexere Wirkungsformen, die etwa Intentionalität einschließen, nicht mehr angemessen berücksichtigt werden können. Um der empirisch beobachtbaren strukturellen Vielfalt von Handlungs- und Wirkungsformen Rechnung zu tragen, haben sie deshalb ein differenziertes Handlungskonzept ausgearbeitet. Hierbei wird zum einen zwischen intentionalem Handeln und technischen Wirkungsweisen unterschieden (Rammert/Schulz-Schaeffer 2002, Rammert 2007) und zum anderen zwischen unterschiedlich komplex strukturierten Leib-Umwelt-Bezügen differenziert (Lindemann 2009d). Das Ziel besteht nicht darin, von vornherein festzulegen, welche Entitäten als Akteure gelten und welche als bloße Objekte. Vielmehr solle es darum gehen, eine konzeptuell differenzierte Beschreibungssprache auszuarbeiten, mit dem Zweck, empirisch herauszuarbeiten, welche Entitäten welche Art von Wirksamkeit entfalten.

Als Beispiele dienen bei Rammert und Schulz-Schaeffer etwa das Fliegen eines Flugzeugs oder die Organisation von Logistik in modernen Unternehmen. Wenn man das flache Handlungskonzept der ANT ernst nehmen würde, würde es sich als unzureichend erweisen für die Analyse derart komplexer techno-sozialer Prozesse. Aus diesem Grund müsse die Akteur-Netzwerk-Theorie durch das Konzept des »verteilten Handelns« ersetzt werden. Letzteres untersuche die unterschiedlichen Beiträge von menschlichen und nicht-menschlichen Entitäten zu einer sozialen »Gesamthandlung« (Mead). Menschliche und nicht-menschliche Akteure steuern dabei strukturell unterschiedliche Beiträge bei. Welchen Komplexitätsgrad die jeweiligen Handlungsbeiträge aufweisen, ist eine empirische Frage. Rammert und Schulz-Schaeffer unterscheiden zwischen »verändernder Wirksamkeit«, »Auch-anders-handeln-Können« und »intentionaler Erklärung« (Rammert/Schulz-Schaeffer 2002: 49). Mit der ersten Form kann etwa mechanische Wirksamkeit beschrieben werden. Ein dickes Hagelkorn trifft ein Glas, welches zerspringt. Die zweite Form beschreibt die Wirksamkeit programmgesteuerter Technik, bei der auf einen Input nicht in festgelegter Weise reagiert wird, sondern eine Selektion aus mehreren definierten möglichen Reaktionen erfolgt. Dies ist z. B. die Bedingung für Maschinenlernen. Der Modus der intentionalen Erklärung beinhaltet, dass Handlungsalternativen als wählbar unterstellt werden und Begründungen für Handlungen eingefordert werden können.

Inwiefern die Arbeiten von Rammert darauf zielen, die Natur-Kultur-Unterscheidung zu unterlaufen[9], halte ich für offen. Rammert schließt explizit an Mead an. Dies würde es im Grundsatz ermöglichen, einen erweiterten Sinn- und Interpretationsbegriff zu verwenden. Die unterschiedlichen Beiträge zur Gesamthandlung könnten dahingehend differenziert werden, welche Struktur von Perspektivenübernahmen die jeweiligen Beiträge zur Gesamthandlung aufweisen. Rammerts Anschluss an Mead ist aber nicht systematisch am Problem des Sinnverstehens und der Perspektivenübernahme orientiert. Insofern weist seine Kritik auf ein deutliches Manko der ANT hin, ohne jedoch die konzeptuellen Möglichkeiten des eigenen Ansatzes voll auszuschöpfen. Meine eigenen Arbeiten zielen auf eine Erweiterung des soziologischen Verstehens- und Deutungskonzepts – allerdings nicht orientiert an Mead, sondern an Plessner. Danach gilt es nicht nur, intentionale Handlungen bewusster Menschen zu verstehen, sondern auch die einfachen Lebensäußerungen von Menschen im Koma (Lindemann 2002a) bzw. von Tieren (Lindemann 2005, 2009d).

Bei genauerem Hinsehen drängt sich letztlich der Verdacht auf, dass die ANT ein Schaf im Wolfspelz ist. Denn die Differenz zwischen Menschen und Nichtmenschen wird nur vordergründig in Frage gestellt. Latour wiederholt wieder und wieder, dass es darum geht nachzuvollziehen, wie Wissenschaftler und Techniker ihre Praxis beschreiben. Wenn diese glauben, dass auch andere Entitäten handeln würden, müsse das ernst genommen werden. Es stehen also die menschlichen Akteure im Zentrum und getreu dem Thomastheorem beharren Latour und Callon darauf, dass als wirklich gelten soll, was die menschlichen Akteure als wirklich betrachten. Dabei steht aber nie in Frage, dass nur die Menschen in dieser Weise zu betrachten sind.

Das Problem der ANT liegt in ihrer Reflexionsunwilligkeit. Es gibt in all den Publikationen kaum einen Hinweis darauf, von welcher Beobachtungsposition aus die Unterscheidung zwischen menschlichen Akteuren und anderen Entitäten untersucht werden kann (vgl. hierzu auch Pels 1996). Die Autoren der ANT haben eine richtige Intuition, aber sie verbleiben methodologisch im Rahmen der Moderne: Es sind Menschen, die eine Wirklichkeit schaffen und die soziologischen Beo-

---

9 Dass Schulz-Schaeffer nicht in diese Richtung denkt, zeigt sich deutlich in seinen späteren Arbeiten (Schulz-Schaeffer 2007).

bachter dieser Praxis sollten sich nicht über sie erheben. Vom Pathos des emanzipatorischen Erkenntnisinteresses mitgerissen, verkündet die ANT dann Freiheit, Gleichheit und Brüderlichkeit für die Dinge (vgl. Lindemann 2008b, 2009a,b, 2011a). Im Folgenden geht es um Ansätze, die sich der Mühe unterziehen, die Prämissen ihrer Infragestellung der Natur-Kultur-Unterscheidung reflexiv zu explizieren.

2.3. Bestimmung des Ordnenkönnens

Die Arbeiten der ANT haben sich in enger Diskussion mit der Ethnologie/Anthropologie entwickelt. In diesem Feld hat sich der Begriff der Kosmologie durchgesetzt, um die wissenschaftliche Erforschung desjenigen zu bezeichnen, was für die moderne Gesellschaft in Natur und Kultur auseinanderfällt. Ordnungen beziehen sich nicht nur auf die Menschen und ihre Gesellschaft/Kultur, sondern auf das Insgesamt der Beziehungen zur Welt. Insofern schließt eine Kosmologie sowohl die gesellschaftliche Ordnung als auch die Ordnung der Beziehungen zur Welt ein. Dies beinhaltet notwendigerweise eine Kritik der Natur-Kultur-Unterscheidung. Soziologische Analysen der Moderne beschränken sich weitgehend auf die Analyse von Gesellschaft bzw. die Kultur. Die Natur wird ausgeklammert. Die Ordnung der Moderne – einschließlich der Unterscheidung von Natur und Kultur – wird also nicht insgesamt in Blick genommen. Ist es möglich, sich von diesem Zugang zur Welt zu distanzieren und reflexiv eine Beobachtungsposition zu skizzieren, von der ausgehend die ethnozentrische Perspektive der Moderne überwunden werden kann?

Die transzendentale Konstitution des Alter Ego

Bereits 1970 hatte Luckmann (1970/1980) in seiner Arbeit über die »Grenzen der Sozialwelt« herausgearbeitet, dass es nicht zwingend ist, den Kreis möglicher sozialer Personen auf lebende Menschen zu begrenzen. Er nimmt dabei auch explizit das Problem des methodologischen Ethnozentrismus ins Visier. Solange die Natur-Kultur-Unterscheidung vorausgesetzt würde, könnten andere »Kulturen« nur als solche erscheinen, die den Zugang zur Natur verstellen, insbesondere dadurch, dass sie den Kreis möglicher sozialer Personen auf nicht-menschliche Wesen ausdehnen (Luckmann 1970/1980: 57). Die Natur-Kultur-Unterscheidung wird als ontologisch gültig vorausgesetzt, und es stellt sich die Frage, warum einige Kulturen zu der Einsicht in diesen Sachverhalt noch nicht durchgedrungen sind.

Luckmann wendet sich explizit dagegen, die Natur-Kultur-Unterscheidung im Sinne eines ontologischen Prinzips zu verstehen. Damit ist er notwendigerweise mit dem erweiterten Ordnungsproblem konfrontiert. Für ihn kann es nicht mehr nur darum gehen, wie eine soziale Ordnung zwischen Menschen entsteht, vielmehr gilt es, in den Blick zu nehmen, wie die elementare Ordnungsbildung erfolgt, durch die der Kreis sozialer Akteure in je unterschiedlicher Weise begrenzt wird. Als Bezugspunkt für seine Analyse des Ordnenkönnens wählt Luckmann den Rückgang auf die phänomenologische Reduktion. »Unabhängig davon, von welcher beliebigen, konkreten Erfahrung ausgegangen wird, ist es immer möglich, besondere – das heißt in diesem Falle: biographisch und historisch – veränderbare Bestandteile von ›formalen‹ Strukturen zu unterscheiden, ohne die menschliche Erfahrung ganz allgemein undenkbar wäre.« (Luckmann 1970/1980: 58). Die ordnende Erfahrung der Lebenswelt weist also eine formale universale Struktur auf, an die alle Relativität gebunden ist, die durch Zufälligkeiten der individuellen Biographie oder der kollektiven historischen Situation entstanden ist.

Die Frage ist also, muss es als ein Merkmal der allgemeinen Strukturen des Bewusstseins angesehen werden, dass nur bestimmte Entitäten als ein Alter Ego wahrgenommen werden? Luckmann zufolge ist das nicht der Fall. »Die transzendentale Reduktion, die er (Husserl, GL) vornimmt, bewirkt die ›Ausschaltung der natürlichen Welt mit ihren Dingen, Anomalien, Menschen‹, und sie klammert alle ›durch wertende und praktische Bewusstseinsfunktionen sich konstituierenden individuellen Gegenständlichkeiten‹ ein (Husserl, zitiert aus Ideen zu einer reinen Phänomenologie I). Das empirische und weltliche Ich ist deshalb innerhalb des durch transzendentale Reduktion eingeklammerten Bereichs anzusiedeln. Außerhalb der Klammern bleibt das transzendentale ›reine ego‹ bestehen.« (Luckmann 1970/1980: 60f.).

Wenn das Bewusstsein in dieser Weise darauf reduziert ist, dass dem transzendentalen reinen Ego etwas gegeben ist, wird durch diese Reduktion auch der Sachverhalt eingeklammert, dass es sich bei dem Bewusstsein um ein menschliches Bewusstsein handelt.[10] Das transzendentale Bewusstsein ist reduziert auf den Sachverhalt, sich als Bewusstsein auf die Welt zu beziehen. In der primordialen Sphäre, die diesem

---

10 Mit dieser Auffassung der transzendentalen Reduktion wendet sich Luckmann explizit gegen Husserls Analyse der Intersubjektivität. Luckmann zufolge impliziere Husserls Argumentation, dass, »damit ein menschliches alter ego konstituiert werde, … das ego, in dessen Bewusstsein das alter ego konstituiert wird, selbst ein menschliches sein (müsse)« (Luckmann 1970/1980: 60). Die Qualität »menschlich« falle aber in den Bereich desjenigen, das durch die tranzendentale Reduktion eingeklammert wird. Jede empirische oder weltliche Qualifizierung des Bewusstseins müsse also unterbleiben. »Die Aussparung der ›menschlichen‹ Qualität des empirischen ego von dem Vollzug der transzendentalen Reduktion lässt sich theoretisch nicht begründen« (Luckmann 1970/1980: 61).

Bewusstsein gegeben ist, treten Gegenstände hervor, die noch diesseits der Unterscheidung zwischen unbelebten Körpern und belebten Leibern angesiedelt sind (Luckmann 1970/1980: 63). Jeder Gegenstand, der in der primordialen Sphäre für das Bewusstsein herausragt, wird zunächst in gleicher Weise erlebt, wie sich das Bewusstsein selbst erlebt: als nicht weiter qualifizierter fungierender Leib. Daraus folgt für Luckmann, dass für ein transzendentales Ego zunächst jede begegnende Entität als ein anderes Ich gilt. Diesen Sachverhalt bezeichnet er als »universale Projektion« (Luckmann 1970/1980: 64).

Jede weitere Differenzierung zwischen belebt/unbelebt, personal/ nichtpersonal »entspricht einer Unterscheidung, die sich aus der synthetisierenden Bewusstseinsaktivität ergibt, in der die ursprünglich universelle Sinnübertragung bestätigt, modifiziert oder aufgehoben wird« (Luckmann 1970/1980: 63). Es ist also ein Prozess der praktischen Auseinandersetzung des Bewusstseins mit den Gegenständen, in dem erfahrene Gegenstände sich ausdifferenzieren in Objekte und Subjekte, in bloße Dinge, Lebewesen und Personen usw. Jede Ordnung ist fundiert in einer spezifischen Form der Auseinandersetzung (praktischer Umgang, Wahrnehmung, Bestätigung) des Bewusstseins mit der Welt. In diesem Prozess erhält die Welt ihren Zuschnitt und die Gegenstände erlangen als je besondere Gegenstände für das Bewusstsein »Dasein« (Luckmann 1970/1980: 63).

Für Luckmann geht es also um eine Forschungsperspektive, die untersucht, wie eine Ordnung mit je spezifischen regionalen Typologien und Unterscheidungen insgesamt etabliert wird und welche Bedeutung dabei der Grenzziehung zwischen dem Bereich des Sozialen und anderem zukommt. Dabei vermutet er einen immanenten Zusammenhang zwischen den praktischen Anforderungen des Lebens, der jeweiligen sozialen Organisation und der je spezifischen Kosmologie (Luckmann 1970/1980: 66). Es geht also nicht darum, zunächst den Bereich des Gesellschaftlichen zu untersuchen, um dann in den Blick zu nehmen, wie die Ordnung des Gesellschaftlichen auf den Kosmos projiziert wird. Bei letzterem Vorgehen würde es sich um den von Latour kritisierten Reduktionismus auf ein »gereinigtes Soziales« handeln. In diesem Fall würde die Natur-Kultur-Unterscheidung indirekt mitgeführt. Zunächst würde die soziale Organisation untersucht, um daran anschließend die gesamte Weltsicht einschließlich der Sicht auf die Natur sozial zu erklären.

Bei Luckmann geht es um etwas Neuartiges: Die Forschungsperspektive zielt darauf, dass es einen nichtbeliebigen Zusammenhang zwischen den verschiedenen Ebenen einer je historischen Ordnung gibt. Welche Ordnung weist die Sicht der Welt auf? Welche Ordnung weist die soziale Organisation auf? Welche Ordnung weist der Bezug zum Jenseits auf? Usw. Es geht nicht darum, die eine Form des Ordnens auf eine andere zurückzuführen, sondern darum, dass diese Ordnungsweisen aller Wahrscheinlichkeit nach in einem inneren Zusammenhang stehen. Bezogen auf die Frage nach den Grenzen des Sozialen macht Luckmann die Logik des Ausschlusses zum Problem. Er unterscheidet idealtypisch drei Erfahrungen, die ein Bewusstsein dazu führen können, die universale Projektion einzuschränken.

1. Dem Bewusstsein ist im Sinne einer formalen Eigenschaft die Differenz zwischen einem sich wandelnden Ausdruck und einer gleichbleibenden Physiognomie gegeben. Dies unterscheidet etwa einen Stein von einem Baum, der wächst, blüht usw. Diese Differenz ist jedem Bewusstsein gegeben. Es kann sein, aber es muss nicht sein, dass die Erfahrung, dass nur einige Gegenstände einen veränderlichen Ausdruck haben, dazu führt, dass »Veränderlichkeit des Ausdrucks« zu einem Kriterium wird, um den Kreis der personalen Alter Egos zu begrenzen.

2. In gleicher Weise kann auch die Differenz zwischen solchen Gegenständen, die sich selbständig von Ort zu Ort bewegen, und unbeweglichen Entitäten eine Rolle spielen.

3. Auch der Sachverhalt, dass sich nur einige Entitäten eines symbolischen Ausdrucks bedienen und sich auf diese Weise zu verstehen geben, andere Entitäten hingegen nicht, ist Luckmann zufolge in formaler Weise universal erfahrbar.

Es hängt von der institutionalisierten Handlungs- und Wahrnehmungsordnung sowie ihren je spezifischen Legitimationsstrukturen (vgl. auch Berger/Luckmann 1966/1980) ab, ob solche formalen Differenzen als relevant angesehen werden für die Unterscheidung zwischen Personen oder nicht.[11] Keine dieser Differenzen liefert von sich aus einen »Beweis« dafür, dass es sich bei einer Entität um ein personales Alter Ego handelt oder nicht. Denn die Unterscheidung zwischen Personen ist nicht direkt zu sehen, sondern sie muss ausgehend von der sinnlichen Erscheinung erschlossen werden. Die Notwendigkeit des deutenden Verstehens des Gegenübers führt dazu, dass direkt wahrgenommene Merkmale nicht die Person qualifizieren. Eine Person wird als Person nicht direkt anhand wahrgenommener Merkmale erkannt, sondern die Existenz einer Person wird verstanden, sie wird ausgehend von wahrgenommenen Merkmalen erdeutet.[12]

11 Lüdtke (2013) versucht insgesamt eine Neuinterpretation der Perspektive von Berger/Luckmann im Anschluss an Plessner, die den transzendental-theoretischen Bezug bei der Lösung des Problems des Alter Ego vermeidet. In dieser Perspektive versucht er die Bildung einer rein menschlichen Gesellschaft als historische Institutionalisierung/Legitimierung zu rekonstruieren.

12 Knoblauch und Schnettler (2004) schließen in der gegenwärtigen Debatte an diese Tradition an und versuchen sie weiterzuentwickeln.

Man könnte Luckmanns Vorschlag als Ausschließungsperspektive charakterisieren. Von der Annahme einer Universalinklusion alles Begegnenden ausgehend (ganz ähnlich der ANT) wird danach gefragt, unter welchen Bedingungen welche Entitäten aus dem Kreis möglicher Personen ausgeschlossen werden. Das Phänomen, auf welches die Forschung mit Staunen schauen soll, ist der Ausschluss. Luckmanns Vorschlag zeichnet sich durch Klarheit und methodische Konsistenz aus. Als Kritikpunkt bleibt letztlich nur, dass er an der Möglichkeit festhält, das Problem des anderen Ich im Sinne einer transzendentalen Konstitution zu lösen. Luckmann verweist in diesem Zusammenhang auf Sartre (1936-37/1982). Aber dessen Kritik an der transzendentalen Konstitution des anderen Ich trifft letztlich auch die Argumentation von Luckmann selbst. Sartres Argument lautet: Wenn es das transzendentale Ich ist, welches das andere Ich konstitutiert, gilt für das konstituierte andere Ich das gleiche wie für die Objekte, die durch das transzendentale Ich konstituiert werden. Es ist für das transzendentale Ich immer möglich, dasjenige, was es konstituiert, in Zweifel zu ziehen. Aus diesem Grund gibt es für ein transzendentales Ich keine zwingende Erfahrung des anderen Ich. Die Existenz des anderen Ich ist sekundär im Verhältnis zum transzendentalen Ego (vgl. Sartre 1936-37/1982: 90). Diese Argumentation scheint mir zwingend zu sein. Schütz hat aus ähnlichen Gründen die Möglichkeit einer transzendentalen Begründung von Intersubjektivität verworfen (Lüdtke 2008). Damit ist aber auch Luckmanns eigene Argumentation kaum mehr im Sinne einer Grundlegung sozialwissenschaftlicher Forschung zu halten. Es stellt sich also die Frage, wie man die Einsichten Luckmanns im Rahmen einer anderen Theorie des Ego-Alter-Verhältnisses berücksichtigen kann.

Reduktion auf das fungierende verkörperte Bewusstsein als universales Ordnungsschema

Mit der Arbeit von Descola (2005/2011) liegt der Versuch einer umfassenden Synthese historischer und ethnologischer Forschungen vor. Das Ziel ist es, eine allgemeine Theorie der ordnenden Schemata aller ethnologisch und historisch untersuchten Kosmologien zu formulieren. Hinsichtlich des Allgemeinheitsgrades und des umfassenden Anspruchs ist diese Arbeit derjenigen Luckmanns zu vergleichen und was den Anspruch einer umfassenden Synthese der historischen und ethnologischen Einzelforschungen anbelangt, steht sie derzeit einzigartig dar.

Es geht für Descola darum, die strukturierenden Prinzipien der auf der Welt vorkommenden Kosmologien herauszuarbeiten. Aus diesem Grund muss er von Anfang an die Ordnungsstruktur der Moderne selbst historisch situieren, d.h. die »große Trennung« (Descola 2005/2011:

Kap. 1.3) zwischen Natur und Kultur sowie zwischen Menschen und Nichtmenschen. Dabei arbeitet er heraus, wie die Natur-Kultur-Unterscheidung in das Verständnis seines Faches, der Ethnologie bzw. Anthropologie, eingegangen ist. Von der Vielzahl möglicher Verwendungen des Kulturbegriffs (vgl. Kroeber/Kluckhohn 1952) stellt er zwei in den Mittelpunkt, die für die Entwicklung der Ethnologie besonders relevant geworden sind. Beeinflusst durch Klemm (Kroeber/Kluckholm 1952: 10, 25) wird der eine der beiden Kulturbegriffe von Tylor prominent gemacht. Danach sei Kultur etwas Universelles, zum Menschsein Gehöriges – definiert als »›degree to which cultivation has progressed‹« (Kroeber/Kluckholm 1952: 19). In diesem Verständnis wird Kultur synonym mit Zivilisation verwandt und bezeichnet das komplexe Ganze »which includes knowledge, belief, art, law, morals, custom, and any other capabilities and habits acquired by man as a member of society« (Tylor zit. nach Kroeber/Kluckholm 1952: 42). Kultur in diesem Verständnis sei eine kollektive Schöpfung des Menschen, »die einer fortschreitenden Bewegung zur Vervollkommnung unterliegt« (Descola 2005/2011: 121). Diese Perspektive hätten sich die evolutionistischen Anthropologen des letzten Drittels des 19. Jahrhunderts zu eigen gemacht. Sie untersuchten Gesellschaften daraufhin, inwiefern ihre jeweiligen kulturellen Institutionen eine zunehmende Vervollkommnung zeigen.

Die Kultur und Zivilisation synonym setzende Konzeption wurde im Laufe der Zeit von demjenigen Kulturbegriff abgelöst, der in den Auseinandersetzungen um die Grundlegung der Geisteswissenschaften entstanden ist. Diesem Verständnis zufolge sei Kultur nicht primär durch die Entgegensetzung zur Natur bzw. durch eine Bewegung weg von der Natur und hin zu einer Vervollkommnung kultureller Institutionen gekennzeichnet. Vielmehr erhält der in den Debatten um den Historismus entstandene Kulturbegriff seine Prägnanz durch die Unterscheidung einzelner Kulturen. Der Bereich der Kultur bzw. der Geschichte wird als ein eigenständiger Bereich wissenschaftlicher Forschung begriffen, der sich einem spezifischen Erkenntniszugriff auf die Welt verdankt – dem Verstehen. Wie oben herausgearbeitet, stellt sich damit die Frage, wie dieser Erkenntniszugang zur Welt selbst begründet werden kann.

Descolas Rekonstruktion zufolge sind die »Kulturwissenschaften« (Rickert 1898/1921) nicht an der Entdeckung allgemeiner Gesetzmäßigkeiten interessiert, vielmehr würden sie die Wertorientierungen menschlichen Handelns in den Mittelpunkt stellen. Einzelne Kulturen würden sich demnach durch unterschiedlich strukturierte Wertorientierungen unterscheiden und würden danach streben, diese in ihrer je individuellen Besonderheit aufrechtzuerhalten. Dieser Kulturbegriff unterscheidet sich vom vorhergehenden dadurch, dass Kultur nicht mehr im Singular als das allen Menschen Gemeinsame begriffen wird. Vielmehr wird Kultur aufgelöst in die Vielzahl von Kulturen, die jeweils gleichberechtigt nebeneinander stehen. Die Differenzen zwischen den Kulturen stehen hier im Mittelpunkt. Damit wird der Bereich der Kultur gleichsam selbstgenügsam, denn er definiert sich nicht mehr im Unterschied zur Natur. Kultur bezeichnet jetzt das Gesamt der Welt, insofern sie in einer spezifischen Weise zum Gegenstand gemacht wird. Es gibt eine einzige Welt, die auf unterschiedliche Weise zum Gegenstand gemacht werden kann: zum einen im Sinne der Naturwissenschaften und zum anderen im Sinne der Kulturwissenschaften. Dieses Kulturverständnis sei prägend für die amerikanische Kulturanthropologie und die gesamte Ethnologie geworden. In Deutschland ausgebildete und in die USA emigrierte Forscher wie Boas fungierten dabei als Vermittler, die den konzeptuellen Transfer geleistet hätten (Descola 2005/2011: 121 f.).

Descola versucht diese eingespielte Form der Natur-Kultur-Unterscheidung zu unterlaufen. Als Ansatzpunkt wählt er das Konzept der Schemata, wie es in der kognitiven Anthropologie entwickelt worden ist. Schemata seien »hoch schematisierte Interpretationen« (d'Andrade 1995: 142), die in einer Vielzahl unterschiedlicher Situationen angewendet werden können. Von besonderer Bedeutung sind »integrierende Schemata«, denn diese erlauben es, spezialisierte, an bestimmte Situationen gebundene Interpretationsschemata zu integrieren. Um die Wirkungsweise integrierender Schemata zu präzisieren, grenzt Descola sie einerseits von Levi-Strauss' universalen Strukturen ab und andererseits von konkreten Habitus, die begrenzt in bestimmten Situationen wirksam sind (Descola 2005/2011: 174). Solche Schemata integrieren Praktiken bzw. situationsbezogene Habitus in einer Weise, dass sie sich zu einem konsistent geordnet/ordnenden Weltzugang zusammenfügen.

Reduktion auf das verkörperte fungierende Bewusstsein

Descola entwickelt ein Modell, das vier integrierende Schemata unterscheidet. Von diesem ausgehend lasse sich jeder beschreibbare Weltzugang vom Animismus über die politisch zentralisierten Hochkulturen bis hin zur Moderne rekonstruieren (Descola 2005/2011: 190). Die Grundlage für die Konstruktion der Schemata bildet das Prinzip der Identifikation. Dieses entwickelt Descola anhand eines der phänomenologischen Reduktion vergleichbaren Gedankenexperiments. Identifikation als Mechanismus der Unterscheidung bezeichnet, »was Husserl eine vorprädikative Erfahrung nannte, insofern er (der Mechanismus der Identifikation, GL) das allgemeine Bewusstsein modifiziert, das ich von der Existenz eines Anderen haben kann, wobei sich dieses Bewusstsein allein anhand der Ressourcen gebildet hat, die unmittelbar zu mir gehören, wenn ich von der Welt und allem abstrahiere, was sie für mich bedeutet, das heißt mein Körper und meine Intentionalität... Es ist also eine Denkerfahrung ... gemacht von einem abstrakten Subjekt ... das jedoch völlig konkrete Wirkungen zeitigt, da es verstehen lässt, wie es möglich ist, unbestimmte Objekte zu spezifizieren, indem wir ihnen eine ›Interiorität‹ und eine ›Physikalität‹ ähnlich denen zuerkennen oder absprechen, die wir uns selbst beimessen.« (Descola 2005/2011: 181). Der theoretische bzw. methodologische Status dieser Argumentation ist nicht eindeutig. Handelt es sich bei der »Interiorität«, die von Physikalität unterschieden wird, um ein Analogon des transzendentalen Bewusstseins? Oder ist ein mundanes Subjekt gemeint, das an sich diese Differenz entdeckt? Von einer Präzisierung dieses Verständnisses hängt es ab, wie das Verhältnis zum Anderen zu denken ist. Da es im Weiteren um die Bildung von idealtypischen Ordnungsmustern geht, die es erlauben sollen, die Ergebnisse empirischer Analysen zu klassifizieren, unterstelle ich, dass Descola von der idealisierten Selbstreflexion eines mundanen Subjekts ausgeht. Insofern behält Descola jene Aspekte bei, die Luckmann in seiner Kritik an Husserls Analyse der Intersubjektivitätsproblematik als kritikwürdig angesehen hatte.

Wenn es sich um die idealisierte Reflexion eines mundanen Subjekts handelt, beinhaltet Descolas Argumentation einen Analogieschluss vom reflektierenden Ich auf den Anderen. Die Selbsterfahrung des Ich zeigt diesem, dass es zusammengesetzt ist aus Interiorität/Intentionalität und Physikalität. Wenn man die beiden Seiten (Interiorität/Physikalität) auf den begegnenden Anderen verteilt, entsteht ein Vierfelderschema, in dem Gleichheit und Verschiedenheit unterschiedlich verteilt sind (Descola 2005/2011: 190). Dieses Schema möglicher Ordnungsformen im Verhältnis zum Anderen hat folgenden Zuschnitt.

1. Animismus (Amazonasindianer und Polarkreisbewohner):
   a) Ähnlichkeit der Interioritäten
   b) Unterschied der Physikalitäten
2. Naturalismus (= Moderne):
   a) Unterschied der Interioritäten
   b) Ähnlichkeit der Physikalitäten
3. Totemismus (vor allem die australischen Ureinwohner):
   a) Ähnlichkeit der Interioritäten
   b) Ähnlichkeit der Physikalitäten
4. Analogismus (z. B. das vormoderne Europa, China, Indien, das alte Ägypten):
   a) Unterschied der Interioritäten
   b) Unterschied der Physikalitäten

Die folgenden 400 Seiten dienen dazu, das gesamte Wissen über die Ordnungsformen aller Welten und aller Zeiten in dieses Schema zu bringen. Dabei ist folgendes zu beachten. Die vier Schemata stellen gleichsam Idealtypen des Ordnens dar. Grundsätzlich ist jedem Menschen zu jeder Zeit jedes der Schemata verfügbar. Bei der Beobachtung konkreter Ordnungsvorgänge wird man deshalb nie auf nur eines der

Schemata stoßen. Es ist lediglich so, dass sich zeitlich und regional begrenzt eines der Ordnungsschemata als dominant durchsetzt.

Das fungierende Bewusstsein und das andere Ich

Es ist Descolas Anspruch, anhand der vier ordnungsbildenden integrativen Schematismen, alle möglichen Ordnungen auf der Erde zu erfassen. Der Bezugspunkt für diesen umfassenden Anspruch ist der personale menschliche Körper (Descola 2005/2011: 182, 186) sowie »eine Denkerfahrung ... gemacht von einem abstrakten Subjekt« (Descola 2005/2011: 181). Von hier ausgehend wird ein Modell der Schematisierung entwickelt, das so mächtig ist, dass es alles umfasst. Das positiv bestimmte Zentrum des Ordnen-Könnens ist das verkörperte menschliche Subjekt. Dieses ist also zum einen ordnungsbildendes Subjekt, welches die Welt analogisch nach dem Vorbild des es selbst bestimmenden Strukturprinzips ordnet, und es ist wie alle anderen Wesen auch ein Objekt dieser Ordnungsbildung. Es erscheint mir zumindest fraglich, ob mit dieser Verabsolutierung des verkörperten Menschen eine Distanzierung von der Moderne vorliegt. Der Mensch wird zum Subjekt-Objekt der Ordnung. Diese Denkfigur entspricht derjenigen, die Foucault (1966/1971: 384) als »transzendental-empirische Doublette« bezeichnet und als konstitutiv für die Moderne beschrieben hat.

Unabhängig von einer möglichen Bindung an die Moderne weist Descolas Denkfigur eine problematische logische Konstruktion auf. Ein abstraktes menschliches Subjekt reflektiert auf sich selbst und erfasst sich selbst als aus zwei Bestandteilen bestehend. Dieses abstrakte Subjekt verwendet die Einsicht in seine eigene Zusammensetzung, um alles Begegnende in Analogie zu seinem eigenen Bauplan zu interpretieren. Da das Subjekt aus zwei Elementen besteht und es um die Relation zwischen dem Subjekt und seinem Anderen (Subjekt oder Objekt) geht, kann dieses Subjekt gar nicht anders, als seinen Weltzugang nach einem Vierfelderschema zu strukturieren.

Die Frage nach dem anderen ist die Frage nach dem anderen Ich. »Der Andere ist ein ›ich‹« (Descola 2005/2011: 181) lautet die in dieser Hinsicht eindeutige Überschrift des entsprechenden Abschnitts. Die Frage nach dem anderen Ich wird also ausgehend von einem Analogieschluss bearbeitet. Zugleich soll die Form des ordnenden Weltzugangs, die Descola in Anschlag bringt, einem vorprädikativen Weltzugang entsprechen. Dies verweist insgesamt auf ein logisches Problem der Theoriekonstruktion.

Man kann diese Argumentation auf zweierlei Weise verstehen. Liest man sie im Sinne der transzendentalen Konstitution des Alter Ego gelten dieselben Einwände, die weiter oben im Zusammenhang mit Luckmanns Argumentation diskutiert worden sind. Aber auch, wenn man

Descola nicht eine transzendentale Reduktion im strengen Sinne unterstellt, bleibt seine Argumentation problematisch. Scheler (1912/1973: 232 ff.) hat in seiner Analyse der Erfahrung des anderen Ich gezeigt, dass die Erfahrung des Anderen als ein anderes Ich nicht durch einen Analogieschluss begründet werden kann. Dies gilt unabhängig davon, ob die transzendentale Reduktion als Ausgangspunkt gewählt wird oder nicht. Scheler zufolge ist der Zugang zum Anderen durch das spontane Erfassen des Anderen als Ausdruck gekennzeichnet, d. h. als zusammengesetzt aus einem Inneren und Äußeren. Dies beinhaltet eine Modifikation des Bezugspunkts. Es ist nicht das eigene Ich, dessen Bauplan durchschaut wird, sondern es ist der begegnende Andere, an dem die Differenz zwischen Interiorität und Exteriorität erfasst wird. Wenn also eine Analogie vorliegt, so bestünde sie darin, dass ein Ego realisiert, dass es genauso aufgebaut ist wie das Alter Ego. Der Analogieschluss verliefe also von Alter Ego zu Ego und nicht von Ego zu Alter Ego.

Der von Scheler beschriebene Weltbezug entspricht einem vorprädikativen Weltbezug, innerhalb dessen es noch keine Reflexion des fungierenden Subjekts auf sich gibt. Das Nichtvorhandensein einer expliziten Reflexion kann allgemein als ein Merkmal des vorprädikativen Weltbezugs gelten. Das führt zu einem logischen Problem bei der Konstruktion des Ordnungsschemas. Denn ein reflexiver Analogieschluss ist auf einer vorprädikativen Ebene noch gar nicht möglich – weder in die eine noch in die andere Richtung.

Descola (2005/2011: 181) siedelt das Schema des Auffassens des andern Ich als operatives Schema auf der Ebene der »vorprädikative(n) Erfahrung« an. In deren Rahmen ist aber logisch diejenige Reflexion noch ausgeschlossen, die einem Analogieschluss zugrunde liegen würde. Die Frage ist also, wie diejenige Reflexion möglich ist, die es ermöglicht, dass sich Ego und Alter Ego in ihrer Zusammensetzung aus Interiorität/Exteriorität als gleich oder ungleich erfahren. Genaugenommen müsste dies im Sinne einer Reflexion der zuvor bestehenden Relation zum Anderen erfolgen, in der dieser als aus Interiorität und Exteriorität zusammengesetzt erfahren wird.

Allerdings lehnt es Descola explizit ab »die Identifikationsmodi« anhand »relationaler Prozesse zu definieren« (Descola 2005/2011: 193). Denn er fürchtet auf diese Weise in einen Soziologismus abzugleiten. Für ihn heißt, die Identifikationsmodi anhand relationaler Prozesse zu definieren, dass es sich um solche relationale Prozesse handelt, »die in Institutionen materialisiert sind« (Descola 2005/2011: 193). Ein derartiges Vorgehen würde einem Soziologismus entsprechen, der das Verhältnis zur Welt ausschließlich anhand sozialer Ordnungsmuster begreife. Die von Descola Durkheim (1912/1984) unterstellte Position sieht vor, zunächst die menschlich-soziale Organisation und ihre Strukturen zu untersuchen. In einem zweiten Schritt solle danach geschaut werden, inwiefern die Muster der sozialen Beziehungen sich ebenfalls in den Beziehungen zur nichtmenschlichen Umwelt finden. Wenn sich ähnliche Beziehungsmuster identifizieren lassen, werden die menschlich-sozialen Beziehungsmuster als kausal für die Beziehungsmuster zur nicht-menschlichen Umwelt betrachtet. Damit wird die Gesamtordnung auf die menschlich-soziale Ordnung reduziert. Eine solche Zurückweisung der analogischen Übertragung der Ordnung des Gesellschaftlichen auf die Natur ist in der Ethnologie nicht neu (vgl. Viveiros de Castro 1998: 474, Ingold 2000: 42 ff.). Das Argument ist: Wenn sich ähnliche Beziehungsmuster identifizieren lassen, heißt das nicht, dass der Bereich des Menschlich-Sozialen als Grund für gesamte Ordnung angesehen werden könne.

Aus dieser Kritik lassen sich zwei Konsequenzen ziehen. Zum einen kann man verkörperte Sozialität, d. h. verkörperte Relationalität, als Ausgangspunkt nehmen, ohne diese von vornherein auf bestimmte Entitäten zu begrenzen. Das Soziale wäre in diesem Fall zunächst nichts weiter als eine unbestimmte Relationalität, deren Elemente sich in eine Ordnung bringen, in der bestimmte Unterscheidungen gelten. Zum anderen kann man – wie Descola – die Gesellschaft als Ausgangspunkt der Konstruktion von Ordnung durch das verkörperte Bewusstsein ersetzen. Beide Optionen ermöglichen es, der Kritik an einem Soziologismus im Sinne Durkheims zu entgehen. Denn dieser setzt ja voraus, dass zwischen Gesellschaft und Nichtgesellschaft unterschieden worden ist, die Ordnung der Gesellschaft analysiert und die dabei vorgefundene Ordnung als Maßstab für die Ordnung des Nichtgesellschaftlichen verstanden wird.

Descola argumentiert eindeutig in Richtung der zweiten Möglichkeit – das verkörperte Bewusstsein bildet den Ausgangspunkt. Bei Ingold (2000: 41 ff.) finden sich Hinweise, dass er die erste Option der unbestimmten Sozialität als Ausgangspunkt präferiert. Er arbeitet diese Position aber nicht systematisch aus. Ausgehend von Schelers Vorschlag deutet sich an, dass es von Vorteil sein könnte, von einer unbestimmten Relationalität auszugehen, die reflexiv in eine Ordnung gebracht wird, die festlegt, welche Entitäten miteinander in eine soziale Beziehung geraten können. Eine solche Position lässt sich im Anschluss an die Mitwelttheorie von Plessner entwickeln.

Abschließend sei noch ein Punkt festgehalten. Sowohl bei Luckmann als auch bei Descola reduziert sich die Möglichkeit normativer Kritik darauf, die Gleichwertigkeit unterschiedlicher Ordnungsbildungen mit unterschiedlichen Begrenzungen des Kreises möglicher Akteure anzunehmen. Eine normative Kritik, die sich daraus speist, dass Wesen, die eigentlich Akteure sind, zu Objekten gemacht werden, kommt nicht vor. Es kann allerhöchstens so etwas geben wie eine im Feld zu beobachtende Konkurrenz unterschiedlicher Grenzziehungen. Wenn z. B. das

Schema des Naturalismus dominant ist, zugleich aber auch die anderen Schemata aktiviert werden können, kann das dominante Schema aus der Perspektive des minoritären Schemas kritisiert werden. Da aus der Beobachterperspektive alle Schemata in gleicher Weise möglich sind, gäbe es für Descola keinen Grund, sich in diesen Streit einzumischen. Implizit kann man die Studie von Descola jedoch im Sinne der Forderung nach einer Art Minderheitenschutz für empirisch kaum realisierte Ordnungsschemata lesen. Die Menschen sollen sich vor Augen führen können, wie unterschiedlich die Welt sein kann.

2.4. Die Ordnungskraft als offene Frage

Der methodische Dreh- und Angelpunkt bei Luckmann und Descola liegt in einer Reflexion, die das Ordnenkönnen selbst freilegen sollte. Von diesem ausgehend sollten sich alle bestehenden Ordnungen als rekonstruierbar erweisen. Die Kritik der Ordnungskraft erfolgte in Form einer Reflexion auf die formal-universalen Merkmale der ordnenden Instanz. Damit wird die ordnende Instanz als solche positiv definiert. Diese Versuche sind in je unterschiedliche konzeptuelle Probleme verstrickt. Die sich abzeichnende Alternative läuft darauf hinaus, von einer unbestimmten Relationalität auszugehen, die durch einen reflexiven Bezug auf ihren eigenen Vollzug in eine Ordnung gebracht wird.

Zugleich besteht der Ertrag der kosmologischen Perspektive der Ethnologie darin, Kosmologien nicht darauf zu reduzieren, ein kulturelles Verständnis der Natur zu bezeichnen. Dies ermöglicht es, nicht-moderne Kosmologien derjenigen der Moderne gleichberechtigt gegenüberzustellen. Die moderne Kosmologie, die durch die Unterscheidung in Natur und Kultur und eine Beschränkung des Kreises möglicher Personen auf lebendige Menschen gekennzeichnet ist, wird damit zu einer Kosmologie neben anderen. Andere Kosmologien, d. h. andere Ordnungen, weisen andere zentrale Unterscheidungen auf.

Die Frage ist nun, wie diese produktiven Aspekte theoretisch methodologisch zusammengeführt werden können. Ein solcher Vorschlag war von Plessner im Rahmen der ersten Phase der Erklären-Verstehen-Kontroverse entwickelt worden. Er erweist sich damit *avant la lettre* als derjenige Vorschlag, der aus den Problemen herausführt, in die sich die zentralen Autoren der vierten Phase der Erklären-Verstehen-Kontroverse hineinmanövriert haben.

Der Vorschlag von Plessner führt zwei zentrale Aspekte der bisher dargestellten Ansätze zusammen.

1. Ausgehend von einer Kritik der modernen Ordnung erarbeitet Plessner eine allgemeine Perspektive, in der jeweilige Ordnungen als gleichberechtigt nebeneinander stehend verstanden werden und

nimmt damit die produktiven Elemente der kosmologischen Perspektive auf. Er verzichtet aber darauf, die Ordnungskraft positiv zu bestimmen.

2. Die Kritik des anthropologischen Ordnungsschemas der Moderne entfaltet Plessner, indem er ein allgemeines Konzept von Sinnverstehen entwickelt, das dem Anspruch nach ebenso den Bereich der Natur umfasst. Damit entwirft er ein Modell gestufter zu verstehender Ausdruckszusammenhänge. Sinnverstehen wird nicht auf den Bereich der Kultur, der personalen Interaktion bzw. des personalen Ausdrucks beschränkt.

Die Historisierung der Matrix der Moderne

Die moderne Ordnung begreift Plessner dem allgemeinen Konsens entsprechend anhand von zwei Merkmalen: Danach ist die europäisch-nordamerikanische Moderne gekennzeichnet erstens durch die Unterscheidung zwischen einer Natur, die kulturunabhängig nach allgemeinen Gesetzmäßigkeiten funktioniert, und der Vielfalt unterschiedlicher Kulturen, und zweitens durch die Trennung des Menschen von anderen Tieren, denn der Mensch ist nicht nur ein natürliches Wesen, sondern zugleich auch Schöpfer von Kulturen und das Subjekt von Moral. Daraus folgt für die Anthropologie der Moderne, dass sie den Menschen nicht eindeutig festlegen kann, denn er ist durch eine zweifache Bestimmung ausgezeichnet: Er ist Naturwesen sowie Kultur- und Moralwesen. Eine genauere Bestimmung des Menschen sei deshalb in einem doppelten Vergleich zu erarbeiten: Im vertikalen Vergleich mit anderen organischen Wesen und im horizontalen Vergleich zwischen den Menschen als Produzenten unterschiedlicher kulturell-moralischer Ordnungen.

Der vertikale Vergleich begreift den Menschen als Naturwesen, als Teil der universalen einheitlichen Natur, und vergleicht ihn mit anderen Lebensformen, um so die Besonderheit der menschlichen Lebensform herauszuarbeiten. Der horizontale Vergleich begreift den Menschen als Schöpfer von Kulturen, der von seinen eigenen Produkten bestimmt wird. Insofern werden die unterschiedlichen Subjektformen miteinander verglichen, in die sich der Mensch im Rahmen unterschiedlicher kulturell-moralischer Ordnungen bringt. Die unterschiedlichen Kulturen seien als gleichwertig zu begreifen, da sie alle in gleicher Weise auf den Menschen als ihren Grund zurückgeführt werden können. Diese Matrix hat Viveiros de Castro später auf den Nenner »Mononaturalität und Multikulturalität« gebracht.

»Die Stufen des Organischen und der Mensch« enthalten den vertikalen Vergleich, während »Macht und menschliche Natur« den horizontalen Vergleich entfaltet (Mitscherlich 2007). Plessner kommt es in seiner Analyse der Matrix der Moderne darauf an, die komplexe Balance der modernen Ordnung darzustellen und gegen Vereinseitigungen Stellung zu nehmen, die diese Ordnung als eine rein gesellschaftliche oder als eine rein natürliche Ordnung begreifen.[13]

Plessners (1928/1975, 1931/1981) Ausarbeitung der anthropologischen Ordnung der Moderne unterscheidet sich der Sache nach nicht von der knappen Charakteristik Viveiros de Castros (1998) oder der präzisen Skizze Descolas (2011). Die beschriebene anthropologische Ordnung mit der zu ihr gehörenden Natur-Kultur-Unterscheidung begreift Plessner als das ordnungsbildende Prinzip der Moderne. Wenn dies die Ordnung der Moderne kennzeichnet, heißt das, dass andere Ordnungen möglich sind.

Die Möglichkeit anderer Ordnungen und die diesen jeweils entsprechende Kraft der Ordnungsbildung werden in einem zweistufigen Verfahren erschlossen. Die erste Stufe besteht darin, diese Ordnungen ausgehend vom Menschen als schöpferischem Subjekt zu begreifen. »Von dieser Erfahrungsstellung (Mensch als schöpferisches Subjekt, GL) aus relativieren sich im Universalaspekt der den Planeten bedeckenden Völker ›ihre‹ Götter und Kulte, Staaten und Künste, Rechtsbegriffe und Sitten. Der für ›unseren‹ Aspekt sie alle umfassende Raum der Natur relativiert sich auf unser abendländisches Menschentum und gibt die Möglichkeit anderer Naturen frei.« (Plessner 1931/1981: 149) Es wird alles relativ auf den Menschen als schöpferisches Subjekt gedacht. Auch die umfassende und einheitliche Natur wird zu einem Resultat der schöpferischen Kraft des Menschen und kann damit auf ein bestimmtes »Menschentum« hin relativ gedacht werden, auf das abendländische Menschentum. Demnach bildet der Mensch nicht nur sich selbst zu einem bestimmten Menschentum, sondern indem er das tut, bildet er auch eine dieses Menschentum umgebende Natur.

Dieses Argument scheint demjenigen Descolas zu ähneln, denn der Mensch wird als ein allgemeines Subjekt gedacht, welches sich selbst und die es umgebende Ordnung bildet. In diesem Sinn ist der Mensch ein »geschichtsaufschließendes Prinzip«. Allerdings geht Plessner noch einen Schritt weiter, denn der Mensch als geschichtsaufschließendes Prinzip, als schöpferischer Grund einer Vielfalt von Naturen und Kulturen, wird selbst als ein historisch entstandenes Prinzip der Welterschließung gedacht. Plessner bleibt also nicht bei einer die vielfältigen Weltzugänge ermöglichenden *conditio humana* stehen, sondern begreift diese selbst als eine geschichtlich gewordene Form der Welterschlie-

---

13 In der Sekundärliteratur wird die Analyse der Matrix der Moderne immer wieder im Sinne einer allgemeinen Anthropologie missdeutet (Fischer 2000, 2006b, c, 2008). Auch die Arbeit von Mitscherlich (2007) ist nicht frei von diesem Missverständnis.

ßung. Das Argument lautet,»dass die Selbstauffassung des Menschen als Selbst-Auffassung, als Mensch im Sinne einer ethnisch und historisch abwandelbaren ›Idee‹ selbst ein Produkt seiner Geschichte bedeutet, die Ideen Mensch, Menschlichkeit von ›Menschen‹ eroberte Konzeptionen sind, denen das Schicksal alles Geschaffenen bereitet ist, untergehen – und nicht nur außer Sicht geraten – zu können...« (Plessner 1931/1981: 163).[14] Die der Moderne inhärente Reflexivität führt dazu, dass der Mensch,»um die geschichtliche Gewordenheit dieses geschichtsaufschließenden Prinzips und um sich als gewordenen Ursprung weiß.« (Plessner 1931/1981: 163) Der Mensch begreift sich selbst als einen historisch gewordenen Ursprung der modernen Ordnung. Wenn sich der Mensch als gewordenen Ursprung begreift, impliziert dies, dass er sich von sich als Ursprung geschichtlicher Ordnungen distanzieren kann. Die Reflexion der modernen Ordnung eröffnet für das Denken die Möglichkeit anderer Ursprünge. Wenn es denkmöglich ist, dass es andere Ordnungen gibt, in der nicht das Natur-/Kulturwesen Mensch als Subjekt der jeweiligen Ordnung gilt, eröffnet sich zugleich die Möglichkeit anderer Ordnungen, die ihre je eigene Geschichte haben. Damit relativiert sich der Mensch als ordnungsbildendes Prinzip, indem er sich neben mögliche andere Ordnungen mit anderen ordnungsbildenden Prinzipien stellt.

Plessner erhebt mit seiner Analyse des konstruktiven Ordnenkönnens der Moderne nicht den Anspruch, eine Aussage über die Ordnungskraft im Allgemeinen gemacht zu haben. Ihm geht es auch nicht um eine allgemeine Anthropologie. Vielmehr steigert er die Selbstreflexion, die er der Moderne attestiert, dahingehend, dass der Mensch als geschichtlich gewordener Ursprung freigelegt wird. Der Mensch wird als Können begriffen, als derjenige, der unterschiedliche Ordnungen schaffen kann. Und zugleich wird dieses Verständnis des Menschen selbst reflexiv erfasst und damit historisierbar. Dass der menschliche Ursprung möglicher Ordnungen als ordnungsbildendes Prinzip selbst historisch entstanden ist, ist nur dann ein sinnvoller Gedanke, wenn es andere ordnungsbildende Prinzipien gibt.

Derart unterschiedliche Ordnungen wären in sich abgeschlossene Einheiten, wenn sie nicht zugleich auf ein allgemeines Ordnenkönnen bezogen würden. Das heißt, eine konkrete Ordnung ist einerseits anhand ihres ordnungsbildenden Prinzips, der konkreten Struktur ihrer Ordnungsbildung zu begreifen, und andererseits als Realisierung

---

14 Ca. 30 Jahre später wird Foucault (1966/1971) die Aussage vom möglichen Untergang des Menschen bzw. vom Tod des Menschen wiederholen und damit gerade in Deutschland auf heftige Kritik stoßen, die wahrscheinlich noch nie gewusst hat, dass dieser Gedanke nahezu identisch bereits 1931 von Plessner formuliert worden ist.

eines allgemeinen Ordnenkönnens, das aber als solches nicht positiv bestimmt werden kann. Die unbestimmte Ordnungskraft fungiert als allgemeine Bedingung der Möglichkeit von Ordnung. Damit wird eine unbestimmte allgemeine Basis aller Formen von Welterschließung angenommen. Der Bezug auf die allen Ordnungen gemeinsame allgemeine Bedingung ihres Entstandenseins macht die unterschiedlichen Ordnungen füreinander verstehbar.

Es gibt keinen fixierbaren allgemeinen Grund, von dem ausgehend sich unterschiedliche Ordnungsbildungen begreifen lassen, sondern nur eine unbestimmte allgemeine Ordnungskraft, die als Bedingung der Möglichkeit unterschiedlicher historischer Ordnungsbildungen gelten kann und es erlaubt, diese aufeinander zu beziehen.

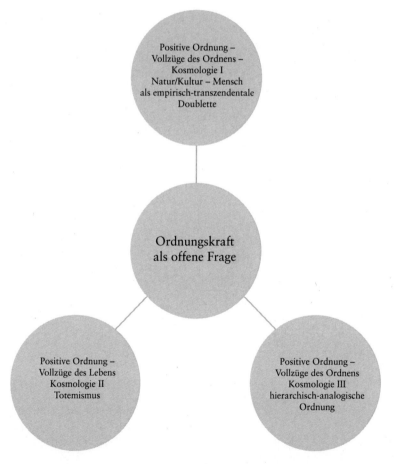

Abbildung 1: Ordnungskraft als offene Frage.

71

Das allgemeine Ordnenkönnen ist die Bedingung der Möglichkeit unterschiedlicher positiver Ordnungen. Das heißt umgekehrt auch, dass es keine positive Einheit unterschiedlicher positiver Ordnungen gibt, denn das Ordnenkönnen ist selbst nicht positiv bestimmbar. Plessner selbst hat keine Angaben darüber gemacht, wie eine Analyse unterschiedlicher Weltzugänge im Detail erfolgen soll. Für die Zwecke einer empirischen Erforschung von Weltbezügen bedarf es also einer eigenen Ausarbeitung. Jede Forschung bedarf eines Vorverständnisses ihres Gegenstandes, sonst könnte sie gar nicht angemessen fragen. Aus einer soziologischen Perspektive wäre dies die Funktion der allgemeinen Sozialtheorie. Ich werde wie gesagt an diesem Terminus festhalten, auch wenn er hier eine neue Bedeutung erhält. Um dieses Vorverständnis reflektiert zu den spezifischen Ordnungsprinzipien der Moderne ins Verhältnis zu setzen, werde ich die Ausarbeitung der sozialtheoretischen Annahmen im Sinne einer Weiterführung der anthropologischen Analyse Plessners durchführen. Der Vorzug eines solchen Vorgehens liegt darin, dass das Verhältnis zur modernen Rationalität expliziert wird. Plessner stellt sich explizit in die Tradition der Rationalitätskritik Kants und entwickelt von dort ausgehend das Prinzip der »offenen Frage«. Dieses dient dazu, die Möglichkeit unterschiedlicher Weltzugänge freizulegen und auch die moderne Form der Weltdeutung durch Kunst, Wissenschaft usw. als eine Möglichkeit des Weltzugangs neben anderen zu beschreiben (Plessner 1931/1981: 180ff.).

Das erweiterte Verstehen

Plessners Beitrag erfolgt – wie gesagt – im Rahmen der ersten Phase der Erklären-Verstehen-Kontroverse.[15] Dabei verbindet er Denkfiguren der neukantianischen Marburger Schule um Cohen[16] und zentrale Ele-

15 Dabei bezieht sich Plessner seltener direkt auf Dilthey. Entscheidend war für ihn vielmehr die Diltheyinterpretation seines Zeitgenossen Georg Misch (1929-30/1967; 1924/1984). Schürmann (1999) arbeitet genauer heraus, wie Plessner die Konzepte von Dilthey und Misch aufnimmt und weiterentwickelt. Allgemein für eine Situierung der Plessnerschen Hermeneutik im Kontext auch der späteren Hermeneutikdiskussion, in der Heidegger (1927/1979) und Gadamer (1960/1986) eine dominante Rolle spielen, vgl. Kämpf (2003). Für eine allgemeine Situierung der Philosophie Plessners insbesondere im Verhältnis zum amerikanischen Pragmatismus vgl. (Krüger 2001)

16 Neben Cohen selbst wäre hier vor allem noch Ernst Cassirer zu nennen. Eine genauere Darstellung des Verhältnisses Plessners zur Marburger Schule findet sich bei Völmicke (1994). Sie hebt insbesondere auf die Ähnlichkeit des Methodenverständnisses ab, das sich aus dem Anschluss an Kant ergibt, der auch für Plessner relevant ist.

mente der von Husserl (1913/1976) begründeten Phänomenologie.[17] Der in methodischer Hinsicht zentrale Gedanke besteht darin, dass es nicht am Gegenstand liegt, ob ein verstehender oder erklärender Zugang angemessen ist. Vielmehr hat der wissenschaftliche Zugriff selbst einen konstruktiven Charakter. Durch die Art des Fragens werden wesentliche Vorentscheidungen getroffen, von denen für den Kontext meiner Argumentation drei von besonderer Bedeutung sind. Die Frage enthält einen Vorentwurf, durch den erstens festgelegt wird, wie das Verhältnis von Erkenntnissubjekt und Erkenntnisobjekt beschaffen ist, zweitens was in dieser Erkenntnisrelation überhaupt als ein Gegenstand mit bestimmten Eigenschaften erkannt werden kann und drittens ob im Rahmen dieser Erkenntnisrelation ein erklärender oder verstehender Zugang zum Gegenstand angemessen ist. Wissenschaftliches Erkennen ist ein Erkennen, das die Erkenntnisrelation gemäß einem Verfahrensprinzip konstruktiv gestaltet. Aufgrund dessen können sowohl das Verfahren selbst als auch die im Rahmen des Verfahrens zustande gekommenen Ergebnisse einer rationalen Kritik unterzogen werden. Lakatos (1978) hat herausgearbeitet, dass eine wissenschaftliche Aussage über einen Gegenstand immer nur im Rahmen einer Theorie über den Gegenstand gültig ist. Diese ist zu differenzieren in eine Theorie darüber, wie der Gegenstand zum Gegenstand gemacht wird (Beobachtungstheorie) sowie der praktischen Möglichkeiten, den Gegenstand zum Gegenstand der Forschung zu machen. Weiterhin bedarf eine wissenschaftliche Forschung einer Angabe darüber, wie die Ergebnisse auf die Theorie über den Gegenstand zu beziehen sind (Interpretationstheorie) (vgl. hierzu insgesamt Lakatos 1978).

Die Konzeption des Verstehens, die ich hier im Anschluss an Plessner entwickeln werde, entspricht einem solchen verfahrensorientierten Wissenschaftsverständnis. Die Notwendigkeit, sich einen Gegenstand erklärend oder verstehend zu erschließen, wird nicht durch die spezifische Verfasstheit des Gegenstandes, sondern durch die Art des Fragens begründet. Die Differenz von Erklären und Verstehen basiert auf zwei methodisch divergierenden Prinzipien, Gegenstände zu untersuchen – den Prinzipien der geschlossenen und der offenen Frage (vgl. Plessner 1931/1981: 175 ff.). Im Rahmen des Prinzips der geschlossenen Frage sind Erklärungen möglich, während im Rahmen des Prinzips offenen

---

17 Pietrowicz (1992) hat zuerst darauf hingewiesen, dass sich der Ansatz Plessners durch eine Integration von drei Theorietraditionen auszeichnet, nämlich der rationalen kritischen Erkenntnisbegründung Kants, der Hermeneutik im Anschluss an Dilthey und Misch sowie der Phänomenologie Husserls. Vgl. hierzu im Weiteren auch Beaufort (2000). Vor allem der Kantbezug wurde zuvor in der Rezeption kaum berücksichtigt. Vgl. etwa Asemissen 1973.

Fragens das Verstehen den geeigneten Zugang zum Gegenstand darstellt.

Das Prinzip der geschlossenen Frage

Wenn das Verfahren der Konstruktion der Erkenntnisrelation am Prinzip der geschlossenen Frage orientiert wird, gestaltet sich der Zugang zum Gegenstand folgendermaßen. In die Frage geht ein Problementwurf ein, der einen Vorentwurf des Gegenstandes enthält. Durch diesen wird konstitutiv festgelegt, als was ein zu untersuchender Gegenstand erscheinen und wie dieser auf die Forschungsfrage antworten kann. Licht kann etwa im Rahmen einer physikalischen Forschung als messbare Lichtwelle und Quantum erscheinen. Da durch die Frage festgelegt ist, wie etwas erscheinen kann, spricht Plessner – in Anlehnung an Kant – von einem in die Dinge gelegten Apriori. Eine Frage, die einen derart geschlossenen Problementwurf enthält, ist durch dreierlei gekennzeichnet:

1. Die Frage enthält einen Vorentwurf, wie die Sache beschaffen ist.
2. Der Vorentwurf ist derart, dass in der Frage die Garantie der Beantwortbarkeit enthalten ist, das heißt, durch die Frage ist festgelegt, dass die Sache auf die Frage antworten kann.
3. Der Vorentwurf ist derart, dass in der Frage die Garantie der Beantwortung enthalten ist, das heißt, die Frage legt fest, wie die Frage beantwortet werden kann – genauer: durch welche Erscheinung, durch welches in der Fragekonstruktion angegebene Datum, die Sache auf die Frage antworten kann.

Eine Forschung gemäß dem Prinzip der geschlossenen Frage erfordert eine maximale Kontrolle des Erkenntnissubjekts über das Erkenntnisobjekt. Die praktisch wirksame Entfaltung einer solchen Kontrolle vollzieht sich Plessner zufolge auf zwei Ebenen. Zum einen durch die Eingliederung des Erkenntnisgegenstandes in eine Experimentalanordnung und zum anderen durch die Reduktion von möglichen Daten auf solche, die mathematisierbar sind (vgl. hierzu Plessner 1931/1981: 180f.).

Naturwissenschaftliche Erkenntnisse sind das Ergebnis eines theoretischen und technisch-praktischen Konstruktionsverfahrens. Unabhängig von dem sie bedingenden Konstruktionsverfahren haben sie nicht den Wert einer wahren Erkenntnis. Nur im Rahmen eines solchen Konstruktionsverfahrens kann auch mit Sicherheit angegeben werden, welches Phänomen regelmäßig auf welches andere folgt und ob und inwiefern das eine Phänomen die Ursache des Auftauchens des anderen Phänomens ist. Mit anderen Worten: Eindeutige und auf messbare Beziehungen gegründete Kausalerklärungen sind an die anerkannte Gültigkeit eines theoretischen und praktischen Konstruktionsverfahrens gebunden.[18] Das deduktiv-nomologische Modell kann als eine aktuell gültige Form des geschlossenen Fragens gelten.

Das Prinzip der offenen Frage

Das Prinzip der offenen Frage, welches das Verstehen begründet, ähnelt dem Prinzip der geschlossenen Frage darin, dass es sich um eine Frage im Rahmen eines theoretisch konstruierten Problementwurfs handelt. Der Unterschied besteht darin, dass nicht festgelegt ist, wie der Gegenstand auf die Frage antworten kann. Auch die offene Frage enthält einen Vorentwurf ihres Gegenstandes, nur so erreicht sie die Garantie ihrer Beantwortbarkeit, aber sie erreicht nicht die Garantie der Beantwortung. Bezogen auf die drei genannten Punkte ergibt sich folgendes an Gleichheit und Unterschieden:

1. Die Frage enthält einen Vorentwurf, wie die Sache beschaffen ist. Alles andere wäre ein Rückfall in ein vorkritisches Wissenschaftsverständnis. Es geht nicht darum, dem Gegenstand die Führung zu überlassen, sondern die Führung bei einem wissenschaftlichen Vorgehen erhält weiterhin der Vorentwurf der Sache, der in der Frage enthalten ist (vgl. Plessner 1931/1981: 181).

2. Der Vorentwurf ist derart, dass die Frage die Garantie der Beantwortbarkeit beinhaltet, d. h., durch die Frage ist festgelegt, dass die Sache auf die Frage antworten kann.

3. Der Vorentwurf ist aber nicht derart, dass in der Frage schon die Garantie der Beantwortung festgelegt ist, d. h., durch die Frage wird keine Erscheinung festgelegt, deren Auftreten als Antwort auf die Frage verstanden werden muss. An dieser Stelle liegt die Relevanz der Deutung. Dem Gegenstand wird die Möglichkeit zugestanden, sich von sich aus zu zeigen, und es ist Aufgabe des Erkenntnissubjekts zu sehen, wie sich der Gegenstand im beobachteten Phänomen zeigt. Wenn sich eine Forschung am Prinzip der offenen Frage orientiert, muss sie sich also auf ein interaktives oder kommunikatives Verhältnis zu ihrem Gegenstand einlassen, das methodisch durch das Forschungssubjekt nicht mehr vollständig zu kontrollieren ist.

Das Prinzip der offenen Frage ist also an einem entscheidenden Punkt durch eine andere Konstruktion der Erkenntnisrelation gekennzeichnet: Die Kontrolle, die das Experiment ermöglicht, wird bewusst aufgegeben; zugleich wird die Reduktion von Erscheinungen auf messbare und damit mathematisierbare Daten zurückgenommen. In die Erkenntnisre-

---

18 Die Ergebnisse der empirischen Wissenschaftsforschung können als später empirischer Beleg für die Gültigkeit dieser Annahmen gewertet werden Vgl. die Analysen von Pickering (1993) zur Experimentalphysik oder Lindemann (2005, 2009d).

lation wird dadurch ein spezifischer Freiraum für das Objekt eingebaut. Es erhält die Möglichkeit der Expressivität, d. h. die Möglichkeit, sein Erscheinen zu gestalten. Dadurch kommt ein neues Moment ins Spiel, denn das beobachtete Phänomen ist jetzt nicht mehr nur ein Datum, das in den Rahmen eines theoretischen Vorentwurfs integriert werden kann, sondern es ist ein Datum, das auf etwas verweist, das selbst nicht direkt erscheint, das sich aber durch dieses Datum zeigt. Das sich im Phänomen von sich aus Zeigende kann nicht mehr nur beobachtet, es muss verstanden werden (vgl. hierzu Plessner 1931/1981: 181 f.).

Damit lässt sich mit Bezug auf die zu Anfang dieses Abschnitts genannten drei Punkte folgendes feststellen: Offene und geschlossene Fragen unterscheiden sich hinsichtlich der Struktur der Erkenntnisbeziehung. Aufgrund der bewusst aufgegebenen Kontrolle im Rahmen der offenen Frage ergeben sich zweitens grundlegende Unterschiede hinsichtlich dessen, als was der Gegenstand erscheinen kann und wie er auf die Frage antwortet. Vor diesem Hintergrund lässt sich drittens begreifen, warum im Fall der geschlossenen Frage ein erklärender und im Fall der offenen Frage ein verstehender Zugang angemessen und möglich ist.

Als Ausgangspunkt für die folgende Entfaltung der Sozialtheorie sei das Folgende festgehalten. Die Annahme erweiterter Weltoffenheit führt auf die Annahme einer unbestimmten Ordnungskraft. Diese kann selbst nicht positiv bestimmt werden. Jede Bestimmung der Ordnungskraft enthielte notwendigerweise Merkmale derjenigen Ordnung die sie hervorbringt. Im Rahmen der modernen Ordnung werden zwei unterschiedliche ordnungsbildende Kräfte angenommen: zum einen die Natur und zum anderen der Kulturen schaffende und moralisch handelnde Mensch. Diese Form der Ordnungsbildung kann aber nicht als universell gültig begriffen werden. Sie ist eine mögliche Realisierung einer Ordnungskraft, die selbst unbestimmt bleibt. Andere Ordnungen kennen mutmaßlich andere ordnungsbildende Kräfte.

Von einer allgemeinen und unbestimmten Ordnungskraft auszugehen, ermöglicht es, die Natur-Kultur-Unterscheidung auf Distanz zu bringen und als eine mögliche Strukturierung des Zugangs zur Welt neben anderen zu begreifen. Ordnungsbildung darf daher nicht auf die Sozialdimension, die Bildung sozialer Ordnung, reduziert werden. Vielmehr muss Ordnungsbildung allgemein im Sinne einer Strukturierung von Weltzugängen verstanden werden. Dies macht es erforderlich, unterschiedliche Dimensionen von Ordnungsbildung anzugeben. Die im Folgenden entwickelte Sozialtheorie unterscheidet fünf Dimensionen bzw. Hinsichten der Ordnungsbildung: die Sozialdimension, die Dimensionen von Raum und Zeit sowie die Symbol- und die Sachdimension.

Für die Sozialdimension folgt aus der Annahme erweiterter Weltoffenheit bzw. der Annahme einer unbestimmten Ordnungskraft, dass nicht festgelegt ist, wer als ein sozialer Akteur gelten kann. Bei der Analyse der Grenzen des Kreises möglicher Akteure ist es problematisch, wie Descola oder Luckmann von der Selbstreflexion eines Subjekts auszugehen. Als Alternative dazu deutet sich an, von einer unbestimmten Relationalität auszugehen, die sich reflexiv in eine Ordnung bringt.

Hiermit ist sowohl der systematische Ausgangspunkt für den Entwurf einer Sozialtheorie festgelegt als auch dessen historische Situierung angedeutet. Es handelt sich um ein heuristisches Apriori zur operativen Analyse von Ordnungsbildung. Das Apriori ist notwendigerweise heuristisch, denn mit Bezug auf die Unmöglichkeit, die Ordnungskraft positiv zu bestimmen, muss jede Festlegung einer operativen Theorie von der Möglichkeit ihres Andersseins ausgehen. Eine heuristisch-apriorische Annahme bleibt durch empirische Forschung irritierbar. Dennoch ist ein heuristisches Apriori notwendig, denn ohne einen Vorentwurf des Gegenstandes und der Methodologie wäre ein rationales Fragen nicht möglich.

Die Ausarbeitung des heuristischen Apriori schließt an Plessners Radikalisierung der Reflexivität der Moderne an. Die Kosmologie der Moderne setzt sich aus drei Elementen zusammen: erstens einer menschenunabhängigen Ordnung der Natur, die den Menschen als Naturwesen einschließt und von den Naturwissenschaften, untersucht wird; zweitens den von Menschen geschaffenen Kulturen; drittens dem Menschen als Moralwesen, dessen normative Orientierungen entweder als universal für alle Menschen gültig oder als von Menschen geschaffen und damit historisch kontingent gedacht werden. An diese dreifache Bestimmung schließt Plessner an, indem er zunächst alle Ordnungsbildung als menschliche Ordnungsbildung begreift. Die Analysen des Historismus zusammenfassend begreift er auch das moderne Naturverständnis und alle normativen Orientierungen als von Menschen gemacht. Damit wird der Mensch im Sinne einer allgemeinen ordnungsbildenden Kraft verstanden. Daraus ergibt sich die Gleichheit aller menschlichen Natur- und Kulturordnungen, denn ihnen kommt als von Menschen geschaffenen Ordnungen eine gleiche Wertigkeit zu. Bereits diese Überlegung ist bemerkenswert, denn sie wurde im Übergang zum 20. Jahrhundert entwickelt. Es handelt sich sozusagen um eine postkoloniale Kritik, formuliert zur Hochzeit des europäischen kolonialen Sendungsbewusstseins.

Das wesentliche des Plessnerschen Ansatzes besteht aber darin, dass diese Sonderstellung des Menschen als ordnungsbildende Kraft selbst historisch situiert wird – als ein moderner Gedanke. Erst diese Wendung gibt den Blick frei darauf, dass unterschiedliche historische Ordnungen auf unterschiedliche Bildungskräfte zurückgeführt werden können. Genaugenommen kann man erst damit von einer Gleichwertigkeit unterschiedlicher Ordnungsbildungen ausgehen. Denn erst damit tritt an die Stelle des Menschen als allgemeine ordungsbildende Kraft die Annahme einer unbestimmten Ordnungskraft, auf die hin die Moderne ebenso wie jede andere historische Ordnung als relativ zu begreifen ist. Erst damit wird die Möglichkeit eröffnet, erweiterte Weltoffenheit, d. h. die Unbestimmtheit der Sozialdimension, methodisch zum Ausgangspunkt eines Forschungsprogramms zu machen. Eine Sozialtheorie, die auf dieser Grundlage entwickelt wird, hat ihren geschichtlichen Standort in der Moderne.

3. Reflexive Ordnungsbildung – eine operative Theorie mehrdimensionaler Ordnungsbildung

Von erweiterter Weltoffenheit auszugehen, heißt Ordnungsbildung allgemein im Sinn der Strukturierung möglicher Weltzugänge zu begreifen. Eine solche Analyse erfordert einen kategorialen Zuschnitt, der nicht auf die Sozialdimension begrenzt ist. Vielmehr gilt es auch die anderen Dimensionen einzubeziehen, in denen Strukturen von Weltzugängen gebildet werden. Dazu gehören die Sach- sowie die Raum-, Zeit und Symboldimension. Dies bezeichne ich als die Mehrdimensionalität von Ordnungsbildung.

Dimensionen der Ordnung des Sozialen

Bei genauerem Hinsehen zeigt sich, dass die Mehrdimensionalität der Ordnungsbildung innerhalb der soziologischen Sozialtheorie nicht unbedingt neu ist. Es lassen sich unterschiedliche Vorschläge voneinander abheben, welche Hinsichten für die Analyse von Ordnungsbildung relevant sind. Marx' (1890/1977, 1857-58/1974) Akzentuierung des Stoffwechsels zwischen Mensch und Natur gibt der Sachdimension im Sinne von Technik einen zentralen Stellenwert. Durkheim (1895/1991), Weber (1921-22/1980) und Simmel (1908/1983) heben vor allem die Sozialdimension hervor. Durkheims Analyse der Arbeitsteilung enthält Bezüge zur sachlichen Differenzierung von Vergesellschaftung (Durkheim 1902/1992). In seiner späten Arbeit zur Religionssoziologie versucht Durkheim zudem herauszuarbeiten, dass die gebildete soziale Ordnung als allgemeines Muster der Welterfahrung fungiert und auch die jeweilige Ordnung von Raum und Zeit bestimmt (Durkheim 1912/1984). Weber und Simmel heben darauf ab, dass sich innerhalb der Sozialdimension formale Strukturen des wechselseitigen Bezugs ausfindig machen lassen wie Über- und Unterordnung, Kampf, Konkurrenz usw. Weber stellt darüber hinaus die Orientierung an Werten in den Mittelpunkt, die für ihn die Bedingung von Verstehbarkeit darstellt. Ob und inwiefern Weber in seiner Analyse sachlich differenter Wertsphären (Wissenschaft, Wirtschaft, Religion etc.) darüber hinaus auch Aspekte der Sachdimension einbezieht, würde ich als eine offene Frage ansehen, aber der Zusammenhang liegt nahe.

Diese Hinsichten der Ordnungsbildung werden von Parsons (1937/1968) aufgenommen und teilweise integriert. Die gemeinsame Orientierung an kulturellen Werten ist die Bedingung für aufeinander bezogenes Handeln, denn die Sozialisierung in eine geteilte Werteordnung löst für ihn das Problem der doppelten Kontingenz (Sozialdimension). Diese Grundannahmen bleiben auch in seiner systemtheoretischen Konzeption der Gesellschaft erhalten (Parsons 1964). An der Differenzierung des Verhaltenssystems, die Parsons hier ebenfalls vornimmt, wird zudem deutlich, dass Parsons versucht, den Körper konzeptuell zu berücksichtigen. Die Anwendung des Vierfelderschemas auf die Gesellschaft mit vier zu unterscheidenden Funktionen kann auch als Hinweis auf sachlich funktionale Differenzierung gelesen werden. Jedenfalls wird funktionale Differenzierung bei Luhmann im Weiteren in dieser Weise interpretiert.

Luhmann hatte Parsons dahingehend kritisiert, dass die geteilte Werteordnung als Lösung des Problems der doppelten Kontingenz bereits vorausgesetzt werden müsse. Es bleibe bei Parsons aber ungeklärt, wie ausgehend vom Problem der doppelten Kontingenz ein geteilter Wertekonsens entstehen könne. Dies lasse sich nicht begreifen, wenn ausschließlich die Sozialdimension berücksichtigt würde (Luhmann 1984: Kap. 3). Als Alternative schlägt Luhmann vor, die Lösung des Problems der doppelten Kontingenz zunächst zeitlich zu begreifen, womit er die Eigenständigkeit der Zeitdimension gegenüber der Sozialdimension hervorhebt. Hinzu kommt noch die Sachdimension, die vor allem für die Analyse der modernen funktional differenzierten Gesellschaft von Bedeutung ist. Diese zeichnet sich durch die Verwendung sachlich codierter Unterscheidungen aus, die eine Ausdifferenzierung der Gesamtordnung in sachlich differenzierte Kommunikationsbereiche ermöglicht. Der Raum als eigenständige Hinsicht des Ordnens wird in der Systemtheorie erst in jüngerer Zeit entdeckt (Stichweh 2002, Nassehi 2003: 224).[1]

1 Luhmann liefert allerdings keine Begründung für die Untergliederung der Sinndimension in sachlich, zeitlich, sozial. Er verweist lediglich darauf, dass es sich um Weltdimensionen handelt, »die in allem Sinn involviert sind. Ihr Konstitutionszusammenhang, ihre Trennbarkeit und ihre Interdependenz könnten nur durch umfangreiche transzendental-phänomenologische Analysen geklärt werden, für die hier kein Raum ist.« (Luhmann 1967/2005: 168) Auch später findet Luhmann dafür keinen Raum. In »Sinn als Grundbegriff der Soziologie« bezeichnet er aber die Position von Adam Schaff (1960/1973) als eine, die seiner Auffassung von der Differenzierung der Sinndimensionen sehr nahe käme (Luhmann 1971: 48). Schaff, in der marxistischen Tradition stehend, stellt bei seiner Analyse der »Zeichensituation« explizit die einander sinnlich wahrnehmenden und sich praktisch auf die Umwelt sowie aufeinander beziehenden Menschen in den Mittelpunkt (vgl. Schaff 1960/1973: 243-252); von Husserl grenzt sich Schaff (1960/1973:156f) immer wieder scharf ab. Dass sich Luhmann beim Problem der Differenzierung der Sinndimensionen kommentarlos

Berger/Luckmann (1966/1980) schließen mit ihrer Analyse direkt an den Befund der einfachen Weltoffenheit im Sinne der philosophischen Anthropologie Gehlens an. Sie verstehen den Menschen, hierin Schütz (1932/1981) folgend, als ein hier/jetzt existierendes Wesen, das einer offenen Welt gegenübersteht, d. h. einer Welt, die nicht durch instinktive Handlungsaufforderungen strukturiert ist, wie es für das Umfeld von Tieren gilt. Da Berger/Luckmann mit Schütz (vgl. auch Schütz/Luckmann 1979, 1984) den Weltbezug von Menschen raum-zeitlich strukturiert begreifen, beziehen sie neben der Sozialdimension (Institutionenbildung) auch Raum und Zeit als Dimensionen der Ordnungsbildung ein (vgl. Endreß 2012) und stellen darüber hinaus den Menschen als körperlich-leiblich existierendes Wesen in den Mittelpunkt. Die Sachdimension wird bei ihnen nicht eigens hervorgehoben.

Habermas differenziert mit Bezug auf Mead drei unterschiedliche Weltbezüge als Dimensionen des Ordnens, auf die sich auch je unterschiedliche Geltungsansprüche beziehen: Innenwelt, Außenwelt und Sozialwelt (Habermas 1981/1995 Bd. 2: 47 ff.). Diese Differenzierung bezieht sich zum einen auf die Bildung des Subjekts in sozialen Prozessen und auf die Differenzierung zwischen Aussagen über den Ist-Zustand der Welt und normativen Bewertungen sozialen Handelns. Diesen Weltbezügen entsprechen die Geltungsansprüche der Wahrhaftigkeit (Innenwelt), der Wahrheit (kognitiv zu erfassende Außenwelt) und der normativen Richtigkeit (Sozialwelt). Den auf die Außen- und auf die Sozialwelt bezogenen Geltungsansprüchen ist gemeinsam, dass sie rational bestritten und begründet werden können. Für den dritten Geltungsanspruch gilt dies nicht. Wahrhaftigkeit kann nicht rational begründet, sondern nur durch Konsequenz dargestellt werden. Dem vierten von Habermas angeführten Geltungsanspruch, demjenigen der Verständlichkeit, entspricht kein eigener Weltbezug. Dieser Geltungsanspruch kann auch nicht bestritten werden, denn er muss in jeder konkreten Kommunikation als erfüllt gelten. Er bezieht sich darauf, dass kommunikativ verständliche Symbole verwendet werden. Ein solcher

auf einander derart widersprechende Traditionen wie die Transzendentalphänomenologie und den Marxismus bezieht, lässt die Leserin ratlos zurück, denn die Vermittlungsversuche zwischen diesen Traditionen sind zahlreich und erkennen durchgängig an, dass sie sich eine Begründungslast aufbürden (vgl. Waldenfels et al. 1977-1979). In der Sekundärliteratur zur Systemtheorie findet sich ebenfalls wenig Erhellendes zur Frage der Differenzierung in gerade drei Sinndimensionen (vgl. Schützeichel 2003: 42 ff.). Vor diesem Hintergrund erscheint es als ein nicht geringer Vorzug der Theorie der exzentrischen Leib-Umwelt-Beziehung, dass es ihr gelingt, den Zusammenhang der Dimensionen der Ordnungsbildung aus der Struktur der Leib-Umwelt-Beziehung heraus zu entfalten. An die Stelle einer einfachen Setzung tritt die systematische Explikation.

Geltungsanspruch kann sinnvollerweise nicht bestritten werden, denn seine Erfüllung ist die Bedingung von Kommunikation und damit der Möglichkeit, etwas zu bestreiten. Bezogen auf die Etablierung von Ordnung verweist dieser Geltungsanspruch aber auf eine weitere relevante Hinsicht des Ordnens, nämlich die Bildung kommunikativer Symbole, mit deren Hilfe die Akteure einander zu verstehen geben können, wie sie sich orientieren. Habermas rekonstruiert mit Mead die Bildung sprachlicher Symbole und damit die Bedingungen sprachlichen Verstehens. Dies wird in anderen Theorien zumeist vorausgesetzt. Auch Luhmann und Parsons setzen sprachliche Symbole als gegeben voraus und bauen darauf jeweils eine Theorie symbolisch generalisierter Medien auf.

Bereits dieser kurze Überblick über die Dimensionen des Ordnens, die in unterschiedlichen Sozialtheorien benannt werden, zeigt ein erstaunliches Ergebnis. Wenn die bislang in der Soziologie angesprochenen Dimensionen systematisch aufeinander bezogen würden, würde dadurch eine mehrdimensionale Analyse von Ordnungsbildung im Sinne einer Analyse von Weltzugängen möglich. Zumindest implizit scheint die soziologische Sozialtheorie auf die Aufgabe vorbereitet, Ordnungen insgesamt zu analysieren. Diese Tendenz als solche explizit zu machen und sie systematisch auszuarbeiten, ist das Anliegen dieses Kapitels.

Es lassen sich zumindest folgende Dimensionen bzw. Hinsichten des Ordnens unterscheiden:

1. Sozialdimension unter der Voraussetzung erweiterter Weltoffenheit bzw. des erweiterten Ordnungsproblems. Wer kommt als soziale Person bzw. sozialer Akteur in Frage und wie werden Personen evtl. zu Subjekten?

2. Raum und Zeit unter der Voraussetzung erweiterter Weltoffenheit. Nicht jede Ordnung von Raum und Zeit ist vereinbar mit jeder Begrenzung des Kreises möglicher Personen bzw. mit jeder möglichen Form leiblicher Umweltbeziehung.

3. Die Sachdimension untergliedert sich in zwei unterschiedliche Aspekte. Zum einen geht es um die sachlich-qualitative Differenzierung der Welt, etwa im Sinn von Farben oder Formen, die jeweils Angebote für unterschiedliche praktische Umgangsweisen und damit auch für die Entwicklung von Technik bilden. Zum anderen geht es um die sachlichen Gehalte, die Themen, der Kommunikation. In diesem Sinn ist das Wetter, das Wirtschaftsgeschehen oder der Bau eines Hauses eine Sache, die kommunikativ verhandelt werden kann.

4. Symbole bzw. Formen des Ausdrucks und Medien der Vermittlung, die es erlauben, dass personale Selbste sich einander zu verstehen geben. Hierbei handelt es sich um Ermöglichungsformen von Kommunikation und um die Ermöglichung symbolischer Generalisierung.

Wenn Raum und Zeit als unterschiedene Dimensionen gedacht werden, handelt es sich um fünf Dimensionen bzw. Hinsichten des Ordnens. Ich begreife diese Dimensionen einerseits als nicht aufeinander reduzierbar und andererseits als miteinander vermittelt. Die erste Aussage wendet sich explizit gegen jede Form von Soziologismus, wie sie etwa von Durkheim vertreten worden ist. Durkheim hatte postuliert, dass die Ordnung des Sozialen die Raum-Zeit-Ordnung einer Gesellschaft bestimme. Diese Position ist in der Ethnologie mit guten Gründen verabschiedet worden (s. o.). Viele gegenwärtig vertretene konstruktivistische Ansätze im Sinne der »sozialen Konstruktion von X« laufen in ähnlicher Weise Gefahr, einem soziologistischen Reduktionismus bei der Analyse der Ordnungsbildung zu erliegen. In diesem Sinn wäre alles sozial konstruiert, der Körper, der Raum, die Zeit usw. Hier werden nahezu allmächtig Konstrukteure bzw. Konstruktionspraktiken unterstellt.[2]

Mir erscheint es dagegen sinnvoll, der Sozialdimension nicht alle Last der Ordnungsbildung aufzubürden. Stattdessen betrachte ich alle genannten Hinsichten gleichursprünglich als für die Bildung einer jeweiligen Ordnung relevant. Zugleich ist es aber unwahrscheinlich, dass sich Strukturen in den einzelnen Ordnungshinsichten unabhängig ausbilden und beliebig modular zusammengesetzt werden können. Dies führt zu der These, dass die Strukturen, die sich in den verschiedenen Ordnungshinsichten ausbilden, miteinander vermittelt sind und einander stützen – zumindest müssen sie zueinander passen. Die Art und Weise, wie die Grenzen des Kreises sozialer Personen gezogen werden, muss gestützt werden bzw. vereinbar sein mit den jeweiligen Raum-, Zeit- , Sach- und Symbolstrukturen.

Die These, dass es sowohl die Irreduzibilität der Ordnungsdimensionen als auch deren Vermittlung zu begreifen gilt, beinhaltet in theoretischer Hinsicht eine starke Anforderung. Man muss z. B. aufzeigen, dass das Soziale räumlich-zeitlich verfasst ist, weshalb die Bildung einer sozialen Ordnung zugleich die Bildung einer Raum-Zeit-Ordnung ist. Wenn beides als gleichursprünglich begriffen wird, wird es unmöglich, das eine auf das andere zu reduzieren, sondern man muss korrelativ die Ordnungsbildung in den jeweiligen Hinsichten berücksichtigen. Dies gilt analog für Sach- und Symbolstrukturen. Damit wird die These der sozialen Konstruktion verabschiedet, die einen Primat der Sozialdimension gegenüber den anderen Ordnungsdimensionen beinhaltet. Der Unterschied zu den Vorschlägen der ANT tritt damit deutlich hervor, denn Latour geht von einem Primat des Sozialen bzw. des Politischen aus – ein Erbe Durkheims. Die Entstehung von Ordnung insgesamt wird von ihm als ein Problem des Einschlusses in den bzw. Ausschlusses aus dem Kreis des zu repräsentierenden Kollektivs gedacht. Damit stellen sich

---

2 Vgl. hierzu etwa die Diskussion um die Konstruktion von Zweigeschlechtlichkeit in den 1990er Jahren. Für einen Überblick vergleiche Wobbe und Lindemann (1994).

zwar auch semiotische Fragen – Wer wird wie als Sprecher bezeichnet? Wer kann wie eine Sprecherposition einnehmen und andere bezeichnen? – aber es kommen weder die Symbolbildung selbst noch Raum und Zeit als eigene Dimensionen der Ordnungsbildung vor.

Typen der Ordnungsbildung

Die hier vorgeschlagene Sozialtheorie vorausgesetzt, hätte jede empirische Forschung darauf zu achten, wie die Sozialdimension ihrerseits räumlich bzw. zeitlich zu begreifen wäre, denn nur, wenn das Soziale selbst räumlich-zeitlich verfasst ist, können Raum und Zeit für die Sozialdimension eine relevante Ordnungshinsicht werden. Gleiches gilt für die anderen beiden Ordnungshinsichten. Die Bildung des Sozialen und die Bildung von sachlichen Umweltbezügen bzw. die Bildung von Symbolen und Medien der Vermittlung müssen als gleichursprünglich begriffen werden. Es wäre jeweils immer neu zu klären, wie die unterschiedlichen Hinsichten im Rahmen von ablaufenden Vorgängen der Ordnungsbildung miteinander zusammenhängen, ob/wie sie einander stützen bzw. ob/wie sie einander destabilisieren. Als Ausgangspunkt für die Entfaltung einer operativen Theorie des Sozialen wähle ich Plessners Theorie exzentrischer Positionalität. Diese begreift die Operationsweise des Sozialen als Operation der Ordnungsbildung pluridimensional sich auf die Umwelt beziehender exzentrischer leiblicher Selbste. Die daraus resultierende These zur Ordnungsbildung lautet: Ordnungen sind dann stabilisiert, wenn in den Vollzügen leiblicher Umweltbeziehungen in den fünf genannten Hinsichten zueinander passende generalisierte Muster ausgebildet werden.

Ich werde im Laufe des Textes immer wieder auf Beispiele zurückgreifen, um das theoretische Argument anschaulicher zu machen. Dabei werde ich auch darauf verweisen, ob das Beispiel etwa einer animistischen oder einer modernen Ordnung entstammt. Ich möchte hier kurz darstellen, wie solche Einordnungen zu verstehen sind. Ich unterscheide Typen von Ordnungsbildung. Die moderne Ordnung bildet einen Typus von Ordnung neben anderen. Ein Ordnungstypus zeichnet sich dadurch aus, dass die Strukturen, die in einzelnen Dimensionen entwickelt werden, zueinander passen und sich wechselseitig stützen. Nicht ein einzelnes Strukturmerkmal in der Dimension von Raum oder Zeit oder der Sozial- oder Sachdimension kennzeichnet eine Ordnung, sondern die strukturierte Relation der dimensionsspezifischen Strukturmerkmale. In dieser Perspektive ist es nicht sinnvoll, danach zu fragen, ob dimensionsspezifische Strukturmerkmale, die man in der Moderne finden kann, sich auch in nicht-modernen Ordnungen finden. Es ist sicher davon auszugehen, dass man immer einzelne Strukturmerkmale isolieren kann, die sich in mehreren Ordnungen finden lassen. Relevant für die Typik einer Ordnung ist indes nicht ein isoliertes Strukturmerkmal, sondern der geordnete Zusammenhang dimensionsspezifischer Strukturmerkmale, durch den die einzelnen Merkmale ihre Funktion und ihre Bedeutung im Zusammenhang einer Ordnung erhalten. Es wäre insofern auch unangemessen zu sagen, dass sich in der Moderne archaische Merkmale beobachten lassen oder dass sich in der hierarchischen Ordnung des vormodernen Europa moderne Merkmale finden. Denn keines dieser Merkmale kennzeichnet für sich genommen eine Ordnung. Wenn ich einzelne Ordnungstypen benenne, aus deren Zusammenhang Beispiele stammen, ist damit nur eine Aussage über den Zusammenhang gemeint, dem das Beispiel entstammt. Das Merkmal selbst soll damit nicht als modern, animistisch etc. charakterisiert werden.

Bei der Explikation der einzelnen Ordnungsdimensionen beginne ich mit der Sozialdimension. Die Reihenfolge der Abschnitte ist im Prinzip beliebig, da keiner der Ordnungshinsichten ein Primat zukommt.

3.1. Sozialdimension

Unter der Voraussetzung erweiterter Weltoffenheit entfällt die Annahme, dass das Soziale von miteinander agierenden Menschen gebildet wird. Es muss immer wieder neu die Grenze zwischen denjenigen gezogen werden, die als soziale Personen anzuerkennen sind und anderen Entitäten. Aufgrund dessen nimmt der Grenzbegriff für die Konzeptualisierung des Sozialen eine zentrale Stellung ein. Es ist daher ratsam, genauer zu betrachten, was unter Grenze verstanden werden soll. Der Grenzbegriff wird mit Bezug auf Plessners Theorie der Positionalität entfaltet. Dabei bezieht sich Grenze zunächst darauf, dass und wie sich lebendige Körper von ihrem Umfeld bzw. ihrer Umwelt abgrenzen. Erst die Komplexität der Umweltbeziehung auf der Ebene exzentrischer Positionalität führt dazu, dass dem Grenzbegriff eine neue Bedeutung zukommt, nämlich die Begrenzung des Kreises sozialer Personen. Die Entfaltung der Theorie erfolgt gemäß einem systematischen Verfahren, das ich zunächst skizzieren werde, um anschließend die Sozialtheorie zu explizieren.

Das Verfahren der Theoriekonstruktion

Um die Entfaltung der Theorie und die Bedeutung der Beispiele zu verstehen, ist es erforderlich, nicht nur den positiven Gehalt der Theorie, sondern auch das Verfahren – die Methode – der Theoriekonstruktion stets vor Augen zu haben. Plessner entwickelt die Theorie gemäß dem Prinzip der offenen Frage. Es handelt sich also um die Konstruktion eines Vorentwurfs der Sache, die untersucht werden soll. Die Konstruktion geht von einer kategorialen Setzung aus und stellt ein Prinzip vor, anhand dessen die Setzung systematisch entfaltet werden kann. Auf jeder Stufe der systematischen Entfaltung gilt es zu überprüfen, ob es empirische Sachverhalte gibt, die sich anhand der entwickelten Kategorien sinnvoll erschließen lassen. Die Beispiele dienen als Beleg dafür, dass die entwickelten Kategorien überhaupt tauglich sind für empirische Forschung. Die in den Beispielen genannten Phänomene sind demnach als eine mögliche Realisierung der theoretisch entwickelten Kategorien zu verstehen. Eine genauere empirische Forschung wird andere mögliche Realisierungen zutage fördern.

Die Kategorie der Grenze bildet den Ausgangspunkt für Plessners Vorentwurf, an dem sich seine Theorie des Lebendigen orientiert. Lebendige Körper unterscheiden sich von unbelebten Körpern dadurch, dass sie sich selbst von ihrem Umfeld abgrenzen. Dadurch schließen sich lebendige Körper ab und bilden einen organisierten Eigenbereich. Zugleich sind lebendige Körper vermittelt durch ihre Grenzen mit ihrem Umfeld in Beziehung (vgl. Plessner 1928/1975: 127 ff.). Der Sachverhalt der Grenzrealisierung selbst kann nicht direkt gezeigt werden, vielmehr erschließt er sich, indem er ausgehend von der anschaulichen Gegebenheit des lebendigen Dings erdeutet wird. Der Vorentwurf ist also derart, dass an beobachtete Körper die Frage gestellt wird, ob und wie sie sich von ihrer Umwelt abgrenzen. Wie der Sachverhalt der Grenzrealisierung gestaltet wird, wird nicht durch den Vorentwurf entschieden. Um dies festzustellen, muss die Untersuchung die Antwort der lebenden Körper abwarten.

Die Entfaltung des Positionalitätsbegriffs orientiert sich an einem Verfahren, das sich als reflexive Deduktion begreifen lässt. Deren Prinzip besteht darin, Kategorien weder rein logisch noch empirisch induktiv zu entwickeln (Plessner 1928/1975: 114 f.). Als Ausgangspunkt dient die selbstbezügliche Struktur der Dingerscheinung. Von dieser ausgehend wird die These der Grenzrealisierung entwickelt, die Plessner als allgemeine Vollzugsstruktur des Lebens begreift. Ob diese These gültig ist, erweist sich daran, dass es anschaulich gegebene Phänomene gibt, die als sinnvolle Antwort auf die Frage nach der Vollzugsstruktur der Grenzrealisierung begriffen werden können. Die Theorie wird also anhand eines theoretisch-empirischen Doppelbezugs entfaltet. Der theoretische Vorentwurf gilt nur dann, wenn Phänomene aufgewiesen werden können, die als Realisierung der Annahme des Vorentwurfs gelten können. Dieses Prinzip wird strikt durchgehalten. Auf der einen Seite entfaltet Plessner die Hypothese der Grenzrealisierung, indem der Sachverhalt der Grenzrealisierung noch einmal reflexiv auf sich bezogen wird. Auf der anderen Seite wird danach gefragt, welche Phänomene als Realisierung eines solchen komplexer gestalteten Umweltbezugs gelten können. Reflexive Deduktion beinhaltet also einerseits, dass Kategorien kontrolliert entwickelt werden und bindet deren Gültigkeit andererseits an eine phänomenologisch erweiterte empirische Forschung.

Anhand des Prinzips der reflexiven Deduktion gelangt Plessner vom Sachverhalt der Grenzrealisierung zu einer positionalen Struktur, die durch Bewusstsein gekennzeichnet ist. Dass der Sachverhalt der Grenzrealisierung auf sich selbst bezogen ist, heißt: Das lebendige Ding grenzt sich nicht nur von seinem Umfeld ab, sondern es erlebt dies – der lebendige Körper merkt sich selbst, insofern er seine Grenze realisiert, und er merkt sein Umfeld. Ein Körper, der sich in dieser Weise merkt, kann an sich verschiedene Weisen unterscheiden, sich auf die Umwelt zu beziehen. Dies ist der theoretisch konstruierte Vorentwurf. In einem zweiten Schritt muss dann wieder geprüft werden, ob es Phänomene gibt, die als Realisierung einer solchen reflexiven Grenzrealisierung gelten können. Dafür kommen z. B. in Betracht: Hunger oder spontane Impulse. Diese Phänomene können als mögliche Antworten auf die Frage begriffen werden, ob und wie ein lebendiger Körper sich selbst merkt. Phänomene, die als Antwort auf die Frage verstanden werden können, ob ein lebender Körper sein Umfeld merkt, wären etwa Reaktionen auf Ereignisse in der Umwelt. Dabei erhalten diese den Sinn von Verhaltensangeboten, auf die ein Körper gemäß seinem erlebten Zustand reagieren kann. Ein derart auf sich und das Umfeld bezogener Körper gestaltet seinen Umfeldbezug gemäß der Vermittlung von eigenem Zustand und der Wahrnehmung des Außenfeldes gemäß seinen Aktionsmöglichkeiten (Plessner 1928/1975: 230 ff.). Diese Stufe bezeichnet Plessner als zentrische Positionalität: der lebendige Körper wird zu einem Selbst, das spontan aus der eigenen Mitte, dem eigenen Zentrum heraus agiert.

Plessner entwickelt die Positionalitätstheorie in engem Dialog mit der Biologie. Deshalb entwickelt er die Theorie, indem er biologische Phänomene als mögliche Realisierung einer Positionalitätsstufe anführt. Ich folge diesem Vorgehen zunächst um der Plausibilität der Argumentation willen. Es ist aber festzuhalten, dass diese Perspektive auf mögliche Realisierungsformen nicht zwingend ist. Zentrische Positionalität mag im Sinne eines Wirbeltierkörpers realisiert sein, aber es sind prinzipiell auch andere Realisierungsformen möglich. Dass zentrische Positionalität an dreidimensional ausgedehnte Körper gebunden ist, entspricht aller Wahrscheinlichkeit nach einem modernen Verständnis zentrischer Positionalität. Es ist damit zu rechnen, dass andere Ordnungen andere Realisierungsformen zentrischer Positionalität ermöglichen.

Auf der zentrischen Positionalität aufbauend wird das Verfahren der reflexiven Deduktion wiederholt, woraus sich die Vollzugsstruktur exzentrischer Positionalität ergibt. Auf diese werde ich im Weiteren noch ausführlich eingehen. Für die hier vorliegende Untersuchung ist von besonderem Interesse, wie die Grenzkategorie im Rahmen der verfahrensmäßigen Entfaltung diejenigen Merkmale annimmt, die für die

Analyse der Grenzen der Sozialwelt im Rahmen exzentrischer Positionalität relevant sind, denn zunächst bezieht sich »Grenze« auf die Grenzrealisierung lebendiger Körper.

Grenzrealisierung der Körper

Lebendige Körper unterscheiden sich von unbelebten Körpern der Grenzthese zufolge dadurch, dass der Körper seine Grenze selbst hat: dass er sich selbst gegenüber seiner Umgebung abgrenzt. Plessner (1928/1975: 127 f.) entfaltet sein Argument anhand eines Schemas, das folgendes unterscheidet: (1.) den Körper (K), (2.) die Grenze als Bereich zwischen (Z) dem Körper und Medium und (3.) das umgebende Medium (M), das Umfeld. Diese drei Elemente sind im Fall des unbelebten Körpers so geordnet:

$$K \leftarrow Z \rightarrow M$$

Es gibt den Körper, dieser grenzt an das Medium. Der Definition zufolge ist der Körper begrenzt, er hat die Grenze aber nicht als seine Eigenschaft. Die Grenze ist ein virtueller Zwischenraum zwischen Körper und Medium. Virtuell ist das Zwischen, weil es selbst keinen Raum einnimmt. Es gibt nur den Körper und das angrenzende Medium. Die Grenze als das »Zwischen« bezeichnet nur den Sachverhalt, dass der Körper in das Medium übergeht bzw. dass das Medium in den Körper übergeht. Der Sachverhalt des Übergehens gehört weder dem Körper noch dem Medium an. Deshalb ist die Ausdehnung des Körpers identisch mit seiner messbaren Ausdehnung.

Die Hypothese lautet nun, dass sich lebendige Körper von unbelebten Körpern dadurch unterscheiden, dass der Körper seine Grenze selbst hat bzw. ist. Das heißt, der Körper ist das Übergehen in das Medium, und er ist zugleich das Übergehen aus dem Medium in den Körper. Dieser Sachverhalt wird formelhaft so dargestellt:

$$K \leftarrow K^{\text{(als Vollzug der Grenze)}} \rightarrow M$$

Der lebendige Körper vollzieht den Sachverhalt, dass er begrenzt ist. Grenze ist definiert als das Übergehen vom Körper in das Medium und vom Medium in den Körper. Wenn der Körper seine Grenze selbst hat, heißt das, dass er weiter reicht, als er seiner messbaren Ausdehnung nach reicht. Er ist nicht dort zu Ende, wo seine Grenzkontur zu Ende ist, sondern er reicht weiter, da er ebenso das Übergehen in das umgebende Medium ist. Zugleich reicht der Körper weniger weit als er reicht, denn er ist als Vollzug der Grenze nicht nur das Übergehen vom Körper in das Medium, sondern auch das Übergehen vom Medium in den Körper. Insofern er auch dieses rückläufige Übergehen ist, reicht das Medium in den Körper hinein, denn der Körper ist dieses Übergehen. Da die

Grenze das räumliche Übergehen vom Körper in das Medium und vom Medium in den Körper ist, fällt die Grenze nicht mit der sichtbaren Grenzkontur zusammen. Um den besonderen Charakter dieses Raumes zu bezeichnen, unterscheidet Plessner räumlich (messbarer Raum) von raumhaft (nichtmessbarer Raum).

Mit der Grenzrealisierung durch den Körper befindet sich ein Körper nicht mehr nur an einer durch Messung zu bestimmenden Raum-Zeit-stelle. Vielmehr ist der Körper über seine messbare Begrenzung hinaus und er ist enger in den eigenen Raum gesetzt, denn er ist das vermittelnde Übergehen von innen nach außen und von außen nach innen. An die Stelle einer messbaren Begrenzung des Körpers tritt der Vollzug einer körperzentrierten Relationierung zwischen Körper und Umfeld. Durch das wechselseitige Übergehen ist der Körper von ihm ausgehend in ein Verhältnis zur Umgebung gesetzt (Plessner 1928/1975: 128). Der lebendige Körper wird zu einem raumhaften Nullpunkt, denn von ihm geht die Beziehung zum bzw. das Übergehen in das Umfeld aus, und umgekehrt bezieht der Körper das Medium auf sich, insofern er das Übergehen des Mediums in den Körper ist. Stoffwechselprozesse, die Aufnahme fremder Stoffe in den Körper, deren Verarbeitung und die Ausscheidung von Abfallprodukten, wären als Hinweise auf diese Form der Beziehung zum umgebenden Medium zu verstehen. Der Organismus erhält sich in seinen Grenzen aufrecht, wobei die Grenzen des Organismus nicht mit den aktuell feststellbaren gestalthaften Gegebenheiten identifiziert werden können.

Zentrische Positionalität

Die zentrische Positionalität wird entwickelt durch eine reflexive De-duktion (s. o.), d. h. dadurch, dass die reflexive Struktur der Grenzre-alisierung noch einmal auf sich bezogen ist. Bezogen auf die messbare räumliche Ausdehnung führt diese Steigerung der Rückbezüglichkeit zu keiner Änderung, wohl aber bezogen auf die raumhaften Merkmale. Diese zeichnen sich dadurch aus, dass der Körper als positionaler Körper einen raumhaften Nullpunkt bildet. Wenn der Körper auf den Sachverhalt der Grenzrealisierung bezogen ist, heißt das für die Raum-haftigkeit des Körpers, dass er darauf bezogen ist, ein Nullpunkt zu sein. Der Körper erlebt sich gegenwärtig als hier seiend. Er erlebt sich als raumhaft ausgedehnten Zustand. Unter dieser Bedingung ist der Sachverhalt der Abgegrenztheit dem Körper gegeben, er empfindet sich selbst als ausgedehnt. Phänomenologisch zeigt sich dies daran, dass Hunger, Schmerz, Lust, Aktionsimpulse nicht einfach nur subjektive Empfindungen sind, sondern auch raumhaft ausgedehnte Erfahrungen des eigenen Zustands. Das Selbst erlebt Äußeres als auf es gerichtet und in seinen erlebten leiblichen Eigenraum übergehend.

Die folgenden Ausführungen zur Relationierung zentrisch positionaler Selbste gehen über Plessners eigene Ausführungen hinaus, denn die Relationierung von Selbsten zueinander wird von Plessner nicht eigens thematisiert. Dennoch lassen sich aus den gegebenen Explikationen der reflexiven Strukturen des Selbst Schlüsse darauf ziehen, wie sich leibliche Selbste zueinander verhalten. Der Anspruch der Argumentation besteht darin, die für die Sozialdimension relevanten Aspekte in der Umweltbeziehung leiblicher Selbste herauszuarbeiten. Damit wird das Verständnis der Sozialdimension tiefer gelegt, als es möglich wäre, wenn man sich ausschließlich auf die Mitwelt im Sinne exzentrischer Positionalität fokussieren würde. Vor allem für das Problem des Verstehens anderer als sozialer Personen und für die Entfaltung übergreifender, aber in der leiblichen Umweltbeziehung fundierter raum-zeitlicher und sachlicher Ordnungsstrukturen erweist sich ein solches Vorgehen als fruchtbar.

Selbste zeichnen sich strukturell durch eine auf sich rückbezogene Form der Grenzrealisierung aus. Ab dieser Komplexitätsstufe kann man die Rückbezüglichkeit der Grenzrealisierung als Selbstbezüglichkeit begreifen. Die Grenzrealisierung ist ein Vollzugsphänomen, das sich nicht in den Grenzen des sichtbaren Körpers abspielt, sondern von diesem abgehoben ist. Ein Selbst erlebt sich im Sinne eines Hier/Jetzt und richtet sich aus dem eigenen Zentrum heraus auf anderes. Die Frage ist nun, ob ein solches Selbst zumindest praktisch, d. h. im Vollzug seiner Grenzrealisierung, zwischen solchen begegnenden Entitäten unterscheidet, die sich aus ihrem eigenen Zentrum heraus auf die Umwelt richten, und solchen, bei denen das nicht der Fall ist. Diese Unterscheidung praktisch zu vollziehen, heißt nicht, dass sich für die Beteiligten ein eigenständiger Bereich des Sozialen abhebt, der als solcher unterschieden werden müsste. Es heißt lediglich, systematisch einzubeziehen, dass sich im Verhalten zentrischer Selbste Phänomene beobachten lassen, die sich als Hinweis auf die praktische Relevanz dieser Differenz werten lassen.

Bei Plessner findet sich in dieser Hinsicht kaum etwas. Es gibt lediglich die vage Formulierung, dass das Tier[3] eine Witterung (Plessner 1928/1975: 307) für seine Artgenossen habe. Plessner argumentiert, dass es für ein praktisch sich auf die Umwelt beziehendes zentrisch positionalisiertes Selbst Dinge und Feldverhalte gibt (Plessner 1928/1975:

---

3 »Tier« ist hier zu verstehen als ein Wesen, welches, wenn es im Rahmen der Natur-Kultur-Unterscheidung eingeordnet ist, als ein Beispiel für die die zentrische Positionalität kennzeichnende Komplexität der Umwelt gelten kann. Diese Entitäten könnten im Rahmen anderer Ordnungen auch als personale Wesen existieren. Diese Probleme können allerdings erst sichtbar werden, wenn die Komplexität der exzentrischen Positionalität entfaltet ist.

256 ff.). Letzteres ist zu verstehen als ein erlebter Zusammenhang im Umfeld, der für das erlebende Selbst Aufforderungscharakter besitzt. Er verneint es aber explizit, dass es für ein leibliches Selbst andere leibliche Selbste gibt, die sich in praktischer Hinsicht für das leibliche Selbst von der dinglichen Gliederung unterscheiden, denn für Plessner geht es primär darum, die Besonderheit exzentrischer Positionalität und die Besonderheiten der damit gegebenen Mitwelt zu explizieren. An diesem Punkt halte ich es für erforderlich, die hypothetische Struktur der Umweltbeziehung zentrischer leiblicher Selbste zu modifizieren, denn es erscheint mir angemessen, innerhalb dieser Struktur bereits von der Möglichkeit einer Begegnung mit dem Anderen auszugehen. Ob eine solche Modifikation der Erfahrungsstruktur zentrischer Positionalität fruchtbar ist oder nicht, lässt sich nur mit Blick auf empirische Forschung ausweisen. In jedem Fall stellt dies eine Weiterentwicklung der Plessnerschen Theorie dar. Dass es sich um eine sinnvolle Weiterentwicklung handelt, zeigt sich daran, dass die damit angesprochene Frage nach dem Erleben des anderen leiblichen Selbst eine Entsprechung in der aktuellen Diskussion darum findet, ob höhere Wirbeltiere, insbesondere Primaten, ihre Artgenossen in besonderer Weise wahrnehmen. Dabei geht es weniger um die Frage, ob sie das überhaupt tun, sondern eher darum, in welcher Weise sie es tun. Die modifizierte Theorie zentrischer Positionalität eröffnet hier neue und interessante Deutungsmöglichkeiten.

Es gibt Autoren, die davon ausgehen, dass Primaten ihre Artgenossen als intentional agierende Wesen wahrnehmen (Whiten/Byrne 1988). Als materialer Bezugspunkt dient dabei das Phänomen taktischer Täuschung.[4] Andere Autoren argumentieren zurückhaltender und gehen davon aus, dass »nichtmenschliche Primaten ihre Artgenossen als Lebewesen auffassen, die zu spontaner Selbstbewegung fähig sind« (Tomasello 1999/2006: 34). Würde die erste Interpretation (Wahrnehmung des Artgenossen als intentionales Wesen, das taktisch getäuscht wird) zutreffen, müsste man nichtmenschliche Primaten wahrscheinlich als exzentrisch positionalisiert ansehen. Wenn die zweite Interpretation zutreffen würde, wäre das immer noch ein Indiz dafür, dass auf der Ebene der zentrischen Positionalität in der Wahrnehmung eine praktisch relevante Unterscheidung vorkommt zwischen solchen begegnenden Wesen, die als zur Selbstbewegung fähig wahrgenommen werden, und solchen begegnenden Dingen, bei denen das nicht der Fall ist. Ich möchte mich in diese Debatte nicht direkt einmischen. Ich nehme sie aber zum Anlass, um zu prüfen, ob sich die genannte Differenz zwischen Dingen und zur Selbstbewegung fähigen Lebewesen sinnvoll im Rahmen der

---

4 Für einen Überblick vgl. Byrne/Whiten (1990). Taktische Täuschung würde darauf hinweisen, dass ein Selbst die Erwartungen des anderen erwartet und gezielt enttäuscht.

Positionalitätstheorie begreifen lässt. Der theoretische Gewinn dieses Vorgehens liegt darin, die operative Theorie des Sozialen grundlegend mit den positional relevanten Dimensionen von Raum und Zeit verzahnen zu können.

Meine These ist, dass für leibliche Selbste die praktischen Besonderheiten der Begegnung mit anderen leiblichen Selbsten von Bedeutung sind. Dies ist zudem nicht an innerartliche Begegnungen gebunden. Die hypothetische Struktur der Umweltbeziehung zentrischer Positionalität muss daher um zwei Aussagen ergänzt werden, die beschreiben, wie das Erleben anderer Selbste für den Vollzug der zentrisch positionalisierten Grenzrealisierung bedeutsam werden kann.

1. Wenn ein Selbst ein anderes Selbst erlebt, kann ein Selbst die Erfahrung machen, dass sich ein anderes Selbst auf es richtet. In diesem Fall wird das Selbst im Vollzug seiner eigenen Grenzrealisierung von der Grenzrealisierung des anderen Selbst berührt.

2. Wenn ein Selbst ein anderes Selbst erlebt, kann es die Erfahrung machen, dass sich das andere Selbst auf etwas in der Umgebung des Selbst richtet. In diesem Fall wird das Selbst vom Vollzug der Grenzrealisierung des anderen Selbst indirekt berührt, nämlich dann, wenn dasjenige, worauf das andere Selbst sich richtet, für das Selbst ebenfalls von Bedeutung ist.

Ad 1: Das Selbst realisiert im Vollzug der eigenen erlebten Grenzrealisierung, dass diese vom Vollzug einer anderen Grenzrealisierung berührt wird. Berührung ist also darüber definiert, dass ein leibliches Selbst (Ego) sich auf ein anderes leibliches Selbst (Alter Ego) richtet, wodurch das berührte leibliche Selbst in seinem Zustand getroffen wird. Das leibliche Sich-Richten kann z.B. in Form eines Blicks oder einer gerichteten Geste erfolgen. Eine Berührung im Sinne der Berührung von Grenzrealisierungen beinhaltet nicht unbedingt einen direkten Kontakt der Körperkonturen. Eine Berührung ist für ein leibliches Selbst dann relevant, wenn sie für die Aufrechterhaltung der je eigenen Grenzrealisierung von Bedeutung ist.[5] Berührungen schaffen eine wechselseitige Relation des Berührens und Berührtwerdens.

Ausgehend von der Struktur zentrischer Positionalität lässt sich diese Beziehung folgendermaßen konzeptualisieren. Im Mittelpunkt steht die gegenwärtige Vermittlung a) des Erlebens des eigenen Zustandes, b) der Wahrnehmungen einschließlich der Berührungen durch ande-

---

5 Ich entnehme den Gedanken, aufeinander bezogene Grenzrealisierungen als Berührung zu interpretieren, der Arbeit von Christian Fritz-Hoffmann (2013). Auf der Ebene der exzentrischen Positionalität führt das dazu, dass die Vollzüge von Grenzrealisierungen in eine Ordnung des Berührens gebracht werden müssten (vgl. Fritz-Hoffmann 2013).

re Grenzrealisierungen und c) der eigenen Aktionen/Wirkungen. Diese Komplexität lässt auch Berührungen von Grenzrealisierungen über Artgrenzen hinweg verständlich werden, wie z. B. zwischen Raubkatzen und Beutetieren. Auch in diesem Fall ist es sinnvoll, von einer wechselseitigen Berührung der Grenzrealisierung mit den darin enthaltenen spezifischen gerichteten Impulsen und Aktionsaufforderungen auszugehen. Beutetiere empfinden die Aktionsimpulse von Raubtieren als auf sich gerichtet und flüchten. Dieses antizipierende Auf-sie-ausgerichtet-sein wird von Raubtieren ihrerseits antizipiert. Anders lässt sich z. B. das versteckte Anschleichen nicht verstehen. Die Gesamtstruktur der zentrischen Positionalität bildet einen Empfindungs- (sich spüren), Wahrnehmungs- (anderes merken), Berührungs- (Ineinandergreifen von Grenzrealisierungen als Spezialfall von Wahrnehmung), Aufforderungs- (durch Gegebenheiten des Umfeldes aufgefordert sein) und Aktionszusammenhang (Vollzug einer Eigenaktivität), der gegenwärtig vermittelt wird.[6]

Der Sinnzusammenhang der sich berührenden Grenzrealisierungen kommt für einen verstehenden externen Beobachter im Verhaltensbild zum Ausdruck. Dieses verweist auf den Berührungszusammenhang, in dem die sich aufeinander richtenden Tiere stehen. Der Sachverhalt des Berühren/Berührtwerdens im Vollzug der Grenzrealisierung ist nicht direkt zugänglich, sondern erschließt sich als der Sinn eines Verhaltens, das dieses wechselseitige Aufeinander-Gerichtetsein und Sich-wechselseitig-Berühren zum Ausdruck bringt. Dieser verstehbare sinnhafte Zusammenhang bildet den Ausgangspunkt für eine objektivierende Verhaltensforschung.[7]

6 Im Rahmen eines solchen Zusammenhangs lässt sich im Ansatz der Sachverhalt wechselseitiger Erwartungen durchaus beobachten. Auf diese zeitliche Dimension werde ich im folgenden Abschnitt (3.2) genauer eingehen. Hier sei nur soviel gesagt: Das Erleben, dass das Raubtier sich auf es richtet, hat für das Beutetier einen Zukunftshorizont – etwa im Sinne von: gleich ist es da. Dies modifiziert den eigenen Zustand, es entsteht ein Fluchtimpuls.

7 Im Rahmen einer biologisch-wissenschaftlichen Untersuchung eines Berührungsgefüges wird nach objektivierbaren Kanälen der Beziehung gesucht. Dazu gehören etwa Geruch, Licht und Sicht usw. Der Verhaltensausdruck, in dem sinnhaft verstehbare Relationierungen zwischen Raub- und Beutetier zunächst fassbar werden, muss im Rahmen wissenschaftlicher Forschung gemäß dem deduktiv-nomologischen Modell auf messbare Merkmale reduziert werden. Das Ausdrucksbild des Aufmerkens bzw. Aufschreckens des Beutetiers wird reduziert auf messbare Geruchspartikel, die durch Luftbewegung an die Geruchsrezeptoren des Beutetiers gelangen, neuronal verarbeitet werden und einen Reflex und evtl. weitergehend einen Fluchtreflex auslösen. Eine solche Analyse tangiert aber die sinnhafte zwischen Raub- und Beutetier nicht. Sie beschreibt vielmehr, in welchen

Ad 2: Wenn ein Selbst ein anderes Selbst erlebt, kann es die Erfahrung machen, dass sich das andere Selbst auf etwas in der Umgebung des Selbst richtet. Auch hierbei möchte ich auf einen Fall zwischenartlicher leiblicher Beziehung eingehen. Im Urwald des peruanischen Amazonasbeckens leben Schwärme verschiedener Spezies, in denen Vögel von bis zu 70 unterschiedlichen Arten mitfliegen.

»Mit von der Partie ist in den Schwärmen stets eine bestimmte Art, welche eine Führerrolle bei größeren Flugmanövern übernimmt und zugleich eine Wächterrolle innehat. In den Unterholz-Schwärmen ist dies die etwa 17 Gramm wiegende Spezies Thamnomanes Schistogynus aus der Familie der Ameisenvögel ... In den Baumkronen-Schwärmen stellen die 19 Gramm schweren Mitglieder der Spezies Lanio versicolor aus der Familie der Tangaren ... die Führer und Wächter ... Thamnomanes und Lanio geben während der von ihnen geleiteten Ortswechsel Kontaktlaute von sich, welche dem Zusammenhalt des Schwarmes dienen. Nahezu immer stoßen Mitglieder der beiden Arten als erste Alarmrufe aus, wenn Greifvögel der Gattungen Micratur, Accipiter und Leucopternis sich nähern. Die anderen Schwarmvögel starren dann nach den Feinden, verhalten sich regungslos oder tauchen ins Laubwerk ab, sobald ein Wächtervogel Alarm schlägt...Beutetiere, von Mitgliedern anderer Arten aufgescheucht, machen mindestens 85% der Nahrung der Wächter aus. Die Wächter stehlen selten Beutetiere aus dem Schnabel anderer Vögel. Normalerweise warten sie etwas unterhalb einer Gruppe aktiver Scheucher und schnappen sich Insekten oder Spinnen, die aus dem Geäst nach unten fallen. Oft jagt aber jener Vogel einer Beute hinterher, der sie zuvor selbst aufgescheucht hat. Da die Wächtervögel schnellere und gewandtere Flieger sind, kommen sie meist eher zum Zuge. Wenn es während dieser Lufttumulte knapp aussieht, benutzen sie einen Trick, der nur wegen ihrer besonderen Rolle funktioniert: Sie stoßen den Greifvogel-Warnruf aus. Resultat: Die anderen Schwarmvögel lassen sofort von der Jagd ab. Alarmrufe können aus ein, zwei oder mehreren scharfen Tönen bestehen. Bei den Disputen um aufgescheuchte Beutetiere genügen jedoch meist die ersten beiden Töne. Denn die Luftkämpfe um herabfallende Gliederfüßler dauern selten mehr als eine Sekunde. Ein winzige Verzögerung,

technischen Details eine solche realisiert ist. Einer solchen Forschung geht aber das Verstehen des sinnhaft Aufeinander-bezogen-seins voraus. Selbst in der objektivierenden Beschreibung finden sich noch Reste des tragenden verstehenden Zugangs. Denn die Rede vom »Fluchtreflex« beinhaltet die sinnhafte des sich auf das Beutetier richtenden Raubtiers. Bei der Frage, anhand welcher objektivierbaren Merkmale das Beutetier die auf es gerichtete Anwesenheit eines Raubtiers erfasst, bleibt der Sinnbezug als tragender Grund durchgängig erhalten.

die der Alarm bei den übrigen Schwarmvögeln auslöst, genügt also schon, damit der Wächtervogel den Schnabel vorn hat.« (Sommer 1992: 38 f.)

Es dürfte kein Anthropomorphismus sein, die Vögel als sich auf ihr Umfeld richtende leibliche Aktionszentren zu beschreiben. Zugleich haben die Vögel einen Sinn für Konkurrenzsituationen, in denen sie erleben, dass ein anderer Vogel sich auf das begehrte Objekt richtet. Es gibt für die agierenden Selbste einen umgebenden Raum, in dem sie zwei auf ein Objekt bezogene Richtungsimpulse erleben. Ihr eigenes zielendes Sich-Richten auf das Objekt und dasjenige des anderen Vogels. In diesem Raum konkurrierenden Sich-Richtens fingiert der beteiligte Wächtervogel die Anwesenheit eines dritten leiblichen Sich-Richtens – nämlich die Anwesenheit eines Raubvogels. Diese Geste könnte man als einen »Aufmerksamkeitsfänger« (Tomasello 2008/2011: 64) bezeichnen. Eine solche Geste zeichnet sich dadurch aus, dass die Aufmerksamkeit auf etwas gelenkt wird (referentielle Funktion), um dadurch ein Tun von X (soziale Funktion) zu erreichen (vgl. Tomasello 2008/2011: 64). Genau dieser Sachverhalt scheint hier vorzuliegen. Die Aufmerksamkeit des anderen Selbst, das Sich-Richten auf das Objekt in der Umwelt, wird durch den Ruf abgelenkt auf die fingierte Anwesenheit eines Raubvogels. Eine minimale Ablenkung reicht schon und das Insekt ist gefangen. Tomasello selbst möchte diese Form von Gesten zwar für Primaten reservieren, aber von der Beschreibung her trifft seine Charakterisierung im Sinne der Zweistufigkeit von referentieller und sozialer Funktion den Sachverhalt genau.

Die Interpretation des Erlebens des anderen Selbst als eines, von dem Richtungen, ein Anzielen auf Objekte in der Umwelt ausgehen, ist dabei eher restriktiv bezogen auf die Frage, ob Tiere ein Bewusstsein davon haben, dass andere Tiere ein Bewusstsein haben. Es geht nicht um das Erschließen einer Innerlichkeit, sondern nur darum, den zeitlich-räumlichen leiblichen Umweltbezug in seiner Gerichtetheit zu erfassen.

Auch das nächste Beispiel ist eines, welches ein Verhältnis zwischen leiblichen Selbsten verschiedener Arten beinhaltet. Um es zu verstehen, muss man berücksichtigen, dass die Beobachter von Primaten in freier Wildbahn diesen Namen geben. »Der halbstarke Pavian Melton beherrschte offenbar einen Bluff: Als er ein Baby zu rau behandelte und von dessen Clan angegriffen wurde, floh er nicht, sondern stellte sich auf die Hinterbeine und ließ den Blick schweifen. Genau das tun Paviane, wenn sie Fressfeinde (etwa Löwen, GL) entdeckt haben. Die Angreifer starrten ebenfalls ins Gelände und vergaßen seine Bestrafung völlig.« (Sommer 1992: 68)

Der Pavian Melton nimmt das aggressive Sich-leiblich-auf-ihn-Richten der anderen Paviane wahr in seiner raum-zeitlichen Tendenz. Gleich werden sie ihn erreichen und prügeln oder beißen. Auch er strukturiert mit einer Geste, die als Aufmerksamkeitsfänger fungiert, den leiblichen Richtungsraum der Beteiligten neu. Indem er sich wahrnehmend auf die Umgebung richtet, suggeriert er, ein Raubtier wahrgenommen zu haben. Entsprechend dieser Richtungssuggestion beziehen sich auch die anderen Paviane auf die Umgebung und lassen von ihm ab.

Exzentrische Positionalität und Mitwelt

Die weitere Entfaltung der Theorie erfolgt nach dem gleichen Prinzip. Die reflexive Struktur der zentrischen Positionalität wird noch einmal reflexiv auf sich bezogen. Dies modifiziert sowohl den Vollzug des leiblichen Selbst als auch die Struktur des Umfeldes. Das heißt, das »ex« der exzentrischen Positionalität ist einerseits derart, dass der Lebensvollzug eines einzelnen Selbst auf sich bezogen ist. Da es aber nicht nur um das individuelle leibliche Selbst, sondern um den Vollzug der Relationierung zur Umwelt geht, sind auf das »ex« der exzentrischen Positionalität andererseits auch die Dinge der Umwelt und die in dieser begegnenden anderen Selbste bezogen.

Die Methode der Theoriekonstruktion wird in der Sekundärliteratur vielfach nicht zur Kenntnis genommen, weshalb die Kategorien der Positionalität als sachlich positive Aussagen missverstanden werden (Asemissen 1973, Fischer 2000, 2008). Im Rahmen einer solchen Interpretation wird Plessner unterstellt, er würde eine positive Anthropologie formulieren, die das Wesen des Menschen über exzentrische Positionalität bestimmt. Aber auch diejenigen Plessnerinterpretationen, die sich der Mühe unterziehen, den methodischen Gang der Theoriekonstruktion nachzuvollziehen, haben Probleme damit, den besonderen reflexiven Gehalt der exzentrischen Positionalität zu erfassen. Dies kommt insbesondere an ihrem Verständnis der Mitwelt zum Ausdruck. Sowohl Beaufort (2000. 213 f.) als auch Mitscherlich (2007: 207 ff.) sehen nicht, dass die Reflexivität der exzentrischen Positionalität die reflexive Rückwendung auf die Relationen der zentrischen Umweltbeziehung meint. Aus diesem Grund wird die Theorie der Mitwelt vor allem bei Mitscherlich aber auch bei Beaufort im Sinne einer reflexiven Wendung des leiblichen Selbst auf sich entwickelt. Dies führt dazu, exzentrische Positionalität als Form der Umweltbeziehung spezifisch körperlich-leiblich existierender Wesen zu begreifen, nämlich als Struktur der Umweltbeziehung von Menschen. Beaufort (2000: 217) nimmt nur beiläufig zur Kenntnis, dass aus der Logik der Argumentation Plessners folgt, dass exzentrische Positionalität eine hypothetische Annahme ist, die die Struktur der Umweltbeziehung betrifft, ohne sich darauf festzulegen, welche Entitäten in einer solchen Umweltbeziehung leben. Exzentrische Positionalität ist keine Anthropologie, sondern eine X-logie,

– die Beschreibung einer Struktur der Umweltbeziehung, wobei es offen bleibt, welche Wesen in einer solchen Umweltbeziehung stehen. Dies gilt es, ausgehend vom Spannungsfeld von zentrischer und exzentrischer Positionalität genauer zu begreifen. Die Reflexivität der exzentrischen Positionalität bezieht sich erstens auf die Selbstbezüglichkeit des leiblichen Selbst, zweitens auf die Gegebenheit des Umfeldes und drittens auf die Reflexion der Berührungsbeziehung mit anderen Selbsten.

Der gegenwärtige Vollzug des leiblichen Selbst leistet die Vermittlung von Spüren des eigenen Zustandes, Wahrnehmen und Eigenaktivität. Wenn dieser Vollzug auf sich bezogen ist, hat er im Vollzug einen Abstand zu sich. Das leibliche Selbst ist im Vollzug der Vermittlung von Wahrnehmen und Eigenaktivität noch einmal auf sich bezogen. Das beinhaltet notwendigerweise, dass es nicht im Vollzug aufgeht, sondern zu diesem einen Abstand hat (vgl. Plessner 1928/1975: 292). Ein exzentrisches Selbst erlebt nicht nur sich und seine Umwelt, sondern es erlebt zugleich sein Erleben.

Bezogen auf die Modifikation der Selbstbezüglichkeit, die durch die Reflexivität der exzentrischen Positionalität entsteht, ist es wichtig, eine Nuancierung anzubringen. Die Art und Weise, wie sich ein Selbst in seinem Vollzug erlebt, ist in formaler Hinsicht unbestimmt. Ein Selbst kann sich als ein einheitliches dauerndes Selbst erleben. Dies könnte man auf die uns Modernen geläufige Formel bringen »ich erlebe mich«. Dies entspricht der Standardinterpretation der exzentrischen Positionalität. Es kann aber genauso gut der Fall sein, dass sich ein Selbst als aktuellen Vollzug erlebt, der aktuell unterschiedliche Beziehungsrelationen vermittelt. Das Selbst ist ein aktueller Vollzug, das dauernde soziale Bezüge vermittelt. Der exzentrisch reflexive Bezug referiert nicht auf ein Selbst, das soziale Beziehungen überdauert, sondern er bezieht sich auf dauernde soziale Beziehungen, die jeweils als erfüllte Bezüge zur Vergangenheit und zur Zukunft existieren. In diesem Fall ist es nicht das exzentrisch referierte Selbst, welches dauert, vielmehr ist das exzentrisch referierte Selbst lediglich der aktuelle Vollzug der Vermittlung dauernder sozialer Bindungen. In diesem Fall muss die Formel »ich erlebe mich« ersetzt werden durch die Formel »es gibt das Erleben des Vollzugs der Vermittlung dauernder sozialer Bindungen«. In diesem Fall gibt es kein Individuum, sondern nur aktuell erlebte Vollzüge der Herstellung von Verbindungen – z.B. zwischen Gruppen. Diese Form exzentrischer Positionalität wird in der ethnologischen Literatur als »Dividualisierung« (vgl. unten Abbildung 3 und 4) bezeichnet. Ich werde darauf ausführlicher im letzten Kapitel im Abschnitt über die dividualisierende Vergesellschaftung eingehen. Diese Differenzierung innerhalb der Theorie findet sich so bei Plessner nicht. Es handelt sich um eine Modifikation, die durch die Irritation entstanden ist, die die Auseinandersetzung mit der ethnologischen Literatur ausgelöst hat. Man kann dies auch als ein Beispiel für eine empirie-induzierte Präzisierung der Theorie begreifen.

Die strukturellen Veränderungen bezogen auf das Umfeld lassen sich folgendermaßen beschreiben. Auf der Ebene zentrischer Positionalität können dem leiblichen Selbst aktionsrelativ Dinge und andere leibliche Selbste gegenüberstehen –insofern es sich dabei um Dinge handelt, die gegriffen oder gezerrt oder sonst wie gehandhabt werden können. Im Rahmen der Struktur exzentrischer Positionalität werden aus den praktisch handhabbaren Gegenständen Dinge, die dem direkten praktischen Bezug entzogen sind. Auf diese Weise erscheint einem Selbst eine nicht auf es bezogene Welt. Diese Welt ist mehr als dasjenige, als was sie aktuell unter praktischen Gesichtspunkten erscheint. Sie wird zu einer vom einzelnen Selbst abgewandten Außenwelt, die unabhängig von diesem existiert.

Aufgrund dieser Veränderung der Beziehung zur Umwelt werden aus erlebten Feldverhalten mit unmittelbarem Aufforderungscharakter Sachverhalte. Während ein zentrisches Selbst Feldverhalte erlebt, sieht sich ein exzentrisches Selbst Sachverhalten gegenüber. Ein Feldverhalt ist ein wahrgenommener Zusammenhang, der im Sinne einer Aktionsaufforderung erlebt wird. Dieser Aufforderungscharakter bleibt auch auf der Ebene exzentrischer Positionalität erhalten; aber wenn das Selbst das eigene Erleben erlebt, erlebt es auch das Erleben des Aufforderungscharakters des Wahrgenommenen. Damit verliert letzterer seine Unmittelbarkeit, weshalb das leibliche Selbst nicht mehr nur den Aufforderungscharakter erlebt, sondern diesen auch in seiner sachlichen Struktur erfassen kann, ohne sich unmittelbar zur Aufforderung zu verhalten. Dieser Veränderung wird terminologisch mit der Differenz zwischen Feldverhalt und Sachverhalt Rechnung getragen. Ein Sachverhalt ist ein als solcher in seiner sachlichen Struktur erfasster Feldverhalt. Ein Feldverhalt ist eine Aufforderung etwas zu tun, ein Sachverhalt ist einerseits ebenfalls eine Aufforderung, aber er kann in seiner sachlichen Struktur identifiziert und symbolisch-sprachlich (s. u. 3.4) expliziert werden – ohne dabei der Aufforderung zu folgen, sich zögerlich zu ihr zu verhalten oder sie abzulehnen.

Die Leib-Umfeld-Beziehung zentrischer Positionalität zeichnet sich auch dadurch aus, dass wechselseitige Berührungen leiblicher Aktionszentren stattfinden. Mit dem Übergang zur exzentrischen Positionalität wird der Sachverhalt, dass sich die Beziehungen zu anderen leiblichen Selbsten (über Artgrenzen hinweg) praktisch von Dingen unterscheiden, noch einmal auf sich bezogen. Es handelt sich also um die Reflexion der Leib-Umwelt-Beziehung, die die Relationen wechselseitigen Berührens einschließt. Mit der exzentrischen Bezogenheit auf die Struktur der zentrischen Positionalität ist daher von vornherein der Sachverhalt gegeben, dass für ein Selbst, das sich als ein Selbst erlebt, andere exzentrische Selbste erfahrbar sind. Ein exzentrisches Selbst erfährt sich gleichursprünglich als ein Glied der Mitwelt, in der andere exzentrische leibliche Selbste existieren, die es berühren.

Damit ist hinsichtlich der Relation zum anderen Ich ein grundsätzlich anderer Weg beschritten, als man ihn bei denjenigen Theorien findet, die bei der Reflexion auf den subjektiv erfahrenen ichhaften Leib ansetzen. Bei Luckmann und deutlicher noch bei Descola wird ein Leibsubjekt vorausgesetzt, das auf sich reflektieren kann. Dieses tritt in einem zweiten Schritt in eine Beziehung zum Anderen ein. Die Theorie beginnt beim ichhaft konzipierten Leib und entwickelt von dort ausgehend, wie das leibliche Ich einem anderen leiblichen Ich begegnen kann. Da bei Plessner die exzentrische Positionalität als Reflexivwerden der Gesamtstruktur der zentrischen Positionalität begriffen wird, ist die Mitwelt mit der exzentrischen Positionalität gleichursprünglich gegeben. Hierbei muss es sich nicht um eine Welt von Individuen handeln. Entsprechend des dividualisierenden Bezugs auf sich kann die Mitwelt auch so verfasst sein, dass es keine Individuen, sondern das Erleben je aktueller Vollzüge des sich Eingliederns in dauernde Beziehungen gibt.

Diese Konzeption der Mitwelt weist ein wichtiges Merkmal auf: Die Mitwelt hat eine offene Struktur, es ist nicht von vornherein klar, wer ein Glied der Mitwelt ist. Vielmehr ist es eine offene Frage, welche Entitäten als Personen in einen je historischen Kreis der Mitwelt gehören. In diesem Sinne spreche ich von der »Kontingenz der Mitwelt«.

> »Bei der Annahme der Existenz anderer Iche handelt es sich nicht um die Übertragung der eigenen Daseinsweise, in der ein Mensch für sich lebt, auf andere ihm nur körperhaft gegenwärtige Dinge, also um eine Ausdehnung des personalen Seinskreises, sondern um eine Einengung und Beschränkung dieses ursprünglich eben gerade nicht lokalisierten und seiner Lokalisierung Widerstände entgegensetzenden Seinskreises auf die ›Menschen‹.« (Plessner 1928/1975: 301)

Die Begrenzung auf die »Menschen« resultiere aus einem »Ernüchterungsprozeß durch die Verstandeskultur« (Plessner 1928/1975: 301). Folgerichtig unterscheidet Plessner die Mitwelt im Allgemeinen, die »Wirsphäre«, und eine je historisch aus der »Wirsphäre ausgesonderte Gruppe oder Gemeinschaft, die zu sich Wir sagen kann« (Plessner 1928/1975: 303). Die Mitwelt als Wirsphäre im Allgemeinen ist die Bedingung dafür, sich als Glied einer Mitwelt in seiner Stellung erfassen zu können (vgl. Plessner 1928/1975: 303). Davon zu unterscheiden ist der Sachverhalt, dass Personen sich als Glied einer bestimmten historisch ausdifferenzierten Mitwelt erfassen. Entsprechend gilt es als Charakteristikum einer je historischen Mitwelt, wie die Mitwelt konkret beschränkt und der Kreis möglicher Personen begrenzt wird.

Ordnungsprobleme exzentrischer Positionalität

Ein wichtiges Kennzeichen zentrischer Positionalität ist es, dass die Form der Umweltbeziehung und damit auch die Sensibilität für andere sich richtende leibliche Grenzrealisierungen determiniert sind. Das leibliche Selbst lebt im Rahmen allgemeiner Formvorgaben, die festlegen, in welcher Weise es für äußere Reize, also auch für die Berührung durch andere Grenzrealisierungen sensibilisiert ist. Wenn dieser Sachverhalt auf sich bezogen wird, heißt das, dass die Formvorgabe für exzentrische leibliche Selbste nicht vorgegeben ist, vielmehr ist sie diesen gegeben und kann daher gestaltet werden. Exzentrische leibliche Selbste müssen selbst Formvorgaben im eigenen Umweltbezug schaffen, um so zu einer neuen Sicherheit in ihren leiblichen Umweltbeziehungen zu kommen. Für exzentrische leibliche Selbste gibt es keine vorab festgelegten Sensibilisierungen für bestimmte andere Weisen des Sich-Richtens auf die Umwelt. Diese Sensibilität einzugrenzen und diese Grenzziehung zu stabilisieren, wird zu einer Aufgabe. Damit gewinnt der Berührungsbegriff eine neue Bedeutung. Exzentrisch positionalisierte Leiber finden sich eingelassen in unbestimmte, aber zu bestimmende Berührungsrelationen. Für welche Reize sie in welcher Weise sensibilisiert sind, muss durch zu bildende Formen festgelegt werden.

Die Theorie der Mitwelt führt zu einem mehrfach unbestimmten Relationiertsein exzentrischer leiblicher Aktionszentren. (1.) Die Grenzen des Kreises personaler leiblicher Aktionszentren sind unbestimmt und es ist offen ob die Aktionszentren als Individuen oder Dividuen existieren (Sozialdimension). (2.) Die raum-zeitlich-sachliche Struktur der Umweltbezüge ist unbestimmt. (3.) Um was es sachlich in den Beziehungen leiblicher Selbste geht, ist unbestimmt.

Die Lösung für diese drei Probleme besteht darin, dass die Akteure füreinander und voreinander zum Ausdruck bringen, wie sie sich in diesen Dimensionen orientieren und wie ihre Sensibilität entsprechend zu gestalten ist. Diese Darstellungen sind kommunikativ gültig, wenn sie verstanden werden. Hiermit wird die Deutung des Ausdrucks zu einem Problem, das im Beobachtungsfeld selbst auftaucht. Während noch auf der Ebene der zentrischen Positionalität nur ein äußerer verstehender Beobachter die beobachteten Phänomene deuten konnte, wird für ein exzentrisches Selbst der Andere selbst zu einem Gegenüber, das zu deuten bzw. zu verstehen ist.

Mit Bezug auf die Kontingenz der Mitwelt gilt, dass Plessner nur auf die Notwendigkeit hinweist, zwischen Personen und anderen Entitäten eine Grenze zu ziehen. Die Theorie der Mitwelt macht nur eine Aussage darüber, dass das Problem der Kontingenz der Mitwelt besteht und dass es gelöst werden muss. Sie macht keine Angaben darüber, wie der Prozess konkret gestaltet ist, in dem und durch den das Problem der Kontingenz der Mitwelt gelöst wird. Bei der Analyse dieses Problems muss man berücksichtigen, dass damit der Sachverhalt der Grenzrealisierung auf eine andere Ebene verschoben wird. Es geht nicht mehr nur um die Grenzrealisierung eines Organismus, sondern um die Realisierung der Grenze des Kreises der Personen. Zwischen beidem besteht allerdings ein enger Zusammenhang, denn die Grenzen des Kreises sozialer Personen werden gezogen durch eine Gestaltung der Sensibilität für Berührungen anderer leiblicher Aktionszentren bzw. durch eine entsprechende Desensibilisierung.

Historische Mitwelten als Lösungen des Problems der Kontingenz der Mitwelt

Jede konkrete Vergesellschaftung zeichnet sich dadurch aus, dass sie mit einer Grenzziehung einhergeht: der Grenzziehung zwischen sozialen Personen und anderen Entitäten. Mit dieser Grenzziehung wird das Problem der Kontingenz der Mitwelt bearbeitet. Konkrete Vergesellschaftungen werden so betrachtet, als wären sie ein Übergang aus der unbestimmten allgemeinen Mitwelt in eine je historisch konkrete Mitwelt. Es wird im Feld festgelegt, wer eine soziale Person ist und welche Merkmale soziale Personen konkret aufweisen – etwa ob der jeweilige Bezug auf sich selbst dividualisierend oder individualisierend erfolgt. Die Analyse dieser Grenzziehung weist eine spezifische Komplikation auf, denn sie überschneidet sich mit einer anderen Differenzierung, die man als das Gegenstandsapriori der Sozialwissenschaften bezeichnen könnte. Bei der Analyse der Grenzen der Sozialwelt hat man es zugleich mit zwei Unterscheidungen zu tun, von denen eine in der Soziologie bereits eingeführt ist:
1. Was kennzeichnet das Soziale? – Traditionell eingeführte Unterscheidung zwischen sozialen Phänomen und Anderem.
2. Wie erfolgt die Grenzziehung zwischen sozialen Personen und Anderem?

Das Besondere der Analyse der Grenzen historisch konkreter Mitwelten besteht darin, dass sie das traditionelle Problem der Gegenstandsbestimmung soziologischer Forschung aufnimmt, indem sie es modifiziert. Wenn die Grenzen der Sozialwelt kontingent gesetzt werden, kann das Gegenstandsapriori nämlich nicht aus der Beobachterperspektive gesetzt werden. Das Soziale ist vielmehr als ein Phänomen zu begreifen, dessen Festlegung im Sinne der Lösung des Problems der Kontingenz der Mitwelt als ein sich selbst begrenzender Vollzug gedacht wird; denn es steht nicht mehr im Vorhinein fest, welche Entitäten überhaupt als soziale Akteure in Frage kommen. Das Soziale wird in seinen konkreten Merkmalen im Übergehen in eine historisch-konkrete Mitwelt bestimmt.

Dieser Komplikation müssen sich soziologische Theorien solange nicht stellen, wie sie im Rahmen einfacher Weltoffenheit konzipiert sind. Solange diese Voraussetzung gilt, gelten die bisherigen Antworten der sozialwissenschaftlichen Tradition. Je nach Theorierichtung wären die Antworten auf die erste Frage – Was kennzeichnet das Soziale? – etwa: Kommunikation (Luhmann), soziale Handlung in sozialen Beziehungen oder Systemen (Weber, Schütz, Parsons, Berger/Luckmann, Coleman, Esser), symbolisch vermittelte Interaktion (Mead, Habermas), soziale Praxis bzw. soziale Praktiken (Bourdieu, Garfinkel, Giddens) oder gesellschaftliche Arbeit (Marx). Auf dieser Ebene erfolgt die operative Kennzeichnung des Sozialen; dabei geht es um die Frage, was die spezifische Dynamik sozialer Phänomene von anderen Phänomenen unterscheidet.

Wenn man von erweiterter Weltoffenheit ausgeht, wird die Frage nach der Spezifik sozialer Phänomene so gestellt, dass im Feld die Grenze zwischen der Relationalität sozialer Personen und anderen nichtsozialen Entitäten bzw. Phänomenen gezogen wird. Das Soziale wird im Sinne des Prinzips der offenen Frage als ein Phänomen definiert, das sich auch in seiner Begrenztheit selbst zum Ausdruck bringt und definiert – auch in formaler Hinsicht, z.B. im Sinne von Dividualisierung oder Individualisierung. Diese Selbstbegrenzung charakterisiert historisch konkrete Mitwelten. Traditionelle soziologische Theorien setzen die Lösung des logisch vorgängigen Problems der Vergesellschaftung voraus: die Lösung des Problems der Kontingenz der Mitwelt.

Um das Soziale so zu konzeptualisieren, dass die Lösung dieses Problems ebenfalls in den Blick genommen werden kann, muss man bei der Offenheit für mögliche Berührungen ansetzen, die exzentrisch positionalisierte leibliche Selbste kennzeichnet. Auf der Ebene der zentrischen Positionalität zeigt die Analyse des wechselseitigen Berührens, dass nicht alle Berührungen in gleicher Weise relevant sind, sondern nur diejenigen, die im Rahmen der gegebenen Lebensform für die Aufrechterhaltung der Grenzrealisierung des Organismus Bedeutung haben. Dazu gehören nicht nur die Beziehungen zu Artgenossen, wie sich am Beispiel der Raub-Beutetier-Beziehung sowie dem Phänomen zwischenartlicher gestischer Täuschung zeigt. Für die relevanten Grenzberührungen Anderer müssen Sensibilisierungen geschaffen sein, während eine Sensibilität gegenüber anderen Formen der Grenzrealisierung ausfällt. Auf der Ebene der zentrischen Positionalität kommt der Berührungszusammenhang nur für einen externen verstehenden Beobachter zum Ausdruck. Denn die zentrischen leiblichen Selbste, die in einem solchen Berührungsgefüge stehen, sind in eine vorgegebene Ordnung integriert, in der als Ereignis im Umfeld auch der Kontakt mit anderen Grenzrealisierungen vorkommt. Der leibliche Bezug von Selbsten zueinander ereignet sich, aber dieses Mit- und Gegeneinander wird nicht reflexiv als eine Welt eigenständiger Beziehungssachverhalte erfasst. Der Sachverhalt des leiblichen Mit- und Gegeneinander hebt sich für die Beteiligten nicht als solcher aus der vorgegebenen zustands- und aktionsrelativen Wahrnehmungsordnung ab.

Wenn diese Struktur reflexiv auf sich bezogen ist, sind die leiblichen Selbste aus den gegebenen Formvorgaben herausgesetzt, weshalb diese gestaltet werden können. Ein zentraler Punkt besteht darin, dass es sich nicht mehr von selbst versteht, gegenüber welchen Grenzrealisierungen leibliche Selbste sensibilisiert sind und für welche nicht. Die Umwelt besteht nicht mehr aus erlebten Handlungsaufforderungen, sondern sie muss eine solche Struktur erst erhalten. Die Struktur der zentrischen Positionalität gerät aus den Fugen und es muss künstlich eine Ordnung geschaffen werden. Grundlegend für die Stabilisierung einer Ordnung des Berührens ist, dass sich für exzentrische Selbste ein eigenständiger Bereich von Beziehungen mit personalen Selbsten abhebt. Begegnende andere Selbste sind in gleicher Weise in die Reflexionsstruktur, die Abständigkeit zum eigenen Vollzug, einbezogen. Die Frage ist dann, für wessen Grenzrealisierungen ein exzentrisches Selbst in einer Weise sensibilisiert ist, dass es diese als solche Wesen erlebt, die etwas zu verstehen geben. Diese begegnenden Wesen müssen von denjenigen Entitäten unterschieden werden, die lediglich wahrgenommen werden, von denen aber nicht eigene Richtungen derart ausgehen, dass sie ein exzentrisches Selbst als Aufforderung zum Verstehen erlebt. Die Einrichtung einer Grenze zwischen personalisierten leiblichen Zentren und anderem ist also direkt relevant für die Grenzrealisierung exzentrischer leiblicher Selbste, denn die Realisierung der Grenzen der Vergesellschaftung heißt eine Ordnung der Sensibilisierungen für andere personale Grenzrealisierungen herzustellen und zugleich gegenüber anderem zu desensibilisieren. Desensibilisierung heißt, dass begegnende Wesen aus dem Kreis derjenigen ausgeschlossen werden, die etwas zu verstehen geben.

Die Begrenzungen auf der Ebene des Vollzugs der Grenzrealisierung resultieren aus einem reflexiven Ordnungsvorgang. Die künstlichen Ordnungen des Berührens/Berührtwerdens sind nur insofern stabil, als die personalen Selbste sie füreinander zum Ausdruck bringen. Personale Selbste sind nicht nur aufeinander gerichtet, sondern sie stellen voreinander dar, dass das der Fall ist. Darstellungen sind stabil und dauerhaft an diejenigen adressiert bzw. werden von denjenigen stabil und dauerhaft als an sie adressiert verstanden, die anerkanntermaßen miteinander in einem Zusammenhang des personalen Berührens/Berührtwerdens stehen. Indem die Beziehung der Beteiligten von diesen füreinander und voreinander zum Ausdruck gebracht wird, wird die Grenzziehung zu einer stabilisierten und dauerhaften Einrichtung. Die Grenzziehung existiert, indem sie durch Darstellungen in eine Ordnung gebracht wird.

Die Darstellungen müssen ihrerseits verstanden werden, insofern taucht wechselseitiges Verstehen im Gegenstandsbereich auf. Man könnte sogar davon sprechen, dass sich diejenigen, die einander verstehen, wechselseitig als offene Frage erfahren. Die Glieder eines personalen Verhältnisses erfahren einander so, dass es eine Garantie der Verstehbarkeit gibt. Damit ist der Einschluss in den Kreis sozialer Personen vollzogen. Dies besagt zunächst nur, dass eine Entität als eine solche erfahren wird, die in einer Darstellung etwas zu verstehen gibt. Es gibt die Aufforderung zu verstehen. Von einer Entität in einer Weise berührt zu werden, dass sie in der Begegnung als eine zu verstehende Entität erfahren wird, kennzeichnet die basale Inklusion. In dieser Weise berührt zu werden, garantiert aber nicht zu verstehen, was mitgeteilt worden ist. Es gibt keine Garantie des Verstehens. Dass Personen einander als prinzipiell verstehbar erfahren, ist einsichtig, denn sie erfahren einander als solche, die etwas zu verstehen geben, d. h. als solche, die ein Verstehen antizipieren. Daraus folgt jedoch nicht die Garantie des Verstehens. Personen können einander verstehen, aber dass sie einander verstehen, ist nicht gesichert – Personen können einander verstehen und missverstehen. Eine genauere Analyse symbolischer Darstellungen und wie sie verstanden werden, erfolgt im Abschnitt über Symbolbildung (s. u.).

Empirisch direkt zugänglich sind nur die Formen, in denen die Grenzziehungen zum Ausdruck kommen. In konkreten Ausdrucksgestaltungen wird die Begrenzung des Kreises sozialer Personen dargestellt und damit als Begrenzung stabilisiert. Das Eingelassensein in Berührungsrelationen setzt von sich aus keine festen Grenzen. Es gibt vielmehr die spontane Erfahrung des Berührtwerdens, die einer Stabilisierung bedarf. Diese erfolgt, indem die Beteiligten die spontanen Erfahrungen des Berührtwerdens dadurch im Sinne einer Grenzziehung stabilisieren, dass sie eine Ordnung für- und voreinander zum Ausdruck bringen. Die Grenzziehung wird also nicht in einem einmaligen Stiftungsakt gesetzt und steht hernach fest, sondern sie gilt nur, indem sie zum Ausdruck gebracht wird. Eine durch ihren Ausdruck stabilisierte Grenze ist aber nicht endgültig fixiert, sondern kann immer wieder durch spontane Erfahrungen des Berührtwerdens irritiert werden.

Die Formung des Leibes und seiner Grenzen

Für zentrische Positionalität würde gelten, dass die Erfahrung der Zuständlichkeit des eigenen Leibes und seine Empfänglichkeit für Berührungen durch Formvorgaben einen Rahmen erhält. Solche Formvorgaben gibt es auf der Ebene exzentrischer Positionalität nicht. Die erlebten Impulse und zuständlichen Leiberfahrungen, das Erleben der Empfindlichkeit gegenüber Berührungen müssen ihrerseits erst in eine Form gebracht werden. Um dies aufzeigen, beziehe ich mich zum einen auf Hermann Schmitz' (1965) Semantikanalyse der Leiberfahrung in der Ilias von Homer und zum anderen auf die Studien zum Geschlechtskörper von Barbara Duden (1987) und Thomas Laqueur (1992). Es geht mir dabei nicht darum, eine Geschichte leiblicher Erfahrung zu schreiben, das Anliegen besteht vielmehr darin, anhand von Schlaglichtern aufzuzeigen, wie unterschiedlich strukturiert leibliche Erfahrungen sein können. Die Leiberfahrungen vergangener Zeiten sind nur noch über Beschreibungen, d. h. über die semantischen Formen zugänglich, in denen sie zum Ausdruck gebracht wurden.

Die Struktur der leiblichen Erfahrung, die Schmitz (1965: §79) anhand einer Analyse der Semantik der Ilias herausarbeitet, erscheint als ausgesprochen fremdartig. Sie bezieht sich auf eine Form der Erfahrung, die zeitlich vermutlich vor der von Jaspers (1949) als »Achsenzeit« beschriebenen Veränderung anzusiedeln wäre. Die in der Ilias dargestellten Helden handeln nicht auf eine Weise, die es nahelegt, dass es ein Ich gibt, das den Körper bzw. dessen Handlungen zentral steuert. Korrelativ zum Fehlen eines Ichs fehlt ein Wort, das den Körper als Ganzen bezeichnet. Es gibt lediglich Pluralformen, die sich auf eine Vielzahl von Gliedern beziehen, ohne eine Einheit zu bezeichnen (Schmitz 1965: 443). Der Körper im Sinne einer biologischen Einheit kommt nicht vor. Thematisch werden lediglich einzelne gespürte Glieder. Diese werden – wie gesagt – nicht von einem Zentrum aus gesteuert; eher ist es umgekehrt, die Glieder agieren. Es sind die Füße, die den Helden tragen. Auch seelische Vorgänge, die sich als unkörperlich bzw. getrennt vom Körper beschreiben ließen, kommen Schmitz zufolge in der Ilias nicht vor. Es werden aber sehr differenziert Formen des Zumuteseins beschrieben, womit leibliche Zustände gemeint sind, die den Helden antreiben oder hemmen. In den Eingeweiden oder in der Gegend des Zwerchfells, den »phrenes«, breitet sich ein Drang zu kämpfen aus, die Hände umzucken den Speer. Diese Form des dividualisierten Antriebslebens wird dezentral leiblich gespürt. Einen zentralen Antrieb gibt es nicht, sondern lediglich leiblich gespürte Antriebsherde, die über den gespürten Leib verteilt sind. In diesen dividualisierten Leib können Götter als externe Mächte eingreifen, sie können die Glieder erfrischen und etwa eine zornige Regung oder Kampfeswut in eine leiblich gespürte Region werfen, in die Brust oder die Zwerchfellgegend oder die Eingeweide. Die gespürte Regung bringt die Glieder des Helden zum Handeln.

Das zweite Schlaglicht aus der historischen Forschung, das ich anführen möchte, stammt aus der neueren Körpergeschichte und bezieht sich auf das Verhältnis von sicht- und tastbarem Körper und Leib. Während sich aus der Semantik der Ilias kein Bezug zwischen Körper und Leib herausarbeiten lässt, wird dieses Verhältnis im Übergang zur europäisch-nordamerikanischen Moderne relevant. Die leiblichen Aktionszentren bringen ihre eigene Erfahrung in die Form des Körpers. Dies scheint auch ein entscheidender Schritt dahin gewesen zu sein, den modernen Leib abzuschließen. Den Leib gemäß der Gestalt des sichtbaren Körpers zu formen, erwies sich als ein historisch aufwändiger Vorgang. Dass die leibliche Erfahrung zumindest in Europa zunehmend durch eine Orientierung am sichtbaren Körper strukturiert wird, lässt sich gut belegen, indem man den Prozess in den Blick nimmt, in dem die Gebärmütter europäischer Frauen im Verlauf des 17. und 18. Jahrhunderts sesshaft geworden sind (Laqueur 1992: 130f.).

Bis in das 17. Jahrhundert klagten Anatomen darüber, dass trotz aller Aufklärung es immer noch Leute gäbe, die an den Unsinn einer wandernden Gebärmutter glauben würden. Der Prozess des gebärmütterlichen Sesshaftwerdens war langsam. Er begann im 16. Jahrhundert, als anatomische Illustrationen weitere Verbreitung fanden. Es gibt einen engen zeitlichen Zusammenhang zwischen der zunehmenden Verbreitung anatomischer Illustrationen und dem erlebten Sesshaftwerden von Gebärmüttern. Die rein sprachliche Verbreitung anatomischen Wissens schien offensichtlich nicht ausgereicht zu haben. Dies führt zu folgender Hypothese: Das verbildlichte Wissen über den sichtbaren und tastbaren Körper und der erfahrene Leib stehen in einer Beziehung wechselseitiger Bedeutung. Die bildhaft sichtbare und tastbare Gestalt des Körpers bestimmt, wie der eigene Leib vermittelt unmittelbar erfahren wird. Das Spüren des eigenen Leibes wird orientiert an der bildhaften Gestalt des Körpers. Dass ein leibliches Selbst in einer dem Körper entsprechenden Weise räumlich ausgedehnt und abgegrenzt ist, wird zu einer leiblich evidenten Realität. Denn der eigene Leib wird in seiner Ausdehnung so erfahren, wie der sichtbare Körper ausgedehnt ist. Der gespürte Leib bedeutet für die Person, dass der Körper eine unmittelbar erlebte Realität ist. Umgekehrt bedeutet der Körper der Person, wie der eigene Leib zu spüren ist. Mit anderen Worten: Das Wissen um den eigenen Körper bedeutet dem verkörperten Selbst, welche Form der gespürte Leib annehmen sollte. Die reflexive Bedeutungsbeziehung zwischen Leib und Körper erweist sich darüber hinaus als eine normativ verfasste Bedeutungsbeziehung (vgl. hierzu ausführlicher Lindemann 1996). Denn Erfahrungen, die dieser Regel widersprechen – wie etwa eine wandernde Gebärmutter –, werden marginalisiert oder pathologisiert und verschwinden.

In ihren historischen Arbeiten zur Schwangerschaftserfahrung zeigt Barbara Duden, welchen Aufwandes es bedurfte, um die leibliche Erfahrung von Frauen in eine Form zu bringen, die mit dem im 19. und 20. Jahrhundert entstehenden biologischen Wissen vereinbar war. Erst für die im 18. und 19. Jahrhundert sich durchsetzende moderne Gesellschaft gilt in einer umfassenderen Weise, dass der biologische Körper und die in ihm sichtbar gemachten Ereignisse zu einer allgemein verbindlichen Erfahrungsform für den Leib werden.

Wenn man von dieser historisch entstandenen Erfahrungsstellung ausgeht, erscheinen die Darstellungen eines dezentralisierten Leibes, die Schmitz in der Ilias herausarbeitet als ausgesprochen fremdartig. Die leibliche Erfahrung ist nicht zentralisiert auf eine steuernde Instanz hin. Vielmehr erscheint sie als dezentralisiert, die verteilten leiblichen Antriebsherde wirken selbstständig. Sie werden nicht koordiniert und stehen auch nicht erkennbar im Dienste der Gesamtperson. In einen derart dezentralisierten Leib können andere, externe Mächte eingreifen, die Götter, denen gleichfalls ein personaler Status zukommt.

Im Unterschied dazu zeichnet es das moderne Selbstverständnis aus, dass nur biologisch lebendige Menschen legitime soziale Personen sein können und dass Menschen normalerweise eine zentrale Handlungsinstanz ausbilden. Der Leib des modernen Menschen ist gegen die Eingriffe externer Mächte im Normalfall ausreichend abgeschottet. Nur so kann es in der leiblichen Erfahrung für die Beteiligten evident werden, dass nur lebende Menschen soziale Personen sind. Umgekehrt wird es vermutlich nur für Wesen mit einer in spezifischer Weise offenen leiblichen Erfahrung evident, dass es Götter gibt, die als externe Mächte wirksam sind.

Worauf es mir ankommt ist, dass der Leib als zuständlich erlebter Operator sozialer Personen selbst in eine Form gebracht werden muss, welche den spezifischen Sensibilitätsanforderungen entspricht, die sich im Rahmen jeweiliger Begrenzungen einer Mitwelt ergeben. Ein leibliches Selbst unterliegt einer historisch kontingenten Formung, die den Leib dividualisiert oder abgrenzend individualisiert und dabei sensibilisiert bzw. desensibilisiert.

Die Grenzrealisierung kommunikativ darstellen

Die einzige Möglichkeit, die Grenze zwischen sozialen Personen und anderem zu ziehen, ohne eine übergeordnete Instanz anzunehmen, besteht darin, dass die beteiligten leiblichen Aktionszentren in ihren Beziehungen zueinander die Grenze selbst ziehen. Die Unterscheidungen zwischen sozialen Personen und anderem laufen ab, indem der Vollzug spontan sich ereignender Unterscheidungen reflexiv in den Blick genommen und damit im Sinne eines Musters objektiviert wird. Die Unterscheidung wird nicht einmalig erzeugt, sondern sie wird schrittweise etabliert: Unstetig ablaufende Grenzziehungen werden reflexiv erfasst, im Sinne eines Musters objektiviert und weitere Unterscheidungen an diesem Muster orientiert. In diesen Prozessen wird jeweils – wie im vorherigen Abschnitt gezeigt – auch der eigene Leib in die angemessene Form gebracht. Denn die Sensibilität des eigenen Leibes ist von entscheidender Bedeutung für die erlebte Evidenz der Existenz anderer Akteure.

Um zu verstehen, wie im Feld die Unterscheidung zwischen sozialen Personen und anderem getroffen wird, ist es erforderlich, die Struktur der kommunikativen Darstellung von Ordnung genauer in den Blick zu nehmen. Kommunikative Darstellung ist nämlich nicht als Handlung zu verstehen. Damit ist folgendes gemeint: Es wird nicht direkt die Darstellungshandlung in den Blick genommen, sondern wie die Darstellungshandlung kommunikativ gedeutet wird. Wenn man die Darstellung direkt in den Blick nähme, müsste von der Beobachtungsposition aus entschieden werden, welche Entitäten als kommunikativ Handelnde gelten. Die Analyse der kommunikativen Darstellung von Berührungszusammenhängen setzt dagegen indirekt an, d.h. bei der im Gegenstandsbereich vollzogenen Interpretation eines gegebenen Phänomens als gültige von einer anzuerkennenden Person ausgeführte Darstellung eines Berührungszusammenhangs. Dieser indirekte Zugang schließt an den Kommunikationsbegriff Luhmanns (1984: Kap. 4) an. Bedauerlicherweise versagt dessen Zuschnitt aber, wenn es darum geht, Kommunikation unter den Bedingungen erweiterter Weltoffenheit zu konzeptualisieren. Deshalb ist eine Neukonzeption des Kommunikationsbegriffs erforderlich. Nur dann kann man begreifen, wie kommunikative Deutungen und die erlebte leibliche Evidenz, von einem anderen Selbst kommunikativ berührt zu sein, in ein Passungsverhältnis gebracht werden und damit den Bestand einer jeweiligen Ordnung ermöglichen.

Kommunikation unter der Voraussetzung erweiterter Weltoffenheit

Luhmann begreift Kommunikation als Lösung des Problems der doppelten Kontingenz zwischen den sinnverarbeitenden Systemen Ego und Alter. Dies beinhaltet folgende Ausgangskonstellation: Für Ego sind die Systemoperationen von Alter unzugänglich und damit unwägbar, zugleich macht Ego aber den Fortgang der eigenen Systemoperationen davon abhängig, wie die Systemoperationen von Alter verlaufen. Es werden von daher sowohl der Fortgang der Systemoperationen von Alter als auch der Fortgang der Systemoperationen von Ego kontingent. Hierin liegt das »doppelte« der doppelten Kontingenz. Doppelte Kontingenz gibt es Luhmann zufolge sowohl auf der Seite von Ego als auch von Alter. Dadurch ergeben sich neue Möglichkeiten der Bestimmung von Systemoperationen, denn Ego erwartet, dass die Systemoperationen von Alter Erwartungen an Ego beinhalten, und legt die eigenen Systemoperationen entsprechend dieser erwarteten Erwartung fest.[8]

8 Dies entspricht strukturell derjenigen skomplexität, die den Ausgangspunkt soziologischer Forschung im Rahmen einfacher Weltoffenheit bildet.

Luhmann grenzt den Kommunikations- explizit vom Handlungsbegriff ab. Zentral ist dabei die Umkehrung der Zeitlichkeit des Sozialen. Beim Handlungsbegriff folgt die zeitliche Orientierung der Richtung von der Gegenwart, die durch die Vergangenheit bestimmt wird, in die Zukunft. Diese Form sozialer Zeitlichkeit ist auch die Bedingung dafür, dass kausale Erklärungen möglich werden. Bei der Handlung geht es um die Intentionen, die Ego, orientiert an sozialen Sinngebilden, entwickelt und darum, wie Alter auf die daraus folgende Handlung reagiert. Im Kommunikationsbegriff wird die Zeitlichkeit des Sozialen umgekehrt. Die Prozesse, die in der Beziehung stattfinden, werden grundsätzlich von ihrem Ende her aufgerollt, dem Verstehen. Dass die Aufmerksamkeit auf das Verstehen gelenkt wird, kommt nicht zuletzt in der Vertauschung der Positionen von Ego und Alter zum Ausdruck. Die Herstellung der kommunikativen Mitteilung wird auf die Position Alters verlegt, während Ego die Mitteilung rezipiert, d. h. versteht.

Insgesamt werden im Kommunikationsbegriff drei Selektionen zusammengefasst. (1.) Selektion: Alter sucht einen Inhalt aus, den er Ego mitteilen möchte: die Information. (2.) Selektion: Alter sucht eine Mitteilungshandlung aus, die dazu dienen soll, die Information mitzuteilen. (3.) Selektion: Ego nimmt die Mitteilungshandlung wahr und realisiert, dass es die Unterscheidung von Information und Mitteilung machen soll; damit versteht Ego die Mitteilungshandlung.

Für das Verstehen ist es entscheidend, dass die Mitteilungshandlung (Geste o. ä.) von Alter mit Bezug auf die Unterscheidung von Information und Mitteilung aufgefasst wird. Dadurch wird das Verstehen an das Vorhandensein von Erwartungs-Erwartungen gebunden. Ego reagiert nicht einfach auf die Geste, sondern Ego erwartet von Alter, die Unterscheidung von Information und Mitteilung gemacht zu haben. Damit erwartet Ego, Alter habe etwas mitteilen wollen, das heißt, Ego erwartet eine von Alter an Ego gerichtete Erwartung, die Unterscheidung von Information und Mitteilung machen zu sollen.

Die Grundidee, die Ereignisse innerhalb der Beziehung von Ego und Alter von ihrem Ende her aufzurollen, hat eine wichtige Konsequenz. Alter kann die Erfahrung machen, von Ego in eine Kommunikation hineingezogen worden zu sein, ohne es beabsichtigt zu haben. Eine Begrüßung kann sich folgendermaßen ereignen: Alter zuckt mit der Hand, Ego nimmt dies nicht einfach als intentionsloses Handzucken wahr, sondern macht die Unterscheidung von Information und Mit-

Ähnlich komplex strukturierte Annahmen über soziale Beziehungen finden sich bei Parsons (1968), der auch den Terminus, »doppelte Kontingenz«, prägte, sowie bei Simmel (1908/1983: 22 ff.), Weber (1921-22/1980: 13 f), Mead (1934/1967), Garfinkel (1967, vgl. auch Heritage 1984) oder Schütz (1973c), um nur einige wichtige Namen zu nennen.

teilung. Das heißt, Ego versteht die Handbewegung als Mitteilung der Information: »Alter bietet Ego die Hand zum Gruß an«. Wenn Ego die Geste von Alter in dieser Weise auffasst, so ist die Grundbedingung für das Zustandekommen von Kommunikation erfüllt: Ego hat das Verhalten von Alter als Mitteilung verstanden. Das Verstehen kommt darin zum Ausdruck, wie Ego an das als Mitteilung interpretierte Verhalten von Alter anschließt: Ego streckt Alter die Hand entgegen. In diesem Anschlussverhalten kommt zum Ausdruck, wie Ego die Mitteilung von Alter verstanden hat. Aufgrund dieses Verstehens befindet sich Alter in der Situation, eine Grußgeste gemacht zu haben – ob es dies wollte oder nicht. Gemäß diesem Kommunikationsbegriff kommt es also nicht auf die Intention an, die Alter anfänglich hatte, sondern nur auf die Intention, die in der kommunikativen Beziehung existiert. Dass die Grußintention als Sachverhalt kommunikativ existiert, kann Alter nicht mehr ungeschehen machen. Es kann nur versuchen mitzuteilen, es hätte nicht in seiner Absicht gelegen, eine Begrüßung durch Handschlag zu initiieren. Wenn Alter dies tut, kann es sich aber nicht sicher sein, wie eine solche Korrektur interpretiert wird – etwa als Unhöflichkeit oder gar als Beleidigung.

Bezogen auf den Kommunikationsbegriff ist der Unterschied zwischen System- und Handlungstheorie aber noch unzureichend angedeutet, wenn man nur auf die rückläufige Zeitlichkeit abhebt. Um den spezifischen Sachgehalt des Kommunikationsbegriffs im Unterschied zur Handlungstheorie genauer zu benennen, ist es sinnvoll, die Unterscheidung zwischen der Innen- und Außenseite des beobachteten Sachverhalts zu berücksichtigen. Sowohl beim Handlungs- als auch beim Kommunikationsbegriff nimmt die soziologische Beobachtung eine Unterscheidung zwischen der nur zu erdeutenden Innenseite des Sachverhalts und der äußerlich sichtbaren Gegebenheit vor. Wenn man eine Begrüßung handlungstheoretisch untersucht, geht es bei dieser Differenz um die Unterscheidung zwischen dem Innen (Intention, Motiv) und dem sichtbaren Außen (verhaltensmäßiger Bewegungsablauf) auf der Seite eines Akteurs. Die soziologische Beobachtung erdeutet bei Ego eine Intention/ein Motiv. Mit Bezug darauf wird das sichtbare Verhalten als Handlung interpretiert. Nach Maßgabe der Interpretation des sichtbaren Bewegungsablaufs als Handlung deutet die soziologische Beobachtung Ego als einen Akteur, der seine Handlung als eine auf Alter bezogene Handlung begreift. Damit wird Ego als ein Akteur begriffen, der seine Handlung in der Beziehung situiert und sich damit an den in dieser Beziehung geltenden strukturellen Sinnvorgaben orientiert.

Kommunikationstheoretisch verläuft die Unterscheidung zwischen Innen und Außen anders. Mit Blick auf die in der Handlungstheorie gemachten Vorgaben verläuft die Innen-Außen-Unterscheidung sozusagen über Kreuz. Der beobachtete Sachverhalt stellt sich so dar: Ego deutet (Innenseite) ein Verhalten von Alter (Außenseite) als eines, in dem eine auf Ego gerichtete Erwartung/Intention (Innenseite) zum Ausdruck kommt. Die Innenseite des sichtbaren Verhaltens ist also nicht lediglich die Erwartung/Intention des Handelnden, sondern auch die Deutung dieser Erwartung/Intention durch Ego. Methodologisch heißt das, es wird nicht auf die Intention eines Handelnden reduziert, sondern auf die Deutung einer Intention.

Bezogen auf das Grußbeispiel (Handzucken und Handreichen) bedeutet das: Ego (= Akteur A) deutet die Geste von Alter Ego (= Akteur B), wobei es unerheblich ist, ob B, folgte man seinem eigenen Selbstverständnis, eine Geste gemacht haben wollte. Die Deutung der Intention bildet die Innenseite der kommunikativ relevanten Relation, die für die kommunikationstheoretische Beobachtung den Gegenstand bildet. Was die praktische Zugänglichkeit dieser Deutung betrifft, muss methodisch in Rechnung gestellt werden, dass das Innen-/Außenverhältnis von Kommunikation 1 (= Deutung der Geste des Akteurs B als Grußgeste durch Akteur A) erst durch die erste Sequenz von Kommunikation 2 (Anschlussmitteilung) zugänglich wird. Wenn aber die Anschlusskommunikation selbst untersucht wird, gilt es zu beachten, dass die Beteiligten die Kommunikationspositionen von Ego und Alter tauschen. Akteur A, der zuvor als Ego die Mitteilung gedeutet hat, gerät mit dem Ausführen der Anschlusskommunikation in die Position von Alter. In der Mitteilung von Alter (= jetzt Akteur A) kommt die zuvor ausgeführte Deutung in einem Verhalten zum Ausdruck. Die Innenseite der Anschlusskommunikation ist aber wiederum nicht die Intention von A, vielmehr ist die Innenseite der Anschlusskommunikation die Deutung der Erwartung/Intention durch Ego (jetzt Akteur B).

Der Sachverhalt, auf den methodologisch reduziert wird, ist ein anderer, je nachdem, ob er handlungstheoretisch oder kommunikationstheoretisch gefasst wird. Handlungstheoretisch wird auf die Innen-Außen-Differenz auf der Seite eines Akteurs (Intention/beobachtbarer Bewegungsablauf) reduziert. Kommunikationstheoretisch wird auf die Innen-Außen-Differenz der Beziehung Bezug genommen (sichtbarer Bewegungsablauf Alters/die von Ego erwartete und gedeutete Erwartung Alters). Um diesen Aspekt terminologisch zu fassen, scheint mir der Ausdruck »methodologisch relational/relationistisch« im Unterschied zu »methodologisch individualistisch« angemessen zu sein. Denn es geht bei der in der soziologischen Beobachtung zu erdeutenden Innenseite nicht darum, methodologisch einen Bezug zum individuellen Akteur, sondern darum, einen Bezug zur Relation herzustellen, in der Ego und Alter stehen. Dabei wird aber nicht bestritten, dass auszuführende Operationen jeweils Operationen von Ego oder Alter sind.

Aus zwei Gründen ist es erforderlich, die Kommunikationstheorie Luhmanns zu reformulieren. Zum einen erlaubt sie es nicht, Kommunikation unter den Bedingungen erweiterter Weltoffenheit zu konzeptualisieren und zum anderen wird das Verhältnis der sinnverarbeitenden Systeme Ego und Alter gemäß den Vorgaben des unterscheidungstheoretisch verkürzten Autopoiesiskonzepts verstanden. Ich beginne mit dem zweiten Punkt.

Kommunikation ist ein emergentes Phänomen, das entsteht, wenn zwei sinnverarbeitende Systeme, Ego und Alter, bei denen es sich entweder um psychische oder soziale Systeme handelt, in ein Verhältnis doppelter Kontingenz geraten. Der einfachste Fall ist die Begegnung zweier psychischer Systeme, die in einem Verhältnis doppelter Kontingenz stehen, woraus ein Kommunikationssystem entsteht. Die autopoietischen Operationen ereignen sich jeweils nur innerhalb des jeweiligen Systems, wobei der Bezug zur Umwelt intern gestaltet wird. Ego ist ein sinnverarbeitendes System, es beobachtet seine Operationen anhand der System-/Umweltunterscheidung und grenzt sich so von seiner Umwelt ab. Umweltereignisse kommen als Rauschen an und werden systemintern in eine Ordnung gebracht. Dies erfolgt, indem intern die System-Umwelt-Unterscheidung wiederholt wird. Das System erzeugt intern eine Repräsentation der Umwelt, und reagiert auf das Rauschen der Umwelt entsprechend der internen Repräsentation der Umwelt. Die System-Umwelt-Unterscheidung wird auf der einen Seite der Unterscheidung wiederholt und entsprechend dieses Wiedereintritts der Unterscheidung in die Form der System-Umwelt-Unterscheidung des Systems Ego kann Ego in den eigenen Operationen die Existenz eines Alter Ego erzeugen. Wenn Ego eine begegnende Entität als ein Alter Ego erlebt, handelt es sich also um eine Zuschreibung des Systems Ego. Luhmann geht bei der Konzeptualisierung doppelter Kontingenz von einem Subjektsystem aus, das einer begegnenden Entität zuschreibt, in einer spezifischen Hinsicht die gleichen Eigenschaften zu haben wie es selbst, nämlich ein Subjektsystem mit einem offenen Horizont möglicher Sinnverarbeitung zu sein (Luhmann 1984: 153 f.).

Diese Konzeptualisierung des Ego-Alter-Verhältnisses ist aus zwei Gründen nicht zu halten. Erstens bleibt es eine offene Frage, wie ein Ego überhaupt die Erfahrung eines realen anderen Ich machen kann, wenn der Sachverhalt, dass es ein anderes Ich gibt, das Resultat seiner eigenen Systemoperationen ist. Sieht man von diesem Problem ab, bleibt eine zweite Schwierigkeit, denn Luhmanns Argument entspricht von seiner logischen Struktur einem Analogieschluss. Alter Ego wird als ein solches identifiziert, weil ihm analog die gleiche Funktionsweise zugeschrieben wird, die Ego an sich selbst erkannt hat. Der Analogieschluss in Bezug auf das andere Ich gilt seit Schelers (1912/1973: Kap. C) Kritik aus guten Gründen als unhaltbar gilt (s. o. Kap. 2). Luhmanns Formulierung des Problems doppelter Kontingenz kann also bereits 70 Jahre, bevor sie formuliert worden ist, als überholt gelten.

Die alternative Konzeption besteht darin, das Ego-Alter-Verhältnis im Sinne einer Berührungsrelation zu begreifen, in der Ego und Alter sich finden. In diesem Fall ist das Verhältnis von Ego und Alter im Sinne zweier aufeinander treffender Vollzüge von Grenzrealisierungen zu verstehen. Auch unter dieser Voraussetzung ergibt sich ein Verhältnis doppelter Kontingenz, aber dieses hat nicht den Charakter eines Ausgangspunktes, sondern stellt die erste Form einer Fixierung des Sozialen dar.

In wechselseitigen Berührungsvollzügen machen Selbste die Erfahrung, dass sich andere Selbste derart auf sie richten, dass sie etwas zu verstehen geben. Bereits diese Erfahrung beinhaltet eine erste Festlegung – nämlich die Festlegung, mit wem es überhaupt möglich ist, in eine Situation doppelter Kontingenz zu geraten. Die erste notwendige Stabilisierung besteht also darin, dass fixiert wird, mit welchen begegnenden Wesen eine solche Erfahrung situationsübergreifend möglich ist. Dies beinhaltet, dass durch Darstellungen eine strukturierte Sensibilisierung/Desensibilisierung erzeugt wird. Auf diese Weise wird das Problem der Kontingenz der Mitwelt gelöst, dies ist notwendigerweise vorausgesetzt, damit sich für die Operatoren Ego und Alter das Problem der doppelten Kontingenz ergeben kann. Stabilisierte Relationen doppelter Kontingenz setzen logisch vorgängig voraus, dass Ego und Alter in Berührungsbeziehungen stehen, die durch darstellende Explikation in eine Ordnung von Sensibilisierung und Desensibilisierung gebracht ist.

Jede Auflösung des Problems doppelter Kontingenz enthält also implizit die logisch vorausgesetzte Lösung des Problems der Kontingenz der Mitwelt. Diese Relationierung ist ein Übergehen aus einem offenen und unbestimmten Berührungszusammenhang in eine strukturierte Relation, wodurch zugleich die notwendige Komplexität des Operationsmodus der Beteiligten festgelegt wird. Diese muss derart sein, dass die Beteiligten nicht nur die Erwartungen eines Gegenübers erleben, sondern auch sich selbst als diejenigen erleben, auf die diese Erwartungen gerichtet sind. Der Operationsmodus beinhaltet also ein Erleben des Erlebens der Umwelt, also ein sozial vermitteltes Selbstbewusstsein. Diejenigen, die miteinander in ein Verhältnis doppelter Kontingenz geraten, legen sich wechselseitig auf diesen Operationsmodus – Selbstbewusstsein – fest. Dass jemand etwas zu verstehen gibt, setzt Selbstbewusstsein voraus, denn es wird die Erwartung erwartet, die Unterscheidung von Information und Mitteilung machen zu sollen. Analog gilt für Ego, dass es sich als jemand erfährt, dem etwas zu verstehen gegeben wird, denn Ego erwartet ebenfalls, die Erwartung zwischen Information und Mitteilung zu unterscheiden. Die stabilisierte Relation ist eine Grenzziehung und sie legt zugleich fest, welchen Operationsmodus die Beteiligten in der Relation haben.

Ein solches Verständnis von Kommunikation schließt es aus, sie als unterscheidungstheoretisch reformulierte autopoietische Sinnverarbeitung zu begreifen. Stattdessen wird Kommunikation als ordnende Explikation von Berührungszusammenhängen aufgefasst.

Wenn man diesen Schritt macht und damit explizit die Frage danach stellt, wer überhaupt als Kommunikant in Frage kommen kann, stellt sich die Frage, ob dieses Problem noch begriffen werden kann, wenn Kommunikation dyadisch konzipiert wird. Wäre dies der Fall, würde sich die relationale Perspektive in eine methodologisch individualistische, wenn nicht gar solipsistische Perspektive verwandeln. Denn die Explikation der sozialen Beziehung müsste logischerweise damit beginnen, wie Ego einer Entität den Status eines Alter Ego zuschreibt. Dafür bieten sich zwei Optionen an: (1.) Es ist Ego freigestellt, gleichsam eine Privatgesellschaft zu bilden, in die es nach Belieben Entitäten aufnehmen bzw. aus ihr ausschließen kann. (2.) Irgendwoher kennt Ego eine Regel, der es bei der Zuerkennung des Personenstatus folgt. Woher diese Regel kommt und wie Ego davon weiß, ist offen, denn es geht ja gerade darum, die Konstellation zu konstruieren, in der Regeln des Sich-aufeinander-Beziehens zwischen Ego und Alter erst entstehen können. Es muss ein Mysterium bleiben, wie eine solche Regel entstanden ist, wenn logisch noch nicht festgelegt ist, welche Entitäten füreinander als Ego und Alter auftreten können.

Theoretiker, die die zweite Option wählen, setzen sich einer ähnlichen Kritik aus, wie sie Luhmann an Parsons' Lösung des Problems der doppelten Kontingenz formuliert hat. Parsons hatte hier bekanntlich darauf gesetzt, dass ein geteilter Wertekonsens die Unsicherheit lösen würde, die sich aus der Situation doppelter Kontingenz ergibt. Die Individuen müssten nur noch erfolgreich in diesen Wertekonsens sozialisiert werden. Damit wird die Lösung des Problems der doppelten Kontingenz in die Vergangenheit verschoben, die Lösung selbst aber nicht thematisiert (Luhmann 1984: 149 f.).

Diese Kritik Luhmanns trifft und ähnlich verhält es sich mit der Lösung des Problems der Kontingenz der Mitwelt. Wenn es eine etablierte Regel gibt, die Ego kennt, dann ist das Problem in der Vergangenheit gelöst worden. Wie Luhmann halte ich daran fest, dass die Verschiebung eines Problems in die Vergangenheit keine Lösung ist. Man muss zumindest angeben, welche logische Struktur die Lösung hat. Mein Vorschlag besteht darin, Sozialität strukturell triadisch statt dyadisch zu konzeptualisieren. Dieser Vorschlag ist von Nassehi (2011: 32 ff.) ausführlich kritisiert worden. Für Nassehi ist das Problem der Kontingenz der Mitwelt durch die Gesellschaft gelöst. Gesellschaft bezeichnet, dass das Problem der Kontingenz der Mitwelt bereits in der Vergangenheit gelöst worden ist. Das entspricht bezogen auf dieses Problem in etwa dem Vorschlag Parsons', dass der geteilte Wertekonsens das

Problem der doppelten Kontingenz gelöst hat. In vergleichbarer Weise hat Gesellschaft auch das Problem der Kontingenz der Mitwelt bereits gelöst, weshalb es nicht erforderlich ist, die Lösung des Problems selbst in den Blick zu nehmen. Ich ziehe es vor, auch beim Problem der Kontingenz der Mitwelt der logischen Stringenz Luhmanns zu folgen. Dies zwingt dazu, auf einen triadischen Kommunikationsbegriff umzustellen.

Der Dritte als Bedingung der operativen Lösung des Problems der Kontingenz der Mitwelt

Die Umstellung auf einen triadischen Kommunikationsbegriff beinhaltet eine allgemeine Modifikation der sozialtheoretischen Annahmen in der Sozialdimension hin zu einer triadischen Sozialitätskonzeption. Damit schließe ich einerseits an eine etablierte Tradition an, denn der Dritte ist seit Simmel (1908/1983: Kap. II) fester Bestandteil der soziologischen Sozialtheorie. Andererseits erleidet der Dritte ein seltsames Schicksal. Er wird nämlich eingeführt und sofort wieder vergessen. Um die Besonderheit des triadischen Kommunikationsbegriffs zu verdeutlichen, gehe ich zunächst dem seltsamen Schicksal des Dritten in der Sozialtheorie nach.

Der Dritte in traditionellen Sozialtheorien

Bereits bei Simmel (1908/1983) wurde über die Dyade hinaus auch die Figur des Dritten im Sinne eines dritten Akteurs berücksichtigt. Dabei erwähnt Simmel zwar beiläufig, dass der Dritte für die Objektivität sozialer Gebilde relevant sei (Simmel 1908/1983: 66 f.), aber der Schwerpunkt liegt bei ihm auf einer Typologie von Drittenpositionen, wie dem Schiedsrichter und Vermittler (Simmel 1908/1983: 76 ff.), dem »tertius gaudens« (Simmel (1908/1983: 82 ff.) und der spezifischen Drittenkonstellation des »divide et impera« (Simmel 1908/1983: 89 ff.). In diese Typologie ließe sich auch seine Analyse des Fremden einordnen (Simmel 1908/1983: 509 ff.). Dieser Aspekt wurde von Park (1928) in seiner Untersuchung der Lebenssituation von Migranten aufgenommen, in der er analog zum Fremden die Position des »marginal man« (Park 1928) herausarbeitet. Goffman erweitert die Typologien des Dritten in seiner Analyse des »participation framework« (Goffman 1981: 137). Dabei geht es um die Analyse des Verhältnisses der Positionen von Sprecher und Hörer. Goffman kontextualisiert diese Positionen und untersucht, welche Auswirkungen Drittenpositionen, »Dabeistehende«, »zufällig Zuhörende« oder nicht als mögliche Sprecher adressierte Hörer, auf die Struktur des Gesprächs haben. Auf diese Thematisierungen des Dritten im Sinne einer Auflistung möglicher Drittenpositionen möchte ich zunächst nicht weiter eingehen[9], sondern diejenigen Bezugnahmen auf den Dritten diskutieren, die den Aspekt der Bildung sozialer Ordnung in den Vordergrund stellen.

Berger und Luckmann (1966/1980) haben der Bedeutung der Position des Dritten für die soziologische Theoriebildung eine neue Wendung gegeben. Die Institutionalisierung einer Ordnung, so ihr Argument, sei nur möglich, wenn die dyadische Ego-Alter-Beziehung um einen Dritten erweitert würde. Der Dritte ermögliche die Entstehung einer objektiven sozialen Wirklichkeit im Sinne Durkheims, die den Handelnden gegenüber stehe und einen Zwang auf sie ausüben könne (Berger/Luckmann 1966/1980: 62 ff.). Ohne sich auf Berger und Luckmann zu beziehen, machen auch Luhmann (1972) und Habermas (1981/1995) in dieser Weise von der Figur des Dritten Gebrauch. Luhmann erwähnt Simmel als Vorläufer, den es aber in entscheidender Hinsicht zu präzisieren gelte. Der Dritte, der die Bedingung für die Etablierung einer dauerhaften Ordnung darstelle, müsse nämlich als abwesender Dritter gedacht werden (Luhmann 1972: 66 ff.). Kritisch nicht nur gegen Simmel, sondern auch gegen Vierkandt (1928: 405 ff.) und von Wiese (1933: 473 ff.) stellt Luhmann fest, dass der die Institutionalisierung von Normen garantierende Dritte vom konkret anwesenden Zuschauer unterschieden werden müsse. Der letztere sei nämlich durch die konkrete Situation beeinflussbar. Deshalb sei die institutionalisierte Ordnung immer in der Gefahr, erneuten Veränderungen unterworfen zu werden. Eine Ordnung, die dauerhaft stabiles normatives Erwarten ermöglichen würde, sei auf dieser Basis unmöglich (Luhmann 1972: 66).

Habermas (1981/1995) bezieht sich auf den Dritten in seiner »kommunikationstheoretischen Grundlegung der Sozialwissenschaften« (Habermas 1981/1995: 11-68). Auch hier dient der Dritte – von Habermas als Neuter bezeichnet – dazu, die Etablierung einer objektiven Ordnung bzw. anerkannter Geltungsansprüche zu gewährleisten (Habermas 1981/1995: 59 ff.). Im Anschluss an Mead spricht Habermas davon, dass Ego durch die Verinnerlichung der Neuterposition die Position des verallgemeinerten Anderen übernimmt (Habermas 1981/1995: 61). Konsequenterweise hätte Habermas hier von der Verinnerlichung des generalisierten Neuter bzw. des generalisierten Dritten sprechen müssen.[10] Die Differenzierung von anwesendem (Zuschauer) und abwesendem Dritten führt Habermas nicht ein. Denn ohne dass er dies explizit hervorheben würde, wird mit der Einführung des Dritten die Grundlage für die Ermöglichung eines rationalen Diskurses gelegt, in

9 Einen aktuellen Überblick über mögliche Drittenpositionen bietet der Sammelband von Bedorf et al. (2010).

10 Fischer (2010) zufolge wäre bereits bei Mead die Rede vom verallgemeinerten Dritten angemessener gewesen.

dem objektive Geltungen argumentativ, d.h. durch Gründe, bestritten und verteidigt werden können. Dazu muss der Dritte kommunikativ anwesend oder zumindest adressierbar sein können.

Berger und Luckmann führen die Objektivität und damit Zwanghaftigkeit sozialer Ordnung auf den Dritten zurück. Luhmann und Habermas beziehen sich zwar in ähnlicher Weise auf den Dritten, um die Emergenz sozial gültiger Ordnungen zu begreifen, setzen dabei aber andere Akzente. Luhmann sieht nur den abwesenden Dritten als Garanten der Unveränderlichkeit einer normativen Ordnung, denn nur der abwesende Dritte garantiert die Stabilität normativer Erwartungsstrukturen. Habermas sieht den Dritten dagegen als Garanten der Objektivität, nicht aber als Garanten der Zwanghaftigkeit einer Ordnung, denn der Dritte ist sowohl die Bedingung der Emergenz von Geltungsansprüchen als auch die Bedingung von deren rational kontrollierter Veränderung. Eine solche Bezugnahme auf den Dritten im Rahmen einer Erklärung der Emergenz sozialer Ordnung bezeichne ich als die *Emergenzfunktion des Dritten*.

Wenn man sich vergegenwärtigt, dass der Dritte nahezu von Beginn der soziologischen Theoriebildung an in der Diskussion gegenwärtig ist, ist es erstaunlich, dass die Triade nicht in vergleichbarer Weise als Grundkonstellation begriffen worden ist wie die Dyade. Vielmehr ist die dyadische Ego-Alter-Konstellation zum Standard geworden, während der Dritte eine Erweiterung darstellt, die selbst bei denjenigen Theoretikern immer wieder in »Vergessenheit« gerät, die sich der Figur des Dritten bedient haben. Simmel etwa berücksichtigt den Dritten nicht, wenn er die grundlegenden apriorischen Annahmen expliziert, auf denen er die Soziologie aufgebaut sieht. Dies gilt sogar für das zweite und dritte Apriori, in deren Rahmen Gesellschaft als eine objektive Realität thematisiert wird (Simmel 1908/1983: 26ff.). Luhmann thematisiert die Bedeutung des Dritten ebenfalls nur im Zusammenhang mit der Institutionalisierung normativer Erwartungsstrukturen. Im weiteren Verlauf seiner rechtssoziologischen Argumentation spielt der Dritte keine Rolle mehr. Mit der Umstellung seiner Theorie auf das Autopoiesiskonzept wird explizit eine Dyade, die doppelt kontingente Ego-Alter-Konstellation, zum Ausgangspunkt für die Bildung sozialer Systeme gemacht. Bei Habermas erleidet der Dritte ein ähnliches Schicksal. Er wird im Rahmen der Objektivierung normativer Muster eingeführt, aber im Weiteren spielt der Dritte für die Theoriekonstruktion keine Rolle mehr. Der Dritte ist also einerseits seit 100 Jahren im Gespräch, da er aber andererseits immer wieder »vergessen« wird, kann allein die Einführung des Dritten auch gegenwärtig noch als »Innovation« (Bedorf et al. 2010) bezeichnet werden.

Dass der Dritte auch in denjenigen Ansätzen wieder an Bedeutung verliert, in denen er für die Institutionalisierung sozialer Ordnung in

Anspruch genommen wird, ist mehr als erstaunlich. Der Grund dafür scheint mir in einer Doppeldeutigkeit der Rede vom Dritten zu liegen. Tertiarität kann nämlich einerseits im Sinne eines konkreten Bezuges auf Dritte im Sinne von personalen Akteuren begriffen werden und andererseits im Sinne der Einführung einer vermittelnden Ordnung zwischen Ego und Alter. Wenn ich die Argumentation von Berger und Luckmann, Luhmann sowie Habermas richtig verstehe, bringen sie Tertiarität zunächst im Sinne einer Ego-Alter-Tertius-Konstellation in Anschlag. Auf dieser Grundlage erklären sie die Entstehung einer sozialen Ordnung, die Ego, Alter und Tertius gegenübersteht. Nachdem dieser Schritt vollzogen worden ist, wird Tertius als dritter Akteur unausgesprochen mit der entstandenen Ordnung identifiziert, weshalb es im Weiteren nur noch um das Verhältnis von Ego und Alter zu dieser Ordnung geht. Damit wird deren fortlaufende Stabilisierung von der Dyade her gedacht. Tertius verschwindet gleichsam in der Ordnung, als deren Entstehungsbedingung er gegolten hat.

Wenn meine Begründung dafür, warum der Dritte einerseits immer wieder entdeckt wird und andererseits immer wieder verschwindet, zutrifft, läge der Grund dafür im spezifischen Bezugsproblem dyadischer Ansätze. Schneider hat versucht, Theorien in generalisierter Weise zu erfassen, indem er ein je spezifisches Bezugsproblem identifiziert, das in diesen bearbeitet wird (Schneider 2002: 290 ff.). Wenn man sich in dieser Perspektive dyadischen Sozialitätskonzeptionen zuwendet sowie denjenigen Ansätzen, die den Dritten für die Institutionalisierung sozialer Ordnung beanspruchen, ihn nach deren Etablierung aber nicht weiter berücksichtigen, lässt sich ebenfalls ein gemeinsames Bezugsproblem identifizieren: Wie entsteht eine Ordnung, die es Ego und Alter ermöglicht, die Kontingenzen zu reduzieren, die sich aus ihrer durch wechselseitige Erwartungs-Erwartungen gekennzeichneten Beziehung ergeben, um auf diese Weise aufeinander bezogenes Handeln bzw. Kommunikationen zu ermöglichen? Im Rahmen dieses dyadisch konzeptualisierten Bezugsproblems wird der Dritte von Fall zu Fall in Dienst genommen. Der Dritte bildet aber nicht ein tragendes Element bei der Konstruktion und der kontinuierlich notwendigen Lösung des basalen Bezugsproblems, denn mit der Etablierung der Ordnung kann der Dritte als für deren Reproduktion und Stabilisierung überflüssig erscheinen.

Die Sachlage stellt sich anders dar, wenn man das Bezugsproblem modifiziert. Dyadisch konzipierte Ansätze, zu denen auch diejenigen zu rechnen sind, die den Dritten lediglich von Fall zu Fall berücksichtigen, setzen es als geklärt voraus, welche Entitäten füreinander als Alter Ego auftreten können. Unter dieser Voraussetzung stellt sich das Problem, wie die Kontingenzen in dieser Relation soweit bearbeitet werden können, dass ein sicheres aufeinander bezogenes Handeln oder Kommunizieren möglich wird. Wenn man es allerdings als eine offene

Frage behandelt, welche Entitäten füreinander als Alter Ego auftreten können, stellt sich ein neues Problem. Ego steht vor der Schwierigkeit, eine Unterscheidung treffen zu müssen zwischen solchen Entitäten, die als Alter Ego auftreten können, und solchen, bei denen das nicht der Fall ist. Dieses Problem kann man gut im Rahmen eines triadischen Kommunikationsbegriffs bearbeiten.

Der triadische Kommunikationsbegriff

Der Unterschied zwischen dem dyadischen und dem triadischen Kommunikationsbegriff besteht darin, dass der letztere eine Objektivierung der Relation zwischen Ego und Alter erlaubt. Ego deutet die Mitteilungshandlung Alters mit Bezug auf die Erwartung, die Tertius an den Vollzug dieser Deutung hat. Wenn Ego die Deutung nicht einfach nur vollzieht, sondern die Deutung als eine versteht, die vor Tertius stattfindet, wird die Deutung aus der Perspektive von Tertius objektiviert; die Deutung existiert für Ego als eine vor Tertius vollzogene Deutung. Die Objektivierung ermöglicht es, in der Deutung ein Muster zu identifizieren, das als solches von der situativen Anwendung unterschieden werden kann. Orientiert an diesem Muster kann eine Regel der Anerkennung gebildet werden. Durch diese wird festgelegt, wie Entitäten als erwartende und damit kommunikativ beobachtende Entitäten, die als solche anzuerkennen sind, identifiziert werden können. Diese Regel ist die Lösung des Problems der Kontingenz der Mitwelt, denn sie legt eine Ordnung der Sensibilisierung/Desensibilisierung fest. Durch die Bildung und Anwendung der Regel wird der Übergang von der unbestimmten Mitwelt in eine historisch konkrete Mitwelt zum Ausdruck gebracht.[11]

Von der Position des Dritten ausgehend werden die Erwartungs-Erwartungen zwischen Ego und Alter zu einem Muster objektiviert. Es ist logisch unmöglich, dass diese Position mit der Ego- bzw. der Alterposition identisch ist. Dass es eines realen Tertius bedarf, ist aber nur dann zwingend, wenn die Drittenposition von einem erlebten dritten leiblichen Selbst übernommen werden muss. Es könnte ja auch sein, dass diejenigen, die in der Ego- oder Alterposition sind, sich reflexiv auf die Beziehung wenden, indem sie die Tertiusposition übernehmen. Ein erlebtes drittes leibliches Selbst wäre dann nicht erforderlich. Dieses Argument reduziert die Tertiusposition darauf, eine Reflexionsposition zu sein. Wenn man diese Möglichkeit für Tertius zulässt, muss man sie

11 Wenn die Entstehung einer Regel der Grenzziehung damit gleichzusetzen ist, dass diese verständlich zum Ausdruck gebracht wird, ist die Entstehung der Regel gleichursprünglich mit der Bildung von Symbolen, mit denen sich soziale Personen füreinander verständlich machen. Für die genaue Analyse der Symbolbildung s. u. Kap. 3.4.

sinnentsprechend auch für die Beziehung zwischen Ego und Alter zulassen. Dass sich Ego aus der Alterposition auf sich bezieht, wäre dann ebenfalls nicht an die Begegnung mit einem erlebten leiblichen Selbst gebunden, sondern könnte auf das reflexive Selbstbewusstsein reduziert werden, das die Position von Alter übernimmt und sich von dieser ausgehend auf sich bezieht. Simmel lässt es explizit offen, ob der individuelle Einzelmensch sich selbst spontan auf diese Weise gegenübertritt, oder ob es dazu der Begegnung mit einem anderen Menschen, mit einem Du, bedarf (Simmel 1908/1983: 41). Wenn ein individuelles Selbst sich als ein Anderer gegenübertritt, wird das Du zu einer Reflexionsposition, die das Ich einnehmen kann. In gleicher Weise kann das Ich dann auch die Position der Dritten einnehmen. In diesem Verständnis würde jedes Selbst für sich durch Reflexion eine ganze Gesellschaft bilden können. Real erlebte andere leibliche Selbste wären nicht erforderlich.

Dies ist eine konsequente Position. Sie beinhaltet, dass ein einzelner Akteur immer schon in Gesellschaft ist, weil er die Position aller anderen einnehmen kann. Ohne jemals mit einem realen anderen Akteur in Kontakt geraten zu sein, wäre damit jeder immer ausreichend in Gesellschaft – qua reflexiver Positionsübernahme. Damit werden Solipsismus und Sozialität gleichgestellt. Es wäre aber unlogisch zu fordern, dass es der Begegnung mit einem realen Du bedarf, um die Position des anderen übernehmen zu können, es bei der Position des Dritten aber bei einer reinen Reflexionsfigur zu belassen. Denn in beiden Fällen kommt etwas qualitativ Neues dazu. Das qualitativ Neue in der Erfahrung des Anderen besteht darin, dass Ego erlebt, wie ein anderes leibliches Aktionszentrum Erwartungen auf es richtet. Das ist sachlich nicht gleichzusetzen mit der Reflexion auf sich selbst. Dieses Argument gilt sinnentsprechend auch für Tertius. Denn die Objektivierung der Beziehung aus der Perspektive von Tertius bringt in gleicher Weise etwas qualitativ Neues in die Welt, das nicht in der Ego-Alter-Beziehung enthalten ist. Die reflexive Übernahme der Drittenposition durch Ego oder Alter kann ebenso wenig gleichgesetzt werden mit der Erfahrung eines realen objektivierenden Dritten, wie die reflexive Erfahrung seiner selbst gleichgesetzt werden kann mit der Erfahrung, von einem anderen erlebt zu werden.

Vor diesem Hintergrund wird verständlich, warum das Problem der Kontingenz der Mitwelt im Rahmen einer dyadischen Konstellation nicht lösbar ist. Es bedarf in jedem Fall einer Regel, nach der zwischen einem anderen Akteur und anderem unterschieden werden kann. Selbst wenn man annehmen würde, es gäbe bereits eine Regel, müsste Ego diese gegenüber dem fraglichen Alter Ego allein anwenden. Eine nur durch den Akteur selbst reflexiv kontrollierte Regelanwendung wird nicht von außen objektiviert. Sie bleibt an die individuelle Willkür gebunden und führte daher zu keinem konsistenten Ergebnis. Dies ist das von

Wittgenstein aufgezeigte Problem der privaten Regelbefolgung. Diese sei nicht möglich, denn einer »Regel ›privatim‹ zu folgen«, heißt nicht der Regel zu folgen, sondern nur »der Regel zu folgen glauben« (Wittgenstein 1977: 128). Ohne dass er es explizit benennen würde, setzt Wittgensteins Argument voraus, dass es eines Tertius im Sinne eines erlebten leiblichen Selbst bedarf, um eine Regel bilden und aufrechterhalten zu können. Der systematische Bezug auf den Dritten ist also aus zwei Gründen erforderlich: (1.) Nur im Rahmen einer triadischen Konstellation kann eine Regel der Anerkennung entstehen und (2.) Ego kann nur mit Bezug auf Tertius sinnvoll dieser Regel folgen.

Die reflexive Struktur der triadischen Konstellation ermöglicht es, die Beziehung zwischen einem Ego und einem fraglichen Alter Ego zu objektivieren und damit ein vorbildliches Muster bzw. eine Regel zu etablieren, die einzuhalten ist bzw. rational weiterentwickelt werden kann. Wenn man eine solche Konstellation analytisch zugrunde legt, verschiebt sich der durch die soziologische Beobachtung zu erfassende Sachverhalt. Gemeinsam ist dem dyadischen und dem triadischen Kommunikationsbegriff, dass die Alter-Position diejenige Position ist, auf der eine Entität kommunikativ handelt, das heißt, einen Berührungszusammenhang zum Ausdruck bringt. Die Alter-Position ist zugleich diejenige, auf der eine fragliche Entität angesiedelt ist. Der Unterschied zwischen dem dyadischen und dem triadischen Kommunikationsbegriff besteht darin, dass letzterer eine Objektivierung der Relation der Anerkennung zwischen Ego und Alter erlaubt und es damit ermöglicht, eine Regel der Sensibilisierung/Desensibilisierung und damit eine Regel für die Anerkennung als personaler Akteur zu etablieren.

Damit erhält die Deutung eine zweistufige Struktur: Ego deutet Alter daraufhin, ob es sich bei Alter überhaupt um eine Entität handelt, von deren Grenzrealisierung Ego derart berührt wird, dass sie als Aufforderung, sie zu verstehen, erfahren wird (1. Stufe); wenn Ego die fragliche Entität als ein personales Alter Ego anerkennt, deutet Ego die kommunikative Mitteilung als Hinweis darauf, was Alter einem Ego zu verstehen geben möchte, um was es in diesem besonderen Fall geht (2. Stufe); diese Deutungen erfolgen mit Bezug auf die Erwartungen von Tertius hinsichtlich der Einhaltung bzw. der rationalen Weiterentwicklung der Regel, an der die Deutung des Alter Ego durch Ego orientiert ist.

Das Problem der Kontingenz der Mitwelt hat sozialtheoretisch-methodologisch die gleiche Funktion wie das Problem der doppelten Kontingenz. Reine doppelte Kontingenz ist empirisch nicht beobachtbar, aber empirisch beobachtbare Phänomene werden begriffen als Lösung des Problems der doppelten Kontingenz – als Übergehen aus dem Zustand einer unbestimmten Beziehung zwischen Ego und Alter in eine strukturierte Beziehung. Gleiches gilt für das Problem der Kontingenz der Mitwelt. Eine vollständig unbestimmte Mitwelt gibt es nicht. Empirisch beobachtbar sind nur historische Formen der Mitwelt. Diese werden aber so beobachtet, als wäre ihre Bildung eine Lösung des Problems der Kontingenz der Mitwelt. Dies ist der methodologische Sinn der Anweisung, die Grenzen der Sozialwelt als Übergehen aus dem Unbestimmten in eine bestimmte Ordnung zu begreifen, in der zwischen sozialen Personen und anderem unterschieden ist. In Kommunikationen machen soziale Personen füreinander verständlich, wie die Grenze zwischen Personen und anderem gezogen wird. Sie stellen füreinander eine Ordnung obligatorischer Sensibilisierungen/Desensibilisierungen dar. Die soziologische Beobachtung zielt darauf, die dargestellte Ordnung verstehend zu erfassen.

Vermittelte Unmittelbarkeit der Ordnungsbildung

Die Erzeugung und die Wirksamkeit der Regel basiert auf dem reflexiven Zusammenhang zwischen der Relationierung leiblicher Selbste und deren kommunikativer Darstellung. Die Ordnungsbildung ist damit einerseits immer vermittelt, denn es bedarf des reflexiven Bezugs im Rahmen der triadischen Relation und der darin erfolgenden Darstellungs- und Anerkennungs- bzw. Interpretationsvollzüge, um die Ordnung zu bilden. Zugleich wird diese Ordnung aber im Vollzug leiblicher Umweltbezüge unmittelbar als gegeben erfahren. Ego erlebt sich als berührt durch die Gegenwart eines anderen Ich, indem es dessen Verhalten als Mitteilungshandlung, als personale Darstellung eines anderen Selbst, erlebt und deutet. Umgekehrt ist Ego gegenüber anderen Phänomenen in dieser Hinsicht desensibilisiert. Die leiblich-affektive Dimension wird dadurch systematisch in die Analyse der Ordnungsbildung einbezogen.[12]

Die Regel, an der sich Grenzziehung orientiert, bezeichne ich vorläufig als gesellschaftliche Grenzeinrichtung bzw. Grenzinstitution. Diese bringen die Beteiligten im Rahmen einer triadisch strukturierten Kommunikation füreinander zum Ausdruck. Die Regel existiert, indem sie symbolisch zum Ausdruck gebracht wird (s. u. 3.4). Damit wird für die Beteiligten das Problem der Kontingenz der Mitwelt gelöst. Sie erzeugen ein praktisches Wissen darüber, mit wem sie in einem Berührungs-

---

12 Für das Konzept der vermittelten Unmittelbarkeit vgl. Plessner (1928/1975: 321 ff.). Die dadurch ermöglichte Analyse der Ordnungsbildung unterscheidet sich vom Habituskonzept (Bourdieu 1980/1987: Kap. 3 u. 4) insofern, als der Habitus die Unmittelbarkeit, das Automatische des geformten Umweltbezuges hervorhebt. Dass der Habitus durch seine reflexive Darstellung in seiner Form gehalten werden muss, kommt bei Bourdieu nicht vor. Der Habitus entspricht von der Komplexität der Umwelt her gesehen der zentrischen Positionalität bei Plessner.

zusammenhang existieren und gegenüber welchen anderen Entitäten sie zumindest in kommunikativer Hinsicht desensibilisiert sind bzw. zu sein haben.

Da die Institution auf einer vermittelt unmittelbaren Regel basiert, existiert die Regel einerseits selbstverständlich auf der Ebene der leiblichen Umweltbeziehung, aber in dieser unmittelbaren Wirksamkeit wird sie nur gehalten, insofern sie immer wieder praktisch durch kommunikative Explikationen weitergeführt wird. Die Regel ist nicht rein unmittelbar, sondern sie muss in ihrer Gültigkeit immer wieder durch eine reflexive Vermittlung stabilisiert werden. Der Zusammenhang vermittelt unmittelbarer Wirksamkeit/Stabilisierung kann erschüttert werden. Eine gesellschaftliche Grenzeinrichtung ist eine kontingente Formvorgabe für die leibliche Sensibilisierung/Desensibilisierung. Es ist damit zu rechnen, dass immer wieder neue Sensibilitäten bzw. Desensibilisierungen entstehen. Dies ist solange kein Problem, wie diese im ablaufenden Prozess der Ordnungsbildung erfolgreich neutralisiert werden können. Wenn die Neutralisierung nicht gelingt, kann es geschehen, dass die neuen Sensibilitäten bzw. Desensibilisierungen in einer zunehmend allgemein verbindlichen Form kommuniziert werden. Mit anderen Worten, es können sich spontan neue Sensibilitäten bilden, die kommunikativ expliziert werden und damit ihrerseits ordnungsbildend wirken.

Es ist eher unwahrscheinlich, dass derartige Grenzordnungen unbeschadet die Zeit überstehen, denn sie werden durch leibliche Akteure reproduziert, deren Leiber in einem reflexiven Prozess immer wieder auf die Ordnung bezogen werden müssen. Auf der Ebene der leiblichen Erfahrung selbst, der erlebten leiblichen Zuständlichkeit, der erlebten Antriebstruktur und der damit gegebenen Form der Abgegrenztheit wird die Sensibilisierung/Desensibilisierung gesichert. Es wird damit auf der Ebene leiblicher Erfahrung evident, wie ein leibliches Selbst von welchen anderen Entitäten berührt wird, bei wem es sich um ein anderes leibliches Zentrum handelt, das als ein personales Zentrum in es eingreift usw. Der Leib selbst ist aber nicht einfach eine geformte Materie, sondern er ist der materiale Operator der Umweltbeziehung, des Wahrnehmens und Agierens. Insofern ist es nie ganz sicher, dass der Leib in der kommunikativ dargestellten Ordnung bleibt. Der Leib ist zwar in eine Sensibilitätsform gebracht, aber er ist in diese nicht eingeschlossen. Es ist nie sicher, ob ein leibliches Selbst nicht spontan andere neuartige Sensibilisierungen bzw. Desensibilisierungen entwickelt.

Die europäische vormoderne Form der Grenzziehung war in der Sozialdimension durch die Orientierung an einer hierarchischen Ordnung bestimmt mit einem verbindlichen transzendenten Bezugspunkt – Gott. Innerhalb einer solchen Ordnung konnte die Grenzziehung darüber erfolgen, dass es in der Hierarchie legitimierte Positionen gab, die befugt waren – nach unten – festzulegen, welche Entitäten als sozialer Akteur zu gelten hatten (vgl. Lindemann 2009c: Kap. 3). Dieses gesellschaftliche Grenzregime wurde im Verlauf des 18. und 19. Jahrhunderts von einem anderen abgelöst, das ein sachliches Kriterium in den Mittelpunkt stellte. Nur lebende Menschen, d. h. alle Menschen, deren Körper als lebendig erkannt wird, sind als soziale Personen anzuerkennen. Hier wird ein sachliches Kriterium »lebender Mensch/anderes« etabliert. Dieser Prozess beinhaltet in mehrfacher Hinsicht Modifikationen. Es findet eine Veränderung der raum-zeitlichen Erfahrungsstrukturen statt, die es ermöglicht, dass die leibliche Erfahrung in die Form des sicht- und tastbaren Körpers gebracht wird und es werden alle verkörperten Menschen zu sozialen Personen. Jeder lebende menschliche Körper wird zu einer sozialen Person. Es entsteht eine Form leiblicher Erfahrung, die alle Menschen, aber auch nur diese, zu sozialen Personen macht. Dies beinhaltet, dass Menschen füreinander sensibilisiert werden, damit wird das Leiden anderer Menschen für Menschen allgemein zu einem Problem. Duden zeichnet die Formung der leiblichen Erfahrung durch den Körper nach (s. o.) und Hunt (2007: Kap. 1 u. 2) rekonstruiert die Entstehung der neuen Sensibilitätsverpflichtung. Eine solche sich entwickelnde und auch literarisch und politisch explizierte Form der Sensibilität und Desensibilisierung wird zunehmend unvereinbar mit der in der alten Ordnung geltenden Anforderung, wonach Sensibilität und Desensibilisierung gegenüber anderen von deren Stellung in der Hierarchie abhing, die ihrerseits in einem für alle verbindlichen transzendenten Bezug begründet war. Um den Wechsel insgesamt zu erfassen, der sich im Verlauf des 17. bis zum 19. Jahrhundert vollzogen hat, bedürfte es einer umfassenden Studie, die auch die Veränderungen der Raum-Zeit-Strukturen sowie der sachlichen und symbolischen Ordnung einbezieht.

Wenn man die Pluridimensionalität der Ordnungsbildung in Rechnung stellt, wird deutlich, worin der Gewinn dieses Ansatzes besteht. Er bezieht leiblich-sinnliche und damit die raum-zeitliche und die sachlich materielle Dimension grundlegend in die Ordnungsbildung mit ein. Zugleich wird klar, inwiefern die Rede z. B. von der Kulturrelativität der Werte, einschließlich der Menschenrechte, das Problem vollständig verfehlt. Denn es geht bei der Analyse von Ordnungsbildung und damit beim Vergleich unterschiedlicher Ordnungen nicht um Fragen der Differenz von Kulturen. Die Anerkennung von Menschen als gleich an Würde und Rechten ist integraler Bestandteil einer Ordnung mit passenden räumlichen, zeitlichen, symbolischen und sachlichen Strukturen. Die Menschenrechte mit ihren spezifischen Subjektforderungen sind Teil eines historisch kontingenten Weltzugangs. Wenn man überhaupt von Relativität sprechen wollte, müsste man sagen, die Menschenrechte seien ordnungsrelativ. Die Bedeutung der kantischen Philosophie liegt vermutlich darin, dass hier der erste und bislang einzige Entwurf einer Kosmologie vorliegt, der der menschlichen Würde einen Platz gibt – nicht in der Kultur, sondern in der modernen Ordnung der Welt.

Das Problem des Soziologismus

In der soziologischen Diskussion zu Raum und Zeit sowie zu Kausalmodellen hat Durkheim eine Position formuliert, wonach ordnende Kategorien zunächst die Ordnung des gesellschaftlichen Lebens beschreiben würden. Im nächsten Schritt würden die dabei gebildeten Kategorien ausgedehnt auf die nicht-gesellschaftliche Natur. Es werden also zunächst Kategorien gebildet, um die Gesellschaft zu erfassen und diese Kategorien werden in einem zweiten Schritt übertragen auf nicht-gesellschaftliche Phänomene. Diese Argumentation erweist sich allerdings nur unter der Voraussetzung als sinnvoll, dass die Natur-Kultur-Unterscheidung gültig ist. Die von Menschen geschaffene Gesellschaft wird als gegeben vorausgesetzt und die zum Begreifen der institutionellen menschlich-gesellschaftlichen Ordnung geschaffenen Kategorien werden in einem zweiten Schritt auf die nicht-menschliche Natur, den umgebenden Kosmos übertragen. Der Mainstream des sozialen Konstruktivismus argumentiert in ähnlicher Weise. Es sind soziale Akteure, die den Körper, den Raum, die Zeit, die soziale Ordnung usw. konstruieren.

Wenn allerdings die Beziehungen zu den umgebenden nicht-menschlichen Wesen selbst als soziale Beziehungen verstanden und gehandhabt werden, wird es widersinnig, von einer Übertragung auszugehen. Stattdessen müsste man von einer sozialen Beziehung zu einer Diversität von Entitäten ausgehen, wobei sowohl Menschen als auch nicht-menschliche Wesen einbezogen werden (Ingold 2000: 42 f.). Dies vorausgesetzt wird die Kritik Descolas an dem von Durkheim formulierten Bedingungszusammenhang verständlich (Descola 2005/2011: 193 f.). Descola kritisiert den Ansatz Durkheims dafür, dass er das Soziale verabsolutiere. Stattdessen müsse es darum gehen, die Konstitution unterschiedlicher Welten insgesamt in den Blick zu nehmen. Dies müsse aber eher einer Psycho-Logik als einer Sozio-Logik entsprechen. In diesem Sinne interpretiert er Levi-Strauss' Rekurs auf die allgemeine Funktionsweise des Geistes. Die soziale Ordnung wird damit als ein Aspekt einer allgemeinen Ordnung begriffen.

Wenn man die exzentrische und damit mitweltlich verfasste Leib-Umwelt-Beziehung als Ausgangspunkt wählt, stellt sich das Problem anders dar. Denn die mitweltliche Leib-Umwelt-Beziehung ist gleichursprünglich sozial, zeitlich, räumlich, sachlich und symbolisch verfasst. Soziale Beziehungen sind gleichursprünglich raum-zeitlich strukturiert, sachlich orientiert und symbolisch geordnet. Der Unterschied zu Descola liegt darin, nicht von einer Psycho-Logik auszugehen, also von einem Ich, das auf sich reflektiert, sondern von einer relationalen, aber nicht-soziologistischen Logik der Ordnungsbildung. Das Problem, welches durch diese Ordnungsbildung gelöst wird, besteht in der Unbestimmtheit der mitweltlichen Leib-Umwelt-Beziehung. Raum-, Zeit-, Sach- und Symboldimension kennzeichnen neben der Sozialdimension den ablaufenden Prozess von Ordnungsbildung. Es geht um die praktische Gestaltung pluridimensionaler Weltzugänge und nicht um die soziale Konstruktion von XYZ.

3.2. Raum und Zeit unter der Voraussetzung erweiterter Weltoffenheit

Eine operative Theorie der Ordnungsbildung, die darauf verzichtet, das Soziale aus der Beobachterperspektive festzulegen, geht auf Distanz zu den Ordnungsvorstellungen der Moderne. Sie muss also auch die Möglichkeit berücksichtigen, dass die moderne, auf Messbarkeit ausgerichtete Ordnung von Raum und Zeit kontingent ist. Zugleich gilt es, den Soziologismus zu vermeiden, wonach quasi raum- und zeitlose Menschen sich ihre Vorstellungen von Raum und Zeit im sozialen Miteinander bilden. Um dieser doppelten Anforderung zu genügen, gilt es, die operative Theorie des Sozialen so zu gestalten, dass Raum und Zeit ihrerseits als konstitutive Ordnungshinsichten einbezogen werden. Es ist also nicht nur so, dass Raum und Zeit gesellschaftlich strukturiert sind, sondern umgekehrt sind die Operationen der Sozialdimension ihrerseits räumlich-zeitlich strukturiert. In diesem Sinn unterscheidet Martins (1974) zwischen Zeit als Thema soziologischer Forschung (thematic temporalism), dies würde der Logik der sozialen Konstruktion von X entsprechen, und Zeit als konstitutivem Element einer Konzeption des Sozialen (substantive temporalism), wobei Zeit als konstitutiv für Sozialität verstanden wird.

Im Sinne der zweiten Perspektive geht es nicht nur darum herauszuarbeiten, dass Raum und Zeit sozial geformt sind, sondern auch darum, wie Raum und Zeit als Ordnungsdimensionen fungieren, wie sie ihrerseits Vergesellschaftungsprozesse bestimmen. Raum und Zeit können nicht auf Soziales reduziert werden, wie die Formel der »sozialen Konstruktion von X« suggeriert, Raum und Zeit werden vielmehr zu irreduziblen Dimensionen einer operativen Theorie der Ordnungsbildung.

Mit Bezug auf die Zeit ist dieser Anspruch im Rahmen der Handlungstheorie (vgl. etwa Schütz 1932/1981, Dux 1989), der Praxistheorie (Giddens 1984), der Interaktionstheorie (Mead 1932/1959) sowie der Systemtheorie (Luhmann 1997) eingelöst worden. Dabei zeigt sich bei genauerem Hinsehen, dass Zeit- und Sozialdimension eng zusammenhängen, denn Zeit wird zunächst als Struktur des Bewusstseins begriffen, weshalb sich im Weiteren die Frage stellt, wie ausgehend von der Zeit unterschiedlicher Bewusstseine eine gemeinsame, eine soziale Zeit entstehen kann. Paradigmatisch findet sich dies bei Schütz (1932/1981), der seine Handlungsanalyse im Anschluss an Husserls (1928/1980) Untersuchung zur Zeitstruktur des Bewusstseins entfaltet. Die phänomenologische Analyse des Zeitzusammenhangs eines Bewusstseins zeigt, dass dessen gegenwärtige Intentionen, Zukunftsbezüge (Erwartungen) sowie Vergangenheitsbezüge einen operativ geschlossenen Zusammenhang bilden, der für andere Bewusstseine nicht zugänglich ist (Husserl 1928/1980). Diesen Gedankengang hat Schütz für die soziologische Handlungsanalyse fruchtbar gemacht (Schütz 1932/1981). Die gemeinsame Zeit entstehe durch Ko-Präsenz auf der Grundlage einer prinzipiell als ähnlich unterstellten Zeitstruktur mehrerer Bewusstseine. Es ist die zeitliche Koordination der Bewusstseine und nicht der Raum, wodurch das Soziale als über die individuellen Bewusstseine hinausgehend entsteht.

Dux (1989: Kap. 2 u. 3) versucht die Zeitlichkeit des Bewusstseins anthropologisch zu unterfüttern, indem er vom bedürftigen und handelnden Bezug des menschlichen Organismus zu seiner Umwelt ausgeht. Darauf aufbauend arbeitet er heraus, dass die Zeit des Handelns eine Abstimmung zwischen dem Organismus und der diesen umgebenden Welt erfordert. Es ist also erforderlich, dass sich der handelnde Organismus in eine zeitliche Ordnung bringt, die zudem mit der zeitlichen Ordnung der ihn umgebenden Welt abgestimmt sein muss (Dux 1989: 43).[13] Leider widmet sich Dux nicht in gleicher Weise dem Problem des anderen Ich; setzt ohne weitere Begründung voraus, dass für Menschen der Andere als anderes Ich zugänglich ist (Dux 1989: 47 f.). Damit fehlt seinem Programm ein wichtiger Baustein. Zudem stellt sich Dux explizit in die Tradition der Moderne, wonach der Mensch als Bildner von Ordnungen zu begreifen ist. Dux' Forschungen setzen einfache Weltoffenheit voraus, d.h., der Mensch muss die Welt schaffen, in der er lebt (Dux 1989: 43).

Im Rahmen der Systemtheorie ist das Problembewusstsein hinsichtlich des Verhältnisses von Zeit- und Sozialdimension weiter entwickelt. Bewusstseinssysteme werden in der Systemtheorie zumindest implizit an Husserl anschließend als autopoietisch geschlossen gedacht (Luhmann 1987). Ausgehend von einem solchen Bewusstsein stellt sich die Frage, wie eine soziale Zeit, die für Ego und Alter in gleicher Weise gilt, etabliert werden kann. Nassehi (1993) hat darauf hingewiesen, dass

13 Dux versteht diesen Ansatz als Überwindung transzendentaltheoretischer Ansätze in der Theorie der Zeit. Vgl. hierzu seine Kritik an Kant und Husserl (Dux 1989: 58 ff., 61 ff.).

es ausgehend von der operativen Geschlossenheit des Bewusstseins im Sinne der Phänomenologie unmöglich sei, zugleich zu fordern, dass diese Bewusstseine sich aufeinander abstimmen. Denn operative Geschlossenheit schließe das aus. Für ihn besteht die einzige Alternative darin, ausgehend von der Geschlossenheit des Bewusstseinssystems, die Emergenz eines grundsätzlich anderen Systemtypus ins Auge zu fassen: operativ geschlossene Kommunikationssysteme (Nassehi 1993: 151 ff.). Die Struktur der Autopoiesis der beiden Systemtypen – Bewusstseins- und Kommunikationssystem – ähnelt sich, denn es handelt sich in beiden Fällen um sinnverarbeitende Systeme. Zeit bilde ein konstitutives Merkmal sowohl von Bewusstseins- als auch von sozialen Operationen. Auf diese Weise wird Zeit auf der Ebene des operativen Vollzugs des Bewusstseins bzw. des Sozialen gedacht. Zeit tritt nicht äußerlich zu einem Bewusstseins- bzw. zu einem sozialen Vorgang hinzu. Eine Kommunikation ist nicht ein Ereignis in der Sozialdimension, das zusätzlich in der Zeit situiert werden müsste. Vielmehr ist Kommunikation, das soziale Ereignis, selbst zeitlich verfasst (Luhmann 1997: 71 f.). Dies ist auch die Grundlage für eine Theorie gesellschaftlicher Entwicklung, d. h. bei Luhmann einer Evolutionstheorie (vgl. Schützeichel 2003: Kap: 4). Dass die Operationen, die das Soziale ausmachen, selbst zeitlich strukturiert sind, ist eine in der Systemtheorie formulierte Einsicht, an der unbedingt festzuhalten ist. Nur durch ein derartiges Vorgehen lässt sich die erweiterte Ordnungsperspektive systematisch entwickeln. Es stellt sich aber die Frage, ob nur die Zeit derart operativ zu berücksichtigen ist – warum nicht auch der Raum? Es zeichnen sich zwei Optionen ab:

1. Soziale Operationen sind selbst zeitlich verfasst. Sie können zusätzlich im Raum situiert werden.

2. Soziale Operationen sind zeitlich und räumlich verfasst. In diesem Sinn wären Raum und Zeit konstitutiv für soziale Operationen.

Die erste Position scheint auch heute noch diejenige der Systemtheorie zu sein. Obwohl etwa Stichweh (2002) versucht, den Raum als weitere Sinndimension neben Sach-, Zeit-und Sozialdimension' auszuweisen, werden Kommunikationen, d.h. die Operationen des Sozialen, nicht als räumlich aufgefasst. Während es *common sense* in der Systemtheorie ist, dass kommunikative Operationen sachlich, sozial und zeitlich strukturiert sind, also ohne Zeit- und Sachbezug nicht zu begreifen sind (Luhmann 1984: Kap. 2-4), wird der Raum theoretisch nicht auf der operativen Ebene berücksichtigt. Soweit ich sehe, würde dies erfordern, Kommunikation als verkörpert zu begreifen, denn nur als verkörpertes Ereignis könnte Kommunikation ein konstitutiv räumlich verfasstes Ereignis sein.[14]

---

14 Wenn auch nicht bezogen auf Kommunikation so lässt sich doch in zweifacher Hinsicht ein Bezug auf den Körper bei Luhmann selbst nachweisen.

Die zweite Alternative erscheint mir deutlich fruchtbarer. Denn nur so kann man der Bedeutung des Raums für Ordnungsbildung in der Analyse angemessen Rechnung tragen. In der gegenwärtigen Theoriediskussion finden sich allerdings noch keine ausgearbeiteten Angebote, die es erlauben würden, Zeit *und* Raum als Dimensionen sozialer Operationen zu begreifen. Handlungstheorien wie die Theorien der rationalen Wahl (Esser, Coleman) oder die Theorien im Anschluss an Weber stellen die Handlung in den Mittelpunkt. Raum und Zeit spielen nur insofern eine Rolle, als die Handlung auch als eine solche betrachtet werden kann, die an einem Ort und an einem Datum zu einer bestimmten Uhrzeit vollzogen wurde. Raum und Zeit bilden einen allgemeinen Rahmen, der als solcher gleich bleibt. Da Handlungen zwar in Raum und Zeit situiert werden können, aber nicht selbst raum-zeitlich verfasst sind, können die Dimensionen Raum und Zeit für die Zwecke der Analyse in der Regel vernachlässigt, aber bei Bedarf einbezogen werden.

Die im Entstehen begriffene Soziologie des Raums scheint sich derzeit in der Phase der Ad-hoc-Konzepte zu befinden. Bei Schroer liegt der Schwerpunkt darauf, sich von einem »banalen letztlich erd-räumlichen, physikalischen Raumbegriff« zu verabschieden zugunsten von einem »konstruktivistischen Raumbegriff, der die Entstehung des Raums auf soziale Operationen zurückführt« (Schroer 2006: 12). Es wird leider nicht recht klar, wie diese sozialen Operationen beschaffen sind, ob sie selbst räumlich sind usw. Löw (2001: 158 ff.) wagt eine Definition raumbildender Operationen. Diese seien aus den Operationen des »spacing«[15] und der »Syntheseleistung« zusammengesetzt. Es findet sich bei ihr aber ebenso wenig wie bei Schroer ein analytisch-systematischer Bezug auf allgemeine Sozialtheorien und die entsprechenden Vorschläge zu Ego-Alter-Konstellationen. Die Sozialdimension der Ordnungsbildung bleibt empfindlich unterbestimmt. Insgesamt scheint Löw von handelnden menschlichen Subjekten auszugehen. Dies entnehme ich den positiven Bezügen auf Elias (Löw 2001: 159) und Giddens (Löw: 2001: 163 ff.).

Zum einen in seiner Theorie der symbiotischen Mechanismen (Luhmann 1974/2005b), die in der Rezeption allerdings ein Schattendasein führt und zum anderen bei der Analyse der Operationen des Bewusstseins. Allerdings geht es dabei nicht allgemein um das Bewusstsein, sondern nur um die Frage, wie das Bewusstsein sich als Einheit begreifen und sich darüber individuieren kann (Luhmann 1987: 53 ff.).

15 Löw glaubt sich in einer sprachlichen Verlegenheit, weil das englische Wort »spacing« nicht übersetzbar sei. Sie stellt mit Recht fest, dass der Bedeutungsgehalt von »räumen« anders ist. Mein Vorschlag wäre eher »verräumlichen« oder »räumlichen«. Aber spacing klingt natürlich spaciger.

Löw und Schroer erheben einen beachtlichen Anspruch, es geht ihnen um die »Raumkonstitution« (Löw 2001: 158) bzw. die »Entstehung von Raum« (Schroer 2006: 12). Das heißt, die soziale Konstruktion, die bei Löw mit den Operationen des spacing und der Syntheseleistung ein wenig näher bestimmt wird, konstituiert Raum bzw. lässt Raum entstehen. In Anbetracht der Last, die die Sozialdimension zu tragen hat, bleibt diese auch bei Löw unterbestimmt. Wenn soziale Handlungen bzw. die soziale Konstruktion als raumkonstituierend zu begreifen sind, müssten Löw und Schroer Auskunft darüber geben, ob die raumkonstituierenden Handlungen oder Konstruktionsleistungen selbst räumlich sind oder nicht. Wenn solche Aktivitäten Raum allererst konstituieren, dürften sie streng genommen selbst nicht räumlich sein, denn es sind ja Aktivitäten (Handlungen bzw. Konstruktionsleistungen), die den Raum allererst konstituieren.

Wenn dagegen, so die alternative, von mir vertretene Position, diese Leistungen selbst bereits räumlich sind, wäre Räumlichkeit auf beiden Seiten gegeben, sowohl derjenigen des Konstituierenden als auch derjenigen des Konstituierten. Dann stellt sich die Frage, ob und inwiefern sich der Raum, der an zwei Stellen auftaucht, in seinen Merkmalen unterscheidet. In solchen Fragen fehlt ein ausreichendes Problembewusstsein. Die Formel der sozialen Konstitution/Konstruktion von X wird auf den Raum übertragen, ohne die theoretischen und methodologischen Implikationen einer solchen Vorgehensweise weiter zu bedenken. Da sowohl Löw als auch Schroer von Menschen als Akteuren ausgehen, müssten sie zumindest über die in die Sozialdimension eingelassenen anthropologischen Vorannahmen Auskunft geben. Dann wüsste man genauer, was man unter Konstitution von Raum oder sozialer Konstruktion von Raum zu verstehen hätte.

Bescheidener im Anspruch aber dafür systematischer in der Durchführung äußern sich Schütz, Giddens oder Bourdieu zu Raum und Zeit. Die phänomenologische Handlungstheorie von Schütz weist zunächst wie die Systemtheorie Luhmanns eine deutliche Präferenz für die Zeitlichkeit des Handelns auf. Diese wird ausführlich analysiert (Schütz 1932/1981). Eine vergleichbar tiefgehende Analyse des Raums findet sich bei Schütz zwar nicht, aber in seiner Analyse der Lebenswelt (Schütz/Luckmann 1979) nimmt er gleichermaßen Raum und Zeit auf. Dabei beschränkt sich Schütz aber auf die Analyse der praktischen Zugänglichkeit von Dingen in der Lebenswelt – ausgehend vom erlebten Hier/Jetzt des Handelnden (Schütz/Luckmann 1979: 63 ff., 73 ff.). Die Struktur der praktischen Zugänglichkeit wird im Rahmen der Routinen des Alltags als immer wiederkehrende Möglichkeit des Handeln-könnens erlebt. An dieser Stelle setzt Bourdieu mit seinem Habitus-Konzept an. Der hier/jetzt agierende Leib wird bei Bourdieu zu einem Speicher zur Aufbewahrung von praktischen Schemata, von Wissen, Werten und

Gedanken (Bourdieu 1980/1987: 127) Diese können aktualisiert werden, indem der Leib eine entsprechende Haltung einnimmt. Durch die praktische Einnahme von Haltungen entfaltet der Leib räumlich-zeitlich und sozial strukturierte Bezüge zu dem ihn umgebenden Feld, auf welches er gleichsam eingespielt ist (Bourdieu 1980/1987: 127 f.). Feld und Habitus passen zueinander.

Auch Giddens geht vom wahrnehmenden und handelnden Leib aus, der ausgehend vom Hier/Jetzt räumliche und zeitliche Bezüge entfaltet (Giddens 1984: 47). Wie Schütz stellt Giddens dabei die sozialen Routinen in den Mittelpunkt (Giddens 1984: 35). Dabei entwickelt er eine über den Bezug auf das Hier/Jetzt hinausgehende Konzeption von Raum und Zeit. Für die Ausbildung von Herrschaft sei es relevant, wie weit soziale Kontrolle über das Setting der Kopräsenz im Raum ausgreifen könne. Hinsichtlich der Zeit unterscheidet Giddens drei Zeiten: (1) die umkehrbare Zeit der alltäglichen Routinen, (2) die unumkehrbare Zeit des individuellen Lebens und (3) die umkehrbare Zeit überindividueller Strukturen (Giddens 1984: 35, 1987: 144). In dieser Zeitauffassung wird Wiederholung mit Umkehrbarkeit gleichgesetzt. Adam (1990: 28) hat darauf aufmerksam gemacht, dass hier ein Fehler vorliegt und macht dies anhand eines einfachen Beispiels deutlich. Auch wenn man jeden Tag Geschirr abwäscht, ist es jeden Tag wieder so, dass dieser Vorgang eine eindeutige zeitliche Richtung aufweist. Davor sieht die Welt anders aus als hinterher und das müsse jeden Tag erneut ins Werk gesetzt werden.

Mit diesen mehr oder weniger phänomenologisch inspirierten Ansätzen liegt ein Ausgangspunkt vor, an dem sich eine operative Theorie der Ordnungsbildung orientieren kann, die Raum und Zeit gleichermaßen berücksichtigt. Denn nicht nur die Zeit, sondern auch der Raum wird einbezogen, wenn Operationen als hier/jetzt stattfindend und über aktuelle/lokale Settings hinausgreifend begriffen werden. Damit ist aber noch keine genaue Aussage über das Verhältnis von Körper und Raum getroffen. Bei Schütz, Giddens und Bourdieu fehlt eine genauere Charakterisierung, die über diejenige des Hier/Jetzt wirklich hinausgeht. Bei Schütz bleibt es bei der Thematisierung der Reichweite des handelnden Wirkens, eine genauere Charakterisierung des Leibes fehlt. Obwohl Bourdieu den leiblichen Habitus zentral stellt, bleibt die räumliche Beschaffenheit des Leibes auch bei ihm eine Leerstelle (Jäger 2004: Kap. 5).

Was den körperlich-leiblichen Umweltbezug anbelangt, findet sich bei Giddens (1984: 45 ff.) der Hinweis auf Gibsons Theorie der Affordanz bzw. »Angebote« (Gibson 1979/1982: 137). Gibson analysiert die wechselseitige Bezogenheit von Lebewesen und Umwelt; beide seien als aufeinander bezogen zu denken und würden insofern eine Einheit für die Analyse bilden (Gibson 1979/1982: 8). Es gäbe nicht zuerst das Lebewesen, zu dem additiv die Umwelt hinzugefügt würde. Die Relation von Lebewesen und Umwelt sei dasjenige, worum es zu gehen habe. Gibson verlegt die reflexiven Strukturen, die üblicherweise in das Individuum hineinverlegt werden, in dessen Beziehung zur Umwelt. Die für das Lebewesen wichtigen Informationen werden nicht durch interne Verarbeitung äußerer Reize gewonnen, sondern sie werden der Umwelt direkt entnommen. Dass etwas für ein Lebewesen Bedeutung hat, dass die Umwelt für es sinnvoll und praktisch relevant ist, findet in der Umweltrelation statt und nicht im Bewusstsein. Nicht das Bewusstsein spricht Bedeutung zu, sondern es erlebt etwas in der Wahrnehmung direkt als bedeutungsvoll. Es geht nicht darum, »was im Kopf los ist«, sondern darum, »worin sich der Kopf befindet«[16]. In diesem Sinn ist seine Theorie der Angebote zu verstehen. Für individuelle Lebewesen enthält die Umwelt Angebote, die auf die organische Struktur des Lebewesens bezogen sind. Er untersucht z. B., wie eine Fläche erscheinen muss, damit sie für einen Organismus, etwa einen erwachsenen Menschen, als ein Angebot erscheint, sich hinzusetzen. Es muss eine fest und stabil erscheinende Oberfläche in Kniehöhe sein usw. (Gibson 1979/1982: 138). In ähnlicher Weise halten Bäume für Vogelkörper bestimmte Angebote bereit, die diese unmittelbar wahrnehmen können. Von seiner Struktur her entspricht dies der Bewusstseinsauffassung als rezeptiv-motorisch gestalteter Beziehung zwischen Selbst und Umwelt (Plessner 1928/1975: 67). Auch für Plessner bildet die Analyseeinheit nicht der Organismus, der anschließend additiv in eine Umwelt gestellt wird und sich auf diese bezieht, vielmehr bildet die Beziehung zwischen leiblichem Selbst und Umwelt den Gegenstand.[17]

Giddens kritisiert an Gibsons Auffassung, dass Letzterer die kulturelle Dimension der Relation zwischen Lebewesen und Umwelt im Falle des Menschen nicht ausreichend berücksichtige (Giddens 1984: 46 f.). Er unterlässt es aber, selbst auszuarbeiten, wie eine Theorie aussehen könnte, die – sozusagen in Weiterentwicklung von Gibson – die kulturelle Gestaltung einer leiblich-körperlichen Umweltbeziehung einbezieht.

In ihrer Analyse soziologischer Zeittheorien kommt Adam (1990) zu einem noch weitergehenden Ergebnis. Sie fordert, dass die soziologische Theorie die Trennung zwischen natürlicher Zeit, die als objektiv-mess-

16 Mit diesen Worten umschreiben die Übersetzer Kohler und Lücke im Vorwort zur deutschen Ausgabe, einen Schüler Gibsons zitierend, dessen Forschungsanliegen (Gibson 1979/1982: IX).

17 Gibson ist auch in der Anthropologie rezipiert worden (vgl. Ingold 2000: 2 f.), weshalb sich Descola (2005/2011: 280 ff.) zu einer Auseinandersetzung mit ihm herausgefordert fühlt. Denn er sieht, dass diese Konzeptualisierung der Lebewesen/Umwelt-, die ein Äquivalent zur Leib/Umwelt- (Plessner) darstellt, sein Unterscheidungsschema gefährdet, welches von der Differenz Interiorität/Physikalität ausgeht.

bare Zeit verstanden wird, und sozialer Zeit aufgeben solle. Dadurch würde die Natur-Kultur-Unterscheidung in der soziologischen Zeittheorie zu deren Nachteil perpetuiert. Es könne nicht mehr begriffen werden, dass der Mensch als organisches Wesen in natürlichen Rhythmen leben würde, die für die Zeitlichkeit des Sozialen von großer Bedeutung seien. »We *are* time and this fact unites us with all other rhythmically organised beings. Together with plants and animals we *are aware* of time and experience it. As human beings we *have a relationship* to time and we reckon time. As members of Western industrial societies *we create time* as a resource, as a tool, and as an abstract exchange value.« (Adam 1990: 161) Dies entspricht weitgehend der Forderung von Dux, die in der Auseinandersetzung mit der umgebenden Natur gebildete Zeit der sich sozialisierenden Individuen ausgehend von deren Natur und ihren Vorgaben zu begreifen. Einen theoretischen Vorschlag, der über Dux hinausgehen würde, legt Adam allerdings nicht vor.

Die Kritik der zeittheoretischen Analysen der System- und Handlungstheorie führt zu der Einsicht, dass die Sozialdimension mit der Raum- und Zeitdimension nicht im Sinne einer additiven Verbindung zu begreifen ist. Es gibt derzeit aber noch keine Theorie, die dazu in der Lage wäre, genauer Auskunft darüber zu geben, wie die Raum-, Zeit- und Sozialdimension vermittelt sind. Erst wenn man zentrale Prämissen der bestehenden Ansätze aufgibt, kann man zu einer ertragreichen operativen Theorie des Sozialen gelangen. Denn es geht darum, Sinn und Bedeutung in der Relation leiblich-körperlicher Selbste zu ihrer Umwelt und damit auch in der Beziehung zu anderen körperlich-leiblichen Selbsten anzusiedeln. Hierbei sind insbesondere die Anregungen von Dux und Adam von Bedeutung, die soziologische Zeittheorie tiefer zu legen. Unter der Voraussetzung erweiterter Weltoffenheit verbietet es sich allerdings, dies in einer Weise zu tun, die »den Menschen« in die Natur zu einbettet. Dux und Adam erliegen *expressis verbis* einer Fixierung auf den Menschen als natürlich-kulturelles, Ordnung schaffendes Wesen. Damit reproduzieren sie ein zentrales Element der Natur-Kultur-Unterscheidung. Um diese Festlegung zu vermeiden, differenziere ich angelehnt an Plessners Theorie der Positionalität unterschiedliche Komplexitätsniveaus der Umweltbeziehung, die jeweils andere Formen räumlicher und zeitlicher Existenz beinhalten. Diese Differenzierung erfolgt rein formal, eine Festlegung auf menschliche leibliche Selbste findet nicht statt. Es geht lediglich darum, die sich sozial relationierenden leiblichen Selbste als grenzrealisierende Wesen in ihrer raum-zeitlichen Struktur zu erfassen. Damit komme ich einerseits der Forderung nach, im Sinne von Adam und Dux das Verständnis sozialer Zeit tiefer zu legen, denn die Zeitlichkeit, die das Soziale strukturiert, bleibt auf der Stufe einfacher Grenzrealisierung unterhalb des Niveaus intentional-sinnhafte Prozesse. Zugleich ermöglicht es die Systematik der Komplexitätssteigerung aber auch, Kategorien auszuarbeiten, die für eine Analyse spezifisch moderner Zeitstrukturen angemessen sind. Dazu gehört nicht zuletzt, darauf macht auch Adam aufmerksam, das Zusammenspiel von Zeit und der Bildung moderner sich selbst steuernder Technik zu begreifen (Adam 1990: 167).

Der Ansatz von Mead, wie er ihn in seiner Philosophie der Gegenwart (Mead 1932/1959) entwickelt, weist in vieler Hinsicht Ähnlichkeiten mit demjenigen Plessners auf. Dies gilt auch für den Versuch, Stufen der Komplexität von Zeitlichkeit und Bezüge auf andere herauszuarbeiten. Ich verzichte hier auf eine detaillierte Auseinandersetzung und benenne nur zwei wichtige Konvergenzen. Erstens wird Realität von der Gegenwart her gedacht, Vergangenheit und Zukunft sind nur von einer jeweiligen Gegenwart her zu verstehen (Mead 1932/1959: 1 ff.). Bewusstsein und Vergesellschaftung werden zweitens als emergente Ordnungen verstanden, die auf einer einfachen Form, derjenigen des Lebens, aufbauen (Mead 1932/1959: 69 ff.). Mead geht ebenfalls von einer zunehmenden Steigerung der Komplexität von Selbstbezüglichkeit aus, wodurch die Emergenz von Bewusstsein und Vergesellschaftung ermöglicht wird. Mead argumentiert allerdings im Sinne einer positiven Anthropologie. Es sind die besonderen Merkmale von Menschen, die diese dazu befähigen, sich in besonderer Weise zu vergesellschaften. Die Entwicklung von Symbolen und entfalteter Vergesellschaftung wird von Mead an Artgleichheit gebunden, denn der Ausgangspunkt ist der organisierte Prozess bzw. die organisierte Gesamthandlung, in der ein Artgenosse die Position des Anderen übernehmen kann und so den eigenen Beitrag sowie die Beiträge aller anderen aus einer Gesamtperspektive in den Blick nehmen kann (vgl. Mead 1932/1959: 82 ff., 1924-25/1987). Damit verbleibt Mead im Rahmen einfacher Weltoffenheit. Die Bedeutung dieser Begrenzung werde ich im Kapitel über Symbolbildung im Einzelnen herausarbeiten.

Ein wichtiger Unterschied zwischen Mead und Plessner besteht in der Methode der Theoriekonstruktion. Plessner erreicht die reflexive Wendung, die der erweiterten Weltoffenheit zugrunde liegt, weil er nicht nur eine Theorie formuliert, sondern auch ein methodisches Prinzip der Theoriekonstruktion angibt. Es scheint so, als würde auch bei Mead das Konzept der reflexiven Steigerung von Komplexität der Umweltbeziehung angewendet, aber dieses wird nicht in seiner Bedeutung für die methodische Konstruktion der Theoriekonstruktion expliziert. Dies führt zu einer Konsequenz, die Adam folgendermaßen kritisiert: »Mead creates a sense of levels, but his levels appear fluid without clear edges or cut-off points.« (Adam 1990: 163)[18] Um den Ansatz Meads

---

18 Vgl. hierzu auch die ähnlich gelagerte Kritik von Murphy (1932/1959: XXIX).

in der Philosophie der Gegenwart mit demjenigen Plessners vergleichen zu können, wäre zunächst eine Rekonstruktion des Aufbaus und des Prinzips der Theoriekonstruktion erforderlich. Das wäre ein eigenes Kapitel, wenn nicht ein eigenes Buch. Ich verzichte also bewusst auf eine Auseinandersetzung mit Mead, werde aber immer wieder auf die Ähnlichkeit einzelner Aussagen zwischen Mead und dem hier verfolgten Ansatz hinweisen. Die explizite Auseinandersetzung mit Mead ist auf seine Analyse der Symbolentwicklung fokussiert. Denn diese hat ihn in der Soziologie besonders einflussreich gemacht und an diesem Beispiel lässt sich die Differenz zum hier verfolgten Ansatz besonders klar herausarbeiten.

3.2.1 Sich raum-zeitlich positionalisieren

Die Positionalitätstheorie Plessners bietet eine Vorlage dafür, wie der Zusammenhang zwischen Sozialdimension und den Dimensionen von Raum und Zeit begrifflich zu fassen ist. Die Analyse der Sozialdimension hatte ich mit Bezug auf das Verhältnis von zentrischer zu exzentrischer Positionalität durchgeführt. Dabei stand bei der Darstellung der Grenzrealisierung der räumliche Aspekt im Mittelpunkt. Ich werde daher hier zunächst die zeitliche Dimension der Positionalitätstheorie entwickeln. Dabei zeigt sich, dass die kompakte Rede von Raum und Zeit zugunsten weitergehender Differenzierungen aufgelöst werden muss. Für die Zeit wird das dazu führen, zwischen Modalzeit, Dauer und Lagezeit bzw. digitaler Zeit zu unterscheiden. Analog wird auch die Raumdimension weiter differenziert. Es lassen sich bei genauerem Hinsehen phänomenologisch voneinander abheben: Weiteraum und Richtungsraum sowie der Ortsraum, welcher auch die Form eines digitalen Raums annehmen kann.

Modalzeit

Die Zeitanalyse Plessners ist durch zwei Momente gekennzeichnet. Sie begreift die Zeit des Lebendigen anhand der modalen Differenz zwischen Vergangenheit, Gegenwart und Zukunft und sie versteht zweitens die Gegenwart als diejenige zeitliche Modalität, die Realität verbürgt, Vergangenheit und Zukunft sind nur insofern real, als es erfüllte Bezüge von der Gegenwart zur Vergangenheit und Zukunft gibt. Diese Konstruktion ähnelt derjenigen Meads, die ebenfalls die Realität von Vergangenheit und Zukunft von der Gegenwart her denkt. Zugleich wird eine kategoriale Differenz deutlich, denn Mead unterscheidet nicht klar genug zwischen den Modi der Zeit (Vergangenheit-Gegenwart-Zukunft) und den Bezügen zu diesen Modi (Mead 1932/1959: Kap. 1). Erst wenn diese Differenzierung systematisch berücksichtigt wird, lässt sich genauer herausarbeiten, worum es auch Mead geht: Realität ist immer gegenwärtige Realität und Gegenwart ist der Modus der Zeit, von dem ausgehend reale Bezüge zur Vergangenheit und Zukunft gestaltet werden. Plessner entfaltet die Struktur der Modalzeit, indem er den Sachverhalt der Grenzrealisierung in der Zeitdimension expliziert. Der lebendige Körper ist der oben gegebenen Definition des Lebendigen zufolge »über ihm hinaus« und »in ihn hinein« (s. o.) In der Zeitdimension heißt über ihm hinaus zu sein, dass er nicht nur das ist, was er gegenwärtig ist, sondern der gegenwärtig existierende Körper weist einen erfüllten Zukunftsbezug auf, denn in ihm liegt die Potenz, anders sein zu können. Dies verdeutlicht Plessner anhand biologischer Entwicklungsstadien. Die Raupe ist nicht nur eine Raupe, sondern sie ist der Möglichkeit nach auch ein zukünftiger Schmetterling. Gegenwärtig ist die Raupe eine Raupe, der Sachverhalt, ein Schmetterling zu sein, existiert im Modus der Zukunft, des Noch-Nicht. Der Modus der Zukunft ist noch nicht erfüllt. Dennoch ist der Bezug zum Noch-nicht-Sein des Schmetterlings der Raupe nicht äußerlich. Es kennzeichnet die Raupe bereits gegenwärtig, dass sie ein Schmetterling werden kann. Die Potenz, ein Schmetterling zu werden – der erfüllte Bezug zur Zukunft – charakterisiert die Gegenwart der Raupe. Die Raupe ist eine Raupe nur insofern, als sie zukünftig ein Schmetterling sein kann. Der Bezug zur Zukunft ist erfüllt, auch wenn der zukünftige Sachverhalt noch nicht realisiert ist. Die Raupe ist noch kein Schmetterling und die Entwicklung kann scheitern.

Diese Struktur des erfüllten Bezugs zur Zukunft entspricht einer zeitlichen Strukturierung der Rückbezüglichkeit des Lebendigen. Dieses existiert nicht »jetzt« im Sinne einer punkthaften Abfolge von aufeinander folgenden und voneinander unabhängigen Jetztpunkten. Vielmehr ist das »Jetzt« des Lebendigen dadurch gekennzeichnet, dass ein erfüllter Zukunftsbezug das gegenwärtige Jetzt charakterisiert. Die Gegenwart ist als in ihr liegende Möglichkeit in die Zukunft ausgedehnt, sie ist bestimmt durch den erfüllten Bezug zur Zukunft. Der aktuelle Bezug zur Zukunft beinhaltet zugleich auch die Abgrenzung zur Zukunft. Erst dadurch hebt sich die Gegenwart des lebendigen Dings von dem ab, was das lebendige Ding werden kann. Die Gegenwart hebt sich als Gegenwart von der Zukunft ab, gerade weil es einen erfüllten Bezug zur Zukunft gibt, die aber selbst noch nicht realisiert ist. Diese Struktur gilt analog zur Vergangenheit. Das Jetzt des lebendigen Dings vergeht nicht einfach, es ist nicht einfach ein Übergehen in die Vergangenheit, vielmehr grenzt sich das lebendige Ding von seiner Vergangenheit ab, indem es zu dieser einen Bezug aufrechterhält (Plessner 1928/1975: 180). Das lebendige Ding ist nicht nur das, was es jetzt ist, sondern auch dasjenige, was es war. Durch den gegenwärtigen Bezug zur Vergangenheit ist die

Gegenwart eines Organismus durch die Vergangenheit bestimmt. Die Vergangenheit legt die Gegenwart nicht fest, sondern die Gegenwart aktualisiert die Vergangenheit selektiv gemäß den Erfordernissen der Gegenwart und den darin enthaltenen Zukunftsbezügen. Derart ist die Gegenwart zu verstehen als der Vollzug der Vermittlung der Bezüge zwischen Vergangenheit und Zukunft. Als vermittelndes Moment zwischen Vergangenheit und Zukunft ist Gegenwart ein Element eines Prozesses, den sie operativ trägt. Real ist jeweils die Gegenwart; Vergangenheit und Zukunft sind nur insofern gegenwärtig und real, als es gegenwärtig erfüllte Bezüge zu ihnen gibt.[19] Die dargestellte prozesshafte Form der zeitlichen Bezüge gilt bereits für einfache Lebewesen, etwa Einzeller.

Modalzeit – zentrische Positionalität

Für die Weiterführung der Zeitanalyse gilt ebenfalls, dass sie im Sinne einer reflexiven Deduktion entfaltet wird. Die Zeitstruktur der zentrischen Positionalität wird entwickelt, indem der Sachverhalt der gegenwärtigen Erfüllung der Bezüge zu den Modi der Vergangenheit und zur Zukunft reflexiv auf sich bezogen wird. Dies modifiziert sowohl die Gegenwart als auch die Struktur der Bezüge zur Vergangenheit und Zukunft.

Das leibliche Selbst existiert nicht nur gegenwärtig, indem es seine Grenze realisiert, sondern es ist darauf bezogen, dass das der Fall ist. Auf der Ebene einfacher Positionalität gibt es für den Organismus feste Formvorgaben, die seinen Zukunfts- und seinen Vergangenheitsbezug festlegen. Der Organismus bezieht sich gemäß diesen Formvorgaben auf seine aktuelle Umwelt und entwickelt sich gemäß diesen Formvorgaben (z. B. von einer Raupe zu einem Schmetterling). Wenn der Organismus

19 Auf der beschriebenen Stufe der Beschreibung von Entwicklungsprozessen gibt es noch kein Bewusstsein, das etwas antizipieren könnte. Es gibt keine Erwartungen usw. Systemtheoretisch gesprochen befindet man sich auf der Ebene der Autopoiesis des Lebens. Die Autopoiesistheorie unterscheidet sich von der Positionalitätstheorie dadurch, dass sie strukturell nicht zwischen verschiedenen Komplexitätsniveaus unterscheidet. Die Autopoiesis des Lebens, bzw. die Autopoiesis der unterschiedlichen organischen Systeme (Nervensystem, Immunsystem usw.) steht neben der Autopoiesis des Bewusstseins und derjenigen der Kommunikation. Es bleibt dabei aber eine offene Frage, ob, und wenn ja, wie diese unterschiedlichen Autopoiesen sich voneinander strukturell unterscheiden und in welchem Verhältnis sie zueinander stehen. Luhmann selbst bemerkt dazu, dass das »Konzept der Autopoiesis ... in der Literatur bisher jedoch noch nicht zu einer hinreichenden Differenzierung lebensmäßiger, Bewusstseinsmäßiger (psychischer) und kommunikativer (sozialer) Systeme geführt hat« (Luhmann 1986/1995: 171, Fn. 5).

reflexiv bezogen ist auf seine durch Formvorgaben bestimmten Bezüge zur Vergangenheit und Zukunft, so sind ihm diese Bezüge gegeben und er kann sie selbst gestalten. Die Formvorgaben werden zu einem Rahmen, in dem der Organismus seine Zukunfts- und Vergangenheitsbezüge selbst formt. Damit ist der Zukunftsbezug einerseits durch die organische Struktur vorgegeben und andererseits kann der Umweltbezug in diesem Rahmen individuell im Erleben gestaltet werden. Das Individuum gestaltet seinen Lebensprozess selbst.

Einerseits: Insofern der Umweltbezug vorgegeben ist, gibt es keinen aktuell zu realisierenden individuellen Gestaltungsspielraum. Äußere Reize und/oder Stoffe gehen in den Organismus über und werden dort gemäß den organischen Formvorgaben verarbeitet. Bei Stoffwechselvorgängen nimmt der Organismus geeignete Stoffe aus dem umgebenden Medium auf, verarbeitet sie intern und scheidet die Abfallprodukte aus. Hierdurch erhält sich der Organismus aufrecht. Es laufen weiterhin Entwicklungen gemäß allgemeiner Formvorgaben ab, die der Gestaltung durch das Individuum entzogen sind.

Andererseits: Wenn der Organismus auf diese Vollzugsstruktur noch einmal bezogen ist, gehen nicht nur Reize und Stoffe in den Organismus über, sondern dieser ist darauf bezogen, dass das der Fall ist. Das Übergehen von Reizen nimmt die Form des Erlebens an. Indem das leibliche Selbst seine Grenze realisiert, erlebt es seine Umwelt, es gibt ein Bewusstsein der Umwelt. Dieses Erleben ist zeitlich strukturiert; pfadabhängig durch vergangenes Erleben strukturiert bietet die Umwelt dem Organismus Möglichkeiten der motorischen Reaktion: Hier kann ich springen, verfolgen, weglaufen, packen usw. Dies entspricht dem, was Gibson als Angebote der Umwelt für das Lebewesen beschreibt. Diese Angebote sind erfüllte Beziehungen zur Vergangenheit und zum Modus der Zukunft im Erleben der Umwelt.

Die Realisierung der Angebote hängt von der aktualisierten Vergangenheit (vergangene Erlebnisse) und vom erlebten eigenen gegenwärtigen Zustand ab (angespannt, durstig, hungrig, erschöpft, ängstlich usw.). Die aktuelle Gegenwart ist also nicht nur ein Hier/Jetzt, sondern ein Zustand gespürter raum/zeitlicher Ausdehnung von in den Gliedern erlebten Aktionsimpulsen usw. Vermittelt über dieses in sich differenzierte Erleben des eigenen Zustands erfolgt eine motorische Reaktion in Richtung der Realisierung des Modus der Zukunft. Der Löwe schleicht sich an die Antilope an usw.[20]

---

20 Bewusstsein bezeichnet bei Plessner das Insgesamt der erlebten zwischen Lebewesen und Umwelt. Nur so lässt sich die Aussage verstehen, »nicht ist das Bewusstsein in uns, sondern wir sind ›im‹ Bewusstsein, d. h. wir verhalten uns als eigenbewegliche Leiber zur Umgebung.« (Plessner 1928/1975: 67) Als leibliches Bewusstsein ist der Organismus über sich

Wenn hier von erfülltem Zukunftsbezug die Rede ist, so handelt es sich nicht um Handlungsentwürfe, sondern um erlebte zustandsrelative Zukunftsbezüge. Es geht um dasjenige, auf was das leibliche Selbst unwillkürlich gefasst ist. Die Art und Weise des unwillkürlich Auf-etwas-gefasst-seins bestimmen das Tempo der Motorik, die Anspannung usw. Die Kuh steht langsam auf und beginnt wieder zu fressen, damit wird die rupfende Anwesenheit mit dem Maul beim Gras, die zuvor nur als erlebter Bezug zum Modus Zukunft existierte, zu einer realisierten Gegenwart. Dass der Übergang vom Modus der Zukunft in die Gegenwart tatsächlich stattfindet, ist allerdings nicht garantiert. Das Gras lässt sich von der Kuh nicht rupfen. Um ein anderes Beispiel zu nehmen: Der durstige Laboraffe erwartet Wassertropfen für Wassertropfen im Rahmen seiner Teilnahme am Experiment. Dass der Tropfen kommen wird, bestimmt als erfüllter Zukunftsbezug sein gegenwärtiges Verhalten. Er erwartet Wasser im Rahmen des Experiments, weswegen er sich aktiv daran beteiligt (Lindemann 2005, 2009d). Es ist aber nicht garantiert, dass auch eintritt, worauf der Erwartende unmittelbar gefasst war. Der Laboraffe erhält kein Wasser. Der Löwe springt, aber er landet im Gras neben der Antilope. Aus solchen Misserfolgen kann der Organismus lernen. Der Sprung ist anders anzusetzen, schneller auszuführen usw. Zu lernen beinhaltet immer eine praktische Aktualisierung der Vergangenheit im Erleben von weiteren zukünftigen Angeboten der Umwelt. Die Bezüge zur Umwelt können auf diese Weise zunehmend individuell gestaltet werden – abhängig von individuellen Lernerfahrungen. Auf

hinausgehend auf die Außenwelt gerichtet und als leibliches Bewusstsein realisiert er das Übergehen der Außenwelt in sich. Diese Vollzüge gestaltet das leibliche Selbst individuell. Es richtet sich gemäß dem gegenwärtig erlebten Zustand auf sein Umfeld und realisiert individuell gestaltbare Zukunftsbezüge. Es gibt eine Entsprechung zu Meads Theorie des Bewusstseins. Diese besagt, dass ein Bewusstsein impliziere, dass ein Organismus auf seine eigenen erlebten Zustände reagiere. Diese werden für es dadurch zu einem Antrieb. Dies vermittelt auch das zeitlich strukturierte Bewusstsein äußerer Gegenstände, die aufgrund erfüllter Zukunftsbezüge auch aus Distanz als relevant wahrgenommen werden. Eine Unklarheit bei Mead liegt darin, ob er bereits auf der Ebene einfacher Lebendigkeit von einem Über-sich-hinaus-Sein des Organismus ausgeht. Dies trifft einerseits zu, denn der pflanzliche Organismus selegiert gegenwärtig Stoffe, die er in sich aufnimmt (Mead 1932/1959: 70). Damit der Organismus eine Selektion in seinem Umfeld vornehmen kann, darf er nicht in sich geschlossen sein. Aber andererseits sagt Mead zugleich, dass erst mit dem Auftreten von Bewusstsein der Sachverhalt gegeben ist, dass der Organismus draußen bei den Dingen ist, die er wahrnimmt (Mead 1932/1959: 69).

diese Weise kann der individuelle Lebensprozess die Form eines selbst gestalteten Entwicklungspfades annehmen.

Dass Erwartungen enttäuscht werden können, setzt nicht voraus, dass diese vorher als einzelne Erwartungen identifiziert worden sind. Auch nicht explizierte, nur diffus vorschwebende Erwartungen können enttäuscht werden. Man muss nicht unterstellen, dass der Löwe einen exakten Handlungsentwurf geplant hat, um zu sagen, dass seine Erwartung, die Antilope zu packen, enttäuscht worden ist. Erwartungen sind erlebte erfüllte Bezüge auf Feldverhalte im Modus der Zukunft. Auch wenn Erwartungen diffus sind, können sie enttäuscht werden.

Die raum-zeitliche Struktur der Berührung

Die genauere Analyse von Raum und Zeit erlaubt es auch, das Konzept der Berührung weiter zu entwickeln. Der Sachverhalt der Grenzrealisierung beinhaltet, dass lebendige Körper einen organisierten Eigenbereich von ihrem Umfeld abgrenzen. Dieses ist in räumlicher Hinsicht zunächst ungegliedert. Der sich abgrenzende lebende Körper hebt sich damit als ein Hier/Jetzt von einem ungegliederten Raum ab. Dieser kann lediglich darüber charakterisiert werden, dass er eine umgebende Weite bildet mit dem lebendigen Körper als Zentrum. Wenn dieser Sachverhalt noch einmal auf sich bezogen wird, muss man von einem leiblichen Selbst sprechen, das sich auf sein Umfeld richten kann. Dies beinhaltet eine Differenzierung der Raumstruktur: Es gibt einen ungegliederten umgebenden Raum, in den hinein sich das leibliche Selbst auf etwas richten kann. Phänomenologisch hat Hermann Schmitz die Differenz dieser Raumstrukturen genauer herausgearbeitet, indem er zwischen ungegliedertem Weiteraum und leiblichem Richtungsraum differenziert (Schmitz 1967: §§ 18, 19). Seine phänomenologischen Analysen zeigen sehr gut, dass die raumhafte Ausdehnung des lebendigen Körpers nicht mit den messbaren Abmessungen des Körpers zusammenfällt. Als reflexiv auf die eigene Grenzrealisierung bezogener Körper ist der Leib über sich hinaus; er ist dort, wo sein Sich-Richten sich begrenzt. Man kann sich das am Sehvorgang verdeutlichen. Ein Selbst kann in die Weite blicken, ohne dass der Blick an einem bestimmten Ort, einem Körper endet. Das Sich-Richten geht in eine ungegliederte Weite. Oder das Selbst richtet den Blick auf etwas. Jetzt endet der Blick dort, worauf der Leib sich richtet. Das blickende Sich-Richten ist auf ein Ziel bezogen, es begrenzt sich in dem Körper, den es erblickt. Die Selbstbegrenzung ist allerdings nicht vollständig, denn das Sehen ist nicht vollständig auf den erblickten Gegenstand fixiert. Es geht auch immer über ihn hinaus und situiert den Gegenstand vor einem unbestimmt mitgegebenen Hintergrund. In diesen ungegliederten Raum kann das Blicken weiter fortgesetzt werden und auf andere Gegenstände treffen. Das leibliche

Bewusstsein reicht soweit, wie sein Sich-Richten reicht. Als Leib ist der erlebende lebendige Körper über sich hinaus. Von dort her ist sich der Leib entgegen. Das leibliche Bewusstsein reicht räumlich so weit wie seine Wahrnehmung beim Hören, Sehen, Riechen, dem Spüren von Atmosphären usw. Der Vollzug der leiblich reflexiven Grenzrealisierung ermöglicht es, dass ein leibliches Selbst raumhaft mit einem anderen leiblichen Selbst verbunden ist. In Interaktionen sind leibliche Selbste raumhaft ineinander verhakt.[21]

Die Einbeziehung der Zeit erlaubt es auch, das Konzept der Berührung weiter zu entwickeln. Berührung heißt, dass ein leibliches Selbst erlebt, dass ein anderes leibliches Selbst sich auf es richtet. Dieser leibliche Bezug ist zeitlich strukturiert. Die Berührung wird als gegenwärtig erlebt, zugleich enthält das erlebte gegenwärtige Sich-Richten eines leiblichen Selbst einen gegenwärtigen Zukunftsbezug. Die erlebte gegenwärtige Berührung enthält eine Ausrichtung darauf, wie sie weitergeht. Dem Beutetier, welches erlebt, dass ein Raubtier sich auf es richtet, braucht man keine detaillierten Erwartungen zu unterstellen. Um zu verstehen, warum es flüchtet, reicht es aus, davon auszugehen, dass es für das Beutetier im gegenwärtigen Erleben einen erfüllten Zukunftsbezug gibt, es ist unwillkürlich darauf gefasst, was gleich geschehen könnte.

Wenn man sich an das Beispiel der Wächtervögel erinnert, kann man sagen, dass leibliche Selbste erleben, dass sich andere Leiber konkurrierend auf einen Gegenstand richten, den es eher zu erreichen gilt. Dem Pavian, der erlebt, dass das leibliche Sich-Richten seiner Artgenossen sich gegen ihn wendet – sie gehen auf ihn los –, gelingt es erfolgreich, die sich richtende Aufmerksamkeit im Raum umzulenken auf einen Fressfeind, dessen mögliche Anwesenheit er durch sein eigenes leibliches Sich-Richten suggeriert. Solche Beispiele werte ich als Hinweis auf folgenden Sachverhalt. Leibliche Selbste richten sich in einen umgebenden ungegliederten Raum, in dem sich ihre leiblichen Grenzrealisierungen treffen können. Indem sich die leiblichen Grenzrealisierungen berühren, erleben sie einander wechselseitig und realisieren damit eine gemeinsame Gegenwart. Die mögliche Anwesenheit eines Löwen im umgebenden Raum wird von dem fliehenden/täuschenden Pavian und seinem Verfolger gleichermaßen gegenwärtig realisiert.

Auf der Ebene der zentrischen Positionalität ist das gegenwärtige Sich-Richten-auf für raum-zeitliche Strukturbildungen primär relevant. Das Sich-Richten-auf erfolgt aus der Mitte des Leibes heraus und geht von dort, wo das Sich-Richten terminiert, zurück zum Organismus. Der Ort des Objekts oder des anderen Leibs wird vom eigenen leiblichen Zentrum her erlebt. Eine genauere Charakteristik des Raumes,

21 Vgl. hierzu auch die Analysen leiblicher Kommunikation bei Schmitz (1980b: § 288).

in dem leibliche Grenzrealisierungen einander treffen, findet sich bei Plessner nicht. Um dies genauer herauszuarbeiten, beziehe ich mich auf die phänomenologische Raumanalyse von Schmitz. Die Arbeiten von Schmitz (1964-1980) lassen sich als phänomenologisch instruktive Ausarbeitung der von Plessner deduktiv im Dialog mit der Biologie ausgearbeiteten Theorie verstehen.

Der umgebende ungegliederte Raum, in den sich der Leib richtet, wird von Schmitz als »Weiteraum« benannt. Dies entspricht der bisherigen Analyse, die von Schmitz aber in mehrfacher Hinsicht bereichert wird. Schmitz arbeitet heraus, dass der Weiteraum nicht identisch ist mit einem messbaren dreidimensionalen Raum. Vielmehr ist Weite als die allgemeinste Bestimmung von Raum anzusehen. Raum im Sinne einer messbaren dreidimensionalen Ausdehnung zu bestimmen, ist eine Möglichkeit, Weite zu spezifizieren. Messbare Ausdehnung setzt eine Unterteilung der Weite in teilbare Einheiten voraus, die unendlich aneinander angehängt werden können. Wenn man die allgemeine Definition von Raum an messbare Ausdehnung binden würde, müsste man viele Phänomene, die räumlichen Charakters sind, ausschließen. Der sinnlich erlebte Schall des Donnerns hat als phänomenaler Schall eine räumliche Ausdehnung, die auch situiert ist. Es donnert in der Ferne weit oben rechts über mir. Aber es wäre schwierig anzugeben, wie tief, wie lang, wie breit der Donnerschall ist. Wenn man die räumliche Ausdehnung des hörend erlebten Donners anerkennt, kann man räumliche Ausdehnung nicht mit messbarer dimensionaler Ausdehnung gleichsetzen. Ähnlich verhält es sich mit der Ausdehnung des erlebten Wetters. Wenn sich etwa eine drückende Schwüle ausbreitet, muss man ihr eine räumliche Ausdehnung zusprechen, das Selbst bewegt sich in ihr. Auch die drückende Schwüle ist in sich nicht in »Schwüleausdehnungseinheiten« eingeteilt – etwa in Kubikzentimetern –, die man verwenden könnte, um die Ausdehnung im Sinne messbar dreidimensionaler Räume anzugeben.

Da die Dimensionalität im Sinne der dimensionalen Ausdehnung in Länge, Breite, Höhe weder beim Schall noch beim Wetter angegeben werden kann, schlägt Schmitz vor, Weite als nicht durch Maße gegliedert, als ungegliederte, nicht anhand von Maßeinheiten zu bestimmende und insofern prädimensionale Ausdehnung zu begreifen (Schmitz 1967: 206). Diese allgemeine Charakterisierung von Raum im Sinne von ungegliederter Ausdehnung belegt Schmitz durch eine Vielzahl phänomenologischer Analysen (Schmitz 1967: 47 ff., 131 ff.) und unterscheidet Weite damit von Räumen, die anhand messbar dimensionierter Ausdehnung begriffen werden können (Schmitz 1967: § 134).

Der ungegliederte Weiteraum wird, vom einzelnen Leib aus gesehen, »eingerichtet«. Die Richtungen gehen vom Leib aus in den unbestimmten Weiteraum hinein. Daraus ergibt sich eine Orientierung im Raum, die vom eigenen Zentrum als dem absoluten Bezugspunkt ausgeht. Im Rahmen dieser Orientierung werden Wege in einer spezifischen Weise angeeignet. Erst links, dann rechts, geradeaus, zweimal links, wieder geradeaus, an einem Hindernis hochklettern, wieder runter, geradeaus bis zum Ziel. Diese Abfolge kann zu Richtungsbahnen verfestigt werden. Je nachdem, an welchem Punkt sich der Leib befindet, entfalten sich gegenwärtig die richtungsräumlichen Zukunftsbezüge, die den gefestigten Richtungsbahnungen folgen. Ich möchte dies an zwei Beispielen verdeutlichen.

Es »genügen kleinste Veränderungen des bekannten Weges, um diese Art der Steuerung versagen zu lassen. Nahm ich meinen Wasserspitzmäusen ein etwa 8 cm hohes, quer über den gewohnten Weg liegendes Hindernis fort, so sprangen sie zunächst an der vorherigen Stelle blindlings ›auf das nicht mehr vorhandene Hindernis hinauf‹, was umso erstaunlicher wirkte, als sie in unbekanntem Raum einen entsprechenden Gegenstand sehr wohl optisch ansteuern konnten. Nach dem durch dieses Verhalten verursachten kleinen Sturz stellten sie sich an der betreffenden Stelle auf die Hinterbeine und tasteten mit Schnurrhaaren und Händen genau dort in der Luft herum, wo der angesprungene Rand des Hindernisses hätte sein müssen. Durchaus analog verhalten sich trotz ihres sehr viel besseren Auges Wüstenspringmäuse. In unbekanntem Raum finden sie einen hingestellten Futternapf ohne weiteres. Sind sie aber durch einige Wochen gewohnt, den Napf an einer bestimmten Stelle zu finden, so suchen sie buchstäblich stundenlang auf ihr herum, statt einfach unter Benutzung von Geruchs- und Gesichtssinn den nur 1 m entfernt stehenden Napf anzusteuern, was sie ›unvoreingenommen‹, d.h. ohne Behinderung durch vorangegangene Gewohnheitsbildung, ohne weiteres fertig bringen.« (Lorenz 1943: 336, zit. nach Schmitz 1967: 309)

»Piaget dachte sich eine Reihe von raffinierten Experimenten aus, in denen Kinder interessante Wirkungen bei beweglichen Dingen, Spielsachen und Haushaltsgegenständen erzielten und dann die Gelegenheit bekamen, diese Wirkungen zu reproduzieren, manchmal unter leicht modifizierten Umständen, die eine Akkommodation seitens der Kinder erforderten. In den ersten sechs bis acht Lebensmonaten wiederholten Piagets Säuglinge im Grunde die Verhaltensweisen, die interessante Resultate reproduzierten, akkommodierten sich aber nur sehr wenig an die Erfordernisse der jeweiligen Situation. Wenn der Säugling zum Beispiel eine Rassel schüttelte und aufgrund dessen, dass seine Hand mit der Rassel durch eine Schnur verbunden war, eine interessante Ansicht oder ein interessantes Geräusch produzierte, führte die Entfernung der Schnur zu keiner Verhaltensänderung: Der Säugling machte dieselben Armbewegungen.

Piaget beobachtet viele andere Beispiele dieses ›magischen‹ Denkens bezüglich dessen, wie Handlungen Ergebnisse in der Außenwelt hervorbringen.« (Tomasello 1999/2006: 97)

Ich interpretiere diese Beispiele als gewohnheitsmäßige richtungsräumliche Orientierung, die sich an Bahnen orientiert. Beim Mausbeispiel wird die Sache auf den ersten Blick deutlich; die leibliche Orientierung ist wie ein gewohnter Ablauf von sich erfüllenden Zukunftsorientierungen, die jeweils neue Zukunftsbezüge entfalten, je nachdem an welchem Teil der Wegstrecke das Selbst gerade angekommen ist. Im Fall von »Piagets Kindern«, wie Tomasello sich auszudrücken beliebt, scheint mir die Sache ähnlich zu liegen. Die Kinder orientieren sich motorisch richtungsorientiert. Sie greifen in eine bestimmte Richtung, fassen zu und das Ereignis findet statt. Vom eigenen Zentrum aus bewegen sie den Arm in der gewohnten Bahn. Die gewohnte praktische Orientierung wird wie bei der Maus, deren Futternapf versetzt worden ist, einfach immer wieder durchgeführt. Das ist kein magisches Denken, sondern eher folgt das Kind einer eingespielten Greifbahn. Die Umstände haben sich geändert und mit der alten Orientierung kommt man nicht mehr weiter, kann sie aber nicht aufgeben. Denn vom individuellen Selbst aus ist diese Richtung einzuschlagen oder dorthin zu greifen – wie immer.

Zeit-Raum exzentrischer leiblicher Selbste

Die sich richtende Orientierung geht in einen ungegliederten Raum hinein, in dem sich aufeinander bezogene Richtungen treffen können. Es kommt zu leiblichen Interaktionen – bei Vögeln, bei Primaten oder auch bei Menschen. Leibliche Selbste richten sich erlebend aus dem eigenen Zentrum heraus in einen Weiteraum, in dem sich gegenwärtige leibliche Richtungen treffen können. In dem Raum, in den hinein leibliche Selbste Richtungen entfalten, berühren leibliche Selbste die Grenzrealisierungen anderer leiblicher Selbste und werden von diesen berührt. Dieser Sachverhalt insgesamt kennzeichnet die Struktur zentrischer Positionalität.

Exzentrische Positionalität heißt, dass dieser Sachverhalt insgesamt reflexiv auf sich bezogen ist. Das »ex« der exzentrischen Positionalität ist also falsch verstanden, wenn man es lediglich im Sinne eines exzentrischen leiblichen Selbst begreifen würde. Denn es geht um die Gesamtstruktur der zentrischen Positionalität, die reflexiv geworden ist. Das »ex« der exzentrischen Positionalität bezieht sich sowohl auf die exzentrische Positionalisierung leiblicher Selbste als auch auf die sinnentsprechende Modifikation der Gegebenheiten der Umwelt wie Dinge und andere leibliche Selbste.

Wenn man diesen Sachverhalt aus der Perspektive eines leiblichen Selbst untersucht, so erlebt dieses nicht nur Dinge und andere leibliche Selbste, indem es sich auf sie richtet, sondern es erlebt, dass das der Fall ist. Der Sachverhalt, dass es Selbste und Dinge in einem gemeinsamen Raum gibt, hebt sich für ein exzentrisches Selbst ab. Es realisiert, dass es einen gemeinsamen Raum gibt, in den hinein es selbst und andere Selbste Richtungen entfalten, die sich treffen können. Auf die Modifikationen, die sich in diesem Rahmen in der Sozialdimension ergeben, bin ich weiter oben eingegangen. Ich werde mich hier auf die Modifikationen von Raum und Zeit beschränken.

Raum

Für eine Analyse der Ordnungsbildung, die Raum- und Sozialdimension aufeinander bezieht, ist es entscheidend, dass sich für exzentrischleibliche Selbste der folgende Sachverhalt abhebt. Es gibt einen umfassenden Weiteraum. Durch die Etablierung einer Grenze zwischen sozialen Personen und anderem wird der Weiteraum zu einem potentiell sozialen Raum, denn es ist der Raum, in den hinein sich personale leibliche Selbste richten und in dem ein Selbst von anderen berührt werden kann. Es scheint mir daher eine gut gesicherte Annahme zu sein, dass es einen gemeinsamen Raum gibt, in dem sich leibliche Selbste treffen und in dem sie sich auf Gegenstände beziehen können, die für die Beteiligten als die gleichen Gegenstände existieren.

Exzentrische Positionalität beinhaltet, dass es für die Leib-Umwelt-Beziehung keine Vorgaben darüber gibt, wie der Weiteraum durch Richtungsbahnen bzw. Formen des Sich-Richtens strukturiert ist. In diesem Sinne muss der Raum praktisch »eingerichtet« werden. Exzentrisch positionalisierte Leiber müssen die Formen, in denen sie sich auf die Umwelt richten, sowie die dazu gehörigen Richtungsbahnen etc. selbst entwickeln. Vom eigenen Leib ausgehend wird ein Richtungsraum entfaltet, nach links, rechts, oben unten, vor, hinter usw. Diese Richtungen orientieren die Fortbewegung im Raum und auch das motorische Ausgreifen in den Raum. Der Leib muss lernen, in diese Richtungen zu greifen, für sich Bewegungsbahnen der Glieder und speziell für die Hände Greifbahnen entwickeln. Dies entspricht der Ausarbeitung eines motorischen Körperschemas, in dem die Bewegungen der Glieder in geordnete Bahnen gebracht werden. Diese leiblich-räumliche Strukturierung erfolgt im Dialog mit den Angeboten (Gibson) der Umwelt. Das Beispiel des Greifen- und Wirkenlernens, das Tomasello mit Bezug auf Piaget geschildert hat, beschreibt einen kleinen Schritt der Individualentwicklung des Leibes, der sich in Interaktion mit der Umwelt in dieser einrichtet. Auf das Handeln und das motorische Behandeln von Dingen werde ich im Rahmen der Sachdimension ausführlicher eingehen.

Variable Zentrierungen

Das Sich-Richten-auf ist im Sinne einer praktischen Orientierung zu verstehen. Das leibliche Selbst erlebt eine richtungsräumlich differenzierte Umgebung – nach links sich zu richten, führt woanders hin, als sich nach rechts zu richten usw. Es zeichnen sich vom Zentrum des Leibes her unterschiedliche Gegenden ab, die auch nach Nähe und Ferne gegliedert sein können. Allerdings beinhaltet auch dies noch nicht messbare Entfernungen. Ich wende mich nach rechts und sehe einen Baum und weiter hinten ein Haus. Diese Aussage ist möglich, ohne dabei messbare Abstände zu meinen. Die Differenzierungen nach richtungsräumlich differenzierten Gegenden ermöglicht es, in den Raum gemeinsame Festlegungen einzufügen. Etwa im Sinne von: die Gegend hinter dem Berg, die Gegend flussabwärts, jenseits des Flusses usw. Diese Bezüge auf markante räumliche Bezugspunkte können wie die Etablierung neuer Zentren der Orientierung fungieren.

Die Reflexivität exzentrischer Positionalität beinhaltet, dass die Beziehung auf die Umwelt aus dem eigenen Zentrum heraus reflexiv auf sich bezogen ist. Für die Einrichtung des Raums ist diese Reflexivität insofern von Bedeutung, als dadurch die leiblichen Zentren relativiert werden. Das Zentrum, von wo aus Richtungen entfaltet werden, muss nicht länger der eigene Leib sein. Auch als markant erlebte räumliche Gliederungen wie Berge o. ä. können auf diese Weise zu Bezugspunkten für räumliche Richtungsbezüge werden. Bateson (1949/1985: 168) berichtet über die Raumstruktur auf Bali folgendes.

»Die Balinesen sind ganz eindeutig räumlich orientiert. Um sich verhalten zu können, müssen sie ihre Hauptpunkte kennen, und wenn ein Balinese mit dem Auto durch kurvenreiche Straßen gefahren wird, so dass er seinen Richtungssinn verliert, kann er ernsthaft desorientiert und handlungsunfähig werden (z. B. kann ein Tänzer unfähig werden zu tanzen), bis er seine Orientierung dadurch wiedergewonnen hat, dass er einen wichtigen Geländepunkt wie das Zentralgebirge der Insel sieht, um den die Hauptpunkte strukturiert sind.« (Bateson 1949/1985: 168)

Ich deute dies so. Der Bezugspunkt des leiblichen Richtungsraums ist in diesem Fall nicht der eigene Leib, sondern das Zentralgebirge. Wenn die Handlungsunfähigkeit bis zur Bewegungsunfähigkeit gehen kann, ist dies ein Hinweis darauf, dass ohne Bezug zum externen Orientierungszentrum der Leib in einer Weise orientierungslos ist, wie man es im modernen Europa vom Schwindel kennt. Bei diesem geht die leibliche Orientierung derart verloren, dass man nicht mehr weiß, wo oben und unten oder rechts und links ist. Es wird unmöglich, vom eigenen

Zentrum aus orientierende Richtungen nach vorn, hinten, oben, unten etc. zu entfalten. Wenn der Verlust des Bezugs auf einen externen Punkt den gleichen Effekt haben kann, heißt das, dass es möglich ist, den Richtungsraum derart einzurichten, dass der Leib von einem externen Punkt her strukturiert ist, von welchem her der leibliche Richtungsraum geordnet ist.

Wenn man einmal auf die Möglichkeit aufmerksam geworden ist, dass das Hier/Jetzt des eigenen Leibes nicht notwendigerweise das Zentrum der räumlichen Orientierung darstellen muss, wird man schnell auf eine Reihe entsprechender Phänomene aufmerksam. Vorübergehende Verschiebungen des Orientierungszentrums finden sich z. B. auch im Rahmen von Sorgebeziehungen zwischen Erwachsenen und Kindern. Wenn ein Auto heranfährt und das Kind sich darauf zu bewegt, wird spontan des Kind zum Zentrum der Raumorientierung, mit Bezug auf das Richtungen und Gefährdungen erlebt werden. Die spezifische Aufmerksamkeit, die in solchen Beziehungen gefordert ist, verlangt eine diesen Beziehungen entsprechende Einrichtung des leiblichen Richtungsraums.

Ortsraum

Um eine weitergehende Beschreibung von geordneten Raumstrukturen zu ermöglichen, ist noch eine weitere Differenzierung erforderlich. Leibliche Selbste richten sich auf Dinge und Selbste im Raum. Das Sich-Richten terminiert – wenn auch nicht vollständig – in dem Objekt, das wahrgenommen wird. Wenn dieser Sachverhalt reflexiv auf sich bezogen wird, erhält das Selbst nicht nur einen Spielraum darin, sich erlebend auf ein Objekt zu richten, sondern es erlebt, dass ihm Objekte gegeben sind. Das Objekt ist nicht nur in einem praktisch strukturierten Sich-Richten auf das Objekt gegeben, sondern das Objekt kann als etwas erfasst werden, das mehr ist, als dasjenige, was ich gerade praktisch mit ihm tun kann. Dies ist auch für die Analyse des Raumbezuges relevant. Wenn der Sachverhalt, dass ein Objekt nicht mehr vollständig im praktischen Bezug aufgeht, für das erlebende leibliche Selbst gegeben ist, kann das Objekt von dem Ort, an dem es ist, abgehoben werden. Dieses Objekt ist jetzt dort, das Objekt könnte aber auch nicht dort sein, und es könnte ein anderes Objekt dort sein. Diese einfache Operation, die auf der Negation des Objekts basiert, führt dazu, dass der Ort, an dem das Objekt sich befindet, von diesem unterschieden werden kann. In dieser das Raumverständnis modifizierenden Negationsfähigkeit liegt ein entscheidendes Merkmal, das zentrische und exzentrische Positionalität unterscheidet. Exzentrische leibliche Selbste richten sich praktisch auf den umgebenden Raum im Sinne eines ungegliederten Weiteraums und es hebt sich für sie in diesem Raum ein gegliederter

Raum von Orten ab, der von den Objekten, die jeweils Raum einnehmen, unterschieden ist.

Das wichtigste Merkmal dieses Raums besteht darin, dass er keine privilegierten Richtungen kennt. Der Richtungsraum hat Zentren, von denen ausgehend Richtungen entfaltet werden. Ohne den Bezug auf das Zentrum, von dem die Richtungen ausgehen, ist jede richtungsräumliche Charakterisierung sinnlos. Links, rechts, oben, unten, davor, dahinter verlieren ihren Sinn, wenn das Zentrum, von dem ausgehend diese Richtungen festgelegt sind, nicht bestimmt gegeben ist. Ganz anders verhält es sich mit ortsräumlichen Festlegungen. Denn der Ort ist von den Objekten und der möglichen Anwesenheit eines leiblichen Richtungszentrums an diesem Ort unterschieden.

Digitaler Raum

Wenn der umgebende Raum in Orte gegliedert ist, die unabhängig von Objekten sind, kann dieser Raum anhand eines externen Maßes bestimmt werden. Um diese Messung zu konzeptualisieren, orientiere mich an einem Verfahren, das Elias (1988) für das Messen der Zeit vorgeschlagen hat. Ich werde es weiter unten genauer explizieren. Elias' Idee ist, dass die Messung der Zeit eine dreistellige Relation ist zwischen (1) zu messendem Objekt, (2) dem Bezug auf das Objekt, das als Maßeinheit dient und (3) der Gruppe, in der dieser Bezug institutionalisiert ist. Als Bezugsobjekt kann z. B. ein Stock von bestimmter Länge verwendet werden oder die Länge des Unterarms, eine Elle. Ein derartiges Bezugsobjekt kann durch Teilungen in Untereinheiten gegliedert werden – etwa ein Meter in hundert cm usw. Die räumliche Ausdehnung des maßgebenden Bezugsobjekts wird zunehmend von einem konkreten Objekt abstrahiert, bis hin zu einem Bezug zu reinen Maßzahlen. Wenn der Ortsraum vollständig durch Längen-, Breiten-, Tiefen- und Winkelmaße erschlossen ist, die anhand beliebig kleiner Einheiten definiert sein können, entsteht ein neuartiger Raum. Er ist kontinuierlich dreidimensional ausgedehnt und besteht aus beliebig definierbaren punkthaften Orten, die in messbaren und in einem Koordinatensystem definierbaren Beziehungen zueinander stehen. Jeder Ortspunkt kann anhand seiner Lage im Verhältnis zu anderen Punkten sowie seines Abstandes zu diesen definiert werden. Diese Relationen können in beliebig kleinen Maßeinheiten angegeben werden. Einen Raum, der derart vollständig durchstrukturiert ist, bezeichne ich als digitalen Raum. In diesem sind alle Bezüge zum leiblich zugänglichen Ortsraum getilgt. Erst im Übergang zur Moderne beginnt sich die Digitalisierung des Ortsraums vollständig durchzusetzen.

Die Konstruktion von Landkarten und Stadtplänen basiert auf einer solchen Abstraktion vom leiblichen Richtungsraum hin zu einem digitalisierten Raum. Ein Stadtplan setzt ein einheitliches Maß (Nanometer, Millimeter, Zentimeter, Meter usw.) voraus, das sowohl für den gemessenen Raum und die in ihm enthaltenden Raum einnehmenden Objekte als auch für die Darstellung auf der Karte gilt. Nur so können geregelte Transformationen vom Territorium zur Karte stattfinden. Umgekehrt besteht die Kunst, einen Stadtplan zu lesen, wohl darin, dass der digitale Raum in den Richtungsraum übersetzt wird. Beim Lesen eines Stadtplans identifiziere ich die Stelle, »an der ich bin«, und entfalte von dort aus richtungsräumliche Bezüge. Ich befinde mich hier und muss mich von hier aus zunächst nach rechts wenden, dann geradeaus und nach der dritten Kreuzung wieder links usw.

Mit der Unterscheidung von Weiteraum, Richtungsraum, Ortsraum und dessen Formung zum digitalen Raum sowie der Einbeziehung variabler Raumzentrierungen ist eine erste Charakteristik des Raums abgeschlossen. Worin besteht nun der Ertrag für eine Analyse von Ordnung, die die Sozialdimension einbezieht und wie im Fall der Soziologie primär von der Sozialdimension her nach der Bildung von Ordnung fragt? Das erste Ergebnis ist, dass sich die Rede vom »Raum« als zu allgemein erweist. Es muss stets genauer angegeben werden, welche Raumstrukturen gemeint sind und wie ihr Verhältnis zueinander ist. Das kann nur im Rahmen entsprechender empirischer Forschungen geschehen. Aber bereits die bisherigen Ausführungen lassen die fast allgemein akzeptierte entwicklungstheoretische Annahme fragwürdig werden, wonach sich die Entwicklung zur Moderne durch einen Bedeutungsverlust des Raumes auszeichnet.

Wenn man die Orientierungsweisen in nichtmodernen Gesellschaften in den Blick nimmt, zeichnet sich eine Dominanz des Richtungsraums und des leiblich gebundenen Ortsraums ab, wobei der Bezug zum Weiteraum weiterhin für die Ordnungsbildung relevant bleibt. Die Entwicklung zur Moderne ist dagegen gekennzeichnet durch eine zunehmende Relevanz des digitalen Raums für die Ordnungsbildung. Allein die Idee von Stadt- und Regionalplanung, die Planung und die Praxis der Organisation von Verkehrs- und Warenströmen sind ohne eine allgemein durchgesetzte Dominanz des digitalen Raums gar nicht denkbar. Erst ein digitalisierter Raum ermöglicht eine genaue Kalkulation, wie viele Gegenstände in ein Lagergebäude hineinpassen.

Menschen als die leiblichen Akteure der modernen Gesellschaft müssen sich im Raum derart einrichten, dass sie sich nicht nur in einem leibgebunden Ortsraum situieren, sondern sie müssen in diesem auch mit Bezug auf einen digitalen Raum leben. Menschen richten sich in diesem Raum ein, indem sie sich als leibliches Richtungszentrum relativ-räumlich verorten. Die Wechsel im Ortsraum sind derart, dass die leibliche Richtungsorientierung immer wieder neu mit dem digitalen Raum abgestimmt werden muss. Menschen und Waren fliegen auf im digitalen Raum geplanten Flugstrecken von Stadt zu Stadt. Menschliche Akteure orientieren sich in unbekannten Städten an Stadtplänen, indem sie sich in diesen richtungsräumlich verorten. Worin hier ein Bedeutungsverlust des Raums liegen soll, ist nicht ersichtlich. In diesem Sinn ist Schroers Kritik an dieser soziologischen »Metaerzählung« zuzustimmen. Aber seine Kritik bzw. Diagnose dringt nicht zu einer klaren Begrifflichkeit vor.

> »Entscheidend für den vorliegenden Zusammenhang einer Soziologie des Raums ist, dass die klassischen Modernisierungstheorien ebenso wie in den aktuellen Globalisierungstheorien behauptete ›Irrelevanz‹ und ›Entwertung des Raums‹ (Baumann 2003: 140f., zit. nach Schroer) auf einer Verwechslung des Raums mit dem Ort beruht. Was als Ende des Raums verkündet wird, meint bei näherer Betrachtung eine stärkere Unabhängigkeit wirtschaftlicher, politischer und sozialer Aktivitäten von bestimmten Orten. Was sich von primitiven Gesellschaften bis hin zu postmodernen allenfalls beobachten lässt, ist eine sukzessive Ablösung des Ortes durch den Raum. Insbesondere Kommunikations- und Transporttechnologien erschließen immer mehr Räume, lockern aber das Verhältnis zum Ort – freilich ohne ihn deshalb schon zum Verschwinden zu bringen.« (Schroer 2006: 172)

Schroers Analyse wäre richtig, wenn Raum ausschließlich Ortsraum bzw. digitaler Raum wäre. Unter dieser Voraussetzung könnte man die Raumorientierung von einfachen Gesellschaften als örtlich fixiert begreifen. Wegen des technisch wenig entwickelten Transportwesens kann man nur wenige Kilometer weit reisen. Damit wird aber »primitiven Gesellschaften« unterstellt, dass deren Raumordnung im Prinzip der unseren gleicht. Der einzige Unterschied bestünde darin, dass man mit modernen Verkehrsmitteln schneller mehrere Orte erreichen kann, die sich in großem messbarem Abstand voneinander befinden. Schroer klagt eine Erweiterung vom Ort auf den Ortsraum als solchen ein. Das ist ein sinnvoller Gedanke. Damit wird aber zugleich der Ortsraum als dominante ordnungsbildende Raumstruktur universalisiert. Dies ist nicht gerechtfertigt, denn vormoderne Ordnungen des Raums sind viel stärker richtungsräumlich strukturiert und erhalten einen Bezug zum Weiteraum aufrecht.

Maurice Leenhardts beeindruckende Ethnographie über Neukaledonien, die auf einem 25-jährigen Feldaufenthalt basiert (Leenhardt 1947/1983) beschreibt eine Ordnung des Raumes, die aufzeigt, wie wenig man von dieser begriffen hat, wenn man den modernen Ortsraum zugrunde legt.

»Wenn es vorkommt, dass ein Mensch mit der höheren Welt zu tun
hat, wohin ihn ein leidenschaftliches Interesse zieht, so befindet sich
hier der Himmel in Reichweite des Pfeiles, den er auf ihn abschießt.
Die weiteren Pfeile fügen sich ineinander, und sie stellen bald einen
Verbindungsweg her, der es ermöglicht, von der Erde zum Himmel
zu gehen. Dieselbe Verfahrensweise des Pfeiles findet sich in Ame-
rika wieder. Der Raum offenbart sich auf diese Weise als ein Raum
ohne eigentliche Dimensionen; er ist wesentlich qualitativ.« (Leenhardt 1947/1983: 80f.)

Diese Beschreibung macht eindrücklich klar, wie die nicht in Maßeinheiten gegliederte Weite durch ein in den Flugbahnen der Pfeile geord-
netes Sich-Richten in die Weite erschlossen werden kann. Ein solches
Verfahren muss als absurd erscheinen, wenn man eine ortsräumliche
Orientierung zugrunde legt. Sehr instruktiv ist eine andere Beschreibung Leenhardts, in der er darlegt, wie die unterschiedlichen Raumord-
nungen von Kolonialverwaltung und Neukaledoniern zu einem bewaffneten Konflikt führen.

»Er (der Raum, GL) ist ebenfalls zusammenhanglos. Die vergöttlichten Ahnen verschwinden in Regionen, die ihnen eigen sind, auf
die Inseln, deren Erinnerung die Mythen wahren und die niemand
je gesehen hat. So die Insel Bolotru der Leute von Fidji oder die Insel
Suné der Leute der Salomon-Inseln. Wir könnten diese Inseln für irreal halten, und sie sind es in der Tat. Aber unsere Geographie ist es,
die der Melanesier für irreal hält, und nicht seine eigene mythische
Welt. Ein seltsames Abenteurer, das den Leuten von Buka vor einigen Jahren zustieß, nötigte sie, ihre Ansichten über den Aufenthaltsort ihrer Ahnengötter, die Insel Suné, zu revidieren. Ein Dampfer
ging jeden Monat vor ihrer Küste vor Anker und brachte Waren, die
sie eifrig kauften. Die weißen Händler von Buka sagten ihnen, dass
das Schiff von Sydney, dem australischen Hafen, käme. Im Geist der
Eingeborenen entstand eine Verwechslung des Namens der Stadt
Sydney und dem der Insel der Götter, Suné. Sie bezweifelten nicht,
dass das Schiff von ihren Ahnen von Suné gesandt würde und seine
Waren ein Geschenk der Ahnen- und Göttergunst sei. Eines Tages,
als sich ein Zwischenfall ereignete, verbot man ihnen den Zugang
an Bord. Sie protestierten, da dieses Schiff ihrem Empfinden nach ihnen, den Söhnen der Götter, ein wenig gehörte. Es gab Diskussionen,
Widerstand, Aufregung, und die Behörde, die naiv an eine Revolte
glaubte, sandte die Truppe zu einer Polizeiaktion aus. Es wäre indes
nur darum gegangen, diesen Eingeborenen die Eigenschaft und Beschaffenheit des Hafens von Sydney zu erklären. Er war nicht das
Paradies der Insel Suné, und sein Dampfer hatte keinerlei mythische
Verbindung.« (Leenhardt 1947/1983: 81)

Diese Darstellung macht ebenso wie schon die vorhergehende Schilderung ein weiteres Merkmal des ungegliederten Weiteraums deutlich, er bildet eine gangbare Verbindung zwischen dem Diesseits und dem Jenseits. Aus dem Weiteraum treten Objekte in den direkten Nahbereich ein. Diese Objekte können immer auch aus der Welt der Geister, Ahnen und Götter kommen. Es können auch Geister oder Ahnen selbst sein, die, aus dem Weiteraum kommend, direkten Kontakt mit den Lebenden aufnehmen. Es wäre die Hypothese zu prüfen, inwiefern die Akteursexistenz von Ahnen und Geistern daran gebunden ist, dass der Weiteraum innerhalb einer Ordnung eine relevante Struktur darstellt.

Derartige Bezüge auf einen ungegliederten Weiteraum werden verunmöglicht in dem Maße, in dem sich der Ortsraum bzw. der digitale Raum als dominante Struktur der Ordnungsbildung durchsetzt. Wenn man einbezieht, dass maßlose Weite zentral sein kann für Ordnungsbildung, ist Vorsicht angeraten, was die traditionelle soziologische Modernisierungserzählung anbelangt. Zumindest ist es angeraten, sie vor dem Hintergrund einer pluridimensionalen Theorie der Ordnungsbildung erneut zu prüfen. Die Bewohner der Insel Buka leben in einem Nahraum, mit einem an den leiblichen Richtungsraum gebundenen Ortsraum. Aber für die Gesamtordnung des Raumes bleibt auch der Bezug auf einen nicht dimensional gegliederten Weiteraum relevant. Der Bezug auf diesen ungegliederten Weiteraum geht in der Ausbildung der modernen Ordnung verloren. Raum wird ausschließlich als Ortsraum und schließlich als digitaler Raum verstanden, d. h. als ein Raum, der aus einem Netz dicht beieinander liegender Orte besteht und in dem man sich messbar von Ort zu Ort bewegen kann. Der moderne Raum ist von seiner Struktur her eine Verkettung von aktuell gegebenen durch den digitalen Raum bzw. den Ortsraum strukturierten Nahräumen. Der Bezug zur Weite fehlt. Dass man sich in diesem Raum über große Entfernungen von örtlichem Nahraum zu örtlichem Nahraum bewegen kann, ändert nichts an seiner grundsätzlichen Struktur. Es gilt solche Veränderungen der Raumstruktur in die Analyse einzubeziehen, anstatt den modernen Raum unreflektiert allen Ordnungen unterstellen.

Die Erzählung über die Entwicklung der Ordnung des Raumes hat in der Soziologie noch gar nicht begonnen. Der unreflektierte Modernismus hat bislang die Analysen vernebelt. Auch die von mir im Anschluss an die Phänomenologie ausgearbeitete kategoriale Struktur des Raums ist nur als ein heuristisches Apriori zu verstehen. Es kann sein, dass es noch andere Ordnungen von Räumen gibt, die in diesen Kategorien nicht unterzubringen sind. Nichtsdestoweniger erscheinen mir die vorgeschlagenen Kategorien aber deutlich ertragreicher als das, was bisher an Angeboten vorliegt.

Aus dieser kategorialen Struktur des Raumes lassen sich Forschungsperspektiven für die Analyse der Moderne ableiten. Wie erfolgte die

Verdrängung des Weiteraums als relevanter ordnungsbildender Faktor? Ist diese Verdrängung vollständig gelungen oder ist der Weiteraum auch für die moderne Ordnung des Raumes noch relevant? Wie erfolgt die Verschränkung von leiblichem Richtungsraum und Ortsraum/digitalem Raum? Ist das Weltdorf der Megacities überhaupt denkbar ohne digital-räumliche Ordnungsbildung? Lässt sich in der Entwicklung von Architektur und Stadtplanung eine zunehmende Dominanz des digitalen Raumes nachweisen? Wie ist der Zusammenhang zwischen der Durchsetzung des digitalen Raums und der Etablierung der Infrastruktur moderner Kommunikationstechnologien wie Telegraphie, Telefon oder Internet?

Zeit

Zentrische Positionalität zeichnet sich durch erlebte erfüllte Bezüge zur Zukunft und zur Vergangenheit aus. Beim Übergang vom realisierten Bezug zu einem im Modus der Zukunft gegebenen Sachverhalt dahin, dass dieser Sachverhalt im Modus der Gegenwart gegeben ist, braucht der Sachverhalt nicht erfüllt zu werden. Dasjenige, auf was das leibliche Selbst unwillkürlich gefasst war, tritt nicht ein, die Erwartung wird enttäuscht. Das Erleben der Enttäuschung kann im Sinne von Lernen verarbeitet werden. Das leibliche Selbst versucht genauer wahrzunehmen, evtl. mobilisiert es auch vergangene Erlebnisse, um eine neue Situation zu meistern. Der erfüllte Bezug zur Vergangenheit wird nicht zuletzt daran deutlich, dass zentrisch verfasste Selbste lernen und damit ihren Lebensprozess individuell gestalten können.

Diese zeitliche Struktur ist auf der Stufe exzentrischer Positionalität noch einmal reflexiv auf sich bezogen. Dies beinhaltet in mehrfacher Hinsicht eine Modifikation. Es gibt nicht einfach nur die erlebten Bezüge zu Vergangenheit und Zukunft, sondern der Sachverhalt, dass es diese erlebten Bezüge gibt, wird erlebt. Damit heben sich für das leibliche Selbst Vergangenheit und Zukunft sowie Gegenwart als differente Modi der Zeit voneinander ab und diese Differenzen können insgesamt von der Dauer unterschieden werden.

Dies verändert die Erfahrung von Erwartungsenttäuschungen sowie die Möglichkeit, mit diesen umzugehen. In der Enttäuschung erlebt ein exzentrisches Selbst, dass es auf etwas Bestimmtes gefasst war. Der erwartete Sachverhalt hebt sich als solcher ab. Es kann sich fragen, ob es noch andere Sachverhalte gibt, die ihm unwillkürlich vorschweben, die es besser nicht mehr erwarten sollte. Oder es kann für das exzentrische Selbst unsicher werden, ob es an dieser Erwartung festhalten sollte oder nicht. Die Differenz der zeitlichen Modi Vergangenheit, Gegenwart und Zukunft verweist auf die Möglichkeit der Diskontinuität. Etwas, das bestanden hat, gibt es nicht mehr, bzw. etwas, das besteht, braucht in

Zukunft keinen Bestand mehr zu haben. Von dieser möglichen Diskontinuität hebt sich insgesamt die Dauer ab. Wenn etwas dauert, hat es existiert und es existiert gegenwärtig und es wird auch zukünftig Bestand haben.

Modalzeit

Die Struktur der Modalzeit steht in vielen modernen Zeittheorien im Mittelpunkt. Sie unterscheidet zwischen den Modi der Zeit Gegenwart, Vergangenheit, Zukunft in der Weise, dass Vergangenheit und Zukunft jeweils mit Bezug auf eine aktuelle Gegenwart begriffen werden. Eine je aktuelle Gegenwart beinhaltet eine Zukunft, die auf diese Gegenwart folgen wird, und eine Vergangenheit, die dieser Gegenwart vorangegangen ist. Wenn die gegenwärtige Zukunft realisiert wird, verschiebt sich das modalzeitliche Gefüge. Dasjenige, was gegenwärtig war, ist unwiderruflich vergangen, die erwartete Zukunft ist eingetreten, und es können sich von dieser Gegenwart ausgehend andere zukünftige Möglichkeiten ergeben. Was diese Grundstruktur anbelangt, gibt es eine Konvergenz zwischen ansonsten sehr unterschiedlichen Theoretikern wie Husserl (1928/1980), Mead (1932/1959), Luhmann (1980), Schmitz (1964: §§ 17, 38) oder Plessner (1928/1975). Für meine Argumentation beziehe ich mich maßgeblich auf Plessner und eingeschränkt auf Schmitz, denn diese gehen von einem auch raumbezogenen leiblichen Selbst aus, statt von einem Bewusstsein wie Husserl oder Sinnsystemen (Bewusstsein, Sozialsystem) wie Luhmann. Diese Restriktionen würden es grundsätzlich erschweren, die Bezüge zwischen Zeit, Raum und Leib kategorial zu erfassen. Das differenzierte Verständnis des Raumbezugs ist auch ein wichtiger Vorteil gegenüber Mead.

Um die Bedeutung der Gegenwart und die spezifischen Zukunftsbezüge klar herauszuarbeiten, stelle ich ein Gedankenexperiment vor, das von der Voraussetzung ausgeht, dass Erwartungsordnungen auf der Ebene exzentrischer Positionalität nicht durch Formvorgaben wie auf der Ebene zentrischer Positionalität gesichert sind. Unter dieser Voraussetzung kann der Fall eintreten, dass alle oder zumindest alle strukturrelevanten Erwartungen enttäuscht werden. Es gäbe nichts mehr, worauf ein leibliches Selbst unwillkürlich gefasst sein müsste/dürfte. Das einzige, was für ein Selbst in einer solchen Lage gegeben wäre, wäre es selbst konfrontiert mit einer plötzlich hereinbrechenden, aber nicht mehr strukturiert zu erwartenden Zukunft. Unwillkürlich gefasst ist das Selbst nur noch darauf, dass etwas passieren wird. Es bleibt ein Übergehen aus der Zukunft in die Gegenwart, es passiert immer wieder etwas Neues. Ein derartiges Erleben kann z. B. im Fall von panischer Angst auftreten. Im Extremfall bricht die differenzierte Wahrnehmung der Umgebung zusammen. Es gibt nur noch eine bedrohliche diffus gegebene Zukunft und den Impuls zu flüchten – »weg von hier«.

In diesem Fall wäre auch der Bezug zur Vergangenheit abgeschnitten. Der erfüllte gegenwärtige Bezug zur Vergangenheit ist gekappt, denn diese gilt nicht mehr in der Gegenwart. Die in der Vergangenheit angeeigneten Haltungen – das erworbene Wissen – werden wertlos; die Möglichkeit, aufbauend auf dem erfüllten Bezug zu Vergangenem zu lernen, entfällt. Das Vergangene ist abgeschnitten und das Selbst ist mit einer unerwarteten und nicht durch strukturierte Erwartungen gekennzeichneten Zukunft konfrontiert. Für ein leibliches Selbst in einer derartigen Situation verbleibt als einzig sicher Gegebenes, dass es hier/jetzt als dieses Selbst da ist und eine unbestimmte evtl. bedrohliche Zukunft auf es zukommt. Die in diesem Sachverhalt zum Ausdruck kommende Zeitstruktur kennzeichnet idealtypisch die Modalzeit. Deren zentrales Merkmal besteht darin, dass in ihr »modale Unterschiede des Daseins und Nichtseins vorkommen: Das Gegenwärtige ist da, das Vergangene ist nicht mehr, das Künftige ist noch nicht.« (Schmitz 1964: 156) Diese modalzeitlichen Differenzen bilden auch bei Plessners Zeitanalysen den Ausgangspunkt, werden bei Schmitz allerdings phänomenologisch differenzierter ausgearbeitet.[22]

Auch in weniger dramatischen Fällen als bei panischer Angst lässt sich die Relevanz der modalzeitlichen Differenzen phänomenologisch gut herausarbeiten. Einem Angestellten, der in seinem Beruf aufgeht, vollständig für diesen lebt, wird plötzlich gekündigt. Die Ordnung seines Lebens, dasjenige, auf was er immer wieder sicher gefasst sein konnte, erodiert und wird – zumindest in dieser Weise – nie mehr gelten. Die Kontinuität seines vergangenen Lebens ist dahin, sie ist vergangen. Er ist konfrontiert mit einer offenen Zukunft. Von dieser ist nur sicher, dass sie kommen wird. Das unbestimmte Auf-ihn-zu-Kommen der Zukunft bleibt bestehen. Eine erfolgreiche Tänzerin bricht sich ein Bein und kann nicht mehr tanzen. Eine Frau erhält von dem Mann, den sie liebt und mit dem sie das Leben und den Lebensabend gemeinsam verbringen wollte, eine SMS, in der er ihr mitteilt, dass er sich von ihr trennt und von seiner aktuellen Reise nicht mehr zurückkommen wird. In solchen Situationen zerbricht die Kontinuität des Lebens, das Vergangene hebt sich schmerzlich als unwiderruflich vergangen ab und es bleibt eine weitgehend unbestimmte, vage bedrohliche oder leere und triste Zukunft, von der nur sicher ist, dass sie kommen wird.

22 Die Einbeziehung der Modalzeit bildet die zentrale Voraussetzung dafür, Zeit als operativ relevant für leibliche Selbste zu begreifen. Der zentrale Unterschied zwischen dieser an Schmitz und Plessner angelehnten Zeitkonzeption und etwa denjenigen von Husserl oder Schütz besteht darin, dass hier der lebendige, sinnlich auf die Umwelt bezogene Leib den Bezugspunkt der Analyse bildet.

Wenn die zeitliche Modalität derart konturiert ist, ist die modale Differenz von Vergangenheit, Gegenwart und Zukunft ebenfalls klar konturiert. Insofern die modale Differenz akzentuiert ist, ist Zeit irreversibel. Die Zukunft ist noch nicht, die Vergangenheit ist nicht mehr und alles, was ist, ist gegenwärtig. Während Schmitz vor allem auf die modalen Unterschiede abhebt, stellen andere Theoretiker einen nicht minder wichtigen Aspekt in den Vordergrund. Wenn eine Zukunft in Gegenwart übergeht, verändert dies die aktuellen Bezüge zu Vergangenheit und Zukunft. Es wird eine neue Zukunft möglich auf der Grundlage der jetzt aktuellen Gegenwart und der Bezug zur Vergangenheit ändert sich, wobei die Bedeutung der modalen Differenzen erhalten bleibt. Selbst Luhmann, der eine Präferenz für unaufgeregt-alltägliche Beispiele hat, greift in diesem Kontext zu einer für seine Verhältnisse dramatischen Szene. »Wenn mein Haus abbrennt, während ich in Ferien bin, ändert dies das, was diese Ferien waren; es stellt sich nun heraus, dass die Versicherung nicht ausreichte, dass man eine provisorische Wohnung suchen muss usw.« (Luhmann 1980: 242) Die Gegenwart, die durch das Eintreffen eines unerwarteten Ereignisses gekennzeichnet ist, verändert die Vergangenheit und schafft neue zukünftige Möglichkeiten. Selbst ein übervorsichtig alles vorausplanender Verwaltungsbeamter hätte nicht daran gedacht, dass nach der Rückkehr aus dem Urlaub das Suchen einer provisorischen Wohnung zu den Möglichkeiten gehören könnte, die sich für ihn konkret zukünftig eröffnen.

Luhmanns Verständnis der Modalzeit weist insgesamt eine gewisse Präferenz für die Zukunft auf. Dies zeigt sich nicht zuletzt in seiner Sinntheorie, in der er Sinn als Verhältnis von Aktualität und Potentialität begreift. Etwas ist gegenwärtig und es könnte auf die verschiedenste Weise weitergehen (vgl Luhmann 1971: 32). Die Sinn verarbeitenden Operationen des Bewusstseins (Luhmann 1987) und der Kommunikation (Luhmann 1984: Kap. 4, 1997: Kap. 1) zerfallen und müssen stets neu gebildet werden. Wenn Zeit im Sinne des Ablaufs sinnhafter Operationen verstanden wird, kommt dem Verhältnis zwischen Gegenwart und Zukunft die größere Bedeutung zu. Im Unterschied dazu ist das Verhältnis zur Vergangenheit für die Bildung von Ordnung und damit für die Dauer von Strukturen relevant. Strukturen werden aber auf einer instabilen und eine stete Reproduktion erfordernden Grundlage gebildet. Dauer als eigene Zeitkategorie kommt bei Luhmann nicht vor.

Vor dem Hintergrund der Modalzeit sollen nun die Zeitmodi (Vergangenheit, Gegenwart, Zukunft), sowie die von dem Wechsel der Zeitmodi sich abhebende Dauer untersucht werden. Darauf aufbauend werde ich ausarbeiten, was unter Lagezeit zu verstehen ist. Die Lagezeit, d. h. die Möglichkeit von Datierung und Zeitmessung, scheint in modernen Gesellschaften für Strukturbildung in besonderer Weise relevant zu sein. Die Lagezeit ist in der Zeitdimension das Analogon zum Ortsraum, hier findet sich auch entsprechend das Phänomen der in diskreten Einheiten messbaren digitalen Zeit. Für die Analyse von Ordnungsbildung unter den Bedingungen erweiterter Weltoffenheit ist die Verschiebung der Ordnungsbildung hin zur digitalen Lagezeit wahrscheinlich in ähnlicher Weise von Bedeutung wie die Dominanz des digitalen Ortsraums für die moderne Ordnungsbildung.

Dauer als chaotische Mannigfaltigkeit

Die spezifische Reflexivität der exzentrischen Positionalität lässt zunächst den Sachverhalt der Modalzeit hervortreten. Die sich darin scharf akzentuierende Gerichtetheit und Irreversibilität der Zeit hebt sich ihrerseits von der Dauer ab. Das Phänomen der Dauer wurde bereits von Bergson (1888/1989) hervorgehoben in seiner Bedeutung sowohl für die organische als auch die anorganische Welt. An diese Reflexionen schließen Plessner und Schmitz mehr oder weniger direkt an. Im Verhältnis zu Bergson besitzen die Theoriekonstruktion Plessners und die phänomenologischen Analysen von Schmitz einen wichtigen Vorzug. Sie zeichnen sich durch begriffliche Klarheit aus und ermöglichen es auch, begrifflich klare Bezüge zwischen Zeit, Raum und leiblicher Erfahrung herzustellen.[23]

Die Analyse der Modalzeit hatte ich ausgehend von der Annahme begonnen, dass wichtige strukturbildende Erwartungen zusammengebrochen sind. Der verdiente Angestellte erlebt seine Kündigung, die Liebende wird vom Geliebten verlassen, der ihr dies per SMS mitteilt, die leidenschaftliche Tänzerin bricht sich ein Bein und wird unwiderruflich nicht mehr tanzen können. In solchen Fällen hebt sich der Abschied, der Riss zur Vergangenheit schmerzlich ab – nie wieder wird es so sein, wie es war. Die Bedingung für die Erfahrung des »nie wieder« ist der Kontrast zur eigenen Dauer. Das exzentrische Selbst lebt weiter, es überdauert den Zusammenbruch der Erwartungsordnung. Gerade das kann das Schmerzliche sein. Alles, was mir etwas bedeutet hat, ist nicht mehr, aber ich lebe weiter und muss es ertragen. Ich war glücklich und

---

23 Dies bezieht sich insbesondere auf seine Unterscheidung zwischen zwei Formen von Mannigfaltigkeit – der chaotischen Mannigfaltigkeit und der individualisierten Mannigfaltigkeit. Wie sich zeigen wird, ist diese Differenzierung für ein begrifflich klares Verständnis der Dauer ausgesprochen hilfreich. Von der Sache her erweist Schmitz (1964: 319f) auch bezogen auf das Phänomen chaotischer Mannigfaltigkeit Bergson seine Reverenz. Dieses Phänomen sei als solches bereits bei ihm (Bergson 1888/1989: 114) benannt, aber nicht begrifflich klar gefasst worden. Ich verweise hier nur darauf, ohne im Detail einen philosophiegeschichtlichen Vergleich der Zeitanalysen Bergsons', Schmitz' und Plessners anzustellen.

getragen in der Liebe mit ihr, aber ich bin es nicht mehr. Wäre es nicht besser, ich wäre auch nicht mehr da, ich wäre tot? Hier hebt sich die Irreversibilität für die Beteiligten scharf und deutlich ab und zugleich der Sachverhalt, dass sie selbst weiterhin da sind und auch weiterhin da sein werden. Zugleich mit der Irreversibilität hebt sich damit der Sachverhalt der Dauer ab.

Die Dauer hebt sich korrelativ zur Modalzeit ab. Wie aber soll die Dauer zeitlich charakterisiert werden? Wenn Zeit im Sinne von Modalzeit verstanden wird, scheint es so, als könne es so etwas wie Dauer gar nicht geben. Modalzeitlich ist die Tatsache, dass etwas da ist, an Gegenwart gebunden. Diese dauert aber nicht, denn es findet ein Übergehen von Zukunft in Gegenwart statt und das Vergangene ist von der Gegenwart getrennt durch einen Riss. Es ist vergangen. Wie soll es also zu verstehen sein, dass ein Ich, ein exzentrisches Selbst, dauert? Dies kann nicht heißen, dass ich zugleich in der Vergangenheit, der Gegenwart und der Zukunft bin. Denn mein vergangenes Ich ist nicht mehr, es war einmal. Die Tänzerin, die ich einmal war, werde ich nie wieder sein. Mein gegenwärtiges Ich dauert nicht, da die Gegenwart keine Dauer hat, und: was ich zukünftig sein werde, bin ich noch nicht.

Es scheint, als könne man Dauer im Verhältnis zur Modalzeit kaum einordnen. Die Systemtheorie kennt z. B. nur eine Art Analogon zur Dauer. Der Sachverhalt, dass etwas kontinuierlich existiert, wird sekundär durch Beobachtung der Abfolge von Ereignissen hergestellt. Die Kontinuität eines Prozesses wird hergestellt, indem vergehende Operationen andere Operationen anhand der Unterscheidung vorher/nachher beobachten (Luhmann 1984: 601) und damit einen Prozess herstellen, der über einen gewissen Zeitraum dauert. Die kontinuierliche Existenz eines Systems wird hergestellt, indem Operationen andere Operationen anhand der System/Umwelt-Unterscheidung beobachten und entsprechend Strukturen ausbilden (Luhmann 1984: 601 f.). Damit bleibt die modalzeitliche Orientierung erhalten, die Dauer wird als kontinuierliche Existenz zu einem sekundär hergestellten Derivat, das immer durch aktuell sich ereignende Operationen aufrechterhalten werden muss.

Schmitz macht einen anderen Vorschlag, um Dauer kategorial zu fassen, der auf einer Idee Bergsons aufbaut. Die Grundlage von Schmitz' Vorschlag bildet eine Differenzierung innerhalb der Theorie der Mannigfaltigkeit – nämlich die Unterscheidung zwischen individualisierter und chaotischer Mannigfaltigkeit (vgl. hierzu ausführlich Schmitz 1964: §§ 31-33). Eine Mannigfaltigkeit ist eine Menge, die aus mehreren Elementen besteht. Es ist entscheidbar, was zu dieser Menge gehört und was nicht. Eine solche Mannigfaltigkeit kann individualisiert oder chaotisch sein. Im Fall der individualisierten Mannigfaltigkeit gilt, dass es entschieden ist, ob die einzelnen Elemente voneinander verschieden oder miteinander identisch sind. Wenn es geklärt ist, ob und inwiefern

Elemente von anderen Elementen verschieden sind, können die einzelnen Elemente als solche identifiziert und von allen anderen Elementen unterschieden werden. Solche Elemente können als diskrete Elemente gezählt werden. Ich verwende daher die Worte individualisierte Mannigfaltigkeit und diskrete Mannigfaltigkeit in derselben Bedeutung. Die Menge aller von der Firma Lindt produzierten Osterhasen wäre ein Beispiel für eine diskrete Mannigfaltigkeit. Die einzelnen Osterhasen gleichen einander zwar, aber jeder einzelne Osterhase kann von allen anderen unterschieden werden. Wenn ich diesen Osterhasen und nicht jenen gekauft habe, muss ich eben diesen Osterhasen mit nach Haus nehmen. Wenn ich einen anderen möchte, muss ich den gekauften Osterhasen entweder umtauschen oder noch einen zweiten kaufen.

Im Fall der chaotischen Mannigfaltigkeit gilt: Für die Elemente der Menge ist nicht entschieden, ob sie miteinander identisch oder voneinander verschieden sind. Obwohl klar ist, dass es sich um mehrere Elemente handelt, ist es unklar, ob und inwiefern die einzelnen Elemente voneinander verschieden oder ob sie miteinander identisch sind. Eine chaotische Mannigfaltigkeit besteht zwar aus Elementen, aber sie besteht nicht aus diskreten Elementen. Es handelt sich hierbei nicht um eine unscharfe Logik, im Sinne der Fuzzy Logik, denn bei dieser gibt es nur unscharfe Ränder, aber es ist nicht fraglich, ob Elemente vollständig miteinander identisch oder vollständig voneinander verschieden sind. Dies soll bei chaotischer Mannigfaltigkeit der Fall sein. Es handelt sich um Mengen, denn es sind mehrere Elemente, die zu dieser Menge gehören. Da es aber unentschieden ist, ob die Elemente der Menge miteinander identisch oder voneinander verschieden sind, ist diese nicht zahlfähig. Die Elemente können nicht als voneinander unterschiedene Elemente identifiziert und gezählt werden.

Chaotische Mannigfaltigkeiten können absolut oder relativ chaotisch sein. Bei absolut chaotischen Mannigfaltigkeiten ist es vollkommen unentschieden, ob und inwiefern Elemente miteinander identisch oder voneinander verschieden sind. Bei relativ chaotischen Mannigfaltigkeiten ist es dagegen für einige Elemente entschieden, ob sie miteinander identisch oder voneinander verschieden sind, während es für andere Elemente unentschieden ist.

Inwiefern ist nun die Dauer des ich-haften exzentrischen leiblichen Selbst als eine chaotische Mannigfaltigkeit zu verstehen? Für einen Gegenstand oder Sachverhalt, der dauert, lässt sich nicht eindeutig festlegen, ob er nur in der Vergangenheit existiert hat oder nur gegenwärtig existiert oder ob er nur zukünftig existieren wird. Es gibt zwei Möglichkeiten, das Verhältnis von modaler Differenz und Dauer zu begreifen. Die eine besteht darin, dass der entsprechende Sachverhalt sowohl vergangen als auch gegenwärtig als auch zukünftig ist. Die andere Möglichkeit besteht darin, dass es unentschieden ist, ob der Sachverhalt nur vergangen, nur gegenwärtig oder nur zukünftig ist. Die erste Möglichkeit beinhaltet einen logischen Widerspruch, der umso deutlicher hervortritt, als die Realität von etwas an Gegenwart gebunden ist. Daraus folgt, wenn die Aussage zutrifft, dass der Sachverhalt X gegenwärtig ist, trifft auch die Aussage zu, dass der Sachverhalt X real ist. Wenn der Sachverhalt X aber zugleich auch vergangen und zukünftig sein soll, ist er zugleich nicht real. Dies wäre ein Widerspruch. Wenn man Dauer dagegen im Sinne einer chaotischen Mannigfaltigkeit charakterisiert, kann man diesem Widerspruch entgehen. In diesem Fall würde die Aussage, dass der Sachverhalt X dauert, besagen, dass es unentschieden ist, ob er nur gegenwärtig und insofern real ist oder ob er vergangen und zukünftig und insofern nicht real vorhanden ist. Das gleiche gilt negativ. Es ist nicht entschieden, dass etwas, insofern es dauert, einem der drei Zeitmodi zugeordnet werden kann. Etwas dauert also, insofern es für die Modi der Modalzeit unentschieden ist, ob es in einem dieser Modi ist oder nicht (Schmitz 1980a: § 277a).

Dauer der individuellen Person

Das Konzept der chaotischen Mannigfaltigkeit erlaubt es sehr gut, die changierenden Verhältnisse der Dauer der individuellen ichhaften Person zu erfassen. Für diese gilt, dass sie, insofern sie in die Vergangenheit dauert, mit dieser identifiziert ist. Sie ist das Ich, das sie in der Vergangenheit war, auch noch gegenwärtig. Ich erfahre nicht nur, dass es nie wieder so sein wird, sondern ich frage mich, ob ich die Katastrophe nicht auch selbst herbeigeführt habe. So könnte der gekündigte Angestellte sich fragen: Warum habe ich die Reorganisation der Personalführung so eingeleitet? Das hat dazu beigetragen, uns in die Pleite zu führen. Die Tänzerin kann sich in der gleichen Weise fragen: Warum bin ich so gesprungen, ich habe gespürt, dass mein Bein sich nicht so drehen kann usw. Ich wusste, es geht nicht gut. In gleicher Weise mag sich ein Schüler fragen: Warum habe ich den Spickzettel so ungeschickt versteckt? Jetzt bin ich von der Klassenarbeit ausgeschlossen. Wichtig ist dabei, dass es nicht nur so ist, dass ich es war, die das gemacht hat. Es ist vielmehr unentschieden, ob ich es nicht auch immer noch bin und auch so bleiben werde (Schmitz 1980a: § 277b). Diese Frage ist unentscheidbar. Daraus ergeben sich Konsequenzen, auf die Schmitz nicht mehr eigens eingeht, die mir aber naheliegen scheinen. Wenn es gelingt, sich, insofern man etwas gemacht hat, in der Vergangenheit zu lassen, kann das Problem gelöst sein. Der Schüler kann sich sagen, ich habe zwar bei der Prüfungsarbeit vor einer Woche den Spickzettel ungeschickt versteckt, aber das passiert mir nicht noch einmal. Ich war so dumm, aber ich bin es nicht mehr. Die Tänzerin kann sich in ähnlicher Weise von ihrer quälenden Vergangenheit lösen, indem sie feststellt, dass sie zwar nie mehr tanzen kann, aber zugleich entdeckt, dass sie schon immer andere Fähigkeiten hatte, die durch das Tanzen bislang verdeckt waren und die sie nun entwickeln wird. Zugleich entdeckt sie, was zu ihrem Unglück geführt hat. Sie ist gesprungen, obwohl sie spürte, mit ihrem Fuß nicht gestanden zu haben. Sie hat gegen die eigene Intuition gehandelt, das wird ihr nicht wieder passieren. Zukünftig wird sie auf ihre innere Stimme hören. In solchen für Angehörige der Mittelschicht moderner Gesellschaften nicht unüblichen Selbstbeschreibungen wird deutlich, dass etwas eindeutig aus der Dauer der Person ausgeschlossen werden soll. Die eigene Person als dauernde Einheit wird aktiv gestaltet. Dieser reflexiv gestaltende Bezug auf die Dauer der Person steht immer im Spannungsfeld von Dauer und Modalzeit. Es geht darum, jetzt auf sich zu reflektieren, um jetzt zu entdecken, welche Möglichkeiten ich habe, um meine Zukunft anders zu gestalten. Es geht um die in mir schon vorhandenen Möglichkeiten, die für die Zukunft zu nutzen sind. Dieser reflexive Bezug auf die Dauer der individuellen Person wird in der soziologischen Literatur als eines der wichtigen Strukturmerkmale moderner Vergesellschaftung herausgearbeitet (Bröckling 2007).

Geteilte Dauer

Wie oben herausgearbeitet, sind auch exzentrische leibliche Selbste in den Weiteraum als einen gemeinsamen Raum hinein gerichtet, in dem sie sich berühren können. Der Weiteraum ist den Aktivitäten des leiblichen Selbst, seinen Wahrnehmungen und Handlungen, die gegenwärtig erfolgen, auch zeitlich vorausgesetzt. Er dauert, bevor die Wahrnehmung, die Bewegung, die Handlung begonnen hat und er bricht nicht zusammen, wenn diese beendet ist. Der Weiteraum ist insofern durch Dauer gekennzeichnet, als er dauerhaft als dasjenige gegeben ist, in das hinein ein wahrnehmendes oder handelndes Sich-Richten entfaltet werden kann.

Bezogen auf die Modalzeit muss man auch für diesen Raum Dauer im Sinne einer chaotischen Mannigfaltigkeit in Anspruch nehmen. Für den Raum, in den ein leibliches Selbst blickt, ist nicht entschieden, dass er nur gegenwärtig ist, denn dann müsste er aufgrund des Übergehens der Zukunft in die Gegenwart zu einem Raum werden, der nicht mehr ist, er existierte nicht mehr, er wäre vergangen. Von einer solchen Annahme auszugehen, scheint wenig sinnvoll. Der Raum ist dem leiblichen Selbst vielmehr als ein Raum gegeben, der dauert, als ein Raum, der auch schon da war, bevor ein Selbst in ihm einen Richtungsraum entfaltet hat. Der gegenwärtige Raum dauert in die Vergangenheit und in die Zukunft. Für den Raum ist es nicht entschieden, ob er entweder mit der Vergangenheit oder der Gegenwart identisch oder verschieden ist. Insofern diese Unentschiedenheit vorliegt, dauert der Raum. Insofern der Raum dauert, ist er weder eindeutig positiv durch einen Modus der Modalzeit festgelegt, noch ist darüber definiert, dass er nicht durch einen dieser Modi bestimmt ist. In diesem Raum kann sich abheben, was aktuell geschieht und was entsprechend zeitlich modal bestimmt werden kann als dasjenige, was sich momentan ereignet, was gestern noch nicht da gestanden hat usw. (vgl. Schmitz 1967: 116 ff.). Wenn man versucht, die Analyse der Dauer des Weiteraums als Bedingung für die Analyse der Bildung einer sozialen Zeit fruchtbar zu machen, zeigt sich sowohl die Nähe als auch der Unterschied zu anderen phänomenologisch inspirierten Zeitanalysen. Die Dauer des Weiteraums scheint mir eine elementare Voraussetzung dafür zu sein, immer wieder handeln zu können, wie Schütz sagt. Zugleich wird der Unterschied zu Schütz deutlich, denn Schütz versucht, die Möglichkeit einer sozialen Zeit, einer Ego und Alter gemeinsamen Zeit, allein aus der Zeit heraus zu entwickeln. Srubar (1979: 47) merkt dazu an, »daß die öffentliche Zeit diejenige Dimension ist, in der es zu einer Auseinandersetzung der Perspektiven kommen kann, ist klar: öffentlich, weil eine überindividuelle Dimension gebraucht wird; Zeit und nicht etwa der Raum, weil die Welt egozentrisch wahrgenommen wird, d. h., daß das jeweilige »hic« und »illic«, also der räumliche Standpunkt, die Perspektive neben der jeweiligen biographischen Situation bestimmt.« Wichtig ist an dieser Passage, dass für Srubar der räumliche Aspekt des Leibes als hier/dieses es verhindert, dass eine gemeinsame, eine öffentliche Sphäre entsteht. Im Unterschied dazu könne in der Zeitdimension eine gemeinsame, eine öffentliche Zeit entstehen. In der Raumdimension wäre das ausgeschlossen. Hier rächt sich, dass bei Schütz die Raumdimension auf den Aspekt des Hier beschränkt ist und nicht den umgebenden Raum einschließt. Der Raum, welcher den hier existierenden Leib umgibt, wird nicht mehr differenziert phänomenologisch erfasst.

Die gemeinsame, öffentliche Zeit, in die Ego und Alter eingebettet sind, begreift Schütz im Sinne der objektiven, messbaren Zeit, die er von der inneren Dauer unterscheidet.

> »On the other hand, it is the inner time or durée within our actual experiences are connected with the past by recollections and retentions and / with the future by protentions and anticipations. In and by our bodily movements we perform the transition from our durée to the spatial or cosmic time, and our working actions partake of both.« (Schütz 1973d: 215 f.)

Die kosmische Zeit ist die messbare Zeit im Sinne der Naturwissenschaften (Schütz 1973d: 215), sie ist für Schütz die allen gemeinsame Zeit.

Dieser an modernen Konzepten der messbaren Zeit orientierten Vorstellung einer sozialen Zeit stellt Luckmann eine interessante Alternative entgegen, die eine gewisse Verwandtschaft mit dem hier vorgetragenen Entwurf hat. Luckmann geht bei der inneren Zeit nicht bzw. nicht nur vom Bewusstseinsstrom aus, sondern von dem, was er die inneren Rhythmen des leiblich-körperlichen Lebens nennt. Diese müssten synchronisiert werden, was durch wechselseitige Aufmerksamkeit erfolge. In dieser Synchronisation würde eine soziale Zeit ausgebildet.»Wenn durch gegenseitige Aufmerksamkeit die Synchronisierung vollzogen ist, können Handlungsverläufe, die von verschiedenen Menschen entworfen worden waren, miteinander so verzahnt werden, daß sie einen einheitlichen Fluss gemeinsamen gesellschaftlichen Handelns formen.« (Luckmann 1986: 154) Ohne es als solches zu benennen, verabschiedet sich Luckmann hier von der rein bewusstseinsorientierten und nichtraumbezogenen Form sozialer Zeit, die Schütz vorgeschlagen hat. Dass er damit eine richtige Intuition hatte, belegen die folgenden Analysen.

Um mein Argument zu entfalten, beziehe ich mich zunächst auf Elias' Konzept der Wandlungskontinuen, mit deren Hilfe er Zeit als eine funktional dreipolige Relation definiert.»Verschiedene Geschehensabläufe miteinander als ›Zeit‹ in Beziehung zu setzen, bedeutet also eine Verknüpfung zwischen mindestens drei Kontinuen: zwischen Menschen, die verknüpfen, und zwei oder mehr Wandlungskontinuen, von denen eines in einer bestimmten Menschengruppe jeweils die Funktion eines Standardkontinuums, eines Bezugsrahmens für das andere erhält« (Elias 1988: 12). Was die empirischen Bezüge auf andere als moderne Zeitstrukturen angeht, ist Elias eher kursorisch. Er interpretiert z. B. den Roman »Der Pfeil Gottes« von Chinua Achebe als ethnographische Studie über das Leben in einem »Ibodorf in Ostnigeria« (Elias 1988: 148 ff.). Mit Bezug auf diese Darstellung entfaltet er, wie seine Definition von Zeit unabhängig vom Wandlungskontinuum der Uhr zu begreifen ist. Bei der Menschengruppe handelt es sich um eine Dorfgemeinschaft, deren gesellschaftlich relevante Zeit durch den Lauf der Gestirne und die damit in Zusammenhang stehenden Feldarbeiten bestimmt wird. Bei beiden (Lauf der Gestirne und Feldarbeit) handelt es sich um Wandlungskontinuen, in die alle Beteiligten mehr oder weniger sozial involviert sind. Der Priester erkennt am Stand der Gestirne, ob die Zeit für die Aussaat oder die Ernte gekommen ist usw. Das Wandlungskontinuum der Gestirne dient als Bezugsrahmen für das Wandlungskontinuum der immer wiederkehrenden Arbeiten, die das Leben des Dorfes sichern (Elias 1988: 164). Der Ablauf dieser Kontinuen ist zwar einerseits selbstverständlich gegeben, aber andererseits selbst sozial über Normen vermittelt. Denn die Gestirne folgen nicht einem unabhängigen Lauf, sondern sie besuchen gleichsam diejenigen, denen sie erscheinen. Entsprechend müssen sie begrüßt werden. Werden solche sozialen Normen im Verhältnis z. B. zum Mond nicht eingehalten, kann der gesamte Ablauf des Lebens aus den Fugen geraten (Elias 1988: 150).

Diese Analysen deuten an, dass es unwahrscheinlich ist, die kosmische gemeinsame Zeit im Sinne einer messbaren Zeit zu interpretieren. Aber auch Elias verabschiedet sich noch nicht ganz von dieser Vorstellung. Er interpretiert das Konzept der Wandlungskontinuen so, dass die Uhr, der »Chronometer« im Sinne Schütz (1973d: 215), als ein Wandlungskontinuum gelten kann. Die Uhr ist lediglich das abstraktere und synthesemächtigere Wandlungskontinuum, das in modernen Gesellschaften maßgebend wird. Denn mit Bezug auf die Uhrzeit werden andere Aktivitäten gemessen. Damit werden der Ablauf der Gestirne, mit denen ein Priester im persönlichen Kontakt steht und die moderne Uhr im gleichen Sinne als Wandlungskontinuen verstanden. Der Unterschied ist nur einer der Präzision und des Syntheseniveaus (Elias 1988: 159).

Ein genauerer Blick in die ethnographische Literatur bestätigt wichtige Züge der Roman-Ethnographie von Achebe, zugleich tritt die Differenz zwischen solchen vormodernen Wandlungskontinuen und der Uhr deutlich hervor. Vormoderne Wandlungskontinuen sind Bestandteil einer unbestimmten Dauer, in der die Beteiligten leben. Es gibt noch keine diskreten Maßeinheiten der Zeit, die eine genaue Messung ermöglichen. Die Orientierung am Wandlungskontinuum des Verlaufs der Gestirne führt zum Beispiel dazu, dass die Einteilung der Zeit in Stunden nicht im modernen Sinne funktionieren kann. Denn im Winter sind die Stunden von Tag und Nacht von anderer Länge. Die Einführung von Stunden zu gleichmäßig 60 Minuten gelang erst, als nicht mehr der Wandel der Gestirne, sondern ein mechanisches Uhrwerk mit Schlagwerk zum Bezugsrahmen wurde (Dohrn-van Rossum 1992/2007). Statt einer exakten Zeitmessung gibt es eine Einbettung in eine rhythmisch verfasste Dauer des praktischen Bezuges auf die Welt. Im Erleben der Veränderungen der umgebenden Welt werden die Akteure dazu motiviert, gemeinsam etwas zu tun. Das Erleben der Welt zeigt an, was an der Zeit ist, getan zu werden. Dies kann mehr oder weniger über Rituale vermittelt sein.

Leenhardt (1947/1983: 118) berichtet von Neukaledonien: Je isolierter und abgeschiedener eine Gruppe lebt, umso direkter würden die koordinierten Aktivitäten der Gruppe von den Rhythmen bestimmt, die sich im umgebenden Raum der Gruppe ereignen. Bei größeren Gruppen würden elaborierte Rituale die Arbeiten koordinieren. Es wird zur Aufgabe des Priesters, die richtige Zeit für die Aussaat und die Ernte verschiedener Pflanzen zu erkennen und den anderen mitzuteilen. Er tut dies, indem er Miniaturbeete anlegt. Diese Beete haben in gewisser Weise den Charakter eines Kalenders, an dem sich die Dorfbewohner orientieren, sie wiederholen, was der Priester gemacht hat.

»Die Zeit ist für die Landwirtschaft günstig, weil sie die Wiederholung der Zeit ist, während der der Priester seine kleinen Beete bewirtschaftet, oder die Wiederholung der erhabeneren Zeit, in der die Götter bereits gute Ernten zugelassen haben. In diesem Zeitabschnitt, der ausgerufen wurde, sind also alle Realität und alle Leistungsfähigkeiten beschlossen. Es ist also wichtig, für den richtigen Ablauf dieser Zeit durch Vorschriften zu sorgen, welche die Gefahren ablenken: so zum Beispiel Perioden des Verbotes ehelicher Beziehungen während des Wachstums der Jamswurzeln.« (Leenhardt 1947/118)

Die Einordnung in die durch Rhythmen strukturierte Dauer erfolgt in diesem Fall über Rituale und die rituelle Feldarbeit des Priesters. Der Priester strukturiert durch seine Riten die Dauer, in der alle gemeinsam leben. Die Strukturierung dieser Dauer hat allerdings nichts mit Einführung einer messbaren Zeit zu tun. In diese Dauer werden zwar Differenzierungen eingeführt, die in der alltäglichen Erfahrung auch nicht verwechselt werden. Aber es handelt sich dabei nicht um eine gemessene Zeit mit diskreten Einheiten, die gezählt werden könnten. Die leiblichen Selbste fügen sich in eine dauernde Wiederkehr von Ereignissen, deren Anfang sich ihnen durch Rituale oder direkt durch Ereignisse in der umgebenden Welt mitteilt, aber dann enden die Abschnitte im Unbestimmten.

Der Wechsel des Mondes wird auf Neukaledonien als maßgebendes Wandlungskontinuum für die rhythmisierte Dauer des Gruppenlebens verwendet. Die Abfolge der Monde, seine jeweilige Wiederkehr bezeichnet einen neuen Anfang. Die Abfolgen dieser Anfänge definieren den Jahresablauf. Jeder Mond hat einen Namen entsprechend der Ereignisse und Tätigkeiten, die mit ihm ihren Anfang nehmen. Es werden zehn solcher Monde unterschieden. Dies würde es bei exakt zählender Rechnung nahelegen, dass das Jahr sich im Verhältnis zu der uns gewohnten Rechnung kontinuierlich verschiebt. Das ist aber nicht der Fall. Die Monde dauern so lang, wie diejenigen Tätigkeiten, die in ihnen beginnen. Es gibt also Monde, die länger dauern als andere. Dadurch kommt im Ergebnis ein Jahr zustande, welches von seinem Zeitablauf her dem unsrigen ungefähr entspricht. Die Dauer des Jahres ist untergliedert, aber sie ist nicht in zahlfähige Einheiten untergliedert. Das Konzept der relativ chaotischen Mannigfaltigkeit scheint mir am besten geeignet, um die logische Struktur solcher neukaledonischen »Mondmonate« zu bezeichnen. Es heben sich Einzelheiten im Zeitablauf ab, vor allem der Beginn ist herausgehoben, dann aber verschwimmt das Maß. Es ist nur relevant, wann etwas Neues beginnt. Dies wird festgelegt, wenn es an der Zeit ist und dies teilt sich den leiblichen Selbsten mit – evtl. vermittelt über die Rituale des Priesters.

Dauer der Dinge

Aufbauend auf der Dauer des Raums und dem Sich-Einfügen in eine rhythmisierte Dauer möchte ich zwei weitere sozialtheoretisch relevante Formen der Dauer herausarbeiten: die Dauer von Dingen und die Dauer von Erwartungsstrukturen. Mit dem letzteren Thema betreten wir das zentrale Feld der phänomenologisch orientierten Soziologie einschließlich der Ethnomethodologie und der Strukturierungstheorie von Giddens. Vor allem Giddens hat immer wieder darauf insistiert, dass der Alltag durch Dauer, d. h. für ihn vor allem reversible Zeit, geprägt ist. Die Routinen des Alltags geben die Sicherheit, etwas immer wieder tun zu können (vgl. Giddens 1984: 35).

Für die Analyse der Dauer von Dingen wähle ich ein einfaches Beispiel, den Gestaltwandel. Ich sehe eine Tonscherbe und bin, während ich mich bücke und zugreife, unwillkürlich auf die entsprechende haptische Erfahrung gefasst. Ich hebe sie auf, es fühlt sich komisch an, ich taste und sehe genauer hin, es ist eine Speckschwarte. Ich lasse die Speckschwarte fallen.

Das Ding, das ich gesehen, aufgehoben und fallengelassen habe, ist ein und dasselbe Ding, das den Gestaltwandel von einer Tonscherbe zu einer Speckschwarte überdauert. In dieser Erfahrung einer Erwartungsenttäuschung heben sich einerseits Zukunfts- und Vergangenheitsbezüge ab und andererseits das Phänomen der Dauer. Das Ding dauert, während sich die Bezüge zur Zukunft und Vergangenheit modifizieren. Das, was das Ding positiv ist, sein Sosein, seine Eigenschaften, ändern sich. Ich war haptisch auf eine Tonscherbe gefasst, aber was in dem erfüllten Zukunftsbezug des Greifens eine Tonscherbe war, wird in der Erfüllung dieser Zukunft zu einer Speckschwarte. Dennoch bleibt es dasselbe Ding, das zuerst als Tonscherbe erschien und jetzt eine Speckschwarte ist.

Beim Versuch, diesen Wandel modalzeitlich zu ordnen, wird man darauf gestoßen, dass das Ding hinsichtlich seiner zeitlichen Dauer chaotisch mannigfaltig ist. Das Ding selbst ist weder identisch mit noch verschieden von der Tonscherbe, die es war. Es dauert aus der Gegenwart, in der es eine Speckschwarte ist, in seine Vergangenheit hinein, in der es eine Tonscherbe war, die es nicht mehr ist. Aus der Gegenwart dauert das Ding zugleich in die Zukunft. Ich bin unwillkürlich darauf gefasst, dass ich, wenn ich das Ding erneut betastete, mit einer Speckschwarte konfrontiert wäre. Davon gehe ich erst einmal aus, obwohl ich genauso enttäuscht werden könnte wie zuvor. Aber wenn ich sinnlich mit einer anderen Gestalt konfrontiert werden würde, gäbe es nur mehr Grund danach zu fragen, was es mit diesem Ding, das dann einen erneuten Wechsel überdauert haben wird, auf sich hat.

Diese Differenz von bleibender Dingeinheit und sich verändernder Gestalt bringt Schmitz auf die Formel: Das Ding trägt seine Eigenschaften wie eine »Maske«. (Schmitz 1978: 168 ff.) Die soziologische Relevanz dieser Denkfigur lässt sich in vielen Feldern zeigen. Bei der medizinischen Diagnose wird der Patientenkörper von den Zeichen unterschieden, die ihm abgewonnen werden, klinische Zeichen, Blutwerte, Visualisierungen des Schädelinneren usw. Diese Zeichen werden zu einer diagnostisch relevanten Gestalt zusammengefügt. Dieser Prozess wird z.B. auf einer Intensivstation täglich wiederholt. Dabei kann es vorkommen, dass die diagnostisch relevante Gestalt gestern ergeben hat, dass der Patient an einer Virusinfektion des Gehirns gelitten hat, während sich heute herausstellt, dass dieser Patient an einer Blutung im Gehirn leidet usw. (vgl. Lindemann 2002: 94 ff., Kap. IV). Es bleibt derselbe Patientenkörper, dessen empirische Gestalt gestern als ein Körper mit einer Virusinfektion erschien und heute als ein Körper mit einer Hirnblutung. Mediziner rechnen immer damit, dass sich die diagnostische Gestalt verändert, weshalb Diagnosen kontinuierlich geprüft werden.

Dauer von Erwartungsstrukturen

Die Dauer von Erwartungsstrukturen lässt sich ebenfalls gut mithilfe des Konzepts der chaotischen Mannigfaltigkeit begreifen. Um dies herauszuarbeiten, nehme ich die Menge aller Hintergrunderwartungen in den Blick, die einer Interaktionssituation Struktur geben. Diese Erwartungsstruktur weist in mehrfacher Hinsicht die Merkmale einer chaotischen Mannigfaltigkeit auf. Es ist nicht entschieden, um welche Erwartungen es sich im Einzelnen handelt, wessen Erwartungen es sind und um wie viele es sich handelt. Dass es nicht entschieden ist, um welche Erwartungen es sich handelt, zeigt sich daran, dass man erst im Enttäuschungsfall bemerkt, welche Erwartungen es als Bestandteil welcher Erwartungsstrukturen gab. Erst wenn eine der Erwartungen enttäuscht wird, wird es den Beteiligten bewusst, welche Erwartungen es sind, die z.B. eine Interaktion strukturieren. Kommunikativ relevant wird dies erst, wenn die Erwartung in irgendeiner Form explizit benannt wird. Damit ändert sich die Situation. Jetzt ist klar, dass zumindest diese explizierte Erwartung Teil der Menge der strukturellen Hintergrunderwartungen ist. In diesem Moment kann man die Menge aller aktuell gültigen Hintergrunderwartungen nicht als vollständig chaotisch bezeichnen, denn zumindest für eine spezifische Erwartung ist klar, dass sie ein Teil dieser Menge ist. Diesen Fall bezeichnet Schmitz als eine relativ chaotische Mannigfaltigkeit, denn es gibt einerseits Erwartungen für die unentschieden ist, ob sie miteinander identisch oder voneinander verschieden sind, andererseits ist es aber zumindest für ein Element geklärt, dass und inwiefern es von den anderen verschieden ist. Die Krisenexperimente von Garfinkel (1967: Kap. 2) sind Versuche, durch gezielte Verstöße aus der chaotischen Mannigfaltigkeit der Erwartungsstruktur einzelne Erwartungen herauszudefinieren. Damit wird aus einer chaotischen Mannigfaltigkeit eine relativ-chaotische Mannigfaltigkeit, denn es ist zumindest für einige Erwartungen entschieden, mit welchen anderen sie identisch und von welchen sie verschieden sind. Es wird entschieden, um welche Erwartungen es sich handelt. Damit wird zugleich expliziert, welche Erwartungsstrukturen gelten, denn die Erwartungsstruktur als Menge aller Hintergrunderwartungen ist zwar in sich chaotisch, aber durchaus unterschieden von anderen Erwartungsstrukturen. Dass etwa in einer wissenschaftlichen Diskussion andere Erwartungsstrukturen gelten als bei einer Liebeserklärung, kann man insgesamt anhand der Explikation einer enttäuschten Erwartung kommunikativ verdeutlichen. Zugleich wird auch geklärt, wer diese Erwartungen hat oder hatte bzw. wer sie haben sollte.

Was ihre Dauer betrifft, so gilt auch für die explizierte Erwartung, wenn sie noch Teil der gültigen Erwartungsstruktur ist, dass ihr Verhältnis zu den modalzeitlichen Differenzierungen chaotisch ist. Auch für die definierte Erwartung gilt, dass es nicht möglich ist, sie ausschließlich als gegenwärtig und damit nicht als vergangen und nicht als zukünftig zu verstehen. Als Teil einer gültigen Erwartungsstruktur dauert die Erwartung in die Vergangenheit, denn sie kann ja nur gegenwärtig als enttäuschte Erwartung verstanden werden, wenn sie in der Vergangenheit schon als gültige strukturierende Erwartung gegolten hat. Ebenso dauert die Erwartung in die Zukunft, denn sie bleibt als Teil einer gültigen Erwartungsstruktur eine Erwartung, die man zukünftig vielleicht wieder zu erwarten haben wird. Wenn sich allerdings herausstellt, dass die enttäuschte Erwartung nicht Teil einer gültigen Erwartungsstruktur ist, hört sie auf existieren. Damit gehört diese Erwartung nicht mehr zur Menge der Erwartungen die dauern. Sie war einmal eine Erwartung, ist es aber nicht mehr.

Insgesamt zeigen diese Analysen, dass es nicht nur eine Dauer der individuellen Person gibt, sondern auch eine Dauer im Außen, die sinnentsprechend zum gemeinsamen Raum auch in der Zeitdimension Begegnungen ermöglicht. Dabei handelt es sich nicht um eine soziale Zeit im engeren Sinn, sondern zunächst nur um eine Dauer, die den individuellen Aktivitäten, deren wahrnehmendem, handelndem Sich-Richten vorausgesetzt ist. Diese Dauer durchdringt die Aktivitäten der individuellen Selbste, indem sie sie zeitlich zueinander rhythmisiert. Um die Erwartungsstrukturen zu verstehen, die in der modernen Gesellschaft etabliert werden, ist es allerdings erforderlich, die Analyse der Zeit weiterzutreiben und auch die nach diskreten Einheiten gemessene Lagezeit einzubeziehen. Diese Zeitstruktur wird in den soziologischen Zeitanalysen zumindest implizit als unhintergehbar angesehen. Dies zeigt sich nicht zuletzt daran, dass Zeit als eine Abfolge minimal punkthafter Einheiten verstanden wird.

Vorher-Nachher-Reihung/digitale Zeit

Die Analyse der Zeit hat bislang die Modalzeit und die von ihr unterschiedene Dauer herausgearbeitet. Die dritte Form der Zeit bildet die Vorher-Nachher-Gliederung bzw. deren Steigerung zur digitalen Zeit. Ein Mangel der soziologischen Zeittheorie besteht in der mangelnden Reflexion auf differente Strukturen, die heuristisch, also probehalber, als universal gelten sollen. Die intersubjektive Zeit wird dabei zumeist – besonders prominent bei Schütz – mit der messbaren Zeit physikalischer Ereignisse gleichgesetzt – etwa dem gemessenen Lauf der Gestirne, dem Takt der Atomuhr. Dass diese auf Messung abzielende Zeit nicht mit jeder Form der Orientierung an Umweltereignissen, wie Wiederkehr des Neumonds, Verschwinden der Sonne oder Aufgehen des Abendsterns gleichgesetzt werden kann, sollte deutlich geworden sein.

Die Vorher-Nachher-Gliederung zeichnet sich dadurch aus, dass sie alle Ereignisse in eine Reihe bringt, die aus diskreten Punkten besteht, die nach der Regel vorher-nachher angeordnet sind.[24] Diese Reihung ist unabhängig sowohl von der Modalzeit als auch von der Dauer. Eine Verbindung lässt sich nur herstellen, wenn die Reflexivität der exzentrischen Positionalität berücksichtigt wird. Ich entwickle den Gedankengang ausgehend von der Modalzeit. Diese ist gekennzeichnet durch ein Übergehen der Zukunft in die Gegenwart. Dieses beständige Übergehen wird realisiert, indem ein leibliches Selbst die Erfahrung macht, dass dasjenige, auf das es unmittelbar gefasst war, sich erfüllt oder nicht. Erwartungen werden enttäuscht oder nicht. Wie sich gezeigt hat, führt die Enttäuschung von Erwartungen dazu, dass diese als diskrete Erwartungen identifiziert werden.

Wenn Erwartungen als einzelne bestimmte Erwartungen identifiziert werden, wird es möglich, genau diese Erwartung zu haben. Die noch nicht seiende Zukunft ist dann nicht mehr nur in chaotischer Weise dasjenige, auf das man unwillkürlich gefasst ist, sondern die Zukunft enthält den Sachverhalt, dass genau dies eintreten wird/soll. Davon ausgehend können weitere diskrete Ereignisse in die Zukunft projiziert werden. Solche bestimmten Zukunftsbezüge sind ihrerseits eingebettet in erwartete Sachverhalte, die eine chaotische Mannigfaltigkeit darstellen (vgl. Schmitz 1980b: 482f.).

---

24 Dies entspricht der B- und C-Reihe von McTaggart (1908).

Als Beispiel könnte man einen Einkauf nehmen. Um auch hier von einer Enttäuschung auszugehen, lasse ich die Sequenz mit einem Blick in den leeren Kühlschrank beginnen. Es wird deutlich, was für das Abendessen alles nicht bzw. nicht ausreichend vorhanden ist. Ich schreibe eine Einkaufsliste, bei der Reihenfolge der einzukaufenden Waren berücksichtige ich, ob sie gekühlt werden müssen oder nicht. Also oben stehen die Dinge, die, ohne Schaden zu nehmen, für längere Zeit auf Zimmertemperatur durch den Laden geschoben werden können. Frischmilch und andere leicht verderbliche Produkte stehen weiter unten, sie werden erst kurz vor dem Gang zur Kasse in den Einkaufswagen gepackt. Die Reihung auf dem Zettel enthält also eine Anordnung diskreter Erwartungen, wann ich auf dem Weg vom Eingang zur Kasse welche Dinge in den Einkaufswagen lege. Diese Abfolge identifizierter Erwartungen ist eingebettet in die in sich chaotische Erwartungsstruktur, die den Einkauf im Supermarkt bestimmt. Der Einkauf dient der Vorbereitung zu einem Abendessen, zu dem ich eine Reihe Freunde und Freundinnen eingeladen habe. Mit einer solchen Planung wird die ungegliederte Zukunft der Modalzeit ansatzweise in eine Vorher-Nachher-Reihung gebracht. Zuerst der Einkauf, dann die Vorbereitung des Essens, darauf folgend das Eintreffen der Freunde und Freundinnen und das gemeinsame Essen. Die geschilderte Ordnung der Erwartungen ist insgesamt noch sehr eng an die Modalzeit angelehnt. Die Vorher-Nachher-Gliederung bleibt im Ungefähren.[25]

Insofern die Vorher-Nachher-Reihung praktisch in die modalzeitlichen Bezüge, also in je aktuelle Gegenwarten verschränkt wird, wird der Sachverhalt, dass sich das Leben als Prozess ereignet, explizit als solcher abgehoben. Aufgrund der erfüllten Vergangenheits- und Zukunftsbezüge trägt jede Gegenwart operativ den Lebensprozess einer positionalen Entität. Dieser kann auf der Ebene zentrischer Positionalität individuell gestaltet werden. Mit der Vorher-Nachher-Reihung, die mit der exzentrischen Positionalität möglich wird, hebt sich für leibliche Selbste die Prozesshaftigkeit als solche ab. Es kann seinen eigenen Lebensprozess nicht nur aktuell selbst gestalten, sondern ihn zum Ausdruck bringen und selbst planen. Wie diese Planungen erfolgen, ist operativ immer über die Gegenwart, also immer auch über die eigene erlebte Zuständlichkeit vermittelt.

Um die Entwicklung zur reinen Vorher-Nachher-Reihung und zur digitalen Zeit verständlich zu machen, ist es erforderlich, über Schmitz hinauszugehen und die Analyse der Vorher-Nachher-Gliederung mit der

25 Schmitz bezeichnet die Zeit, die im Sinne von vorher und Nachher gliedert ist als Lagezeit. Wenn diese Lagezeit noch sehr eng mit der Modalzeit verbunden ist, spricht er von »modale(r) Lagezeit« (Schmitz 1980b: 475).

von Elias vorgeschlagenen Zeitdefinition zu verbinden. Elias definiert Zeit als eine funktional dreipolige Relation, die eine Objektivierung sowohl modalzeitlicher Bezüge als auch eine Rhythmisierung der Dauer erlauben. Der erste Schritt zur Objektivierung besteht darin, die ungefähre Vorher-Nachher-Reihung an einem Wandlungskontinuum zu orientieren. Ein solches Wandlungskontinuum ist in sich relativ chaotisch mannigfaltig. Mit der Orientierung an einem solchen Kontinuum geben leibliche Selbste einander ein Maß vor, wann Ereignisse stattfinden (sollen), aber dieses Kontinuum ist nicht aus diskreten Elementen zusammengesetzt. Der wichtige Schritt zur exakten Vorher-Nachher-Reihung bzw. zur digitalen Zeit besteht darin, das Wandlungskontinuum durch eine Reihung diskreter Stellen zu ersetzen. Damit eine solche Reihung als ein Zeitmaß fungieren kann, muss die Reihe anhand der Unterscheidung vorher-nachher organisiert werden.

Der schwierige Schritt in der Entwicklung zur digitalen Zeit besteht in der Wahl des Bezugsrasters. Handelt es sich um ein Wandlungskontinuum oder um eine Wandlungsreihe diskreter Elemente mit Vorher-Nachher-Gliederung? Erst wenn eine solche Wandlungsreihe identifiziert und fest standardisiert ist, wird die Vorher-Nachher-Reihung digitalisiert und damit eindeutig von der Modalzeit und der Dauer unterschieden. Eine wesentliche Voraussetzung hierfür war die mechanische Uhr, deren Schlagwerk diskrete Einheiten zu identifizieren erlaubt. Erst damit wird die Abhängigkeit vom Wandlungskontinuum der Gestirne aufgelöst. Es gibt Stunden, die im Sommer wie im Winter gleich lang sind. Es gibt Monate, die exakt beginnen und enden. Der Unterschied zwischen Sonnenuhr und mechanischer Uhr besteht darin, dass erstere noch in ein Wandlungskontinuum eingebettet ist, welches es noch nicht erlaubt, gleichbleibende Einheiten zu identifizieren.

Die ideale Festlegung vollständig diskreter Punkte in der Wandlungsreihe scheitert immer wieder an der »Ungenauigkeit« mechanischer Uhren. Dies hat im Weiteren zur Entwicklung von Atomuhren geführt, deren Abweichungen von der geforderten Genauigkeit minimal, aber immer noch berechenbar sind. Solche Voraussetzungen müssen geschaffen sein, damit eine Zeit etabliert werden kann, in der alle Ereignisse punktgenau datiert werden können. Eine derart digitalisierte Zeit besteht aus diskreten minimal großen Einheiten. Ich bezeichne sie analog zum digitalen Raum als digitale Zeit. Diese ist die Bedingung dafür, dass physikalische Methoden wie die Kohlenstoffdatierung in der Archäologie eingesetzt werden. Diese erlaubt sehr präzise Datierungen in die Vergangenheit hinein.

Die Besonderheit der zur digitalen Zeit weiter entwickelten Vorher-Nachher-Reihung besteht in Folgendem. Die digitale Zeit ordnet zwar Ereignisse anhand der Unterscheidung vorher-nachher, aber sie setzt von sich aus keine Punkte, von denen unumkehrbare Richtungen ausgehen.

Die Modalzeit weist ein eindeutiges Gefälle auf. Die Richtung geht von der in die Gegenwart übergehenden Zukunft in die Gegenwart hinein, die zu einer vergangenen Gegenwart wird, die von der je aktuellen Gegenwart durch den Riss des ›nie wieder‹ getrennt ist. Dabei ist, wie Mead, Plessner und Schmitz hervorheben, Wirklichkeit an Gegenwart gebunden. Das Übergehen von Zukunft in Gegenwart ist zugleich auch ein Realwerden. Dieses Gefälle mit der durch Realität ausgezeichneten Gegenwart entfällt für die Zeit im Sinne der Vorher-Nachher-Reihung bzw. die digitale Zeit. In dieser Zeit gibt es von sich aus keine Richtung bzw. die Richtungen zwischen den diskreten Punkten sind umkehrbar und die Auszeichnung eines definierten Jetzt-Punktes als Wirklichkeit entfällt gleichfalls.[26]

3.2.2. Die Bedeutung von Raum und Zeit für die Strukturierung der Sozialdimension

Das Ziel dieser Arbeit besteht darin, allgemeine formale Strukturen herauszuarbeiten, die als heuristische Annahmen für empirische Analysen dienen können. Als Ausgangspunkt diente die Sozialdimension, denn das Problem der Kontingenz der Mitwelt ist hier verortet und entsprechend werden hier die Probleme, die sich aus der erweiterten Weltoffenheit ergeben, in besonderer Weise manifest. Im Anschluss daran habe ich Raum und Zeit als operativ relevante Dimensionen herausgearbeitet. Es stellt sich die Frage, ob und inwiefern diese Dimensionen relevant sind für das Problem der erweiterten Weltoffenheit. Analog zu der Unterscheidung von Martins (1974) zwischen Zeit als konstitutiv und operativ relevant für Sozialität (substantiv temporalism) und Zeit als Thema soziologischer Forschung (thematic temporalism) habe ich auch bezogen auf den Raum zwischen Raum als operativ relevanter Kategorie und der sozialen Konstruktion von Raum unterschieden.

Die Erweiterung der für Sozialität konstitutiven Dimensionen um Zeit und Raum hat sich als ertragreich herausgestellt, da sich auf diese Weise besser herausarbeiten lässt, wie sich die Begegnung zwischen exzentrisch positionierten leiblichen Selbsten vollzieht. Zugleich ergeben sich neue Möglichkeiten, innerhalb der Sozialdimension Differenzierungen einzuführen. Die allgemeine Frage lautet: In welchen Raum-Zeit-Strukturen können welche Akteure wie aufeinander treffen bzw. einander berühren?

Das Grundproblem soziologischer Theorien zu Raum und Zeit besteht bislang darin, dass sie sich als kategorial unterkomplex erweisen.

---

26 Diese Merkmale der Vorher-Nachher-Reihung hatten McTaggart dazu veranlasst, insgesamt zu behaupten, dass Zeit nicht real sei. Vgl hierzu die kritische Stellungnahme bei Schmitz (1980a: 476ff.).

Sowohl für den Raum als auch für die Zeit stellt sich heraus, dass eine kategoriale Feingliederung erforderlich ist. Für den Raum sind das die Unterscheidungen in Weite-, Richtungs- Ortsraum sowie digitaler Raum und für die Zeit sind es Modalzeit, Dauer, Vorher-Nachher-Reihung und digitale Zeit. Diese kategoriale Differenzierung ermöglicht es, historische Raum-Zeit-Strukturen differenzierter daraufhin zu untersuchen, wie eine jeweilige Ordnung gebildet wird. Ausgehend von der Leib-Umwelt-Beziehung werden diese Kategorien anhand des Prinzips der reflexiven Deduktion entfaltet. Digitaler Ortsraum und digitale Lagezeit weisen dabei strukturell die größte Leibferne auf und tauchen deshalb erst am Schluss auf.

Die hier herausgearbeiteten Kategorien sind im Sinne eines heuristischen Apriori zu verstehen, d. h., sie gelten dem Anspruch nach universell. Sie werden aber nicht in jeder Gesellschaft in gleicher Weise für die Bildung der jeweiligen Ordnung relevant. Dabei zeichnet sich dennoch ein logischer Aufbau ab. Im Fall des Raums bildet der nicht in Maßeinheiten gegliederte Weiteraum die einfachste Kategorie, auf diesem baut der Richtungsraum auf. Davon ausgehend kann die Möglichkeit des leibfernen digitalen Raums herausgearbeitet werden. Bei der Zeit scheint es sich insofern anders zu verhalten, als Modalzeit und Dauer nicht in einem Voraussetzungsverhältnis stehen, wohl aber Modalzeit, Vorher-Nachher-Reihung sowie digitale Zeit, die entsprechend dem digitalen Raum leibfern ist. Die mathematisierte Raumzeit der Physik wäre in jedem Fall eine reine digitale Raumzeit.

Es ist eine empirische Frage, ob diese deduktive Reihenfolge auch im Sinn einer empirisch zu beobachtenden Entwicklungslinie zu verstehen ist. Dux (1989) versucht ausgehend von Piagets Analyse der Entwicklungsstufen der kognitiven und moralischen Entwicklung eine Verbindung zwischen komplexeren Formen der Zeitvorstellung und gesellschaftlicher Entwicklung herauszuarbeiten. Diese Perspektive führt zu dem interessanten Ergebnis, dass die Entwicklung komplexerer kognitiver Fähigkeiten nicht von der Altersentwicklung, sondern von gesellschaftlichen Faktoren abhängen, wobei der Schulbildung eine besonders hohe Bedeutung zukomme (vgl. Dux 1989: IV.1, S. 373 ff.). Auch Piaget ist später davon abgerückt, die Abfolge der Entwicklungsstufen als universell für jedes Individuum anzunehmen. Seiner frühen Vorstellung zufolge bestand die einzige Möglichkeit der Abweichung darin, dass ein Individuum sich defizitär entwickelt. Später misst auch Piaget der Beschulung die entscheidende Bedeutung zu (Piaget 1966/1984). Auch andere soziologische Zeittheorien nehmen eine enge Verbindung zwischen Gesellschaftsstruktur und Zeit an, weshalb man von einer Evolution der Zeit parallel zu einer gesellschaftlichen Evolution hin zu komplexeren Vergesellschaftungsformen ausgehen müsse (Rammstedt 1975, Nassehi 1993).

Ausgehend von der hier vorgeschlagenen kategorialen Struktur stellt sich nicht unbedingt die Frage nach einer notwendigen Entwicklung, wie es Dux vorschlägt, vielmehr wäre zunächst vorsichtig zu klären, ob und inwiefern es Affinitäten zwischen Ordnungsmustern in den verschiedenen Dimensionen gibt. Es scheint z. B. so zu sein, dass die Entwicklung hin zu einer reinen digitalen Raumzeit in Kombination mit der Modalzeit erst in modernen westlichen Gesellschaften begonnen hat. Wie sich im Abschnitt über die Sachdimension noch genauer zeigen wird, begünstigt dies auch die Entwicklung von Technik – insbesondere von avancierter sich selbst steuernder Technik, wie es bei der Robotik der Fall ist. Denn in diesem Fall müssen Zukünfte im Sinne diskreter Elemente konstruiert werden, die im Verhältnis einer geregelten Abfolge stehen.

Das Problem der Beschleunigung der modernen Gesellschaft, das in der gesellschaftskritischen Zeitsoziologie eine große Rolle spielt, basiert vermutlich ebenfalls darauf, dass eine digitale Raumzeit für Ordnungsbildung entscheidend geworden ist. Rosas (2005: Kap. III) Versuch, soziale Beschleunigung kategorial zu erfassen, lässt sich sozialtheoretisch begreifen als Verschränkung von Modalzeit und digitaler Raumzeit. Denn die erwartete Begrenztheit einer folgenden Zukunft hat für das selbstbezogene Erwarten (s. u.) Konsequenzen. Wer von Anfang an ein objektiv kalkuliertes Ende mit erwartet, dessen Zeit ist knapp und es geht zu schnell. Genau dies geschieht auf der Grundlage von durchgesetzter digitaler Zeit. Handlungsabläufe werden in raum-zeitlich identifizierbare Elemente zerlegt und deren Verdichtung kann geplant werden: von 20:43:59 Uhr (Sekundenzählung) bis 21:03:25 Entspannung nach der Arbeit, dann in die ebenfalls im Sekundentakt geplante Premiumfreizeit usw.

Ego-Alter-Tertius in Raum-Zeit-Strukturen

Ego-Alter-Tertius sind jeweilige leibliche Selbste. Im Rahmen der kategorialen Ausarbeitung der Sozialdimension hatte sich gezeigt, dass Ego-Alter-Tertius als leibliche Operatoren in eine Form gebracht werden müssen, die zu einer jeweiligen Grenzziehung passt. Vor dem Hintergrund entfalteter Raum-Zeit-Kategorien, d. h. den unterschiedlichen Zeitformen (Modalzeit, Dauer, Vorher-Nachher-Reihung/digitale Zeit) bzw. Raumformen (Weite-, Richtungs- und Ortsraum/digitaler Raum) lässt sich nun genauer fragen, wie geformte Leiber räumlich und zeitlich in Beziehung zu ihrer Umwelt stehen und welche Möglichkeiten der Positionalisierung sich daraus ergeben.

Der Weiteraum und der in diesem eingerichtete leibliche Richtungsraum ist derjenige Raum, in dem sich zeitlich verfasste Selbste gegenwärtig treffen und berühren. Dies ermöglicht die Bildung einer sozialen Raumzeit bis hin zur Bildung der leibfernen digitalen Raumzeit. Je weniger eine digitale Raumzeit für die Bildung einer jeweiligen Ordnung relevant ist, umso eher scheinen Akteure wie Ahnen, Dämonen und Geister eine realistische Existenzchance zu haben. Der Aufenthaltsort von Ahnen und Göttern lässt sich kaum exakt angeben im Sinne von Längen- und Breitengraden und Uhrzeit. Obwohl sie keinen im modernen Sinn definierten Aufenthaltsort haben, ist es eine erfahrene Wirklichkeit, dass sich Götter oder Ahnen auf leibliche Akteure richten, sie berühren, ihnen gefährlich werden oder sie unterstützen können.

Wenn die zeitliche Ordnung derart ist, dass die Modalzeit der leiblichen Erfahrung primär in dauernde Beziehungsstrukturen eingeordnet ist wie etwa beim Totemismus, kann eine für das moderne Verständnis ganz ungewöhnliche Form der Referenz auf den aktuellen Vollzug entstehen. Durch die Einbettung in die Dauer der Beziehungsstrukturen wird es nämlich verunmöglicht, eine genaue Entscheidung darüber zu treffen, ob nur diejenige Person spricht, die man nach westlichem Verständnis gerade sehen würde, oder ob diese Person nicht zugleich der in der Dauer existierende Ahne ist und als dieser spricht. Der von Strathern (1988: 269 f.) beschriebene Extremfall besteht darin, dass der aktuelle Vollzug weitgehend ohne Bezug auf die Dauer des Selbst auskommt, sondern den Vollzug in die Dauer von Beziehungen einbettet. Es gibt dann keinen Sprecher im Sinne eines dauernden Ich, sondern nur dauernde Relationen zu den Ahnen oder zu anderen Gruppen, die deshalb gegenwärtig wirksam sind. Je aktuelle leibliche Vollzüge sind eingebettet in eine Dauer von Beziehungen, die als solche unentschieden ist hinsichtlich der eindeutigen Festlegung auf einen der Zeitmodi.

Sprecher und Zuhörer, die derart in die Dauer von Beziehungen eingebettet sind, existieren als gegenwärtige leibliche Vollzüge, ohne im Sinne einer Individualisierung auf sich als ein dauerndes Selbst Bezug zu nehmen. Vielmehr ist der Selbstbezug dividualisierend strukturiert, indem der modalzeitliche Vollzug in die Dauer von Beziehungen und der in diesen bereits ausgeführten Taten eingebettet ist, d. h., die Dauer kommt hierbei den Beziehungen und den vergangenen Taten zu. Jede gegenwärtige Aktivität ist wiederholte Vergangenheit, insofern dauert diese in die Gegenwart. Zugleich dauert jede Aktivität in die Zukunft, denn die Dauer bricht mit dieser Gegenwart nicht ab. Dasjenige, was zukünftig geschehen wird, wird auch Wiederholung der dauernden Vergangenheit und der in diesen vorhandenen Beziehungen sein.

Die Möglichkeit unterschiedlicher Strukturierungen der Raumzeiten eröffnet für empirische Forschungen ganz neue Fragestellungen. Man kann danach fragen, wie Ego-Alter-Tertius über die möglichen Ordnungsweisen der Raumzeit verteilt sind. Was ist die raum-zeitliche Strukturbedingung dafür, dass Ego und Alter sich berühren? Ist die Interaktion zwischen Ego und Alter überhaupt ein ausschließlich mo-

dalzeitlich gegenwärtiges Ereignis? Oder ist die Modalzeit immer eingebettet entweder in eine Dauer oder in eine digitale Raumzeit? Wie ist
eine gegenwärtige Berührung zwischen Ego und Alter auf Tertius bezogen, der dauert und unbestimmbar in einem ungegliederten Weiteraum
existiert? Wie verhält es sich, wenn Ego-Alter-Tertius in einer Ordnung leben, die primär modalzeitlich ist und eingebettet in eine digitale
Raumzeit? Kann es in Ego-Alter-Tertius-Relationen unterschiedliche
Raum-Zeit-Strukturen geben und wie sind sie aufeinander bezogen?

Die Eröffnung dieser Fragemöglichkeiten zeigt in jedem Fall an, dass
Ego-Alter-Tertius-Relationen, die Struktur der leiblichen Bezogenheit
und ihre kommunikative Darstellung nicht an gemeinsame gegenwärtige Präsenz an einem Ort im Ortsraum gebunden sind. Hier liegt ein
zentraler Unterschied dieses Ansatzes zu anderen phänomenologisch
(Schütz, Luckmann) oder interaktionistisch orientierten Ansätzen
(Goffman) sowie zum Strukturierungsansatz von Giddens.

Für Schütz (1973d: 219f.) bildet sich die soziale Zeit im Sinne einer
Synchronisation in der gegenwärtigen Interaktion unter Anwesenden.
Luckmann (1986: 154) erweitert diesen Gedanken zwar um die Dimension des Leibes und des Aufeinander-Richtens der Aufmerksamkeit,
aber die gleichzeitige Anwesenheit an einem Ort im Ortsraum bleibt als
zentrale Voraussetzung erhalten. Die operativ relevanten Einheiten sind
entweder die Individuen oder doch zumindest die Interaktion von anwesenden Individuen. Das gleiche gilt für Giddens. Angelehnt an Goffmans
(1981, 1986) Analysen von Begegnungen versteht Giddens das ortsräumlich situierte gegenwärtige »Setting« im Rahmen von Kopräsenz
mit anderen als operativ relevante Einheit (Giddens 1984: 142ff.).

Diese Konzeptualisierungen basieren implizit auf der Annahme, dass
Wirklichkeit an eine ortsräumlich bestimmte Gegenwart gebunden ist.
All dasjenige, was nicht in diesem Sinne gegenwärtig ist, ist nicht. Es
ist nicht mehr oder es ist noch nicht. Demnach existieren soziale Ordnungsmuster wie Systemstrukturen nur insofern, als sie ortsräumlich
gegenwärtig reproduziert werden. Wenn sie nicht mehr gegenwärtig
reproduziert werden, existieren sie nicht mehr, sie sind vergangen. Im
Rahmen der Systemtheorie bleibt die Orientierung an Gegenwärtigkeit
erhalten, aber der Raumbezug wird gekappt, denn Luhmann geht von
ortlosen, aber gegenwärtigen Kommunikationsereignissen aus. Dies
entspricht der Logik der Modalzeit.[27] Vergangenes und Zukünftiges
sind nur insofern real, als sie durch erfüllte Bezüge gegenwärtig gehalten
werden – im Sinne von Erwartungen im Fall der Zukunft, im Sinne von
Aktualisierung im Fall der Vergangenheit.

---

27 Zu den Autoren, die explizit darauf aufmerksam gemacht haben, dass
   Wirklichkeit an Gegenwart gebunden ist, gehören Luhmann (1984),
   Mead (1932/1959), Plessner (1928/1975) und Schmitz (1964).

Mit der Ausnahme von Giddens übergehen alle genannten Ansätze die Dauer im Außen als zeitliches Merkmal. Giddens interpretiert Dauer im Sinne reversibler Zeit. Dass hierin Probleme liegt, hatte bereits Adam (1990) gesehen (s. o.). Deren Kritik lässt sich jetzt präzisieren. Reversibilität meint bei Giddens, dass zeitliche Abläufe sich als die gleichen wiederholen, ohne dass es einen Unterschied macht. Jeden Tag abwaschen, um das Beispiel von Adam aufzugreifen, ist: jeden Tag immer wieder in gleichem Sinne abwaschen. Jedes Jahr im Frühjahr säen, ist jedes Jahr im Frühjahr säen. Dies als reversible Zeit zu bezeichnen, heißt den zeitlichen Ablauf isolieren und als algorithmische Sequenz zu begreifen, die identisch wiederholt wird. Der Wiederholungsmodus ist dabei in messbaren Zeitabständen geschaltet. Damit wird negiert, dass es sich im Falle der regelmäßigen Aussaat um einen steten Neuanfang handelt. Es ist nicht ein Algorithmus, der in messbaren Zeitabständen regelmäßig abläuft, sondern ein erwarteter Neuanfang, dessen Beginn nie ganz sicher ist. Der Mond wird erwartet, er kommuniziert, dass begonnen werden kann. Er muss in seiner Funktion angemessen begrüßt werden, damit er auch wiederkommt. Anstatt von reversibler Zeit, habe ich daher vorgeschlagen, von einer Modalzeit zu sprechen, die in eine rhythmisierte Dauer verschränkt ist. Dass jetzt ein Anfang gesetzt wird, lässt sich nur modalzeitlich begreifen ebenso wie das Warten auf den Mond. Es ist nicht nur Dauer, sondern die Erwartung einer Zukunft. Zugleich ist die Modalzeit aber eingebettet in eine Dauer, denn der Mond wird in seinen zyklischen Runden als regelmäßig wiederkehrend erlebt. Giddens' Fehler liegt darin, Dauer mit den Mitteln digitaler Raumzeit zu begreifen. In deren Rahmen ließe sich eine reversible Zeit konstruieren, die in dem von Giddens angegebenen Modus abläuft. Im monotonen Takt wird nach der Zeitschaltuhr jeden Morgen um 7:05:32 Uhr die Kaffeemaschine angeschaltet. Wenn die Erwartung, dass nach dem Duschen der Kaffee fertig ist, enttäuscht wird, hat der Mechanismus nicht funktioniert. Es gibt keine erwartete Wiederkehr einer Entität, die ich angemessen zu begrüßen hätte, sondern nur einen digital raum-zeitlich durchgebildeten Takt, auf dessen Funktionieren ich unmittelbar gefasst bin. Für Giddens strukturiert eine derart reversible Zeit des Alltags Settings im Rahmen der Kopräsenz von Menschen mit einer irreversibel ablaufenden Lebenszeit. Die reversible Zeit systemischer Strukturen fungiert dabei als Vermittlung mit weiter ausgreifenden Zeit-Raum-Strukturen.

Die Alternative zu solchen auf Ko-Präsenz ausgerichteten operativen Einheiten sind triadische Konstellationen, deren Positionen raum-zeitlich nicht an ortsräumliche Gegenwart gebunden sind, sondern in die Dauer und in die modalzeitliche Gegenwart und Zukunft verteilt sein können. Als Ansatzpunkt dient auch hier die Gegenwart, aber nicht alle involvierten Ego-Alter-Tertius-Positionen müssen gegenwärtig im Ortsraum unter Anwesenden vorhanden sein. Im Fall einer rhythmisierten Dauer können die erfüllten Zukunftsbezüge auf den zukünftig als anwesend erwarteten Mond als Bezug auf eine relevante Interaktionsposition verstanden werden. Der Mond ist noch nicht anwesend, er wird erwartet. Da die Existenz aller Beteiligten einschließlich des Mondes in eine Dauer eingebettet ist, wird der Mond zu einem gegenwärtig relevanten Akteur, ohne eindeutig gegenwärtig anwesend zu sein. Der Raum, in dem der Mond dauert, wäre vermutlich im Sinne des ungegliederten Weiteraums zu verstehen, aus dem er auftaucht.

Unter der Voraussetzung, dass Modalzeit und Dauer primär relevant sind für Ordnungsbildung, ist es vermutlich unmöglich zu sagen, dass Operationen eindeutig gegenwärtig ablaufen müssen. Denn jede gegenwärtige Operation ist in die rhythmisierte Dauer verschränkt und dauert daher in die Vergangenheit und in die Zukunft. Es ist rein kategorial nicht auszuschließen, dass keiner der beteiligten Operatoren entschieden eindeutig gegenwärtig operiert. Wahrscheinlich lässt sich auf diese Weise das Dauern der »Traumzeit«, die für die Ordnungsbildung der australischen Ureinwohner relevant ist, am besten begreifen. Das Charakteristikum dieser Ordnung scheint zu sein, dass es keine gegenwärtigen Handlungen gibt, sondern alles Handeln ist Vergegenwärtigung der Handlungen der Heroen der Traumzeit und der darin etablierten Beziehungen (Descola 2005/2011: 224).

Wenn Ordnungsbildung primär durch eine Verbindung von Modalzeit und digitaler Raumzeit gekennzeichnet ist, ergeben sich andere Möglichkeiten der Verteilung von Akteuren in der Raumzeit. In einer solchen Ordnung ist Dauer beschränkt auf die Dauer des individuellen Selbst. Als ein solches erwartet Ego die Erwartungen eines Alter Ego, insofern als Ego die Erwartungen eines zukünftig anwesenden Dritten antizipiert. Wenn die jeweiligen Zukunftsbezüge im Sinne erfüllter Zukunftsbezüge an die Gegenwart angeschlossen sind, spricht nichts dagegen, einen ortsräumlich abwesenden, aber zukünftig ortsräumlich anwesenden Dritten als operativ relevante Position in die triadische Konstellation aufzunehmen. Gegenwärtige Kommunikationen können auch an ortsräumlich Abwesende adressiert werden, die auch nur im Sinne eines erfüllten Zukunftsbezugs gegenwärtig sind und zwar unter Bezug auf zukünftig adressierbare Dritte. Das erscheint ungewöhnlich und abstrakt, aber eine solche Struktur kennzeichnet das Ausfüllen einer Geldüberweisung. Alter füllt die Überweisung adressiert an Ego aus in der Erwartung, dass Ego die Anweisung des Geldbetrages erwartet und dass es diesen annehmen wird, weil es seinerseits erwartet, die angewiesenen Währungseinheiten als Zahlungsmittel im Verkehr mit jetzt abwesenden Dritten verwenden zu können. Nur unter dieser Voraussetzung erwartet Alter die Annahme der Überweisung durch Ego. Wenn Modalzeit in der Verschränkung mit einer digitalen Raumzeit für Ordnungsbildung relevant ist, beinhaltet dies, dass zumindest einer der drei Operatoren Ego, Alter oder Tertius eindeutig gegenwärtig operiert.

Die beschriebenen Positionen einer triadischen Kommunikationskonstellation – diejenige des Mondes in der Dauer oder diejenige des zukünftigen digital raum-zeitlich identifizierbaren Dritten – sind Positionen, die in der Kommunikation von realen Personen eingenommen werden bzw. als reale Personen zukünftig adressiert werden. Kategorial ausgeschlossen wäre nach der hier dargestellten Logik aber, dass im Rahmen einer Ordnung, die durch eine Verbindung von Modalzeit und digitaler Raumzeit gekennzeichnet ist, auf einen vergangenen Akteur, etwa einen verstorbenen Ahnen, als realen Akteur Bezug genommen wird. Denn das Vergangene ist nicht mehr, es war, es ist vergangen. Bezüge auf nicht mehr existierende Akteure können unter dieser Voraussetzung nur metaphorischer Art sein. Etwa in dem Sinne, wie man sagen kann: Ich fühle mich dem Andenken meines verstorbenen Vaters verpflichtet. Wenn allerdings in einer Gruppe eine Dauer etabliert ist, in der der verstorbene Vater existieren kann, etwa im Sinne der dauernden Beziehung zu den Ahnen, stellt sich das Problem anders dar. In diesem Fall könnte der verstorbene Vater als realer Akteur auftreten.

Die kategoriale Differenzierung der Raum- und Zeitdimensionen zeigt zum einen, dass diese Differenzierungen unerlässlich sind für eine Ordnungsanalyse unter den Bedingungen erweiterter Weltoffenheit. Dabei zeigt sich weiterhin, dass die Operativität leiblicher Vollzüge des Berührens und Kommunizierens zwar an Gegenwart gebunden ist, aber nicht in jedem Fall eindeutig entschieden und damit ausschließlich. Hier zeigt sich ein wichtiger Unterschied zur Systemtheorie, die alle Operationen eindeutig an Gegenwart bindet. Soziale Operativität im Sinne leiblich-kommunikativer Vollzüge ist darüber hinaus nicht an gegenwärtige Anwesenheit im Ortsraum gebunden. Damit ist ein wichtiger Unterschied zur Handlungstheorie, zur phänomenologisch orientierten Soziologie sowie zu interaktionistischen Ansätzen markiert.

3.3. Sachdimension – Leib und Technik

Bezogen auf die Sachdimension der Ordnungsbildung lassen sich zwei Aspekte unterscheiden. (1.) die sachlichen Aspekte des Wahrnehmens von Sachverhalten und des Behandelns von Gegenständen und (2.) die sachlichen Aspekte der Beziehung zwischen sozialen Personen, d.h. dasjenige, worum es in der Beziehung geht. In der Soziologie sind die beiden Aspekte der Sachdimension am ehesten in der Theorie Meads zusammengedacht. Dies gilt zumindest dann, wenn man seine Überlegungen zu Institution und Gesamthandlung[28] zusammenführt (Mead

1924-25/1987: 315, 326). Ansonsten scheinen die beiden Sachaspekte der Ordnungsbildung zurzeit auf unterschiedliche Theorien verteilt zu sein. Bezogen auf dasjenige, worum es in einer Interaktion bzw. Kommunikation geht, wird die Sachdimension in der Systemtheorie berücksichtigt. Luhmann definiert sie als eine von drei Sinndimensionen (sachlich, zeitlich, sozial). Die Sachdimension ist hier vor allem relevant, um die sachlich-funktionale Differenzierung von Gesellschaft herauszuarbeiten (Luhmann 1984, 1997). Die praktisch orientierte Wahrnehmung von Sachverhalten und Sachen und deren Handhabung wird schon länger in der Wissenschafts- und Technikforschung thematisiert. Dies kommt z.B. treffend in dem Buchtitel »Sachdominanz in Sozialstrukturen« (Linde 1972) zum Ausdruck. Latour geht es um Ähnliches, wenn er darauf abhebt, dass Gesellschaften strukturell durch Sachtechnik stabilisiert werden (Latour 1994). Rammert (2007) versucht das gleiche – meines Erachtens deutlich differenzierter – mit dem Konzept des verteilten Handelns einzufangen, das er ausgehend von Meads Konzept der institutionalisierten Gesamthandlung entwickelt. Der Aspekt des praktischen Umgangs mit Dingen wird in jüngerer Zeit auch in der Theorie sozialer Praktiken in den Vordergrund gestellt (Bourdieu 1972/1979, Giddens 1984, Schatzki 1996) und dabei auch gegen die unsinnlichen quasi-mentalistischen Sinn- und Semantikkonzepte Luhmanns stark gemacht (vgl. Reckwitz 2003).

Der Grund dafür, die Sachdimension eigens abzuheben, ist leicht einzusehen. Der sachliche Gehalt des Erlebten geht in der raum-zeitlichen und der sozialen Strukturierung nicht auf. Es gibt Farben, Gerüche, Themen, den Sachzusammenhang gemeinsamer Arbeitsprojekte usw. Diese unterscheiden sich nicht nur durch ihre räumlich-zeitliche Situierung oder dadurch, wer sozial daran beteiligt ist. Die sachlichen Qualitäten der Dinge, ihre Farbe, die besondere Art ihrer Widerständigkeit usw. erfordern jeweils spezifische Umgangsweisen. Die in der Wahrnehmung bzw. der praktischen Wirkbeziehung gegebenen Sachverhalte müssen in eigener Weise erfasst werden und können nicht auf die anderen drei Dimensionen reduziert werden. Gleiches gilt für den zweiten Aspekt der Sachdimension, für dasjenige, worum es in sozialen Beziehungen geht. Hier geht es um die Qualität der Relation, die sich unterscheidet je nachdem, ob es um Ehe/Familie, Wirtschaft, Wissenschaft usw. geht. Diese sachlichen Gehalte können in ihrer Eigenart nicht auf soziale oder raum-zeitliche Strukturierungen zurückgeführt werden.

Wenn man Ordnungsbildung ausgehend von der Umweltbeziehung exzentrischer leiblicher Selbste begreift, lassen sich diese unterschiedlichen Aspekte in differenzierter Weise zusammendenken, ohne den

---

28 »Gesamthandlung« übersetzt den englischen Ausdruck »composite action« (Mead 1932/1959: 182).

einen auf den anderen zu reduzieren. Auf der Ebene zentrischer Positionalität sind die beiden Aspekte der Sachdimension integriert in die erlebten sachlich-räumlich-zeitlich strukturierten Feldverhalte. Die Beziehung zum Umfeld weist zwar diese Dimensionen auf, aber diese heben sich nicht als solche differenziert für die Beteiligten voneinander ab. Die Reflexivität der exzentrischen Positionalität ermöglicht es, dass die praktisch relevanten Dimensionen der Leib-Umwelt-Beziehung für das erlebende Selbst auseinandertreten. Der Grund dafür liegt darin, dass sich im Rahmen der exzentrischen Leib-Umwelt-Beziehung für die Beteiligten der Bereich personal-sozialer Beziehungen als solcher abhebt und damit von der Handhabung von Sachen unterschieden werden kann. Dies vorausgesetzt kann es für die Beteiligten den Unterschied geben zwischen dem praktisch technischen Aspekt der Sachdimension und dem Aspekt dessen, worum es in einer Interaktion bzw. Kommunikation geht. Der letztere Aspekt wird im folgenden Kapitel ausgeführt. Das Behandeln von Gegenständen und der Umgang mit bzw. die Nutzung sachlicher Technik sind der Gegenstand dieses Kapitels.

3.3.1. Zentrische Positionalität

Sachdimension meint, dass sich für ein leibliches Selbst ein Feldverhalt praktisch abhebt; ein solcher Feldverhalt stellt für das leibliche Selbst eine Aufforderung dar, auf die das Selbst ausgehend von seinem erlebten Zustand und seinen praktischen Zugriffsmöglichkeiten reagieren kann. Ein anspruchsvolles Beispiel dafür wäre der Werkzeuggebrauch bei Schimpansen, wie er sich etwa beim »Angeln« von Termiten beobachten lässt. Die Wahrnehmung ist eingegliedert in das zustandsrelative Erleben der Umwelt. Der Feldverhalt wird ausgehend vom eigenen Zustand (Hunger) und bezogen auf ein zu erreichendes Ziel (bewegliches Essbares – Termiten – befindet sich versteckt unter mir) erfasst. Ein Schimpanse muss erfassen, was zu tun ist (etwas in die Gänge hineinstecken) und was aktuell machbar ist (was liegt hier Brauchbares herum, was habe ich dabei).

Diese Differenzierungen reichen aus, um zu rekonstruieren, wie Schimpansen Termiten, die in Termitenhügeln oder unterirdisch leben, unter Nutzung von Werkzeugen erreichen. »Dazu stoßen sie (Schimpansen, GL) zuerst mit einem Stock eine Öffnung in die (unterirdische, GL) Termitennestkammer. Danach holen sie die Beute mit einem dünnen Zweig heraus. Der Gebrauch mehrerer Werkzeuge zur Lösung nur einer bestimmten Aufgabe ist bei allen anderen Arten, mit Ausnahme des Menschen, relativ selten. Die Filmaufnahmen dokumentieren auch, dass Schimpansen die gleichen Werkzeugformen bei verschiedenen Nesttypen benutzen, die gleichen Materialien wählen und Nester wiederholt mit wiederverwendbaren hölzernen Werkzeugen aufsuchen. Außerdem gibt es Unterschiede in der materiellen Kultur zwischen benachbarten Gruppen.« (Sanz 2008, vgl. auch Sanz/Morgan 2007, 2008) Die Komplexität, die gegeben sein muss, um ein derartiges Verhalten zu ermöglichen, ist die folgende. Der Affe nimmt den Feldverhalt »Termiten sind verborgen in/unter ...« wahr. Es gibt ein Verständnis der eigenen Wirkfähigkeit. In den eigenen Richtungsraum müssen trainierbare Bahnen des Zugreifens, Drückens, Schiebens, Zerrens eingearbeitet werden. Gegenstände können dabei in die einzuübenden bzw. eingeübten leiblichen Richtungsbahnungen integriert werden. Anders gesagt, aus dem eigenen Zentrum heraus können der Körper und insbesondere Arme und Beine unter Einschluss einer auf das Objekt abgestimmten Erweiterung der leiblichen Zugriffsfähigkeit (Werkzeug) gesteuert werden. Die Erweiterung der leiblichen Zugriffsfähigkeit erfolgt feldverhaltsangemessen: um den Boden zu durchstoßen, den dicken Stock nehmen, um die Termiten zu holen, den dünnen Zweig. Wirkfähigkeit und damit im Ansatz ein Verständnis von Kausalität wird ausgehend vom gebahnten Richtungsraum des eigenen Leibes erkannt. Die Funktionalität des Werkzeuges wird erkannt, insofern das Werkzeug in den Richtungsraum des Leibes praktisch integriert wird.[29]

Werkzeuggebrauch ist ein sachlich funktionaler Bezug auf die Umwelt, der als solcher bereits im Rahmen der Komplexität zentrischer Positionalität möglich ist. Die Struktur ließe sich so beschreiben.

1. Das leibliche Selbst erlebt seine Umwelt und die in ihr vorkommenden Feldverhalte.

2. Es gibt einen aus der eigenen Mitte heraus erlebten praktischen Richtungsraum im Sinne von: Ich kann nach vorn springen, nach rechts zugreifen, hinten links drücken, nach hinten ausholen, um nach vorn zu schlagen etc., je nach Umwelterfordernis.

3. In den leiblichen Richtungsraum können Gegenstände integriert werden. Deren funktionale Integration in den leiblichen Raum der praktischen Handhabung folgt der Erfahrung mit den Gegenständen.

4. Dies ermöglicht die praktische Unterscheidung unterschiedlicher Gegenstände in ihrer Funktionalität für die feldverhaltsangemessene Integration in den leiblichen Raum.

29 Es gibt bei Verhaltensforschern ein schönes Analogon zum *going native* der Ethnologie. Dies äußert sich z. B. darin, dass Verhaltensweisen, die auf hohe Intelligenzleistungen hinweisen, der »eigenen« Spezies bevorzugt, wenn nicht ausschließlich zugerechnet werden. In diesem Sinne halten Affenforscher Affen für die Klügsten. Mäuseforscher suchen entsprechend nach Hinweisen auf intelligentes Verhalten bei »ihrer« Art – und werden fündig. Mithilfe eines unterstützenden Trainings können auch Mäuse ein derart leibgebundenes Verständnis der Funktionalität eines Werkzeugs erlangen (Okanoya et al. 2008).

Diese Struktur hat offensichtlich einen raum-zeitlichen Zuschnitt. Das Erleben der Feldverhalte in der Umwelt hat eine zeitliche Struktur. Ein Feldverhalt ist nicht nur gegenwärtig, sondern impliziert auch Erwartungen. Dazu gehört etwa die Erwartung, dass hier Termiten unter mir sind. Diese Erwartung leitet das Durchstoßen des Bodens mit einem dicken Stock an, auf welches das Angeln mit einem dünnen Stock folgt. Ein solches Verhaltensbild deutet – wie gesagt – auf einen eingerichteten Richtungsraum hin, in den das motorische Körperschema eingebunden ist. Im Rahmen der zentrischen Positionalität würde es sich hierbei immer auch um eine zustandsrelative Aktivität handeln, d. h. Spüren des eigenen Hungers und entsprechend die Angebote in der Umwelt wahrnehmen.

3.3.2. Exzentrische Positionalität

Exzentrische Positionalität beinhaltet eine Steigerung der reflexiven Komplexität der Umweltbeziehung derart, dass der Gesamtzusammenhang von erlebendem Selbst und erlebter Umwelt reflexiv auf sich bezogen ist. Dies beinhaltet eine Veränderung, die auch das Verhältnis von Sach- und Sozialdimension betrifft. Auf der Ebene zentrischer Positionalität gibt es einen praktischen Unterschied im Umgang mit anderen leiblichen Aktionszentren und Sachen und Feldverhalten, die einfach nur zu handhaben sind. Dass hier ein praktischer Unterschied besteht, meint, dass leibliche Selbste entsprechend dieser Differenz agieren. Das heißt aber noch nicht, dass diese Differenz als solche gegeben ist. Das ist im Rahmen der Reflexionsstruktur exzentrischer Positionalität der Fall.

Im Rahmen der Reflexionsstruktur exzentrischer Positionalität ergeben sich spezifische Modifikationen der Raum-Zeit-Struktur; diese führen dazu, dass der Raum, in dem die leiblichen Selbste einander berühren, zu einem gemeinsamen Raum wird, in dem es Sachverhalte geben kann, die für alle Beteiligten die Gleichen sind, wenn auch aus unterschiedlichen Perspektiven. Dies ist die Voraussetzung für die Bildung raum-zeitlich komplex strukturierter gemeinsamer Sachverhalte, wie sie etwa institutionalisierte Gesamthandlungen darstellen. Im Ansatz stellt bereits die gezielte Herstellung und Nutzung eines Werkzeugs eine solche Gesamthandlung dar.

Institutionalisierte Gesamthandlungen

Bei einer Gesamthandlung handelt es sich Mead zufolge immer um eine soziale Handlung, die sich auf ein soziales Objekt richtet. Das »Soziale« macht sich daran bemerkbar, dass mehrere Akteure an der Gesamthandlung beteiligt sind, jeweils Teilhandlungen leisten, deren

Sinn aber darin besteht, ein Beitrag zur Gesamthandlung zu sein. Die Ausführung einer Teilhandlung weist eine spezifisch auf die Gesamthandlung ausgerichtete zeitliche Struktur auf. In jeder Teilhandlung antizipiert ein Akteur (Ego), dass ein anderer Akteur (Alter) erwartet, dass er diese Teilhandlung als Beitrag zur Gesamthandlung ausführt, damit der zweite Akteur seinen zukünftigen Beitrag leisten kann (Mead 1924-25/1987: 315). Das Objekt der Gesamthandlung muss dabei als ein die Zeit überdauerndes Objekt existieren. Nur wenn das der Fall ist, kann das soziale Objekt von Beginn der Gesamthandlung bis zu deren Ende als organisierende Bezugseinheit fungieren. Dieses besondere Merkmal des sozialen Objekts wird bei Mead allerdings eher vernachlässigt.

In jedem Fall folgt aus diesem Verständnis der Gesamthandlung, dass es sich um eine Einheit handelt, die die Beteiligten füreinander zum Ausdruck bringen müssen. Jede Teilhandlung antizipiert die Erwartungen anderer Beteiligter und stellt für diese dar, welche Art Beitrag geleistet wird und welche Art Beitrag von den Anderen erwartet wird. Diesen Zusammenhang bezeichnet Mead auch als »Institution« (Mead 1924-25/1987: 326). Ich werde daher im Weiteren von institutionalisierten Gesamthandlungen sprechen, um den Zusammenhang von sozialer Handlung und sozialem Objekt zu erfassen. Eine genauere Analyse ergibt, dass eine triadische Konstellation erforderlich ist, um institutionalisierte Gesamthandlungen zu verstehen, dies zeigt sich bereits bei der Herstellung und Nutzung von Werkzeugen.

Technik als kommunikativer Sinnvorschlag

Sowohl Werkzeuge als auch einfache und komplexere technische Artefakte werden produziert, um benutzt zu werden. Ansatzweise ist dies auch bereits dann gegeben, wenn ein Akteur ein Werkzeug für die eigene später erfolgende Nutzung herstellt. Denn auch in diesem Fall ist ansatzweise gegeben, dass die Erwartungen der zukünftigen Nutzerinnen erwartet werden. Unabweisbar gegeben ist der Sachverhalt, dass die Erwartungen zukünftiger Nutzerinnen erwartet werden, wenn es sich bei Produzentin und Nutzerin nicht um die gleiche Person handelt. Fremdproduzierte Werkzeuge und Technik können nur dann vorkommen, wenn es Entitäten gibt, die sich im Sinne von erwarteten Erwartungs-Erwartungen aufeinander beziehen. Die Produzentin erwartet mögliche Nutzungserwartungen seitens bestimmter oder anonymer Techniknutzerinnen. Diese Antizipationen sind in die praktische Gestaltung der Technik eingelassen. Herstellung und Nutzung von Werkzeugen sind demnach als eine aus mehreren Teilhandlungen zusammengesetzte Gesamthandlung zu verstehen. Das Werkzeug ist ein soziales Objekt. Die Produzentin orientiert die Herstellung an einer Nutzungsbeziehung. Diese Relationierung lässt sich idealtypisch zweifach ausdifferenzieren, wobei die erste ohne eine Drittenkonstellation auskommt, während die zweite notwendigerweise eine Drittenkonstellation impliziert. Die erste idealtypische Konstellation ist ein Grenzfall, der empirisch wahrscheinlich nicht vorkommt. In diesem Fall ist die Nutzung durch die materielle Gestalt des Werkzeugs vollständig determiniert. Die Herstellung orientiert sich an exakt erwarteten Erwartungen der Nutzerin und diese erwarteten Erwartungen sind so eindeutig in die materielle Form eingearbeitet, dass eine andere als die erwartete Nutzung praktisch ausgeschlossen ist. Ich möchte nicht ausschließen, dass es einmal ein solches Werkzeug geben wird, halte dies aber für unwahrscheinlich.

Bei den bislang produzierten Werkzeugen liegt der Fall anders. Sie determinieren nicht eindeutig die Nutzung. Sie entsprechen dem zweiten Idealtypus, der durch eine Ego-Alter-Tertius-Konstellation gekennzeichnet ist. Mithilfe dieser Konstellation kann die Werkzeugverwendung beschrieben werden, wenn die hergestellte Gestalt des Werkzeugs dessen Nutzung nicht vollständig festlegt. In diesem Fall werden weitere personale Dritte erforderlich. Denn die durch die Herstellerin antizipierte Beziehung Nutzerin-Werkzeug muss aus der Perspektive eines dritten Akteurs in einer Weise objektiviert werden, die über die materielle Gestalt hinausgeht. Die Herstellerin erwartet nicht nur die Erwartungen der Nutzerinnen, sondern diese erwarteten Erwartungen werden aus der Perspektive von Tertius objektiviert. Die adressierte Nutzerin hat nicht nur bestimmte Nutzungserwartungen, sondern sie sollte bestimmte Nutzungserwartungen haben – aus der Perspektive der Dritten. Diese erwarteten Erwartungen werden von der Herstellerin erwartet.

Ich hatte bereits bei der Ausarbeitung des triadischen Kommunikationsbegriffs auf zwei Punkte hingewiesen. (1.) Die Position des Dritten, von der ausgehend die Erwartungs-Erwartungen zwischen Ego und Alter zu einem Muster objektiviert werden, kann nicht mit den Positionen von Ego oder Alter identisch sein; (2.) Die Übernahme der Position der Dritten ist an die reale Erfahrung der Dritten gebunden, denn diese enthält etwas qualitativ Neues im Verhältnis zum reflexiven Bezug auf sich selbst und auch im Verhältnis zur Übernahme der Position von Alter.

Im Rahmen einer Ego-Alter-Tertius-Konstellation gibt es nicht nur ein Werkzeug, das praktisch zu handhaben ist, sondern ein Werkzeug, das in einer gewissen Weise praktisch gehandhabt werden soll. Das Werkzeug legt nicht nur eine bestimmte Handhabung nahe, sondern das Werkzeug bedeutet, wie es angemessen zu gebrauchen ist. Von seiner materiellen Form her legt ein Hammer nahe, wie er als Werkzeug in das praktische Körperschema zu integrieren ist. Nicht festgelegt ist dadurch, ob er dazu dienen soll, einen Nagel oder einen Menschen auf den Kopf zu treffen. Oder ob er dazu gemacht ist, dem Zorn eines Akteurs durch kräftige Schläge gegen eine Wand Ausdruck zu verleihen usw. Ich vermute, dass es kaum Werkzeuge gibt, die allein durch ihre Gestalt praktisch ausreichend ihre Nutzung festlegen. Deshalb ist davon auszugehen, dass Werkzeuge nicht nur durch ihre Gestalt einen praktischen Sinn vorgeben, sondern dass sie immer auch ihren angemessenen Gebrauch symbolisieren. Symbol wird hier in einem sehr weiten Sinn verstanden. Das Werkzeug ist ein solches, insofern es auf mögliche Gebrauchsweisen verweist. Dass ein Werkzeug als Symbol fungiert, heißt also nicht, dass explizite Regeln des Gebrauchs festgelegt sein müssen – etwa im Sinne einer schriftlichen Gebrauchsanweisung. Die zukünftigen möglichen Gebrauchsweisen können vielmehr unbestimmt bleiben, das heißt, um welche Gebrauchsweisen es sich genau handelt, braucht nicht explizit benannt zu werden. Auch in einem solchen Fall gibt es ein Verständnis der Differenz zwischen Sollgebrauch und unangemessenem Gebrauch; diese wird allerdings erst im Nachhinein deutlich. Bei einem Gebrauch, der als unangemessen identifiziert wird, handelt es sich um die Enttäuschung einer erwarteten Erwartung richtigen Gebrauchs. Erst wenn die enttäusche Erwartung identifiziert ist, wird für alle Beteiligten klar, welcher Gebrauch explizit nicht der Sollnutzung entspricht.

Je leibferner eine Technik ist, desto weniger werden an einem gemachten Ding seine praktischen Nutzungsmöglichkeiten direkt wahrzunehmen sein, und umso deutlicher tritt hervor, dass gemachte Artefakte ihre Nutzung symbolisieren müssen. Eine zukünftige Nutzungen explizit erfassende symbolische Darstellung wäre etwa die bereits erwähnte Gebrauchsanleitung. Ohne eine solche wären viele Artefakte kaum noch zu handhaben. Auf eine leibnahe Handhabung reduziert, taugt ein Handy wahrscheinlich zu nicht viel mehr, als damit zu werfen oder sich am Kopf zu kratzen. Für die überwiegende Mehrzahl der Artefakte in einer modernen Gesellschaft – etwa Waschmaschinen, Arzneimittel, Klapprechner, Dunstabzugshauben, Geldautomaten usw. – gilt wahrscheinlich, dass sie ohne Gebrauchsanleitung nicht recht zu verwenden sind. In all diesen Fällen erwarten Produzenten nicht nur Nutzungserwartungen, sondern aus der Drittenperspektive standardisierte Sollnutzungen, die durch Gebrauchsanleitungen expliziert werden. Aber auch in diesen Fällen kann die Unbestimmtheit des Verständnisses richtigen Gebrauchs nicht vollständig in einzelne identifizierte antizipierte Erwartungen aufgelöst werden. Denn Gebrauchsanweisungen legen einerseits die Regeln richtigen Gebrauchs im Vorhinein explizit fest, aber dadurch sind die Formen angemessenen Gebrauchs des Werkzeugs nicht vollständig erfasst. Auch die durch eine Gebrauchsanweisung explizierte Nutzung verweist auf eine Vielzahl möglicher aber noch unbestimmter Nutzungen. Ob diese die Regeln richtigen Gebrauchs verletzen, kann auch in diesen Fällen erst im Nachhinein anhand der identifizierten verletzten Erwartungen expliziert werden.

Dass es Sollvorgaben der Nutzung gibt, schließt eine praktische Rezeption der Artefakte abseits der Sollnutzungen nicht aus. Gerade wenn man Techniknutzung kommunikationsanalog begreift, wird sofort erkennbar, dass es auf die in der Produktion antizipierte drittenvermittelte Sollnutzung nicht ankommt, sondern darauf, wie der technische Sinnvorschlag praktisch rezipiert wird. Um eine gesellschaftliche Ordnung aufrechtzuerhalten, die stark durch technisch vermittelte Beziehungen bestimmt ist, ist es daher unbedingt erforderlich, die Rezeption von Technik entsprechend drittenvermittelt zu steuern. Weniger die Selektion von Information und Mitteilung seitens Alter, sondern die verstehende Deutung der Mitteilung, die praktische Nutzung, durch Ego legt fest, was mitgeteilt worden ist und muss entsprechend über Tertius vermittelt objektiviert werden. Es ist nicht unwahrscheinlich, dass die Produzenten von Technik immer wieder überrascht sein werden, wie ihre Produkte praktisch interpretiert und genutzt werden. Diese Nutzungen müssen immer wieder in eine an objektivierten Nutzungsmustern orientierte Ordnung gebracht werden.

Die Frage, wofür Zangen, Hämmer, zivile Verkehrsflugzeuge usw. gebaut worden sind, wird durch die Entwicklung drittenvermittelter Rezeptionsmuster entschieden. Sind zivile Verkehrsflugzeuge Fortbewegungsmittel oder Bomben? Sind Atomkraftwerke eine Technik zur Energieproduktion oder handelt es sich um eine Art immobile Atombombe, die darauf wartet, gezündet zu werden? Der kreativen Rezeption von Technik sind zwar gewisse technische Grenzen gesetzt. Mit einem Flugzeug kann man z. B. schwerlich Nüsse knacken, aber die praktische Rezeption ist doch weniger limitiert, als die Produzentinnen und die meisten regelorientierten Nutzerinnen zunächst glauben würden. Wenn symbolische Nutzungsmuster durch die praktische Rezeption in Frage gestellt werden, muss das Nutzungsmuster repariert werden. Die Umnutzung ziviler Verkehrsflugzeuge zu Sprengstoffkörpern hat dazu geführt, dass die Körper der Reisenden einer ausgiebigeren Kontrolle unterzogen werden, um die Möglichkeiten derartiger praktischen Rezeptionen zu begrenzen. Die Auseinandersetzungen um die Nutzung des Internet drehen sich weniger um die Erwartungen der Nutzer, als vielmehr darum, was eine angemessene drittenvermittelte Sollnutzung darstellt. Ist das Internet gemacht, um eine weltweite Tauschbörse für Musik und Filme zu etablieren? Ist es gemacht als Verbreitungsmedium für Schadprogramme, die möglichst viele einzelne Rechner lahmlegen? Solche Nutzungen haben die Anbieter und Hersteller der technischen Möglichkeiten nicht vorausgesehen, aber ihr Produkt wurde so rezipiert. Die angemessene Sollnutzung muss immer wieder neu festgelegt werden, denn es ist unbestimmt, zu was das Internet morgen noch gut sein wird. Jede neue Nutzung symbolisiert einen neuen Sinnvorschlag.

Komplexe Gesamthandlungen I

Der Symbolcharakter von Technik tritt stärker hervor, wenn man komplexere Gesamthandlungen in den Blick nimmt. Bei der Analyse solcher Gesamthandlungen im Rahmen der Wissenschafts- und Technikforschung stehen bislang akteurstheoretische Fragen im Vordergrund. Wer leistet einen Beitrag? Wie ist dieser sachlich beschaffen? (vgl. Rammert und Schulz-Schaeffer 2002, Rammert 2007) In diesem Sinn kann man unterscheiden zwischen solchen Beitragenden, die intentional handeln, und solchen, die festgelegte mechanisch aufeinander folgende Wirkungen entfalten bzw. solchen, die entweder diese oder jene Wirkung entfalten. Die handlungstheoretische Fixierung erschwert es allerdings, danach zu fragen, wie Akteure ihren Beitrag und ihre Erwartungen an andere Beitragende symbolisieren. Handlungstheoretisch wird nach Intentionalität und Wirksamkeit gefragt; kommunikationstheoretisch wäre es angemessener zu fragen, ob alle Beitragenden an entsprechenden Symbolbildungen aktiv beteiligt sind und vor allem danach, wie angemessen zwischen Symbolen und Symbolverwendern zu unterscheiden ist. Und schließlich wäre danach zu fragen, wie sich die Beitragenden in die raum-zeitliche Verlaufsstruktur der Gesamthandlung symbolisch und praktisch integrieren.

Ich greife das Beispiel von Rammert und Schulz-Schaeffer (2002) auf – »Wer fliegt das Flugzeug mit Urlaubern nach Teneriffa?« Der Flug kann als eine projektierte Gesamthandlung begriffen werden. Diejenigen Beteiligten, die ihren Beitrag symbolisch darstellen, tun das entsprechend. Als mögliche Beitragende kommen u. a. in Betracht: die Urlauber, das Flugzeug bzw. der Autopilot als dessen Steuerungseinheit, das Flugpersonal, die Flughafenlogistik (Förderbänder, Busse, Rolltreppen usw.). Es ist offensichtlich, dass alle diese Entitäten einen Beitrag leisten, aber stellen auch alle Beteiligten dar, als wer sie diesen Beitrag leisten? Erwarten alle Beteiligten die Beiträge anderer Beteiligter? Welche Beteiligten haben Erwartungen bzw. erwarten Erwartungen oder erwarten erwartete Erwartungen und stellen dies entsprechend symbolisch dar? Erleben alle Beteiligten ihren Zustand, ihr Befinden, und dessen Veränderungen, wenn Erwartungen enttäuscht oder erfüllt werden? Gibt es beitragende Entitäten, bei denen es sich um Artefakte handelt, die ihre vorgesehene Rezeption symbolisieren?

In diesem Sinn wäre zu untersuchen, was es mit Rolltreppen, Förderbändern, dem Autopiloten, dem Co-Piloten, den Fluggästen, dem Flugbegleitpersonal, der Fluggesellschaft, dem servierten Besteck usw. auf sich hat. Gibt es unter diesen Entitäten solche, die als Symbolverwender gedeutet werden? Gibt es Entitäten, die zugleich ein Symbol ihrer Sollnutzung sind? Urlauber wären als Entitäten zu identifizieren, die erwarten bzw. erwartete Erwartungen erwarten. Bei einer Verspätung sind sie verärgert, bringen die Enttäuschung ihrer Erwartungen symbolisch zum Ausdruck, indem sie sich beschweren, und lernen doch, mit der Situation umzugehen. Ich unterstelle gleiches für das Flugpersonal und die menschlichen Piloten. Andere Entitäten erweisen sich als avancierte technische Artefakte. Sie zeigen an, dass sie funktionsfähig sind bzw. dass ein Problem vorliegt. Es wäre dabei empirisch genau hinzusehen und zu fragen: Ist es ein symbolischer Ausdruck, wenn ein Warnlicht anzeigt, dass die Rolltreppe oder der Autopilot nicht einwandfrei funktionieren? Ist die Rolltreppe selbst die Entität, von der erwartet wird, dass sie ihr Nichtfunktionieren, also ihren Nichtbeitrag zur Gesamthandlung eigens symbolisiert? Oder ist die Rolltreppe als eine Entität zu identifizieren, an der automatisch ein Signal erscheint, das auf eine Störung hinweist? In diesem Fall symbolisiert die Rolltreppe nicht selbst ihre Nichtfunktion, sondern an ihr erscheint ein Signal, welches anzeigt, dass das Artefakt nicht – wie sonst üblich – seinen Beitrag zur Gesamthandlung leisten wird.

Auch wenn es sich nur um eine Störung etwa des Autopiloten handeln sollte, erhält das technische Signal in der Rezeption einen Zeitbezug. Die Störungsmeldung enttäuscht die Erwartungen der Piloten an das Artefakt, und es muss entschieden werden, wie unter dieser Voraussetzung eines veränderten Zukunftsbezugs zu verfahren ist. Sollen die (menschlichen) Piloten das Flugzeug allein steuern? Soll die Störung behoben werden? Usw. Wenn man auf diese Weise den Ablauf einer technisch vermittelten Gesamthandlung im Detail analysiert, wird untersucht, wie Symbolverwender ihre Beiträge zur Gesamthandlung symbolisieren, wie die Nutzung technischer Artefakte in diesen symbolisiert wird, wie symbolisch-technische Artefakte praktisch rezipiert werden, wie damit für andere Akteure symbolisch dargestellt wird, dass es jetzt an ihnen ist, ihren Beitrag zur Gesamthandlung zu leisten usw.

Die Deutung technischer Artefakte als solche, die zugleich ihre angemessene Nutzung symbolisieren, legt nicht allgemein fest, wer als ein Akteur zu gelten hat. Vielmehr wird es deutlich, dass die Frage, wer ein Akteur ist, sich nicht allein an technikvermittelten Episoden von Gesamthandlungen ablesen lässt. Statt sich auf Episoden zu fixieren, ist es erforderlich, das Zusammenspiel von symbolischen und technischen Vermittlungen in den Blick zu nehmen. Es geht nicht darum, wer episodenhaft auf wen wirkt. Stattdessen muss empirisch in den Blick genommen werden, welche Entitäten Symbolisierungen leisten, Erwartungen haben, erwartete Erwartungen erwarten usw. Dann lassen sich die symbolverwendenden Entitäten von denjenigen unterscheiden, die im Fortgang der Gesamthandlung zwar wirken, aber nicht als Symbolverwender gelten. In diesen Entitäten ist zwar ihre eigene Sollnutzung symbolisiert, aber dieses Symbol erscheint an ihnen, die Symbolproduktion ist nicht ihre eigene Aktivität.

An diesem Punkt wird deutlich, dass auf einzelne Episoden fixierte akteurstheoretische Analysen ungenau sind. Latour insistiert anhand von Episodenanalysen darauf, dass Technik genauso als ein Akteur begriffen werden müsse wie ein Mensch. Als ein Beispiel verwendet er z. B. die Auseinandersetzung um das Schusswaffenverbot in den USA, wobei er den Proponenten und den Kritikern eines solchen Verbots vorwirft, sie würden nicht begreifen, worum es geht. Latour zufolge ist es so: Wenn ein Mann mit einem Gewehr schießt, könne man schlecht sagen, dass nur der Mann gehandelt habe, denn ohne das Gewehr hätte er nicht schießen können (Latour 1994). Das ist nicht falsch und gilt auch für den Stock verwendenden Schimpansen. Man kann nicht sagen, dass nur der Schimpanse ohne die jeweils korrekt gebrauchten Stöcke, den dicken und den dünnen (s. o.), die Termiten geangelt hat.

Latour geht aber weiter, denn für ihn sind sowohl das Gewehr als auch der Mann gleichermaßen als Aktanten an der Durchführung der Handlung beteiligt (vgl. Latour 1994). Diese Überlegung verweist zum einen auf die Erweiterung der physischen Aktionsmöglichkeiten, die sich durch die Verwendung von Technik ergibt. Allerdings nivelliert sie zugleich den unterschiedlichen Beitrag, den das leibliche Selbst und das technische Artefakt zum Erfolg der Handlung beisteuern. Diese Nivellierung suggeriert, dass immer wieder bei Null angefangen wird, wenn es darum geht, den Akteursstatus festzulegen. Das ist ausgesprochen unwahrscheinlich. Aktuelle Ereignisse sind keine isolierten Episoden, sondern sie sind in übergreifende Gesamthandlungen eingebettet. Eine derart informierte Analyse kann den Sachverhalt, dass sich die Aktionsmöglichkeiten eines mit einem Gewehr bewaffneten Mannes von einem Unbewaffneten unterscheiden, gut erfassen. Vor diesem Hintergrund wäre zu fragen, ob es für ein in den USA verwendetes Gewehr zutrifft, dass es in einer allgemein anerkannten Weise Erwartungen hat, erwartete Erwartungen erwartet, seinen Beitrag zur Gesamthandlung aktiv symbolisiert usw. Oder lässt sich der Beitrag des Gewehrs zur Gesamthandlung auch begreifen, wenn man annimmt, dass es sich um ein fabriziertes Artefakt handelt, das zu verstehen ist als praktisches Angebot, in einer bestimmten Weise zu handeln und dabei seine eigene Sollnutzung symbolisiert? Träfe Letzteres zu, wäre das Gewehr ein soziales Objekt, das auf technische Weise eine soziale Beziehung zwischen Herstellerin und an der Gesamthandlung beteiligten Nutzerinnen vermittelt. Wenn sich dies als korrekt herausstellen würde, wäre das Gewehr kein Akteur, sondern ein Angebot, in einer Weise zu handeln, wie ein leibliches Selbst ohne das Gewehr nicht hätte handeln können. Wer ein solches Angebot praktisch realisiert, stellt sich damit zugleich in bestimmter Weise dar. Er ist jemand, der in einer besonderen Weise Gewalt anwenden kann (s. u. Kap. 4). Wer ein Gewehr benutzt, kann z. B. die Aufrechterhaltung der normativen Erwartung, dass niemand ohne seine Zustimmung sein

Grundstück betreten darf, in qualitativ anderer Weise darstellen, als jemand, der kein Gewehr hat. Dasjenige, worum es Latour geht, nämlich dass der Handelnde zu einem anderen Handelnden wird, wenn er ein Gewehr nutzt, wird auch im Rahmen dieser zweiten Interpretation berücksichtigt.

Digitale Raumzeit als Konstruktionsmedium für avancierte Artefakte

Wenden wir uns noch einmal der Gesamthandlung »Flug der Urlauber nach Teneriffa« zu. Ich habe bislang einen wichtigen Aspekt ausgelassen. Diese Gesamthandlung ist nicht nur in Teilhandlungen unterschiedlicher Akteure zerlegt, sondern die Vermittlung der Teilhandlungen ist auch orientiert an der Gültigkeit der digitalen Raumzeit. Für den Start ist Datum und Uhrzeit festgelegt, woraus sich der Zeitpunkt für das Einchecken, die Gepäckaufgabe usw. ergibt. Die geplante Ankunftszeit ist das Symbol dafür, wann und wie Verwandte oder Freundinnen die institutionalisierte Gesamthandlung »Abholen vom Flughafen« einleiten usw. Dass es zu Verzögerungen kommen kann, widerspricht dem nicht. Gerade die Gültigkeit der digitalen Raumzeit strukturiert Erwartungen derart, dass es eine Enttäuschung darstellt, wenn Verzögerungen eintreten. Dies muss umgehend kommuniziert werden, damit die Anschlusshandlungen anders geplant werden können.

Die digitale Raumzeit bildet eines der wichtigen strukturierenden Prinzipien der modernen Gesellschaft. Messbare und geregelte Arbeitszeit, die Organisation von Verwaltungsabläufen in Staat und Wirtschaft, die Planung von Arbeit, sportlicher Wettkampf mit Tabellen und Leistungsvergleichen und vieles andere mehr wären nicht denkbar ohne diese Raum-Zeit-Struktur. Diese unterscheidet sich von Weite- und Richtungsraum und von der Modalzeit durch die Abwesenheit selbstbezogener Zentrierungen. Modalzeit und Richtungsraum sind bezogen auf ein Zentrum, von dem ausgehend Richtungen in den Weiteraum entfaltet werden. Das Erleben von Welt findet immer gegenwärtig statt und entfaltet vom aktuellen Hier aus je spezifische erfüllte Bezüge zur Zukunft und zur Vergangenheit. All das gibt es in der digitalen Raumzeit nicht. Es gibt Punkte in einem vierdimensionalen (einschließlich der Zeit) Raum, die in ihrem Verhältnis zueinander berechnet werden können. Die Prämissen der Beobachtung und Berechnung werden durch die Beobachtung bzw. den Beobachterstandpunkt in kalkulierbarer Weise gesetzt. In diesem Raum sind alle Punkte wechselseitig durch ihre Relationen zu anderen Punkten bestimmt.

Die mathematischen Eigenschaften der digitalen Raumzeit ermöglichen es, die Veränderung der Zustände von Körpern, die in der digitalen Raumzeit erfasst werden können, in eine algorithmisch durchkonstruierte Abfolge zu bringen. Dies ist die Grundlage für die technische Konstruktion von Informations- und Steuerungstechnologien, die beim Bau von Computern und Robotern eingesetzt werden. Robotertechnologien sind hier in einem weiten Sinn zu verstehen. Der Autopilot eines Flugzeugs ist in diesem Sinn ebenso ein Roboter wie ein Automobil, das sich selbst steuert oder ein vernetzter Kühlschrank, der selbständig an die Einkaufszentrale meldet, dass sich keine Milchtüte mehr in ihm befindet. Für den Autopiloten eines Flugzeuges heißt dies etwa folgendes: Es gibt eingehende Daten wie Abstand vom Boden, Geschwindigkeit, Neigungswinkel des Flugzeuges im Verhältnis zum Boden usw. Diese Daten gehen in die Berechnung der Flugbahn ein. Berechnung der Flugbahn heißt, für das Flugzeug diskrete Punkte zu kalkulieren, wann sich welcher Abschnitt des Flugzeugs in welcher Position befindet. Es handelt sich also um die Kalkulation von zukünftigen Flugpositionen. Die kalkulierten Zukünfte werden kontinuierlich abgeglichen mit aktuellen Berechnungen der gegenwärtigen Flugposition.

Der zentrale Punkt ist dabei, dass der Steuerungsalgorithmus eine rückbezügliche Schleife enthält, die einzelne kalkulierte Positionen in eine Vorher-Nachher-Reihung bringt. Es wird am Nachherpunkt berechnet, ob dies der Position entspricht, die zuvor als die Position nachher berechnet worden war. Darüber wird eine technische Kontrolle der Bewegung in der digitalen Raumzeit erreicht. Dabei ist es auch nicht auszuschließen, dass in einem vorgesehenen Spielraum der Sachverhalt vorkommt, dass die Steuerung entweder so oder so steuern kann. In diese technisch kalkulierte Steuerung greift der menschliche Pilot nicht ein. Die »Teilhandlungen« (etwa Veränderungen der Flugbahn) eines derart technisch gesteuerten Abschnitts der Gesamthandlung werden nicht mehr symbolisch vermittelt. Es gibt keine Akteure, die einander symbolisch dazu auffordern, ihren Beitrag zu leisten. Vielmehr gibt es nur noch das Aufeinanderwirken von robotischer Steuerung und mechanischer Technik.

Um die besondere Funktionsweise solcher Steuerungsprozesse zu analysieren, ist die Differenz zwischen diskreten und chaotischen Mengen vermutlich von großer Bedeutung. Erwartungsstrukturen zeichnen sich dadurch aus, dass es sich um chaotische Mengen handelt. Es ist nicht klar, um wie viele Erwartungen es sich handelt und wer sie hat. Zugleich hat die Zeit leiblicher Selbste eine modale Struktur. Für ein leibliches Selbst kann etwas unwiderruflich vorbei sein und es sieht sich einer nie ganz bestimmbaren Zukunft gegenüber, die im Sinne einer erwarteten Zukunft, die Gegenwart zu dieser Gegenwart macht. Im Unterschied dazu ist das Vorher-Nachher der digitalen Raumzeit diskret festgelegt. Es ist kalkuliert, an welcher Position das Flugzeug sich befinden wird. Dies kann mit der am Nachherzeitpunkt berechneten Position übereinstimmen oder nicht. Die digital raumzeitlich kalkulierte Flugbahn besteht aus einer Menge diskreter Elemente, die miteinander verglichen werden können. Die logische Struktur chaotischer bzw. relativ-chaotischer Mengen ist damit unvereinbar. Den folgenden Sachverhalt kann es entsprechend im Rahmen der digitalen Raumzeit nicht geben. »Als gegenwärtige Erwartung ist die Zukunft nicht nur zukünftig, sondern zugleich gegenwärtig.« Gegenwart und Zukunft stehen dabei in einem chaotischen Verhältnis, denn die Gegenwart ist nicht nur Gegenwart, sondern sie ist diese Gegenwart aufgrund dieser erwarteten Zukunft. Im Unterschied dazu ist der als gegenwärtig kalkulierte Raumzeitpunkt eben durch diese Kalkulation eindeutig definiert. Das gleiche gilt für den als nachher kalkulierten Raumzeitpunkt. Beide stehen unverbunden nebeneinander. Ein weiteres Beispiel: »Eine Erwartung wird enttäuscht, von deren Existenz zuvor niemand wusste; erst durch die Enttäuschung wird die Erwartung als erwartete Erwartung identifiziert.« Eine derart identifizierte Erwartung steht nicht neben einer Menge anderer individuierter Erwartungen, vielmehr wird sie aus einer chaotischen Menge von Erwartungen abgehoben.

Damit zeichnet sich folgende Differenz ab: Wenn Erwartungen die Struktur einer diskreten Mannigfaltigkeit hätten, wären Erwartungen bzw. die erwarteten Zukünfte wie in einer Datenbank abgespeichert. Wenn eine Erwartung enttäuscht wird, würde ein bestimmtes Element eines Datenbankinhalts nicht zur aktuell erlebten Realität passen. Die Erwartung war schon vor ihrer Enttäuschung als solche identifiziert und von anderen Erwartungen unterschieden. Wenn Erwartungen dagegen die Struktur einer chaotischen bzw. relativ-chaotischen Mannigfaltigkeit aufweisen, existiert eine Menge von Erwartungen nicht als eine Menge identifizierter einzelner Erwartungen. Vielmehr handelt es sich um eine Menge von Erwartungen, bei der es für die einzelnen Erwartungen nicht entschieden ist, ob sie miteinander identisch oder voneinander verschieden sind. Es hängt vielmehr von der aktuellen Erfahrung ab, ob und wie einzelne Erwartungen identifiziert werden und wer als die/derjenige identifiziert wird, die/der diese Erwartungen hat, bzw. gehabt haben wird. Diese logische Differenz hebt in einer präzisen Weise die strukturelle Besonderheit der digitalen Raumzeit hervor.

In der Wissenschafts- und Technikforschung sind die Besonderheiten der in ein mathematisches Kalkül übersetzten digitalen Raumzeit als Bedingung avancierter Technik bislang nicht ausreichend berücksichtigt worden. Die digitale Raumzeit ist nicht nur ein zentrales Element der Ordnung der Moderne, sondern auch ein Medium der technischen Konstruktion. In dieser Plurifunktionalität bildet die digitale Raumzeit wahrscheinlich eines der zentralen Funktionsprinzipien der Moderne überhaupt.

Prinzipien der technischen Konstruktion

Die Herstellung und Nutzung technischer Artefakte lässt sich danach differenzieren, ob sie leibnah oder leibfern erfolgt. Die zu Beginn des Kapitels beschriebene Nutzung von dicken und dünnen Stöcken durch Schimpansen entspricht einer leibnahen Nutzung technischer Artefakte. Auch im gegenwärtigen Alltag sind solche Nutzungen noch zu beobachten, wie etwa mit einem Hammer einen Nagel in die Wand schlagen, sich mit einer Pinzette einen Holzsplitter aus dem Fuß ziehen usw. In diesen Fällen funktionieren der Leib selbst bzw. die Erfahrungen der leiblichen Umweltbeziehung als das Medium der Konstruktion und Verwendung von Technik. Die Erfahrung von Druck, Gegendruck, Schwung, Schwere und Härte bildet die Voraussetzung dafür, dass sich das Prinzip der Hammerverwendung praktisch durchsetzt. Die Verlängerung des Leibes durch das Werkzeug bleibt dabei an den erlebten leiblichen Wirkprinzipien orientiert. Der Leib als das Zentrum, von dem Wirkungen ausgehen, bildet den Ansatzpunkt für das Verständnis von Kausalität, insofern bildet der Leib das Prinzip, an dem sich Technikentwicklung orientiert. In diesem Rahmen kann sich eine handwerkliche Arbeitsteilung entwickeln.

Aber auch wenn es sich um eine leibnahe Nutzung handelt, so darf diese doch nicht auf die Relation zwischen Leib und Werkzeug verkürzt werden. Denn ein Werkzeug ist nicht nur ein Artefakt, welches eine praktische Nutzung durch einen leiblichen Akteur nahelegt, sondern es symbolisiert zugleich die angemessene Nutzung durch leibliche Akteure. Das Werkzeug ist ein praktisch zu handhabendes Ding, und es ist ein kommunikatives Symbol seiner angemessenen Nutzung. Alter stellt ein Werkzeug her und erwartet dabei die Nutzungserwartungen von Ego. Die Allgemeingültigkeit des Symbols ist sichergestellt, indem der kommunikative Sinnvorschlag aus der Perspektive von Tertius objektiviert wird. Auf diese Weise symbolisiert das Artefakt die allgemeingültige Regel seiner angemessenen Verwendung.

Wenn die Regel der angemessenen Verwendung soweit präzisiert wird, dass sie selbst materiell-technisch umgesetzt werden kann, können mehrere Werkzeuge zu einer Maschine verbunden werden. Dies erfordert es, dass die Abfolgen leibnaher Handlungen in mechanische Abfolgen übersetzt werden. Die Voraussetzung dafür war die im 19. Jahrhundert sich allgemeinen durchsetzende digitale Raumzeit.[30] Diese

---

30 Es gab bereits sehr früh Versuche, die Zeitmessung von den Rhythmen der Natur, d. h. von Wandlungskontinuen abzukoppeln. Ein Beispiel hierfür wäre etwa die Verwendung von Sanduhren. Aber erst in der Sattelzeit, d. h. seit ca. 1750, hat sich in Europa und den USA in allgemeiner

wird zu einem Konstruktionsmedium von Technik. Die digitale Raumzeit erlaubt es, z. B. Armbewegungen als eine Abfolge von Bewegungen
einer Hebel/Scharnier-Konstruktion zu berechnen. Um eine Maschinen-
bewegung zu erzeugen, muss die konstruierbare Hebel-Scharnier-Kon-
struktion lediglich an eine Kraftquelle angeschlossen werden. In einer
Maschine können dann mehrere handwerkliche Bewegungsabfolgen
mechanisch rekonstruiert und miteinander verbunden werden. »Das
Prinzip der Maschinen-Technik besteht darin, die durch Arbeitsteilung
vereinfachten menschlichen Handlungsfunktionen, wie Bewegen und
Bearbeiten, und die spezialisierten Werkzeuge auf einen gegenständ-
lichen Mechanismus zu übertragen, der von den Grenzen organischer
Kraft und menschlicher Geschicklichkeit frei ist.« (Rammert 2010:
2698) Damit verändert sich das Verhältnis von Leib und Artefakt in
grundlegender Weise. Aus dem Werkzeug nutzenden Handwerker, der
das Werkzeug aus dem eigenen leiblichen Zentrum heraus führt, wird
ein Arbeiter, der sich der Maschine und deren mechanischem Funktionieren anpassen muss (vgl. Marx 1890/1977: Kap. 13).[31]
   Im Rahmen der Maschinentechnik ist die mechanische Abfolge von
Bearbeitungsschritten technisiert, aber die Regel (das Symbol der angemessenen Nutzung), nach der die Abfolge der mechanischen Bewegungen erfolgt, wird von menschlichen Akteuren bestimmt. Der nächste entscheidende Schritt der Technikkonstruktion besteht darin, die
Symbolisierung der angemessenen Nutzung selbst zu objektivieren. Die
für einzelne Maschinen wirksame Regel, nach der mechanische Bewegungen auszuführen sind, wird formalisiert und automatisiert. Damit
kann die symbolisierte Regel in einen Algorithmus verwandelt werden.
Hier liegt der Übergang zur kybernetischen Technik bzw. Computertechnik (Heintz 1993b). Bei dieser handelt es sich um eine »Papiertech-
nik« (Turing), die lediglich Anweisungen gibt, wie Bewegungen bzw.
materielle Zustände aufeinander folgen. Computerisierung besteht darin, die Abfolge von Anweisungen maschinell zu codieren im Sinne
einer Differenz materieller Zustände, die in kontrollierter Weise hergestellt werden können müssen. Computertechnik setzt voraus, dass das
Prinzip der digitalen Raumzeit materiell umsetzbar ist. Diesem Prinzip
zufolge können minimale diskrete Elemente voneinander abgesetzt und
diese in beliebiger Verkettung aufeinander bezogen werden. Wenn dies

Weise durchgesetzt, dass das Zeitverständnis sich weitgehend von Wandlungskontinuen abkoppelt und zunehmend mit Bezug auf eine diskrete
Wandlungsreihe gedacht wird.
31 Daraus entwickelt sich ein maschinenhaftes leibliches Agieren, das in den
   avantgardistischen Theatertheorien des frühen 20. Jahrhunderts ästhetisch gestaltet wird. Einer der zentralen Protagonisten dieses Ansatzes war
   Wsewolod E. Meyerhold (Bochow 2005).

gelingt, kann ein Algorithmus in eine Maschine implementiert werden und dort selbstständig ablaufen. Wenn Steuerung in dieser Weise technisiert wird, bedarf aber auch diese Technik einer Symbolisierung ihrer angemessenen Nutzung. Kybernetische Technik steuert also einerseits, aber sie bestimmt nicht die symbolische Regel ihrer angemessenen Verwendung. Diese wird über triadisch vermittelte Herstellung bzw. triadisch vermitteltes Verstehen von Symbolen festgelegt.

Bei der Herstellung kybernetischer Technik wird die Differenz zwischen technischem Regelautomatismus und der symbolischen Regel von dessen angemessener Nutzung in der Differenz von Maschinensprache und Quelltext bzw. Quellcode sichtbar. Bei Letzterem handelt es sich um die symbolische Herstellung einer Regel, die soweit formalisiert und vereindeutigt ist, dass sie in Maschinensprache übersetzt werden kann. Das heißt, sie wird übersetzt in eine Abfolge materieller Zustände, die im Konstruktionsmedium der digitalen Raumzeit genau getaktet werden können. Dies ist die Voraussetzung für die Konstruktion von Maschinen, deren Bewegungen von implementierten Programmkodes gesteuert sind. Die Steuerungstechnik der Robotik folgt dieser Logik.

Die Entwicklung von Technik scheint einer reflexiven Logik zu folgen. Bereits ein Werkzeug ist nicht nur leiblich, sondern es symbolisiert zugleich seine angemessen Verwendung. Die reflexive Wendung auf die Regeln der angemessenen Verwendung objektiviert die angemessene Nutzung im Medium der digitalen Raumzeit und ermöglicht damit die Konstruktion von Maschinentechnik. Wenn die Regel der angemessenen Nutzung der zusammengefassten »Teilwerkzeuge« in der Maschine technisch umgesetzt ist, bedarf die Herstellung der Maschine einer Kenntnis der Regel der angemessenen Verwendung der zusammengefassten Teilwerkzeuge und der technischen Realisierung dieser Regel.

Mit der Maschinentechnik wird die Regel der angemessenen Nutzung vereindeutigt. Dies ermöglicht es, die Regel der angemessenen Nutzung selbst zu formalisieren und als formalisierte Regel in einem Kalkül eindeutig zu symbolisieren. Wenn das Kalkül eindeutig genug formuliert ist, kann es in Maschinensprache übersetzt werden, d. h. in eine Abfolge diskreter und damit kalkulierbarer materieller Zustände. Die Formulierung von Steuerungskalkülen setzt voraus, diejenige Regel zu kennen, die vorgibt, wie die Regel der angemessenen Nutzung genau genug formalisiert wird, damit sie in Maschinensprache übersetzt werden kann. Die Regel der Herstellung der Regel, die in die Maschine implementiert werden kann, ist der Quellcode eines Steuerungsprogramms. Die Kenntnis des Quellkodes ermöglicht es, gestaltend in das Programm einzugreifen, statt es einfach anzuwenden. Das aktuelle Beispiel dafür ist die Debatte darum, ob der Quellcode von Steuerungsregeln, also von Computerprogrammen, frei zugänglich sein soll, damit jeder daran arbeiten kann, um die Regeln der Regelherstellung zu gestalten, oder ob es sich bei der Herstellung dieser Regel um etwas handelt, das individuell angeeignet und verkauft werden kann. Bekannt ist diese Diskussion als Diskussion um die freie Zugänglichkeit von Quellcodes bzw. allgemeiner um freie Software.[32]

Die Herstellung der Regel, aus der sich die Regeln ergeben, die in Maschinensprache übersetzt werden können, ist ihrerseits eine Technik, deren angemessene Anwendung kommunikativ gesichert werden muss. Wenn es gelingt, diese Regel soweit zu vereindeutigen, dass sie in Maschinensprache übersetzt werden kann, gelingt die Konstruktion von Rechnerprogrammen, die Rechnerprogramme schreiben. Aber auch diese algorithmisierte Regel bedarf vermutlich eines symbolischen Verständnisses ihrer angemessenen Verwendung. Dabei bleibt als zentrales Merkmal erhalten, dass auch in diesem Fall die Regeln angemessener Nutzung nicht vollständig expliziert werden können, die Symbolisierung der angemessenen Nutzung verweist damit auch in diesem Fall auf mögliche, aber nicht explizit benannte zukünftige Nutzungen.

Aus dem Gesagten ergibt sich, dass man zumindest zwei Weisen technischer Entwicklung voneinander unterscheiden kann. Zum einen entwickelt sich Technik durch quantitative Steigerung und zum anderen durch Steigerung reflexiver Komplexität. Quantitative Steigerung meint, dass immer mehr Vorgänge technisch miteinander verbunden werden unter Ausschaltung symbolischer Vermittlungen. Diese Entwicklung von Technik ist zu unterscheiden von derjenigen durch Steigerung reflexiver Komplexität. Diese bezieht sich darauf, dass symbolische Steuerung, reflexiv erfasst, formal vereindeutigt, algorithmisch formuliert und in Maschinensprache übersetzt wird. Ein Prozess, der selbst wieder symbolisch gesteuert werden muss. Die reflexive Komplexitätssteigerung macht sich selbst programmierende Programme möglich. Aller Wahrscheinlichkeit stimulieren sich diese beiden Weisen der Technikentwicklung gegenseitig. Der quantitative Umfang technischer Vermittlung fordert wahrscheinlich zu einer Steigerung reflexiver Komplexität heraus, die ihrerseits quantitativ umfangreichere technische Vermittlungen ermöglicht.

Die Entwicklung von Maschinentechnik sowie der Technik von Steuerungskalkülen inspiriert je unterschiedliche Formen der leiblichen Leistungssteigerung. Die Maschinentechnik inspiriert dazu, eine Steigerung

32 In der Debatte überwiegt die Befürwortung der freien Zugänglichkeit von Quellcodes vgl. hierzu etwa Benkler (2006) sowie die folgenden Internetseiten:
http://www.gnu.org/philosophy/why-free.html (Zugriff 17.2.2013)
http://www.gnu.org/philosophy/philosophy (Zugriff 17.2.2013)
http://www.unterstein.net/su/docs/CathBaz.pdf (Zugriff 17.2.2013)

der leiblichen Leistung darüber zu erreichen, dass der erfahrene Leib in gesteigerter Weise am digital-raumzeitlichen Körper orientiert wird. Der in den Leib verschränkte Körper wird als ein Maschinenkörper berechnet, der einer Umwelt mit mechanischen Wirkungen gegenübersteht. In diesem Sinn erforscht die Sportwissenschaft, wie Strömungswiderstände der Luft oder des Wassers in welcher Weise am besten minimiert werden können, um Leistungen beim Schwimmen oder Laufen zu optimieren. In diesem Fall wird die leibliche Erfahrung in einen Maschinenkörper verschränkt.

Die Entwicklung der Steuerungstechnologien eröffnet andere Perspektiven. Sie zielt eher auf die technische Steigerung der organischen Selbststeuerung. Dazu müssen Steuerungsabläufe als neuronale Aktivitätsmuster identifiziert werden (vgl. Lindemann 2009d), die im Weiteren technisch optimiert werden können. Welche Konsequenzen es haben wird, wenn robotische Technologien in den Alltag implementiert und die menschliche Selbststeuerung und robotische Steuerungsmechanismen vernetzt werden, gehört zu den wichtigen Forschungsfragen in der Wissenschafts- und Technikforschung (vgl. Lindemann/Matsuzaki 2013). Es ist nicht unwahrscheinlich, dass dies zu einer neuartigen Verschränkung von Modalzeit, Richtungsraum und der am Medium der digitalen Raumzeit orientierten gesellschaftlichen Ordnung führt.

3.4. Symbolbildung und Institutionalisierung unter der Voraussetzung erweiterter Weltoffenheit

Wie sich bei der kategorialen Entfaltung der Sozialdimension gezeigt hatte, erfordert die Darstellung der Unterscheidung zwischen sozialen Personen und anderem eine triadische Struktur. Die Frage ist nun, ob auch die Bildung von Symbolen durch die Erweiterung des Bezugsproblems modifiziert werden muss. In der Soziologie ist der wichtigste Autor für die Analyse der Bildung von Symbolen Mead. Dessen Position wurde von Habermas eingehend diskutiert und mit Bezug auf Wittgensteins Theorie der Regelverwendung weiter ausdifferenziert. Mead und Habermas nehmen das Problem der Kontingenz der Mitwelt nicht explizit in den Blick. Beide gehen davon aus, dass in sozialreflexiven Beziehungen für die beteiligten Menschen Symbole mit einem von den Akteuren geteilten Sinn, Institutionen und gemeinsame Normen entstehen. Für den Fall rational kritisierbarer Normen geht Habermas allerdings über Mead hinaus und führt den als »Neuter« bezeichneten Dritten ein (Habermas 1981/1995, Bd. 2: 59).

3.4.1. Symbolbildung

Ein Vergleich mit der Position von Mead und Habermas führt darauf, welche Bedeutung der Differenz zwischen einfacher und erweiterter Weltoffenheit für das Verständnis der Symbolbildung bzw. symbolischer Darstellungen im Rahmen von Institutionalisierungsprozessen zukommt. Es lassen sich dabei zwei Probleme unterscheiden, anhand derer sich die Differenz zwischen Meads Pragmatismus und der Theorie der exzentrischen Leib-Umwelt-Beziehung herausarbeiten lässt:

1. Struktur der Reflexivität.
2. Generalisierung der Symbole durch Einstellungsübernahme

Struktur der Reflexivität

Mead denkt Reflexivität als soziale Reflexivität. Dieser kommt eine zweifache Bedeutung zu. Zum einen überbrückt soziale Reflexivität die Perspektivendifferenz zwischen Ego und Alter und ermöglicht so die Schaffung einer gemeinsamen Welt. Zum anderen ermöglicht soziale Reflexivität individuelles Selbstbewusstsein. Die Struktur sozialer Reflexivität bei Mead lässt sich folgendermaßen beschreiben. Der Organismus existiert in seiner Perspektive, d. h., er nimmt seine Umgebung gemäß seiner ihm eigenen Zeitbezüge und sachlichen Relevanzen wahr. Zum Beispiel: Dieser bedrohliche Gegenstand bewegt sich von rechts vorn auf mich zu. Links hinter mir befindet sich schnell erreichbar etwas, auf das ich klettern kann usw. Es ist einleuchtend, dass sich diese praktischen Perspektiven von Organismus zu Organismus unterscheiden. Das Insgesamt der praktischen Beziehungen eines Organismus zu seiner Umwelt bzw. den begegnenden Gegenständen bezeichnet Mead als »gleichsinniges System« (Mead 1924-25/1987: 307f., 1932/1959: 39-43, vgl. hierzu auch Joas 1989: Kap. 8). Wenn jeder Organismus das Zentrum eines gleichsinnigen Systems bildet, zerfällt die Welt in eine Vielzahl solcher Systeme mit jeweils unterschiedlichen Zeitstrukturen und sachlichen Bezügen. Bereits hier fällt ein wichtiger Unterschied zur leibphänomenologischen Position auf. Raumkategorien werden auf der Ebene der praktischen Beziehung zur Umwelt nicht entfaltet. Für Mead gibt es nur die praktischen Beziehungen zu anderen Organismen bzw. zu Gegenständen. Ein Äquivalent für die phänomenologische Differenzierung zwischen Weite- und Richtungsraum findet sich bei Mead nicht.

Mead zufolge existiert der Organismus in praktischen Beziehungen, ohne sich dabei seiner selbst bewusst zu sein; das reflexive Selbstbewusstsein entstehe vielmehr erst durch die Perspektivenübernahme in sozialen Beziehungen (Mead 1934/1967: 171f.). Dabei stellt sich die Frage, ob die Übernahme der Perspektive des Anderen die reflexive

Beziehung zu sich selbst erzeugt oder ob eine solche Beziehung zu sich nicht vorausgesetzt werden muss als Bedingung der Möglichkeit der Perspektivenübernahme.

Ausgehend vom individuellen Organismus, der sich in seiner sachlich-zeitlichen Perspektive auf die Umwelt bezieht, stellt sich das Problem so dar. Solange der Organismus sich ohne reflexiven Abstand auf die Umwelt bezieht, ist er sich nur seiner eigenen Empfindungen und der erlebten Umwelt bewusst im Sinne von »awareness« (Mead 1934/1967: 81). Damit es zu sozialer Reflexivität kommen kann, muss dem Organismus die Fähigkeit unterstellt werden, die Perspektiven anderer zu übernehmen. Andernfalls könnte der Organismus z. b. gar nicht bemerken, dass ein Reiz in ihm die gleiche Reaktion auslöst wie in einem Partnerorganismus (vgl. Schneider 2002: 186). Ohne die Fähigkeit zur Perspektivenübernahme könnte der Organismus sich auch nicht aus der Perspektive des anderen auf sich beziehen. Joas bringt es auf den Punkt, wenn er feststellt, dass der Mensch seiner »leibzentrischen Perspektive ... verfallen« (Joas 1989: 156) wäre, wenn er nicht die Fähigkeit zur Rollenübernahme hätte (Joas 1989: 156). Aber die Fähigkeit zur Rollenübernahme setzt bereits voraus, dass der Organismus von seiner eigenen Perspektive Abstand hat. Der in seiner Perspektive sich auf die Umwelt beziehende Organismus muss dazu in der Lage sein, reflexiv zu sich Abstand zu nehmen, sonst könnte er nicht die Rolle des Anderen übernehmen, vielmehr würde der leibzentrische Organismus einfach kontinuierlich aus der eigenen Perspektive heraus agieren. Der reflexive Abstand zu sich bildet also die Voraussetzung der Rollen- bzw. Perspektivenübernahme und kann nicht dessen Folge sein.

Um die Argumentation Meads zu verdeutlichen, ist es sinnvoll, auf die Überlegungen zur Übernahme von Alter- oder Tertiuspositionen zurückzukommen. Dabei geht es um die Frage, ob es eines erlebten Alter oder eines real erlebten Tertius bedarf, damit Ego deren jeweilige Positionen übernehmen kann. Meads Argument lautet, dass die Begegnung mit einem Alter Ego erforderlich ist, um dessen Position zu übernehmen. Diese Aussage kann leicht dahingehend missverstanden werden, dass Mead auch die reflexive Distanz zu sich als das Ergebnis der Begegnung mit dem Anderen begreift. Hierfür findet sich bei Mead allerdings kein überzeugendes Argument. Meads Position zeichnet sich außerdem dadurch aus, dass er versucht, schrittweise vom einzelnen leiblichen Selbst über die Begegnung mit dem Anderen zum generalisierten Anderen zu kommen. Dabei stellt Mead nicht eindeutig klar, dass es dazu eines realen Dritten bedarf. Es bleibt also offen, ob es sich bei der Drittenposition um eine Reflexionsposition handelt, die von Ego oder Alter eingenommen werden kann, oder ob es eines dritten leiblichen Selbsts bedarf, um diese Position einzunehmen. An dieser Stelle zeichnet sich die Position von Habermas durch größere Konsistenz aus (s. u.), denn er insistiert darauf, dass ein real begegnender Tertius erforderlich ist, um dessen Position zu übernehmen.

Die Struktur sozialer Reflexivität, die sich ausgehend von der mitweltlich verfassten Leib-Umwelt-Beziehung ergibt, unterscheidet sich sowohl von der Konzeption Meads als auch von der konsistenteren Position Habermas'. Der Unterschied liegt darin, dass die Beziehung bereits auf der Ebene zentrischer Positionalität als etabliert gelten kann. Die Einbeziehung der Raumdimension ermöglicht es, kategorial zu fassen, wie andere in der Begegnung erlebt werden, ohne dass dieses Erleben reflektiert wäre. Es gibt ein Ego, das erlebt, von einem Alter Ego berührt zu werden. Bereits auf der Ebene zentrischer Positionalität findet eine wechselseitige leibliche Berührung statt. Hierin liegt – wie gesagt – eine Erweiterung der Positionalitätstheorie, denn Plessner selbst untersucht den Sachverhalt leiblicher Berührung auf der Ebene zentrischer Positionalität nicht.

Wenn man diese Erweiterung vornimmt, lässt sich klarer verstehen, worin die Reflexivität der exzentrischen Positionalität besteht. Sie ist zu begreifen als Reflexion der Leib-Umwelt-Beziehung, in der der Sachverhalt vorkommt, dass leibliche Selbste die Berührungen anderer Selbste erleben. Wenn die Theorie der exzentrischen Leib-Umwelt-Beziehung im Sinne einer operativen Theorie der Ordnungsbildung weiterentwickelt werden soll, ist es erforderlich, Angaben darüber zu machen, wie die Reflexivität exzentrischer Positionalität operativ gestaltet wird. Dies wird ermöglicht durch die Einführung des Dritten. Der Dritte ist zu verstehen im Sinne einer operativen Realisierung der reflexiven Struktur exzentrischer Positionalität. Bezogen auf die Berührungsbeziehung zwischen Ego und Alter heißt das, dass diese das Erleben der Berührung durch den anderen aus der Perspektive realer Dritter erleben.

Der Unterschied zur reflexiven Struktur der Perspektivenübernahme bei Mead tritt damit deutlich hervor. Mead denkt den operativen Vollzug sozialer Reflexivität aus der Perspektive des einzelnen Organismus, der die Rolle des Anderen übernimmt: im ersten Schritt die Perspektive des Alter Ego und im zweiten Schritt (bei Habermas) die Perspektive des Dritten. Im Anschluss an Plessner stellt sich soziale Reflexivität als Erleben des Erlebens des anderen aus der Tertiusperspektive dar. In dieser Reflexion erleben Ego und Alter sich selbst und ihr auf den anderen gerichtetes Wahrnehmen und Agieren aus der Perspektive von Tertius. Damit wird der Zusammenhang von Raum und sozialer Reflexivität deutlich. Plessner bzw. Schmitz nehmen einen gemeinsamen ungegliederten Weiteraum an, in den hinein leibliche Selbste sich richten und in dem sie einander berühren können. Der Dritte ist zu verstehen als ein erlebtes leibliches Richtungszentrum, über das vermittelt das Erleben der Berührung erlebt wird. Auf diese Weise wird der Dritte als operative Realisierung der Reflexivität exzentrischer Positionalität verstanden.

Der Dritte ermöglicht die erlebte Reflexion der Berührungsbeziehung zwischen Ego und Alter. Damit bildet die Triade den Ausgangspunkt, von dem ausgehend die Entstehung von Ordnung zu begreifen ist.

Symbole mit identischer Bedeutung

Im vorhergehenden Abschnitt wurden zwei Formen sozialer Reflexivität unterschieden. (1.) Die an Mead und Habermas angelehnte Form sozialer Reflexivität: Den Ausgangspunkt bildet hierbei die Perspektive eines leiblichen Aktionszentrums, welches die Fähigkeit zur Perspektivenübernahme mitbringt. (2.) Soziale Reflexivität der exzentrischen Positionalität: Hier bildet die Beziehung zwischen Ego und Alter den Ausgangspunkt, die als Relation durch den Bezug auf die antizipierten Erwartungen von Tertius reflektiert wird. Die unterschiedliche Form sozialer Reflexivität hat auch Konsequenzen für die Bildung von Symbolen mit einem von den Akteuren geteilten Sinn.

Um die Differenzen auf den Punkt zu bringen, stelle ich die Struktur der Perspektivenübernahme vor, die sich bei Mead bzw. in der klarer strukturierten Rekonstruktion von Meads Argument bei Habermas finden. Auf diese Weise lassen sich zum einen die bewahrenswerten Aspekte der Theorie von Mead identifizieren und zum anderen können so die Differenzen verdeutlicht werden.

Das zu lösende Problem besteht für Mead/Habermas darin, wie der zu verstehende Sinn, der zunächst nur für einen externen verstehenden Beobachter zugänglich ist, zu einem Sinn wird, der sich den Beteiligten selbst erschließt. In diesem Rahmen soll auch die Frage beantwortet werden, wie es dazu kommt, dass eine Geste für verschiedene Akteure eine identische Bedeutung hat. Die Voraussetzung dafür sehen Mead/Habermas in einer dreifach gestuften Übernahme der Einstellung des Anderen. Als Ausgangspunkt dient die organisierte soziale Gesamthandlung, bei der Artgenossen miteinander kooperieren. Die Stufen der Perspektivenübernahme sind Stufen der sozialen Reflexivität der Gesamthandlung.

Auch im Rahmen einer unreflektierten sozialen Gesamthandlung haben Gesten eine Bedeutung. Diese ist darüber definiert, dass auf eine Geste die Geste eines anderen Individuums folgt. Dass eine Geste eine Bedeutung, also Sinn, hat, ist zunächst ein Sachverhalt, der nur für einen externen Beobachter zugänglich ist. Der externe Beobachter sieht, dass Ego eine Geste ausführt, auf die Alter ebenfalls mit einer Geste reagiert. Der externe Beobachter interpretiert die Geste von Alter als die Bedeutung der Geste von Ego. Gestenvermittelte Gesamthandlungen gibt es bereits bei sozial lebenden Insekten oder auch beim Brutpflegeverhalten von Insekten.

Mead verwendet das Beispiel einer Wespe, die eine Spinne lähmt und in dieser eine Larve ablegt. Die Spinne dient der Wespenlarve als Futter. Die soziale Gesamthandlung ist hier die Brutpflege. Zu dieser leisten die Wespe und die Wespenlarve ihre spezifischen Beiträge. Das soziale Objekt, um das herum die Brutpflege organisiert wird, ist die Spinne (Mead 1924-25/1987: 315). Die organisierte Gesamthandlung der Brutpflege läuft in diesem Fall ohne Perspektivenübernahme ab. Die Spinne fungiert als Reiz, auf den die Wespe reagiert, indem sie sie lähmt und eine Larve ablegt. Die Larve wird auf diesen Reiz (die gelähmte Spinne) reagieren, indem sie sich von der Spinne ernährt und sich weiterentwickelt. In vergleichbarer Weise reagieren sozial lebende Insekten aufeinander. Sie bieten einander physiologische Reize, auf die die anderen in einer vorgegebenen Weise reagieren, wobei diese Reaktion ihrerseits wieder einen Reiz für andere darstellt, ihren Beitrag zur Gesamthandlung der Brutpflege bzw. der Aufrechterhaltung der Art zu leisten.

Durch eine dreifach gestufte Form sozialer Reflexivität wird aus einer Gesamthandlung, deren Sinn nur für einen äußeren Beobachter existiert, eine Gesamthandlung, deren Sinn für die Beteiligten existiert und durch symbolische Gesten kommuniziert wird, die für die Beteiligten eine identische Bedeutung haben.

Die Voraussetzung für die Analyse der Einstellungsübernahme ist die Perspektive eines verstehenden äußeren Beobachters. Für diesen besteht die Bedeutung einer Geste darin, welche Folgegeste sie auslöst.

Erste Einstellungsübernahme: Unter den Gesten haben Lautgesten, Vokalisierungen, eine besondere Stellung, denn Ego kann, Mead zufolge, die eigene Geste in gleicher Weise wahrnehmen wie Alter. Wenn Ego nun die eigene Lautgeste hört, ruft es in sich – zumindest ansatzweise – dieselbe Reaktion hervor, wie sie Alter zeigt, an das diese Geste adressiert ist. Bei artgleichen Individuen wird die Reaktion auf die Lautgeste bei Organismus A die gleiche sein wie bei Organismus B (vgl. Mead 1934/1967: 63 f.). Die erste Einstellungsübernahme besteht darin, dass Ego sich in die Position des anderen versetzt und auf dieser Grundlage antizipiert, wie Alter auf Egos Geste reagieren wird. Vorausgesetzt, nur diese erste Stufe der Einstellungsübernahme ist gegeben, würde sich eine Begrüßung so darstellen: Ego erwartet beim Vokalisieren von »Guten Tag«, dass Alter mit einer vokalen Geste reagiert. In diesem Fall hat die Geste von Ego nicht nur für einen äußeren Beobachter eine Bedeutung, sondern auch für Ego selbst, denn Ego antizipiert, dass seine Vokalisierung eine entsprechende Lautgeste von Alter zur Folge hat. Ego sieht sich aus der Perspektive des Anderen und agiert entsprechend dessen erwarteter Reaktion.

Mead muss hier bereits eine Perspektivenübernahme annehmen, da die Beziehung zum anderen als anderem Aktionszentrum nur darüber erfolgt, dass dessen Position eingenommen wird. Auch die Beziehung von Vögeln zueinander, die ihre Tonfolgen imitieren, interpretiert Mead im Sinne einer Rollenübernahme. Wenn ein Vogel ein Lied singt, ruft er in sich die gleiche Reaktion hervor, wie sie der Vogel zeigt, der dieses Lied hört. In der gleichen Weise unterstellt Mead, dass ein Löwe, der sich mit einem drohenden Brüllen an seine Artgenossen wendet, in sich selbst zumindest ansatzweise eine erschreckte Reaktion hervorruft (vgl. Mead 1934/1967: 65 f.).[33]

Wenn man von der räumlichen Begegnung leiblicher Selbste ausgeht, kann man diese Beziehung anspruchsloser als wechselseitige leibliche Berührung begreifen. Es reicht die Annahme aus, dass etwa der Löwe mit seinem Brüllen die Art und Weise, sich auf die Umwelt zu richten, vokalisierend gestaltet und damit andere leibliche Zentren in ihrer Grenzrealisierung, ihrem erlebten Zustand berührt. Der Vorteil dieser Konzeption besteht darin, dass sie die Möglichkeit der Berührung bzw. des Berührtwerdens nicht an Artzugehörigkeit und instinktive Reaktionsgleichheit bindet, sondern ausschließlich auf den Sachverhalt der Leiblichkeit selbst abhebt. Auch der Leib des Zebras kann vom Brüllen des Löwen berührt werden. Dies gilt auch für den Fall, dass ein Zebra zuvor noch nicht mit einem Löwen in Kontakt gekommen ist.

Bei Mead ist aufgrund der Artgleichheit der beteiligten Individuen garantiert, dass Ego und Alter im Rahmen der ersten Perspektivübernahme in gleicher Weise reagieren. Daraus folgt aber nicht, dass sie darum wissen, dass sie ein Symbol mit identischer Bedeutung verwenden. Die Geste hat für einen äußeren Beobachter eine identische Bedeutung, aber die Beteiligten wissen nicht, dass das der Fall ist. Hierzu sind eine zweite und dritte Einstellungsübernahme erforderlich. Bei der *zweiten Einstellungsübernahme* würde Mead/Habermas zufolge Ego nicht nur Alters Reaktion auf die eigene Geste antizipieren, sondern auch, dass Alter antizipiert, Ego würde dies antizipieren. Hiermit unterstellt Ego, Alter wisse, welche Folgegeste Ego erwartet. In diesem Fall erwartet Ego, dass die Geste auch für Alter eine Bedeutung hat. Damit wird die Geste an Alter als jemanden adressiert, der die Geste deutet. Wenn Ego antizipiert, dass Alter nicht einfach reagiert, übernimmt Ego die Position von Alter als jemandem, für den die Geste eine Bedeutung hat und der sie interpretiert. Ego erwartet also: Wenn ich »Guten Tag« sage, handelt es sich für uns beide um eine vokale Geste, die Alter interpretiert und auf die es entsprechend der Interpretation reagiert. Ego übernimmt die Position von Alter, indem es anti-

---

33 Schneider hat auf eine seltsame Konsequenz aufmerksam gemacht, die aus dieser Struktur der Perspektivenübernahme folgt. Demnach müßte sich der brüllende Löwe zumindest im Ansatz genauso vor seinem Brüllen fürchten, wie diejenigen, an die das Brüllen adressiert ist (vgl. Schneider 2002: 185 f).

zipiert, dass Alter Ego die Geste interpretieren wird (vgl. Habermas 1981/1995, Bd. 2: 28).

Mit der zweiten Form der Perspektivenübernahme ist die Stufe erreicht, auf der Ego einen anderen Organismus als ein Alter Ego wahrnimmt und anerkennt. In der beschriebenen Weise kann das allerdings nur dann erfasst werden, wenn von vornherein klar ist, wessen Lauterzeugungen überhaupt im Sinne einer symbolischen Geste zu verstehen sind.[34]

Damit Symbole eine identische Bedeutung erhalten können, bedarf es einer *dritten Einstellungsübernahme*. Diese entwickelt Habermas ausgehend vom Problem der Enttäuschung von Erwartungen hinsichtlich der angemessenen Symbolverwendung (vgl. Habermas 1981/1995, Bd. 2: 29). Ego hatte eine Geste mit einer bestimmten Bedeutung verwendet und dabei unterstellt, dass Alter bei seiner Interpretation die gleiche Bedeutung zugrunde legen würde. Wenn Alter die Erwartung von Ego enttäuscht, welche Bedeutung dem Symbol zukommt, so handelt es sich um eine Enttäuschung, die sich darauf bezieht, dass Alter das Symbol nicht angemessen interpretiert hat. Die Generalisierung der Bedeutung und damit die Schaffung einer generalisierten Bedeutungsidentität werden ermöglicht durch Kritik bzw. die Antizipation von Kritik. Dies beinhaltet eine weitergehende reflexive Durchgestaltung der sozialen Beziehung. Ein Symbolverwender antizipiert, dass seine Symbolverwendung kritisiert werden kann, wenn er die Erwartungen bezogen auf die richtige Symbolverwendung enttäuscht. Die Verinnerlichung dieser Kritik bildet die dritte Einstellungsübernahme. Wenn das der Fall ist, würden »Regeln der Symbolverwendung« (Habermas 1981/1995, Bd. 2: 29) etabliert.

Habermas entwickelt sein Verständnis der Regelverwendung zunächst ausschließlich im Rahmen einer dyadischen Sozialitätskonzeption, d. h. in der Beziehung zwischen Sprecher und Rezipient (Habermas 1981/1995, Bd. 2: 30 ff.). Dies gilt auch dann, wenn er eine Vielzahl von Hörern annimmt. Entscheidend ist, dass er glaubt, Regelverwendung begreifen zu können, indem er eine Sprecher-Rezipient-Konstellation annimmt. Dass Kritik an der Regelverwendung sich im Rahmen einer dyadischen Konstellation begründen lässt, scheint aber auch Habermas zu bezweifeln, denn er führt im Weiteren für die Analyse der Bildung von Normen, die rational kritisiert werden können, eine Form der Perspektivenübernahme ein, die auf einen Dritten Bezug nimmt. Habermas bezeichnet ihn als »Neuter« (Habermas 1981/1995, Bd. 2: 59), den er mit Meads verallgemeinerten Anderen identifiziert. Habermas geht hier

---

34 Diese Differenzierung kann durch Einfühlung nicht erreicht werden. Lüdtke (2010) hat die Probleme, die sich aus Meads Argument ergeben, in detaillierter Weise ausgearbeitet.

über Mead hinaus, deshalb müsste er genaugenommen an dieser Stelle die Rede vom verallgemeinerten Anderen aufgeben und stattdessen von einem verallgemeinerten Dritten sprechen.[35] Mit der dritten Einstellungsübernahme gilt: »A begreift, dass jeder, der Egos und Alters Perspektive einnehmen würde, dasselbe Perspektivensystem übernehmen müsste. Unter dieser Bedingung kann auch der Begriff eines konkreten Verhaltensmusters zum Konzept der Handlungsnorm verallgemeinert werden.« (Habermas 1981/1995, Bd. 2: 59) Dies bildet die Grundlage dafür, dass die Akteure der Dyade einander nicht mehr im Sinne einer individuellen Willkür begegnen, sondern dass sie anerkennen, dass sie sich beide an einer Norm orientieren. Wenn A und B die über Neuter vermittelte Norm und damit die triadische Konstellation verinnerlichen, wird für sie die Norm zu einer geltenden Norm, die kritisiert werden kann (Habermas 1981/1995: 60f.).

Da Habermas für die Entstehung und Stabilisierung von Normen und für den regelgemäßen Gebrauch von Symbolen die gleiche Begründungsfigur verwendet, nämlich die antizipierte Kritik an der Handlung als möglicherweise nicht regelangemessen, halte ich es für zwingend, in beiden Fällen die gleiche sozialtheoretische Denkfigur zu verwenden. Entweder muss man in beiden Fällen eine dyadische oder eine triadische Konstellation annehmen. Wenn die situationsübergreifende Generalisierung den Dritten erfordert, kann man auch die Bildung von Symbolen als dauerhaft gültige Gestaltungsmittel des Ausdrucks nur mit Bezug auf den Dritten begreifen. Dies gilt insbesondere dann, wenn man wie Habermas die Bildung bedeutungsidentischer Symbole ausgehend von einer asymmetrischen Konstellation entwickelt, wie etwa der Lehrer-Schüler-Konstellation (vgl. Habermas 1981/1995: 32). Wenn Alter Ego in einer abhängigen Position gegenüber Ego ist, muss die Interpretation der Symbolverwendung aus der Perspektive eines Dritten erfolgen, denn dadurch wird die Asymmetrie der Beziehung in der Regel der Symbolverwendung aufgehoben. Habermas scheint zu denjenigen zu gehören, die die Relevanz des Dritten zwar intuitiv an einigen Stellen erfassen, aber dessen systematische Funktion nicht begreifen. Hätte er verstanden, worum es mit der Einführung des Dritten geht, hätte er ihn bereits bei der Bildung von Symbolen mit einer identischen Bedeutung einführen müssen.

Mit seiner Theorie der Symbolverwendung gibt Habermas der Theorie Wittgensteins, wonach die Bedeutung sprachlicher Symbole durch ihren Gebrauch festgelegt wird, eine differenzierte sozialtheoretische Grundlegung. Wittgensteins Annahme besagt, dass der semantische

---

35 Fischer (2010) stellt die These auf, dass bereits Mead die Generalisierung implizit mit Bezug auf einen Dritten vornimmt. Explizit ist dies allerdings erst bei Habermas formuliert, worauf Fischer nicht eingeht.

Gehalt sprachlicher Äußerungen über ihren Gebrauch in Alltagskommunikationen festgelegt wird: »Die Bedeutung eines Wortes ist sein Gebrauch in der Sprache.« (Wittgenstein 1977: §43, vgl. auch §421) Habermas präzisiert diese Annahme, indem er sie von der Ego-Alter bzw. der Ego-Alter-Neuter-Konstellation her denkt.

Die These, wonach die Bedeutung von Symbolen durch deren Gebrauch festgelegt wird, scheint im Prinzip optimal auf eine Theorie zugeschnitten zu sein, die die praktische Leib-Umwelt-Beziehung in den Mittelpunkt stellt. Dazu steht allerdings im Kontrast, dass eine bislang kaum bemerkte, aber doch bedenkenswerte Kritik von Schmitz vorgetragen worden ist. Er wendet gegen die Gebrauchstheorie der Bedeutung ein, dass sich auf diese Weise die Bedeutung toter Sprachen nicht mehr erschließen ließe (Schmitz 1977: 522 f.). Das Griechisch, in dem die Ilias Homers verfasst ist, sei nicht mehr in Gebrauch. Wenn es aber der faktische Gebrauch ist, anhand dessen die Bedeutung zu erfassen wäre, wäre die Ilias für uns ohne Sinn. Das ist nicht der Fall. Diese Kritik scheint mir kaum widerlegbar zu sein, wenn Gebrauch im Sinne der aktiven Herstellung und Deutung sprachlicher Symbole verstanden wird. Auch die am Regelbegriff orientierte Rekonstruktion von Habermas kann dieser Kritik nicht begegnen. Denn Habermas stellt bei seiner Rekonstruktion der Gebrauchstheorie die Bildung sprachlicher Symbole durch Sprecher in den Vordergrund. Dementsprechend wäre es erforderlich, dass Hektor oder Achill bzw. jemand, der ihre Sprache in gleicher Weise praktisch gebraucht wie sie, die Interpretationen von Altphilologen bestätigt oder ihr widerspricht und jene sich vor einer solchen Kritik zu rechtfertigen hätten. Obwohl dies nicht der Fall ist, hat der Text der Ilias für uns eine Bedeutung. Wir glauben, aus diesem Text, bzw. aus den Texten des Althochdeutschen oder den Keilschrifttexten etwas über das Weltverständnis der homerischen Griechen, der Germanen oder der Sumerer erfahren zu können. Jede Archäologie, die Inschriften und Texte analysiert, wäre von vornherein zum Scheitern verurteilt, wenn Wittgenstein Recht hätte. Die Gebrauchstheorie der Bedeutung ließe sich nur dann retten, wenn man die geregelte Interpretation sprachlicher Symbole ins Zentrum rückte. Dies widerspräche zwar der Rekonstruktion durch Habermas, würde Wittgenstein aber nicht widersprechen. Denn dieser hat es bei eher allgemeinen Aussagen belassen.

Symbolbildung unter der Voraussetzung erweiterter Weltoffenheit

Die Einbeziehung des Problems der Kontingenz der Mitwelt erfordert eine andere Struktur sozialer Reflexivität als diejenige, die sich bei Mead bzw. bei Habermas findet. Letztere zeichnet sich durch einen gestuften Übergang aus, an deren Anfang die reflexive Distanz Egos zu sich selbst steht, darauf aufbauend wird die Du-Perspektive und im nächsten Schritt die Tertiusperspektive einbezogen. Diese Abfolge ist nicht haltbar, wenn es fraglich ist, ob es sich bei einer begegnenden Entität überhaupt um ein Alter Ego handelt. Die Interpretation einer Geste als einer symbolischen Geste setzt voraus, dass mit dieser Interpretation zugleich eine Unterscheidung getroffen wird zwischen sozialen Personen und anderem. Die Adressierung einer Entität als eines Alter Ego setzt bereits die Übernahme der Perspektive des Dritten voraus. In einem solchen Rahmen stellt sich die Bildung von Symbolen, die für die Beteiligten eine identische Bedeutung haben, folgendermaßen dar. An die Stelle der wechselseitigen Perspektivenübernahme durch Ego und Alter tritt die über den Dritten vermittelte Reflexion der Beziehung zwischen Ego und Alter.

Bereits die Struktur der Leib-Umwelt-Beziehung auf der Ebene zentrischer Positionalität beinhaltet, dass die Akteure Ego und Alter sich aufeinander richten und sich leiblich berühren. Wenn die leibliche Beziehung nicht vollständig vorgegeben ist, sondern lernend gestaltet werden muss, eröffnet dies die Möglichkeit, die wechselseitigen leiblichen Beziehungen zu modulieren. Dies schließt die Möglichkeit ein, Leib-Umwelt-Beziehungen zu simulieren. Ein Beispiel für das Letztere wären die im Abschnitt über die Sozialdimension beschriebenen Täuschungsmanöver. Der Pavian Melton wird von der Mutter des Jungpavians, den er verprügelt hat, verfolgt. Er flieht vor ihr, bleibt abrupt stehen und hockt sich hin, als ob er nach einem Löwen Ausschau hielte. Die verfolgende Pavianmutter folgt dem Richtungssinn der Als-ob-Geste und sucht die umgebende Savanne ebenfalls nach einem Löwen ab. Eine solche Simulationsmöglichkeit ermöglicht auch diejenige Differenz, die Bateson und Haley als Differenz zwischen Kampf und gespieltem Kampf beschreiben (Bateson, Haley 1955/1985: 244). In diesem Fall ist den beteiligten Akteuren klar, dass sie sich situativ im Sinne eines simulierten Kampfes aufeinander beziehen.

Für Wesen, die zu einer solchen Differenzierung fähig sind, schwankt die Beziehung zu anderen leiblichen Aktionszentren zwischen dem, wie sie ist, und der Möglichkeit des Als-ob. Um was es sich jeweils handelt, muss situativ in der leiblichen Umweltbeziehung ausgemacht werden. Kämpfen wir oder spielen wir kämpfen? Richtest Du Dich aufmerksam auf einen Löwen oder tust du nur so?

Die Struktur exzentrischer Positionalität zeichnet sich dadurch aus, dass die Gesamtstruktur der Leib-Umwelt-Beziehung und der darin gegebenen Leib-Leib-Beziehungen reflexiv wird. Diese Reflexivität wird operativ über Tertius realisiert. Damit wird die in der zwischen den leiblichen Operatoren Ego und Alter sich entwickelnde Differenz zwischen realisierter Leib-Umwelt-Beziehung und Als-ob-Leib-Umwelt-Beziehung als solche fassbar. Ego und Alter identifizieren aus der Perspektive von Tertius Als-ob-Gesten als solche und unterscheiden sie von direkt praktischen Umweltbezügen. Damit funktioniert die Als-ob-Geste nicht mehr als Simulation der praktischen Umweltbeziehung, sondern die Als-ob-Geste verweist als ein Symbol auf die Realisierung der leiblichen Geste als ihre Bedeutung.

Das Verhältnis zwischen Als-ob-Geste und dem, was in der Leib-Umwelt-Beziehung als real erfahren wird, ist von anderer Art, je nachdem, ob die Leib-Umwelt-Beziehung zentrisch oder exzentrisch strukturiert ist. (1.) Zentrische Positionalität: Die Als-ob-Richtungsgeste simuliert die Anwesenheit des Löwen. Die Geste ist nicht explizit im Sinne eines Als-ob von der zukünftigen bedrohlichen Anwesenheit abgehoben. Diejenigen, die der Richtungsgeste folgen, erleben den Löwen als mögliche zukünftig bedrohliche Anwesenheit und prüfen, ob sie sich in Sicherheit bringen müssen. (2.) Exzentrische Positionalität: Wenn diese Relation reflexiv erfasst wird und die Als-ob-Geste von ihrem realisierenden Richtungssinn als abgehoben erfasst wird, kann die Als-ob-Geste auf die Anwesenheit eines Löwen verweisen im Sinne einer Bedeutung. Die Als-ob-Geste wird zu einem Symbol des Sachverhalts, auf den sie verweist. Die Verwendung des Symbols für die Anwesenheit des Löwen ist unabhängig davon, ob der Löwe real anwesend ist oder nicht bzw., ob seine Anwesenheit simuliert wird oder nicht.

Im Fall 1 wird die Anwesenheit, d. h. die Realität, spielerisch simuliert, wobei zwischen dem Mittel der spielerischen Simulation, der Als-ob-Geste, und der simulierten Realität nicht explizit unterschieden wird. Fall 2 beschreibt eine Relation, in der zwischen der Als-ob-Geste als Symbol und der Realität unterschieden wird, wodurch die Möglichkeit entsteht, durch die Als-ob-Geste auf einen Sachverhalt zu verweisen, ohne dass dieser für die Beteiligten real leiblich erfahrbar sein müsste. Angelehnt an Batesons Idee, die Als-ob-Geste als Spiel zu begreifen, könnte man davon sprechen, dass die symbolische Als-ob-Geste spielerisch mit dem Sachverhalt identifiziert wird, auf den sie verweist.[36] Die Ausbildung von Sprachen wäre in diesem Sinne als eine regelgeleitete Differenzierung symbolischer Als-ob-Gesten zu begreifen. Damit wird es möglich, zunehmend differenziertere Sachverhalte als möglicherweise existierend zu beschreiben. Ob sie real existieren, jemals existiert haben oder existieren werden, ist dabei unerheblich.

Um die Regelorientiertheit zu begreifen, ist es erforderlich, die Ausbildung sprachlicher Symbole in der Ego-Alter-Tertius-Konstellation zu situieren. In der aus der Tertiusposition reflektierten Beziehung zwischen Ego und Alter interpretiert Ego die Geste von Alter Ego und erfasst sich

---

36 Den Terminus »spielerische Identifizierung« verwende ich dabei ähnlich wie Schmitz, der von »spielerischer Identifikation« spricht (Schmitz 1977: §226). Allerdings untersucht Schmitz nicht das Problem der regelgemäßen Verwendung sprachlicher Zeichen.

damit zugleich als Interpret einer an Ego adressierten Geste. Die über Tertius vermittelte Außenperspektive garantiert die Bedeutungsidentität für Ego und Alter. Ego interpretiert das Symbol vor Tertius und antizipiert damit die mögliche Kritik von Tertius an einer nicht regelgemäßen Verbindung von Symbol und Bedeutung. Indem Ego vor Tertius die sinnliche Erscheinung eines Alter Ego als Symbolverwendung interpretiert, wird Alter Ego zugleich als eine soziale Person gedeutet, die Symbole verwendet, die in regelgemäßer Weise auf einen Sachverhalt als ihre Bedeutung verweisen. In der Interpretation einer Geste als einer symbolischen Geste wird für deren Ausführung unterstellt, dass Alter die Geste nicht nur situativ an Ego adressiert, sondern dass Alter Ego antizipiert, dass die Ausführung der an Ego adressierten Geste vor Tertius erfolgt und dass Egos Interpretation vor Tertius erfolgt.

Wenn man die Herstellung und Interpretation von Symbolen unter Berücksichtigung des Problems der Kontingenz der Mitwelt analysiert, führt das zu einem Primat der Interpretation. Meads und Habermas' Konzeption ist daran orientiert, wie ein Akteur den Sinn seiner eigenen Geste erfasst, die es an ein Alter Ego adressiert. Die Einbeziehung der Kontingenz der Mitwelt verändert die Perspektive, denn die Frage ist, ob die Äußerung einer Entität überhaupt als eine symbolische Geste interpretiert werden kann. Weniger die Symbolherstellung, sondern vielmehr die Symbolinterpretation rückt in den Mittelpunkt. Damit die Symbolinterpretation als eine geregelte Symbolinterpretation mit einem regelhaften Verweis vom Symbol auf dessen Bedeutung verstanden werden kann, muss auch die Symbolinterpretation als eine verstanden werden, die unter der Antizipation von Kritik erfolgt. Die Bedeutung dieser Verschiebung lässt sich an Extremfällen gut beobachten. Bei der Rehabilitation von Wachkomapatientinnen ist es fraglich, ob sie Fragen verstehen und ob sie auf diese angemessen antworten (vgl. Lindemann 2009c: Kap. 6.2). Die einfachste Form von Symbolverwendung, die sich in diesem Feld finden lässt, ist die Verwendung eines Ja-Nein-Kodes. Es geht um die Frage, ob eine minimale gestische Reaktion wie das Neigen des Kopfes, das Heben einer Augenbraue oder ein Lidschlag usw. sinnvoll als Bestandteil eines Ja-Nein-Kodes gedeutet werden können. Die Therapeutinnen der Patienten versuchen intuitiv zu erschließen, ob eine Geste im Sinne eines Ja-Nein-Kodes als symbolische Geste interpretiert werden kann. Bei dieser Interpretation orientieren sie sich an der antizipierten Kritik von Kollegen. Bei jeder Deutung läuft die Frage mit, ob auch andere Interpreten diese Geste im Sinn eines Ja-Nein-Kodes interpretieren würden.[37]

---

37 Die Studien in diesem Bereich stellen gewissermaßen den Entdeckungszusammenhang der Theorie des Dritten dar (Lindemann 2005, Lindemann 2009c: Kap. 6.2).

Bislang – und so auch bei Habermas und Mead – steht die Sozialisation in die Symbolverwendung im Vordergrund. Es geht darum, zu untersuchen, wie Kleinkinder oder Affen (Tomasello) sich sprachliche Symbole aneignen. Für die Analyse der Ordnungsbildung geht es aber weniger um die Analyse von Sozialisationsprozessen, sondern darum, wie im Feld gelungene Sozialisationsprozesse identifiziert werden. Ausgehend von einem triadischen Kommunikationsbegriff ergibt sich eine doppelte Frageperspektive. Zum einen wird die traditionelle Frage nach der Sozialisation aufgenommen und zum anderen stellt sich die Frage: Wie kommen Eltern und/oder Experimentatoren dazu, die Äußerungen bestimmter Entitäten als sprachliche Symbole zu interpretieren? Die Interpretationen sind dabei als wechselseitige Vollzüge zu verstehen. Es geht also darum zu untersuchen, wie Eltern/Experimentatoren ihre Kinder/Affen über Dritte vermittelt als Symbolverwender deuten und zugleich wäre auch zu untersuchen, wie Kinder bzw. Affen ihre Eltern/ Experimentatoren als Symbolverwender deuten. Wie wird durch die wechselseitigen vor Dritten erfolgenden symbolischen Darstellungen und deren Interpretationen der Sprach- und Sprechzusammenhang gestaltet?

Eine erneuerte Gebrauchstheorie der Bedeutung

Die Frage ist nun, ob die hier vorgeschlagene Theorie der Bedeutung der Kritik entgeht, die Schmitz an Wittgenstein formuliert hat und die auch die von Habermas mit Bezug auf Mead vorgenommene Reformulierung der Gebrauchstheorie trifft. Die Gemeinsamkeit zwischen dem Theorievorschlag von Habermas und dem hier explizierten Vorschlag liegt darin, die Theorie der Bedeutung ausgehend von der praktischen Leib-Umwelt-Beziehung her zu entwickeln. Der Unterschied besteht darin, dass Habermas die Bedeutung von der Herstellung der symbolischen Geste her denkt und nicht klar zwischen der Herstellung der drittenvermittelten Bedeutung und deren drittenvermittelter Rezeption unterscheidet. Die Einbeziehung dieser Differenzierung erfordert es, die triadisch-reflexive Herstellung und die triadisch-reflexive Interpretation sprachlicher Symbole zu unterscheiden und letztere ins Zentrum des Symbolverständnisses zu rücken. Das folgende Schema fasst das Ergebnis zusammen (S. 212).

1. Alter Ego produziert ein Symbol, adressiert an Ego vor Tertius und antizipiert eine Kritik aus der Tertiusperspektive an einer nicht regelgemäßen Produktion des Symbols.
2. Die Regelhaftigkeit bezieht sich auf zwei Aspekte:
   a) die Ordnung des sinnlichen bzw. wahrnehmbaren Materials des Bedeutungsträgers, des Zeichens, folgt einer Regel,

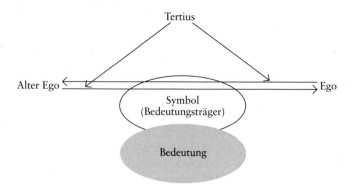

Abbildung 2: Symbol und Bedeutung in der Ego-Alter-Tertius-Konstellation.

b) die Verständlichkeit der Symbole, d. h. die Verweisung vom Bedeutungsträger auf die Bedeutung folgt einer Regel.

3. Ego interpretiert etwas Wahrgenommenes als Symbol vor Tertius
und antizipiert eine Kritik aus der Tertiusperspektive an einer nicht
regelgemäßen Interpretation des Symbols.

4. Die Regelhaftigkeit bezieht sich ebenfalls auf zwei Aspekte:
a) indem Ego etwas als Symbol deutet, deutet es dieses als regelhaft
gebildet und an einen Rezipienten adressiert,
b) das regelhaft gebildete Symbol enthält als solches einen regelhaften Verweis vom Bedeutungsträger auf die Bedeutung, dem Ego
in der Deutung folgen kann.

Das zentrale Ergebnis besteht darin, dass sich zwei nicht aufeinander re-
duzierbare triadische Konstellationen des Symbolgebrauchs voneinander unterscheiden lassen. Der produktive bzw. herstellende Gebrauch
und der interpretative Gebrauch von Symbolen. Gemäß dem Leitgedan-
ken, dass Kommunikationen zeitlich rückläufig, also vom Verstehen her
zu begreifen sind, kommt dem interpretativen Gebrauch das Primat zu.
Damit wird die kommunikative Gültigkeit der produktiven Konstellation abhängig von der interpretativen Konstellation. Die produktive
triadische Konstellation stellt einen Anlauf zur Bildung von Symbolen
dar. Wenn diese nicht interpretiert werden, werden sie nicht als Symbole
existiert haben.

Da diese Theorie des Gebrauchs nicht nur zwischen symbolherstel-
lender und symbolinterpretierender triadischer Konstellation differenziert, sondern der letzteren auch einen Primat gibt, wird es möglich, der
Kritik von Schmitz zu begegnen. Denn wenn man dem interpretativen
Gebrauch einen Primat gibt, wird die Interpretation toter Sprachen begreifbar. Die Sprachen der Sumerer, der alten Ägypter oder diejenige
der Griechen zur Zeit Homers sind in keiner Weise mehr im Sinne einer

Relationierung von herstellenden und interpretativen triadischen Konstellationen zugänglich. Dennoch ist es, worauf Schmitz zu Recht hingewiesen hat, möglich, diese Zeichen im Rahmen eines interpretativen Gebrauchs zu verstehen. Auch für tote Sprachen gilt, dass deren Bedeutung durch den interpretativen Gebrauch festgelegt wird, denn durch diesen wird ein regelhafter Zusammenhang zwischen sprachlichen Symbolen und ihren semantischen Gehalten hergestellt. Der regelgemäße, d. h. der kritisierbare, Gebrauch ermöglicht die geregelte spielerischen Identifizierung von Symbol und Bedeutung in der Interpretation.

Im Rahmen dieser Neukonzeptualisierung der Gebrauchstheorie der Bedeutung wird es möglich, die oben vorgelegte Interpretation von Werkzeugen als Symbolen ihrer Sollnutzung zwanglos in die Theorie der Bildung von Symbolen einzubeziehen – als einen besonderen Gebrauch von Symbolen. In beiden Fällen geht es um eine triadisch strukturierte Festlegung der Bedeutung. Das Werkzeug wird spielerisch mit seiner Sollnutzung identifiziert und kann – wie die Symbole lebender Sprachen – immer wieder verändert werden.

Insgesamt kann man unterschiedliche Formen spielerischer Identifizierung unterscheiden, die für die soziologische Forschung relevant zu sein scheinen.[38]

1. Das Werkzeug wird wie oben beschrieben mit seiner Sollnutzung identifiziert, indem es auf die Weisen seiner angemessenen Nutzung verweist.

2. Bilder werden mit dem Dargestellten identifiziert, indem die bildhafte Darstellung kraft einer Ähnlichkeit auf das Dargestellte verweist.[39]

3. Sprachliche Symbole werden mit den explizierten Sachverhalten spielerisch identifiziert, indem sie in einer stärker konventionalisierten Weise auf die explizierten Sachverhalte verweisen.[40]

4. Leibliche, sozusagen theatralische Darstellungen (etwa im Sinne Goffmans) werden mit den dargestellten Sachverhalten identifiziert.

38 Diese Aufzählung erhebt keinen Anspruch auf Vollständigkeit

39 Diese Form spielerischer Identifizierung wird im Rahmen der Wende zum Visuellen (pictorial turn) stark in den Vordergrund gespielt. Soziologisch ist die Bedeutung bildhafter Zeichen z. B. für die Analyse der Geschlechterdifferenz fruchtbar gemacht worden (vgl. Goffman 1977/1994, Lindemann 1993/2011, 1996).

40 Die Relevanz sprachlicher Symbole für die soziologische Analyse ist nahezu ubiquitär. Auf die Besonderheiten, die sich aus der vermittelten Unmittelbarkeit der spielerischen Identifizierung ergeben, wird insbesondere in der Ethnomethologie eingegangen (Garfinkel 1967, 2002). Denn die Ethnomethodologie analysiert die paradoxen Gestaltungsmöglichkeiten, die sich aus der reflexiven Struktur der Sprachverwendung ergeben. Vgl. hierzu auch die Studien von Laing (1967/1981, 1970/1980) zu den Paradoxien der Kommunikation.

Auf diese Weise wird der Sachverhalt, dass es übergreifende Institutionen gibt, symbolisch dargestellt und umgekehrt werden Institutionen zu einer leiblich erfahrbaren Wirklichkeit.[41] Auf den ersten Punkt bin ich bereits im vorherigen Abschnitt zur Sachtechnik ausführlich eingegangen. Was die Punkte zwei und drei betrifft, so handelt es sich um eine von einigen Autoren in der semiotischen Literatur vielfach diskutierte Differenz. Die Unterscheidung zwischen visuellen bzw. bildhaften Zeichen und akustischen bzw. sprachlichen Zeichen wird z. B. von Peirce (1983: 65 f.) und Jakobson (1964/1971 passim) eingehend diskutiert. Die Identifikation zwischen bildhaften Zeichen und Bedeutung gilt als durch Ähnlichkeit motiviert, wobei der Verweis vom Zeichen auf seine Bedeutung im Sinne einer quasi natürlichen Ähnlichkeit verstanden wird, während die Beziehung zwischen sprachlichen Zeichen und Bedeutung durch Konvention hergestellt wird.

Wenn man die Bedeutung der triadischen Interpretationskonstellation in Rechnung stellt, verliert diese Gegenüberstellung an Schärfe. Denn auch wenn man von einer Beziehung zwischen Bedeutungsträger und Bedeutung ausgeht, die durch Ähnlichkeit gekennzeichnet ist, so bedarf es doch einer drittenvermittelten, d. h. generalisierenden Festlegung, was als Ähnlichkeit zu interpretieren ist. Das bildhafte Zeichen bedarf einer Festlegung, wodurch und inwiefern das Zeichen demjenigen ähnelt, auf das es als seine Bedeutung verweist. Eine rein natürliche und damit für jeden Akteur in jeder beliebigen historischen Situation verständliche Ähnlichkeitsbeziehung kann als unwahrscheinlich gelten. Vielmehr wäre davon auszugehen, dass Ordnungen in typischer Weise festlegen, inwiefern etwas kraft Ähnlichkeit auf etwas anderes verweist und insofern mit diesem spielerisch identifiziert werden kann. Auf diese Weise wird Ähnlichkeit gleichsam konventionalisiert.

Andererseits verleiht die Annahme spielerischer Identifikation konventionellen Zeichen eine unmittelbare Relevanz. Denn in der triadisch strukturierten Interpretation werden Zeichen im Sinne vermittelter Unmittelbarkeit mit den Sachverhalten identifiziert, die sie bedeuten. Unter dieser Voraussetzung wird es verständlich, dass sprachlich ausgedrückte Sachverhalte in vergleichbarer Weise berühren können, wie direkt wahrgenommene Sachverhalte. Zum Beispiel: Meine Freundin berichtet mir von einer Begegnung, in der sie ungerecht behandelt worden ist. Ich bin aufgrund ihrer Erzählung spontan empört – gerade so, als würde ich das Geschehen direkt wahrnehmen.

Die Differenz zwischen bildhaften und sprachlichen Zeichen bleibt dabei erhalten, aber sie wird fundiert in einem den beiden Zeichen-

---

41 Vgl. hierzu z. B. Goffmans (1986) Analysen zur rituellen Gestaltung des Alltagslebens und zur institutionellen Reflexivität (Goffman 1977/1994).

formen gemeinsamem Prinzip des Zusammenhangs zwischen Bedeutungsträger und Bedeutung.

Anhand der spielerischen Identifizierung in Form leiblicher Darstellungen möchte ich auf ein wichtiges Merkmal symbolischer Darstellung aufmerksam machen. Der dargestellte Sachverhalt wird mit seiner symbolischen Darstellung im Sinne vermittelter Unmittelbarkeit identifiziert. Die symbolische Darstellung und der dargestellte Sachverhalt sind einerseits unterschieden, denn die leibliche Darstellung ist ein Mittel, durch das etwas anderes als sie selbst zur Darstellung gebracht wird. Andererseits wird der dargestellte Sachverhalt mit seiner symbolischen Darstellung identifiziert. Auf diese Weise geraten Symbol und dargestellter Sachverhalt in eine Beziehung, die zwischen Identität und Nichtidentität changiert. Dieses Merkmal kennzeichnet alle Formen spielerischer Identifizierung.[42] Um ein Beispiel zu geben: Die Institution des geldvermittelten Tausches existiert nur, indem die Beteiligten den Tausch und die dabei vorgesehenen Positionen füreinander und voreinander darstellen. Alter Ego stellt sich als jemanden dar, der bereit ist, für eine angebotene Ware Geld zu geben. Ego stellt sich als jemanden dar, der bereit ist, eine Ware für Geld wegzugeben, wenn dabei zugleich symbolisiert wird, dass das angebotene Geld verlässlich an Dritte weitergegeben werden kann. Die Darstellung jeder einzelnen Position verweist auf die anderen Positionen und stellt diese mit dar als gegenwärtig relevante Struktur der Institution des geldvermittelten Tausches. Die beteiligten leiblichen Akteure identifizieren ihre aktuellen leiblichen Vollzüge mit diesen symbolisch dargestellten Positionen bzw. mit zukünftig zu vollziehenden leiblichen Aktionen. Damit wird die symbolisch dargestellte Institution des Tauschs einschließlich der in ihr enthaltenen Aktionspositionen für die Beteiligten zu einer erfahrenen Wirklichkeit.

Die Beteiligten differenzieren ihre Beziehungen in vielfältiger Weise, indem sie ihre Beziehungen symbolisch darstellen und die dargestellten Sachverhalte leiblich als hinzunehmende Realität erleben. Die leibliche Umweltbeziehung wird symbolisch vermittelt und zugleich wird die symbolische Vermittlung durch die Dynamik der leiblichen Berührungsrelationen gestaltet. Auf dieser Grundlage kann nun die symbolische Gestaltung des sozialen Lebens eingehender untersucht werden.

---

42 Aus der paradoxen Spannung zwischen Ausdruck und Bedeutung ergeben sich diejenigen Möglichkeiten zur Gestaltung sozialer Beziehungen, an denen Bateson in besonderer Weise interessiert war.

3.4.2. *Institution und symbolisch generalisierte Kommunikationsmedien*

Institutionen interpretiere ich im Anschluss an Mead als institutionalisierte Gesamthandlungen. Deren Analyse hatte ich bereits bei der Untersuchung der Sachdimension begonnen und dabei zwei Aspekte unterschieden. Zum einen ist das Sachliche der Sachdimension zu verstehen im Sinne von Sachtechnik, die in verschiedener Weise zu handhaben ist und zum anderen im Sinne der sachlich-qualitativen Differenzierung der erlebten Umwelt. Der zweite Aspekt der Sachdimension besteht in der Sache, um die es in sozialen Beziehungen bzw. Kommunikationen geht. Nachdem im vorherigen Abschnitt der Symbolbegriff ausgearbeitet worden ist, lässt sich nun genauer herausarbeiten, wie der zweite Aspekt der Sachdimension zu begreifen ist.

Bei der kategorialen Entfaltung der Sozialdimension hatte sich gezeigt, dass es bereits auf der Ebene zentrischer Positionalität einen Unterschied macht, ob andere leibliche Selbste involviert sind oder nicht. Dies gilt auch für die Sachdimension. Erlebte Feldverhalte, in die andere leibliche Aktionszentren involviert sind, weisen eine genuin sachliche Komponente insofern auf, als es in einer Beziehung zwischen leiblichen Selbsten immer um etwas Bestimmtes geht. Wer ergreift welche Nahrung? Wer packt wen? Wer steht über/unter wem? Wer füttert wen? Usw. Wenn keine leiblichen Aktionszentren involviert sind, wie etwa beim Umgang mit der Beute nach erfolgreicher individueller Jagd oder beim einsamen Sammeln von Früchten, besteht der sachliche Aspekt in der praktischen Handhabung der Sache, um die es geht. Die beiden Aspekte sind bereits auf der Ebene zentrischer Positionalität unterschieden, aber der Sachverhalt, dass sie unterschieden sind, hebt sich nicht als solcher für die Beteiligten ab.

Die Reflexivität der exzentrischen Positionalität zeichnet sich dadurch aus, dass Feldverhalte zu Sachverhalten werden. In diesem Rahmen lassen sich die beiden Aspekte der erlebten Sachverhalte trennen in: (1.) die sachlichen Aspekte des Wahrnehmens von Sachverhalten und des Behandelns von Gegenständen und (2.) die sachlichen Aspekte der Beziehung zwischen sozialen Personen, d. h. dasjenige, worum es in der Beziehung geht.

Institution und symbolisch generalisierte Medien

Im Rahmen der Struktur exzentrischer Positionalität gilt, dass die Leib-Umwelt-Beziehung nicht im Sinne von Instinkten vorgegeben ist. Es ist unbestimmt, wer sich auf wen/was in welcher Weise bezieht. Formen des Sich-aufeinander-Beziehens müssen im Vergesellschaftungsprozess erst festgelegt werden. Akteure müssen sich darüber verständigen, wer sich beteiligt, worum es in einer gegebenen Situation gehen soll und als wer sie in dieser Situation auftreten und sich auf andere beziehen. Auf der Grundlage sprachlicher Symbole erfolgt die Lösung dieser Probleme durch die Bildung von Institutionen (Mead 1934/1967: 260ff., Berger/ Luckmann 1966/1980: Kap. II.1), deren symbolischer Darstellung und Legitimation sowie durch die Institutionalisierung symbolisch generalisierter Kommunikationsmedien (Parsons 1980, Luhmann 1984: 222ff., 1997 Bd. 1: Kap. IX). Wie bei der Symbolbildung ist auch bei der Analyse von Institutionalisierung der Dritte systematisch einzubeziehen. Hierin liegt der Unterschied zur Institutionalisierungstheorie Bergers und Luckmanns oder der Theorie des generalisierten Anderen bei Mead und Habermas sowie zu den Medientheorien von Parsons und Luhmann. Wie ich im Abschnitt über die Sozialdimension gezeigt habe, beziehen sich diese Autoren entweder gar nicht oder nur punktuell auf den Dritten, um die Lösung des Problems doppelter Kontingenz zu ermöglichen. Wenn die Lösung etabliert ist, geht der Bezug auf den Dritten verloren. Unter der Voraussetzung einfacher Weltoffenheit scheint die Ausblendung der Ordnungsbildungsmöglichkeiten, die der Dritte eröffnet, nicht weiter ins Gewicht zu fallen. Eine Analyse, die von erweiterter Weltoffenheit ausgeht, muss höheren Ansprüchen genügen. Denn das doppelte Bezugsproblem – (1.) Kontingenz der Mitwelt und (2.) Kontingenz in den Ego-Alter-Tertius-Relationen – erfordert eine systematische Konsistenz bei der Konzeptualisierung von Ordnungsbildung, die sich Berger/Luckmann sowie Habermas oder Luhmann nicht zumuten müssen. Dies führt dazu, den Dritten nicht nur initial, sondern systematisch in die Analyse von Ordnungsbildung einzubeziehen.

Institution

Wenn der Dritte einbezogen wird, stellt sich das Bezugsproblem für die Bildung von Institutionen folgendermaßen dar. Die exzentrisch-leiblichen Aktionszentren Ego und Alter berühren einander unter Bezug auf Tertius. Die Unbestimmtheit dieser Situation lässt sich aus der Perspektive von Alter Ego so aufgliedern:

1. Um was geht es sachlich in der Ego-Alter-Tertius-Konstellation? Was ist der sachliche Gehalt der Beziehung?
2. Wie beziehen sich Ego-Alter-Tertius raum-zeitlich aufeinander?
3. Als wer bzw. mit welchem sachlichen Anliegen soll sich Alter Ego für Ego unter Bezug auf Tertius darstellen?[43]

---

43 Der Aspekt der Darstellung/Adressierung/Interpretation »als wer an wen« wird zumindest teilweise in nahezu allen Theorietraditionen behandelt. Hierhin gehören prominent Goffmans Analysen der Selbstdarstellung

4. Als wer bzw. mit welchem sachlichen Anliegen soll Ego von Alter Ego unter Bezug auf Tertius adressiert werden?

5. Als wer existiert Tertius mit Bezug auf den sachlichen Gehalt der Beziehung und mit Bezug auf die beiden Beteiligten Ego und Alter? Diese fünffache Unbestimmtheit existiert für alle Beteiligten, es gibt sie also immer in mehrfach perspektivierter Form. Eine Klärung dieser Unbestimmtheit beinhaltet zum einen, dass eine sachliche Festlegung erfolgt, worum es gehen soll, und zum anderen, dass Ego-Alter-Tertius eine dem sachlichen Gehalt der Beziehung angemessene Identität füreinander und voreinander darstellen, einander entsprechend adressieren und interpretieren und dass sie die operativen modalzeitlichen und räumlichen Bezüge in eine gemeinsame Ordnung bringen.

Die Komplexität dieser Konstellation ermöglicht zugleich die Lösung. Wenn eine kommunikative Darstellung/Interpretation vor Tertius erfolgt, wird der sachliche Gehalt der Beziehung und die Festlegung dessen, als wer Ego, Alter und Tertius in der Beziehung existieren, objektivierbar und kann zu einem Muster der sachlichen Beziehung werden, in dem Ego, Alter und Tertius jeweils aufeinander bezogene Positionen einnehmen. Wie am Ende des Kapitels über die Raum- und Zeitdimension gezeigt, müssen für konkrete Analysen von Institutionen immer auch die raum-zeitlichen Bezüge der jeweiligen Drittenkonstellationen einbezogen werden, denn es macht einen Unterschied, ob diese rein im Sinne der Modalzeit zu verstehen sind, oder ob die Modalzeit in eine rhythmisierte Dauer mit einem nur im Ansatz etablierten Ortsraum oder in eine digitale Raumzeit verschränkt ist.

Dieses Verständnis von Institutionen baut auf der Institutionentheorie von Berger und Luckmann auf. Diesen zufolge bestehen Institutionen aus typisierten Handlungen, die Typen von Akteuren aufeinander beziehen (Berger/Luckmann 1966/1980: 58). Die Typen der Handlung entsprechen der Sachdimension, also dem, worum es in der Beziehung

(Goffman 1982) oder Garfinkels (1967) Analyse der Darstellung seiner selbst als verstehbarer, intelligibler und verantwortlicher Akteur. Berger und Luckmann sprechen hier im Anschluss an Schütz von einer Typisierung von Akteuren, die sich durch Institutionalisierung herausbildet. Institutionen bestehen aus typisierten Handlungen, die Typen von Akteuren (als wer an wen) aufeinander beziehen (Berger/Luckmann 1966/1980: 58). Simmel (1908/1983) differenziert zwischen der Darstellung seiner selbst als individuelle Person und der Darstellung der Zugehörigkeit zu einem sozialen Kreis. In ähnlicher Weise unterscheidet Luhmann (1972: 85) zwischen der Darstellung seiner selbst als Person, d.h. als individuelle Persönlichkeit, und der Darstellung seiner selbst als Rollenträger. Bei der Herausbildung symbolisch generalisierter Kommunikationsmedien werden die dargestellten Selbstfestlegungen von Alter Ego systematisch auf Ego bezogen.

geht. Die Typen von Akteuren entsprechen der Identitätsfestlegung: Als wer handelt/kommuniziert Alter Ego an wen adressiert unter Bezug auf wen? Identitäten sind objektivierte Aktionspositionen, die Ego-Alter-Tertius im Sachzusammenhang von Institutionen einnehmen. Entsprechend ist von einer Mehrzahl von Identitäten auszugehen.

Es erscheint mir erforderlich, diesen Institutionenbegriff in dreifacher Hinsicht zu ergänzen, nämlich (1.) durch die deutlichere Akzentuierung der symbolischen Darstellung der Institution, (2.) durch den Hinweis auf die raum-zeitlichen Differenzierungen der institutionenbildenden triadischen Konstellationen und damit zusammenhängend (3.) durch eine Differenzierung des Erwartungsbegriffs.

Berger und Luckmann benennen nicht explizit die Notwendigkeit, dass Institutionen auch dargestellt werden müssen. Wenn man aber Institutionen im Sinne einer ablaufenden typischen Gesamthandlung begreift, muss man zugleich jeden Handlungsvorschlag im Sinne eines kommunikativen Sinnvorschlags begreifen. Indem ein Akteur eine institutionalisierte Gesamthandlung beginnt, stellt er die entsprechende Institution an andere adressiert symbolisch dar und fordert andere Akteure damit zu einer sinnentsprechenden Handlung auf. Die symbolische Darstellung der Institution, d. h. der institutionalisierten Gesamthandlung, ist, wie gesagt, triadisch zu begreifen. Indem Alter Ego unter Bezug auf Tertius einen Sinnvorschlag macht, der eine Institution symbolisiert, erwartet Alter Ego von Ego, dass der Sinnvorschlag im Sinn des Fortgangs der institutionalisierten Gesamthandlung interpretiert wird.

Mit Bezug auf die Bedeutung von Raum-Zeit-Strukturen für den Zuschnitt von Ego-Alter-Tertius-Konstellationen ist zu bedenken, dass Institutionen unterschiedlich strukturiert sein werden, je nachdem, wie die Modalzeit und die leibliche Richtungsräumlichkeit in übergreifende Raum-Zeit-Strukturen verschränkt sind. Es ist zu erwarten, dass es für die Bildung von Institutionen einen Unterschied macht, ob Dritte im Sinne eines in der Dauer existierenden Akteurs relevant sind, wie etwa die Heroen der Traumzeit in totemistischen Ordnungen oder ob auf Dritte im Rahmen einer kalkulierten digitalen Raumzeit als ortsräumlich abwesende zukünftige Dritte referiert wird. In diesen Fällen sind Institutionen durch jeweils unterschiedliche Kontingenzen gekennzeichnet. Die Möglichkeit des Misslingens einer institutionalisierten Gesamthandlung ist bei Börsenkontrakten mit kalkulierten Zukünften stets gegenwärtig. Ego erwirbt mit kurzfristig geliehenem Geld ein Aktienpaket von Alter Ego, wobei eine Kalkulation der Zukunft Voraussetzung ist, nämlich ein steigender Kurs dieser Aktie, die deshalb morgen mit Gewinn an Tertius weiterverkauft werden kann. Dass die Kalkulation der Zukunft fehlgehen kann, ist zwar unerwünscht, aber als Risiko Bestandteil der institutionalisierten Gesamthandlung Kauf-Verkauf von

Aktien. Wenn die Akteure dagegen in einer Dauer existieren und die Heroen der Traumzeit, die in anderen Akteuren wirken, ein Ritual ausführen, ist die Möglichkeit, dass ein Akteur scheitert, nicht in der gleichen Weise vorgesehen bzw. ein Scheitern ist verbunden mit übergreifenden Zusammenhängen und kann daher katastrophisch sein. Im Unterschied dazu ist eine einzelne fehlgeschlagene Börsenkalkulation von begrenzter Bedeutung. Die Art und Weise, wie die Beteiligten anderen Akteuren vertrauen und wie der Fortgang der institutionalisierten Gesamthandlung strukturiert ist, dürfte sich grundlegend unterscheiden.

Darüber hinaus ist eine Differenzierung des Erwartungsbegriffs erforderlich, um das Verständnis der Institutionenbildung weiter auszuarbeiten. Bezogen auf Erwartungen sind drei Aspekte zu unterscheiden, die als solche implizit sowohl bei Berger und Luckmann als auch bei Mead angelegt sind, aber dort nicht explizit ausgeführt werden. Insofern Erwartungen die Erwartungen eines leiblichen Selbst sind, ist dieses von einer Enttäuschung der Erwartung in seinem Befinden betroffen, leibliche Akteure sind von der Erfüllung bzw. Enttäuschung ihrer Erwartungen subjektiv berührt. Ego setzt sich auf einen Stuhl, dieser bleibt nicht wie erwartet stabil, sondern er bricht zusammen. Ego erschrickt und tut sich weh. In einer Interaktion berühren Ego und Alter Ego einander und stellen die Art und Weise dieser Beziehung für Dritte bzw. vor Dritten dar. Ego geht mit offenen Armen auf Alter Ego zu, Alter Ego reagiert mit einer abwehrenden Körperhaltung. Ego ist enttäuscht, lässt es sich aber nicht anmerken und vollzieht vor den anwesenden Dritten einen Wechsel der eigenen Gestik, um so die Art der Beziehung zu Alter Ego in anderer Weise darzustellen. Den Aspekt des subjektiven Berührtseins durch die Enttäuschung von Erwartungen bezeichne ich als die »ipseistische Dimension« des Erwartens (vgl. hierzu ausführlicher Lindemann 2009c: Kap. 6.1). Ipseistisches, also selbstbezogenes, Erwarten ist die Grundlage dafür, dass Erwartungen steuernd wirken können. Nur wenn ein Akteur in seinem Befinden durch die Erwartungsenttäuschung selbst betroffen ist, kann daraus ein Motiv werden, in irgendeiner Weise auf die Erwartungsenttäuschung zu reagieren. Wenn ein Akteur durch die Enttäuschung von Erwartungen nicht selbst betroffen wäre, bestünde keine Notwendigkeit, an Erwartungen explizit festzuhalten oder enttäuschte Erwartungen zu ändern. Ein Erwartender könnte vielmehr mal dieses, mal jenes erwarten, ohne dass dies in irgendeiner Weise für ihn von Belang wäre.

Ipseistisches Erwarten wird bislang in der soziologischen Theorie implizit in Anspruch genommen, aber nicht explizit als solches benannt. Die in der soziologischen Diskussion etablierte Unterscheidung zwischen normativen und kognitiven Erwartungen setzt jedenfalls voraus, dass Akteure von der Enttäuschung ihrer Erwartungen subjektiv betroffen sind. Galtung (1959) hatte darauf insistiert, dass auf die Enttäuschung von Erwartungen reagiert werden müsse und dass es grundsätzlich nur zwei mögliche Reaktionen gäbe. Zum einen könne die enttäuschte Erwartung kontrafaktisch aufrechterhalten werden, zum anderen könne die enttäuschte Erwartung aber auch geändert werden. Galtung bezeichnet solche Erwartungen, an denen Erwartende kontrafaktisch festhalten, als »normativ« und solche Erwartungen, die aufgrund der Enttäuschung geändert werden, als »kognitiv« (Galtung 1959: 214-216). Alter Ego geht auf Ego zu und stellt für alle (Dritten) sichtbar die Art der Beziehung dar, indem Alter Ego dem Ego die Hand entgegenstreckt zu einer Begrüßung mit Handschlag. Ego reagiert mit grüßendem Kopfnicken, was ebenfalls eine Darstellung der Beziehung vor Dritten beinhaltet. Alter Ego kann darauf reagieren, indem es lernt, dass mit dieser speziellen Person eine Begrüßung mit Handschlag nicht möglich ist. In diesem Fall ist die Erwartung, dass eine Begrüßung mit Handschlag erfolgt, kognitiver Art. Alter Ego kann aber auch kontrafaktisch an der Erwartung festhalten, dass zu einer Begrüßung eigentlich ein Handschlag gehört. In diesem Fall wäre es eine normative Erwartung. Luhmann fügt für die Gruppe der normativen Erwartungen hinzu, dass das Festhalten an der Erwartung mit Bezug auf Dritte dargestellt werden müsse, sonst sei es sozial unerheblich, ob jemand an enttäuschten Erwartungen festhält oder nicht. Es ist also nicht einfach die individuelle Reaktion auf die Enttäuschung, sondern die Darstellung dieser Enttäuschung, die das normative Erwarten kennzeichnet. In diesem Fall müsste Alter Ego also zum Ausdruck bringen, dass eine Begrüßung mit Kopfnicken eigentlich unangemessen ist. Je heftiger Alter Ego durch die Enttäuschung seiner Erwartung berührt ist, umso heftiger kann die Darstellung ausfallen, dass es an der enttäuschten Erwartung festhält. Umgekehrt ergeben sich hieraus aber auch Sollvorgaben für subjektives Berührtsein und die sich daraus ergebende Deutlichkeit und Intensität der Darstellung der Erwartungsenttäuschung. Hier liegt der Zusammenhang von Gewalt als intensiver Darstellung des Festhaltens an normativen Erwartungen und Norm bzw. Recht. Institutionelle Erwartungen sind solche Erwartungen, bei denen der Enttäuschte darauf hoffen kann, mit der Darstellung seiner Enttäuschung vor Dritten Unterstützung dafür zu finden, dass es angemessen ist, an der enttäuschten Erwartung festzuhalten (Luhmann 1972: 58 f.).

Wenn man die Differenzierungen des Erwartungsbegriffs berücksichtigt, weist die Beständigkeit von Institutionen zwei tragende Momente auf. Die Beteiligten orientieren ihre Handlungen/Kommunikationen/Interpretationen an den durch die Institution vorgegebenen Erwartungen. Wenn dies misslingt und Erwartungen enttäuscht werden, wird die Institution durch normatives Erwarten gestützt. Dass die Beständigkeit von Institutionen auf diese Weise garantiert wird, findet sich sowohl bei Luhmann (1972: 53-80) als auch in der Institutionentheorie von Berger und Luckmann (1966/1980: Kap. II.1). Besonders Luhmann hebt den symbolischen Aspekt der Darstellung von Erwartungsenttäuschungen und die Differenzierung von normativen und kognitiven Erwartungen stark hervor.

Wenn Institutionen durch institutionalisierte normative Erwartungen gestützt werden, sind einzelne Abweichungen von institutionellen Erwartungen kein Problem. Wichtig ist vor allem, dass diejenigen, die die Erwartungen enttäuschen, und/oder die Erwartenden, deren Erwartungen enttäuscht werden, ihr Festhalten an institutionalisierten Erwartungen darstellen. Dies kann in unterschiedlicher Weise geschehen:

1. durch Rechtfertigung des abweichenden Verhaltens,
2. durch negative Sanktion des abweichenden Verhaltens,
3. durch physische Gewaltanwendung als gesteigerte Form einer negativen Sanktion.

Bezogen auf das Begrüßungsbeispiel könnte Alter Ego eine Rechtfertigung anbieten, es habe eine spezielle Allergie, weswegen es Hautkontakt vermeiden müsse. In diesem Fall stellt Alter Ego dar, dass es selbst die Norm anerkennt, gegen die es gerade verstößt und bietet eine Rechtfertigung an. Wenn die von Alter Ego angeführte Rechtfertigung kommunikativ ratifiziert wird, kann Ego zum einen das Festhalten an der Norm darstellen und zugleich Alter Egos Abweichung als Sonderfall hinnehmen. Die Institution der Begrüßung durch Handschlag würde dadurch nicht in Frage gestellt. Falls Alter Ego von sich aus keine Erklärung anbietet, könnte Ego seinerseits eine Erklärung vorstellen. Ego könnte das Verhalten etwa einer psychischen Kontaktstörung zuschreiben und dies in irgendeiner Weise darstellen, z. B. durch die Feststellung, der Herr Kollege sei manchmal etwas seltsam. In diesem Fall stellt Ego klar, dass es an der enttäuschten Erwartung festhalten wird. Denn Leute mit psychischen Problemen sind kein Grund, eine Institution zu ändern. Die zweite Erklärung geht bereits zur zweiten Form über, denn sie beinhaltet eine negative Wertung. Das Festhalten an der Erwartung kann auch dargestellt werden, indem einfach an die Gültigkeit der Norm appelliert wird, wodurch die Normabweichung negativ sanktioniert wird – etwa die Aussage: »Also hören Sie mal, hier gibt man sich die Hand!« Oder: »Sie sind wohl mit dem Raketenauto durch die Kinderstube gerast!« Dies kann einhergehen mit der Androhung von Sanktionen. »Wenn Sie mir nicht die Hand geben, werden Sie schon sehen, was das für Konsequenzen hat.« Die dritte Form der Reaktion stellt eine Steigerung der zweiten dar. Die enttäuschte Person wird von Zorn gepackt und schlägt Alter Ego zu Boden. Denn in dieser Situation auf eine dargebotene Hand nicht mit einem Handschlag einzugehen, ist eine nicht hinzunehmende Normverletzung. Die Bandbreite der Darstellung des Festhaltens an der enttäuschten Erwartung reicht von sympathetischer Erklärung des normverletzenden Verhaltens bis zur Tötung des Normverletzers.[44] Für alle Darstellungen des Festhaltens an enttäuschten Erwartungen gilt, dass sie nur insofern sozial relevant sind, als sie vor Dritten bzw. mit Bezug auf Dritte erfolgen und dass die Dritten die verletzten institutionellen Erwartungen stützen bzw. dass deren Konsens unterstellt werden kann. Erst dadurch werden die normativen Erwartungen als in generalisiert gültiger Weise dargestellt.

Komplexe Gesamthandlungen II

Vor dem Hintergrund der Analysen zu Symbolbildung und zu institutionalisierten Gesamthandlungen lohnt es sich, komplexe Gesamthandlungen noch einmal in den Blick zu nehmen. Ich hatte diese im Rahmen der Sachdimension bereits diskutiert. Dabei ging es primär um die konkret auszuführenden Beiträge einzelner Entitäten. Wenn man die Gesamthandlung selbst in den Blick nimmt, muss man darüber hinaus berücksichtigen, was Beteiligte füreinander und voreinander als Gesamthandlung symbolisch darstellen. Die Beschreibung der Gesamthandlung aus der Beobachterperspektive beinhaltet also eine Rekonstruktion dessen, was die Beteiligten in ihrer Praxis als Gesamthandlung beschreiben. Der sachliche Umgang mit Dingen ist eingebettet in eine Beschreibung des sachlichen Gehalts der Gesamthandlung. An diesem orientiert sich, als wer die Beteiligten füreinander/voreinander auftreten, als wen sie sich darstellen, an wen sie sich adressieren und welche Drittenperspektiven sie dabei jeweils aktualisieren. Auf diese Weise wird festgelegt, als welcher Akteurstypus (Identität) jemand an der Gesamthandlung beteiligt ist, was er als jemand mit dieser Identität im Rahmen der Gesamthandlung von anderen verlangen kann bzw. für sie tun sollte usw. Wie die Festlegung des sachlichen Gehalts der Gesamthandlung und der beteiligten Akteurstypen erfolgt, hängt maßgeblich von der Raum-Zeit-Struktur einer jeweiligen Ordnung ab.

Zur Verdeutlichung greife ich erneut das Beispiel von Rammert und Schulz-Schaeffer (2002) auf – »Wer fliegt das Flugzeug mit Urlaubern nach Teneriffa?« –, nehme es jetzt aber kommunikationstheoretisch in den Blick. Der Flug kann als eine institutionalisierte Gesamthandlung begriffen werden, denn er wird im Feld als ein projektierter zusammenhängender Ablauf beschrieben. Anzeigentafeln weisen darauf hin,

44 In germanischen Rechten gab es die Möglichkeit, den Normverletzer zu töten, wenn er bei »handhafter Tat«, d.h. auf frischer Tat, ertappt wird. Dieses Recht gilt auch bei Diebstahl. Allerdings darf diese gewalttätige Darstellung der Aufrechterhaltung normativer Erwartungen nur gegenüber Unfreien praktiziert werden, denn Freie haben die Möglichkeit, den angerichteten Schaden durch eine Bußzahlung auszugleichen. Dies gilt auch im Fall eines Tötungsdelikts (vgl. Planitz/Eckardt 1971: 64).

wann diese Gesamthandlung beginnen wird. Eventuelle Verzögerungen des Beginns der Gesamthandlung werden angekündigt usw. Einzelne Teilhandlungen werden mit Bezug auf die Gesamthandlung ausgeführt, wie die Abgabe des Gepäcks, das Reservieren eines Sitzplatzes bzw. das Einchecken usw. Bei diesen Teilhandlungen stellen die Beteiligten dar, als wer, d. h. als welche Identität, sie an der Gesamthandlung teilnehmen und inwiefern ihre Teilhandlungen als Aufforderung zu verstehen sind, dass andere ebenfalls ihre Teilhandlungen gemäß ihrer Identität ausführen.

Was in der Analyse als eine Gesamthandlung zu begreifen ist, hängt davon ab, was im Feld als eine Gesamthandlung beschrieben wird. Damit der Flug nach Teneriffa und zurück erfolgen kann, müssen die Fluggäste einen Flugschein erworben haben. Wie der Zusammenhang der Abläufe »Kauf des Flugscheins« und »Flug nach Teneriffa« und zurück zu werten ist, hängt von den symbolischen Darstellungen ab, die man im Feld vorfindet. Wenn sie als zwei unterschiedene Gesamthandlungen dargestellt werden, müssen sie auch in der Beobachtung bzw. der Analyse als zwei Gesamthandlungen gewertet werden, deren Zusammenhang zu untersuchen ist. Wenn diese Abläufe aber eher als Teile einer einzigen Gesamthandlung beschrieben werden, gilt es, diesen Zusammenhang analytisch herauszuarbeiten. Es ist letztlich nicht auszuschließen, dass dasjenige, was als Einheit einer Gesamthandlung symbolisch dargestellt wird, von unterschiedlichen Beteiligten in unterschiedlicher Weise dargestellt wird. Für die Urlauber stellt u. U. der Urlaub selbst eine Gesamthandlung dar und wird entsprechend als eine solche beschrieben, die in unterschiedliche Teilhandlungen zerfällt wie etwa Kauf des Flugscheins, Durchführung des Fluges, Anwesenheit am Urlaubsort und Rückflug. Es ist sehr wahrscheinlich, dass das Bordpersonal der Fluggesellschaft und das Bodenpersonal des Flughafens jeweils etwas anderes als Gesamthandlung symbolisch darstellen. Gesamthandlungen gibt es nicht einfach, sondern Gesamthandlungen sind jeweils das, was im Feld praktisch wirksam als ein Zusammenhang von Teilhandlungen dargestellt wird. Identifizierbare Teilhandlungen können Teilhandlungen unterschiedlicher Gesamthandlungen sein.

Institutionalisierte Gesamthandlungen laufen ab und sind sinnhaft ineinander verschachtelt. Dabei werden die zwei Aspekte der Sachdimension unentwegt aufeinander bezogen. Denn Gesamthandlungen sind einerseits an die praktische Handhabung von Sachen bzw. von avancierter Technik einschließlich avancierter Steuerungstechnik gebunden und andererseits daran, dass sich Beteiligte über den sachlichen Gehalt der ablaufenden Institution miteinander verständigen. Erst dadurch eröffnet sich die Möglichkeit, dass Teilhandlungen gleichzeitig Teilhandlungen mehrerer unterschiedlicher Gesamthandlungen sind. Es kann sein, dass letzteres nur aus der Beobachterperspektive sichtbar wird.

Ein Aspekt, der weder in der Akteur-Netzwerk-Theorie noch in der Theorie der verteilten Handlungsträgerschaft berücksichtigt ist, ist die zeitliche Struktur institutionalisierter Gesamthandlungen. Wenn man bei dem gewählten Beispiel bleibt, ist davon auszugehen, dass der ablaufende Vollzug der institutionalisierten Gesamthandlung sich hier/jetzt ereignet. Für die Beteiligten leiblichen Akteure sind die modalen Differenzen zwischen Gegenwart, Vergangenheit und Zukunft relevant, die ihrerseits in die Ordnung der digitalen Raumzeit verschränkt sind. Ich sehe für die Darstellung der Zeitstruktur institutionalisierter Gesamthandlungen also zunächst davon ab, welche Probleme sich ergeben, wenn die Modalzeit in eine Dauer verschränkt ist. Eine institutionalisierte Gesamthandlung wird hier/jetzt realisiert und zugleich ist sie zeitlich, räumlich, sachlich und sozial ausgedehnt. Die Gesamthandlung umfasst mehr Beteiligte, als aktuell hier involviert sind, eine Gesamthandlung ist sachlich komplexer als das aktuelle Geschehen, welches nur einen Teil der institutionalisierten Handlung ausmacht.

Die sachliche und soziale Ausdehnung wird überhaupt erst möglich durch die räumliche und zeitliche Ausdehnung. In zeitlicher Hinsicht haben die einzelnen Teilhandlungen eine Vergangenheit und eine Zukunft, ohne diese zeitlichen Bezüge würden die aktuell ablaufenden Teilhandlungen ihren Sinn verlieren. Der Zukunftsbezug wird über Erwartungen realisiert. Damit kommt ein entscheidender Punkt für die Charakterisierung derjenigen ins Spiel, die die Gesamthandlungen operativ tragen. Das können nur diejenigen sein, die Zukunftsbezüge, z. B. in Form von Erwartungen, realisieren. Jede aktuelle Teilhandlung setzt bestimmte vergangene Teilhandlungen bzw. vergangene Gesamthandlungen voraus. Dies muss in einer gegenwärtigen Teilhandlung aktualisiert und symbolisch dargestellt sein, als die konkrete Vergangenheit, ohne die diese Gegenwart nicht stattfinden könnte. Wie die Vergangenheits- und Zukunftsbezüge der ablaufenden institutionalisierten Gesamthandlung gestaltet sind, müssen diejenigen Beteiligten, die die Gesamthandlung operativ tragen, füreinander und voreinander darstellen. Die realisierten Bezüge zur Vergangenheit und zur Zukunft dehnen die Institution auch räumlich aus. An anderen Orten, entweder ebenfalls gegenwärtig oder zukünftig bzw. vergangen, finden bzw. fanden Teilhandlungen statt, die die hier ablaufenden Teilhandlungen ermöglicht haben bzw. die als Konsequenz der hier ablaufenden Teilhandlung die Gesamthandlung weiterführen usw.

Wenn man jetzt die Frage noch einmal stellt, wer die institutionalisierte Gesamthandlung operativ trägt, leuchtet es ein, dass eine zentrale Operation, welche die Gesamthandlung ermöglicht, darin besteht, gegenwärtig Bezüge zur Zukunft und zur Vergangenheit zu realisieren. Der Sachverhalt, dass die zeitlichen Bezüge realisiert sind, ist dabei von der Beschreibung – der symbolischen Darstellung – der zeitlichen Bezüge zu unterscheiden. Operativ relevant sind diejenigen beteiligten Entitäten, die in triadischen Konstellationen als solche existieren, die die Entfaltung zeitlicher Bezüge operativ tragen und dies füreinander und voreinander darstellen. Dies kann weder mit dem flachen Handlungsbegriff der Akteur-Netzwerk-Theorie noch mit der Theorie der verteilten Handlungsträgerschaft eingefangen werden. Denn beide beschränken sich auf die Sozialdimension, wenn sie danach fragen, wer auf welche Weise an der Handlung beteiligt ist. Erst die Einbeziehung der Zeit- und der Raumdimension ermöglicht es, die Operationen genauer zu bestimmen, die die räumliche und zeitliche und damit auch die sachliche und soziale Ausdehnung der Gesamthandlung tragen.

Durch die Struktur der Gesamthandlung und der durch diese bestimmten Identitäten wird auch festgelegt, welche Erwartungen wie zu erwarten sind. Akteursträgerschaft ist daran gebunden, dass Erwartungen vorhanden sind und dass deren Enttäuschung subjektiv berührt. Durch solche formalen Bestimmungen wird nicht vorab definiert, welche Entitäten im Feld als Akteure anerkannt sind. Man kann etwa danach fragen, ob die Rolltreppe in ihren Erwartungen enttäuscht wird, wenn ein Fahrgast die daneben liegende Steintreppe nutzt. Meiner Erfahrung nach sind Rolltreppen an deutschen Flughäfen derzeit nicht in der Weise an Gesamthandlungen beteiligt, dass sie als operative Träger von Erwartungen anerkannt sind. Das heißt nicht, dass sie nicht an der Durchführung der institutionalisierten Gesamthandlung beteiligt wären. Aber sie sind es in anderer Weise. Sie funktionieren technisch, und sie sind ein Symbol ihrer angemessenen Nutzung. Als solches werden sie technisch-sachlich in die Operationen der Gesamthandlung einbezogen, aber sie tragen die ablaufende Gesamthandlung nicht operativ. Urlauber sind dagegen relativ einfach als solche Entitäten zu identifizieren, die erwarten bzw. erwartete Erwartungen erwarten. Sie sind subjektiv davon betroffen, wenn ihre Erwartungen enttäuscht werden. Dies gilt etwa, wenn ein Flug storniert wird. Dafür, dass hiermit Erwartungen enttäuscht werden, an denen kontrafaktisch festgehalten werden kann, gibt es eine Reihe von Anhaltspunkten. Urlauber bringen ihre Verärgerung zum Ausdruck. Das zuständige Bodenpersonal bittet um Entschuldigung für Unannehmlichkeiten usw. In dieser Weise kann man institutionalisierte Gesamthandlungen durchmustern und untersuchen, wer auf welche Weise beteiligt ist. Wer trägt die Gesamthandlung operativ? Welche Entitäten leisten einen Beitrag, indem sie als sachliche Technik mit einer symbolisierten Sollnutzung eine Gesamthandlung ermöglichen?

Ich greife abschließend eine Teilhandlung heraus und gehe sie anhand der fünffachen Unbestimmtheit durch, die durch die Institutionalisierung in Bestimmtheit überführt wird. Die Teilhandlung ist der Sicherheitscheck vor dem Einsteigen. Jeder Fluggast wird dabei als potentieller Attentäter interpretiert, dessen symbolischen Beteuerungen, keiner zu sein, kein Glauben geschenkt werden kann, weshalb eine technische Kontrolle hinsichtlich der praktisch erforderlichen Mittel zur Durchführung einer Flugzeugentführung durchgeführt werden muss. Dadurch, dass sich Fluggäste diese Behandlung gefallen lassen, stellen sie zugleich dar, dass von ihnen keine Gefahr ausgeht. Wenn sie gefährliche Gegenstände dabei haben sollten, ist dies ein Versehen und sie sind bereit, die entsprechenden Gegenstände abzugeben. Der sachliche Gehalt der Beziehung besteht darin, einen sicheren Flug als Teil der Gesamthandlung zu ermöglichen. Die Beteiligten der Ego-Alter-Tertius-Konstellation sind einerseits örtlich anwesend, andererseits sind die Dritten, um die es geht, aber auch abwesend. Um welche abwesenden Dritten es sich handelt, variiert, je nachdem in welche Gesamthandlung die Teilhandlung integriert ist. Aus Sicht der Fluggäste wird es sich um eine Teilhandlung der Gesamthandlung Durchführung des Fluges handeln. In diesem Sinne sind alle Passagiere und das Flugpersonal, die zukünftig während des Fluges im Flugzeug sein werden, zukünftige Dritte, aus deren Perspektive die Teilhandlung »Sicherheitskontrolle« geboten ist. Für diejenigen, die die Kontrolle durchführen, ist die aktuell durchgeführte Kontrolle evtl. Teilhandlung einer Fahndungsaktion, wobei Vertreter der Polizei bzw. der Politik als abwesende Dritte relevant sind.

Diese sachliche Konstellation erfordert von den Beteiligten eine entsprechende Darstellung ihrer Identität im Rahmen der Gesamthandlung, die es ermöglicht zu erwarten, wie bzw. wie genau die Sicherheitskontrolle durchgeführt wird und wie sich die Beteiligten dabei aufeinander zu beziehen haben. Dadurch wird auch geregelt, inwiefern man subjektiv von der Sicherheitskontrolle und dem darin dokumentierten Misstrauen betroffen sein darf, welche Erwartungen dadurch enttäuscht sein dürfen und welche nicht. Zugleich wird festgelegt, wie auf die Enttäuschung welcher Erwartungen im Sinne eines normativen oder eines kognitiven Erwartungsstils zu reagieren ist. Auch wenn die Erwartung enttäuscht wird, dass es sich bei mir um jemanden handelt, die nie andere bedrohen würde, muss ich es mir gefallen lassen, unter diesen Verdacht gestellt zu werden. Die Enttäuschung dieser Erwartung muss ich kognitiv verarbeiten. Unter der Prämisse generalisierter Heterosexualität können Beteiligte aber normativ erwarten, dass bei einer eingehenden Leibesvisitation nur Angehörige des Sicherheitspersonals aktiv werden, die das gleiche Geschlecht haben wie der Fluggast. Ein anderes Vorgehen könnte als sexuelle Belästigung interpretiert werden. Die homosexuelle Zusammensetzung der Paarung Fluggast/Kontrolleur bzw. Kontrolleurin stellt die Asexualität des Vorgangs dar. Auf die subjektiven Befindlichkeiten von Homosexuellen wird in dieser generalisierten Erwartungsstruktur keine Rücksicht genommen.

Auch dieses Beispiel macht deutlich, dass hier/jetzt ablaufende Teilhandlungen in unterschiedliche Gesamthandlungen sinnhaft integriert sein können. Wie Teilhandlungen und Gesamthandlung zueinander ins Verhältnis gesetzt sind, lässt sich jeweils nur empirisch entscheiden.

Symbolisch generalisierte Kommunikationsmedien

Es ist leicht einzusehen, dass ein Vergesellschaftungszusammenhang nicht aus einer einzigen institutionalisierten Gesamthandlung besteht, vielmehr ist mit einer Mehrzahl solcher Gesamthandlungen zu rechnen, die einen jeweiligen Vergesellschaftungsprozess aufrechterhalten. Auch bei sogenannten einfachen Gesellschaften lässt sich das beobachten. Gemeinsame Jagd, Gartenbau, gemeinschaftliches Essen usw. können jeweils als unterschiedlich institutionalisierte Gesamthandlungen verstanden werden.

Wenn es mehrere Institutionen gibt, die jeweils unterschiedliche Gesamthandlungen strukturieren, stellt sich ein neuartiges Ordnungsproblem, nämlich dasjenige nach dem Zusammenhang von Institutionen bzw. das Problem des Übergehens von einer institutionellen Handlungs-/Kommunikationsfolge zu einer anderen. Wenn sich nicht immer alle an allen Gesamthandlungen beteiligen, entsteht als weiteres Problem, wie die Auswahl der zu Beteiligenden erfolgt. Diese Probleme stellen sich auch dann, wenn unterschiedliche Gesamthandlungen sinnhaft ineinander verschachtelt sind, weil Teilhandlungen zu unterschiedlichen Gesamthandlungen gehören können. Denn auch dann werden einzelne Beteiligte die Erfahrung machen, dass eine Gesamthandlung abgeschlossen ist. Dies trifft auch dann zu, wenn für andere Beteiligte andere Gesamthandlungen weiterlaufen. Für diejenigen, für die aktuell eine Gesamthandlung abgeschlossen ist, stellt sich das Problem des Übergangs zu anderen Gesamthandlungen.

Diese Probleme werden bei Berger und Luckmann unter dem Thema »Legitimation« untersucht. Deren Entstehung basiert auf einem spezifischen Bezugsproblem: Im Prozess der Vergesellschaftung entwickeln sich zwar unterschiedliche Institutionen; diese liefern aber keine institutionell abgesicherte Garantie, dass sie sachlich auch zueinander passen. Das Phänomen, dass Teilhandlungen sinnhaft auf unterschiedliche institutionalisierte Gesamthandlungen bezogen sind, weshalb unterschiedliche Gesamthandlungen sozusagen sinnhaft ineinander verschachtelt sind, scheint es für Berger und Luckmann nicht zu geben. Sie stellen eher das Problem in den Vordergrund, dass Institutionen sich unabhängig voneinander entwickeln und deshalb miteinander unvereinbar sein können. Dies wird verhindert durch die Institutionalisierung von sinnhafter Kohärenz zwischen den Institutionen; diesen Vorgang bezeichnen Berger und Luckmann als »Legitimation« (Berger/Luckmann

1966/1980: 98 ff.). Legitimation führt im Ergebnis zur Institutionalisierung einer übergreifenden symbolischen Sinnwelt.

Wenn man Legitimation in der Perspektive einer mehrdimensionalen Ordnungsbildung betrachtet, wird einsichtig, dass es sich nicht um ein kompaktes Bezugsproblem handelt, sondern um ein Problembündel. Unter Berücksichtigung der Differenz der Sinndimensionen lassen sich folgende Hinsichten unterscheiden, die von Bedeutung sind, wenn das Verhältnis von Institutionen zueinander geklärt werden muss: (1.) In welchem sachlichen Verhältnis stehen institutionalisierte Gesamthandlungen zueinander? (2.) Wie wird der Übergang von einer institutionalisierten Gesamthandlung zur nächsten raum-zeitlich strukturiert? (3.) Wie werden diejenigen ausgewählt, die sich an der folgenden institutionellen Gesamthandlung beteiligen? (4.) Wie wird ein übergreifender Sinnzusammenhang gebildet, von dem her alle gesellschaftlichen Institutionen zu verstehen sind?

Legitimationen im Sinne einer »übergreifenden Sinnwelt« (Berger/Luckmann 1966/1980: 102 ff.) würden gleichzeitig alle vier Probleme lösen. Wenn Institutionen in einem sinnhaften Zusammenhang stehen, sei auch geregelt, wie institutionelle Gesamthandlungen sachlich (Ordnung des Kosmos) zusammenhängen, wie sie aufeinander folgen und welche Typen von Akteuren sich an einzelnen Institutionen beteiligen.

Berger und Luckmann entfalten ihre Argumentation im Dialog mit der Ethnologie. Ihre Darstellung deutet darauf hin, dass Kompaktlösungen der genannten Probleme funktionieren könn(t)en. Diese Frage ist theoretisch nicht zu entscheiden, sondern kann nur im Rahmen einer empirisch fundierten Gesellschaftstheorie beantwortet werden. Während ich bei nicht-modernen Gesellschaften den Vorschlag von Berger und Luckmann nicht von vornherein ausschließen möchte, erscheint es mir mehr als fraglich, dass auch bei modernen Gesellschaften übergreifende Legitimationen das Problem des Übergehens von einer Gesamthandlung zur nächsten lösen und zugleich das Problem der Selektion der Zu-Beteiligenden sowie das Problem des Sach- und Sinnzusammenhangs von Institutionen. Denn für die Moderne gilt es sogar als fraglich, ob es überhaupt einen übergreifenden Sach- und Sinnzusammenhang gibt, der die verschiedenen differenzierten Subsinnwelten integriert.[45] Auch Berger und Luckmann argumentieren gelegentlich in diese Richtung (Berger/Luckmann 1966/1980: 91). Aus diesem Grund halte ich es für sinnvoll, die vier Probleme analytisch zu trennen und die Möglichkeit in Betracht zu ziehen, dass es auch real unterschiedliche Lösungen geben kann.

---

45 Dass Differenzierung im Sinne funktionaler Differenzierung ohne zentrale Steuerung ein charakteristisches Merkmal der Moderne bildet, wurde insbesondere von Luhmann (1997) hervorgehoben.

Beispiele für das Problem des Übergehens von einer Gesamthandlung zur nächsten sind leicht zu finden. Der Hüttenbau ist abgeschlossen, welche institutionalisierte Gesamthandlung wird dann ablaufen? Auf die Jagd gehen? Gemeinsam essen? Oder etwas anderes? Wird dies mit Bezug auf eine übergreifende Sinnwelt entschieden oder gibt es gesellschaftliche Einrichtungen, die solche Übergänge regulieren, ohne dass zugleich das große Ganze einbezogen werden muss? Das gleiche Problem stellt sich auch in modernen Gesellschaften. Die Arbeitszeit einer Schicht ist beendet, was nun? Ein Feierabendbier mit Kolleginnen? Die Wohnung aufsuchen, in der Mann und Kinder warten?

Gibt es gesellschaftliche Einrichtungen, die eine Abfolge ermöglichen und dabei zugleich regeln, wer sich beteiligt? Gibt es Einrichtungen, durch die sachlich begründete Übergänge zwischen jeweiligen Gesamthandlungen hergestellt werden? Wer baut an der Hütte mit? Wer geht mit auf die Jagd? Wer baut in einem Unternehmen Autos zusammen? Wer trinkt das Feierabendbier mit wem? Aus welchem sachlichen Grund soll zuerst die Jagd und dann der Hüttenbau erfolgen – oder umgekehrt?

Die Lösung dieser Probleme erfolgt durch reflexive Institutionalisierung, d. h. durch die Institutionalisierung eines Zusammenhangs zwischen den Institutionen. Die Funktion solcher vermittelnden Institutionen besteht darin, die Auswahl von Akteuren zu ermöglichen und bei den Akteuren die Bereitschaft dafür zu schaffen, sich in raum-zeitlich und sachlich koordinierter Weise an institutionellen Gesamthandlungen zu beteiligen. Diese Funktion kann auf unterschiedliche Weise erfüllt werden. Die Unterschiede ergeben sich daraus, ob es sich um eine Kompaktlösung handelt oder ob die Lösung primär an einzelnen Sinndimensionen ansetzt.

Die Theorie der »symbolischen Interaktionsmedien« (Parsons) bzw. »Kommunikationsmedien« (Luhmann) bildet einen geeigneten Ansatzpunkt, um die Funktionsweise solcher vermittelnden Institutionen zu begreifen. Parsons unterscheidet vier solcher Interaktionsmedien: Geld, Macht, Wertbindung und Einfluss/Überredung. Es handelt sich dabei um »Mechanismen«, die in sozialen Interaktionen »auf eine Weise (wirken), die zugleich spezifischer und allgemeiner ist als Kommunikation durch Sprache. Weiterhin haben sie den imperativen Modus gemeinsam, d. h., sie führen zu Resultaten, statt bloß Informationen zu übertragen. Sie konfrontieren das Objekt mit einer Entscheidung, die eine Reaktion fordert – etwa Annahme oder Ablehnung eines Geldgebots.« (Parsons 1980: 144)

Die Erfolgsorientierung übernehme ich in spezifizierter Weise. Es geht darum, dass tatsächlich eine neue institutionalisierte Gesamthandlung begonnen wird. Es bleiben aber zwei wichtige Unterschiede. Der Problembezug ist zum einen spezifiziert auf das Verhältnis unterschiedlicher

Institutionen zueinander und zum anderen wird der Problembezug gemäß den Sinndimensionen differenziert und nicht auf die Sozialdimension beschränkt. Parsons und auch Luhmann begreifen symbolisch generalisierte Interaktions- bzw. Kommunikationsmedien dagegen als Erfolgsmedien in der Sozialdimension. Ein solches Erfolgsmedium erhöht die Wahrscheinlichkeit, dass Ego die Selektionen Alters so steuert, dass Alter Ego den Sinnvorschlag Egos akzeptiert und zur Prämisse des eigenen Handelns macht (vgl. Parsons 1980: 193, Luhmann 1984: 222 ff..). Dieser Problembezug ist nicht falsch, aber er ist zu allgemein und zu beschränkt zugleich.

Der Problembezug in der Sozialdimension ist zu allgemein, denn derart unspezifiziert lassen sich einzelne Institutionen, d. h. einzelne institutionalisierte Gesamthandlungen, und symbolische Erfolgsmedien nicht mehr unterscheiden. Auch die Kommunikationen innerhalb einer institutionalisierten Gesamthandlung zielen darauf, dass Alter Ego einen Sinnvorschlag übernimmt und sich sinnentsprechend an dieser beteiligt. Das Annahmemotiv ist hier der Bezug zur Gesamthandlung, in die die Beteiligten involviert sind.

Der Problembezug ist darüber hinaus aber auch zu beschränkt, denn in der Sozialdimension geht es nicht nur darum, ein Motiv bei Alter zu erzeugen, sondern auch darum festzulegen, wer konkret aus dem Kreis legitimer Akteure als ein an dieser institutionalisierten Gesamthandlung zu beteiligendes Alter Ego in Frage kommt. Weiterhin besteht das zu lösende Problem nicht nur in der Sozialdimension, denn es geht nicht nur um die legitime Auswahl und Motivierung der zu Beteiligenden, sondern auch darum, andere sachlich und raum-zeitlich spezifiziert zu motivieren. Wobei sich in der Sachdimension das einfachste Problem stellt, denn wenn es um den Übergang zu einer bestehenden Institution geht, kann die Symbolisierung der Gesamthandlung als gegeben vorausgesetzt werden. Für die Raum-Zeit- und Sozialdimension gilt das nicht, es müssen allgemeine Symbole geschaffen werden, die konkrete Beteiligte ermutigen, den Sinnvorschlag anzunehmen, zu gegebener Zeit am gegebenen Ort mit anderen gemeinsam eine Gesamthandlung auszuführen.

Unter Nutzung des Mediums Macht könnte ein Parsons'scher Vorgesetzter versucht sein zu befehlen: Wir beginnen mit der Produktion von Autos! Der gehorsame Untergebene antwortet, OK! Wann? Wo? Mit wem? Eine Produktion lässt sich nicht mit Macht allein beginnen, auch Raum und Zeit sowie die legitime Auswahl der zu Beteiligenden müssen in allgemeiner Weise symbolisiert werden. Wenn das nicht der Fall ist, bleibt den Untergebenen nur, aktuell Gehorsam darzustellen, aber sie können nicht mit einer Gesamthandlung beginnen. Es bedarf eine Theorie mehrdimensionaler Ordnungsbildung, um die Übergänge von einer Gesamthandlung zur nächsten zu analysieren.

Exkurs: Die gesellschaftstheoretische Funktion der Erfolgsmedien

Die Theorie der Interaktionsmedien integriert Parsons konsequent in seine Theorie gesellschaftlicher Differenzierung anhand der vier Funktionen Adaption, Zielerreichung, Integration und der Aufrechterhaltung latenter Muster. Dieses Muster postuliert einen sachlich-funktionalen Zusammenhang von Vergesellschaftungsprozessen.[46] Den Funktionen entspricht jeweils ein Funktionssystem, in dem jeweils ein Interaktionsmedium verankert ist. Im ökonomischen System gilt das Medium Geld, im politischen System das Medium Macht, im integrativen System das Medium Einfluss/Überredung und im kulturellen Treuhandsystem das Medium Wertbindung. In hochdifferenzierten Gesellschaften sind diese Systeme sachlich ausdifferenziert und es ist erforderlich, Austauschmedien zwischen den Systemen zu entwickeln; diese Funktion wird ebenfalls von den vier genannten Medien erfüllt (vgl. Parsons 1980: 114 ff.).

Luhmann denkt die Entwicklung symbolisch generalisierter Kommunikationsmedien vom Problem der doppelten Kontingenz (Sozialdimension) her. Unter der Voraussetzung, dass es Verbreitungsmedien gibt, die Kommunikation unter Abwesenden ermöglichen, verringere sich die Wahrscheinlichkeit, dass kommunikative Sinnvorschläge auch angenommen werden würden. Damit das sichergestellt sei, bedürfe es Luhmann zufolge einer spezifischen Medienform, die es wahrscheinlich mache, dass Ego den Sinnvorschlag eines Alter Ego annimmt und die Kommunikation weiterführt. Diese Erfolgsmedien werden als »symbolisch generalisierte Kommunikationsmedien« bezeichnet (Luhmann 1984: 222 ff., 1974/2005a). Der Problembezug liegt auch hier in der Sozialdimension, wobei die in dieser Dimension gegebenen Probleme auch durch eine symbolische Generalisierung in der Zeit- bzw. in der Sachdimension gelöst werden können (Luhmann 1974/2005a: 213).[47]

---

46 Berger/Luckmann (1966/1980: 89) sehen in dieser Theorie den Entwurf einer übergreifenden Sinnwelt, die die gesamte Gesellschaft sinnhaft integriert. Parsons Gesellschaftstheorie sei ein moderner Mythos, dessen Propagandisten sich aber nur in der Soziologie und auch in diesem Fach nur zeitweise durchsetzen konnten. Der Rest der Gesellschaft sei davon unbeeindruckt geblieben.

47 Luhmann streift lediglich die Einsicht, dass Zeit selbst ein symbolisch generalisiertes Kommunikationsmedium ist, denn Zeit »wird eine Art Abstraktion des Zwangs zur Ordnung schlechthin.« (Luhmann 1980: 257) Dies ist nur ein anderer Ausdruck dafür, dass Zeit in den kontingenten Verhältnissen zwischen Ego und Alter selbst die Bereitschaft erzeugt, Selektionen vorzunehmen. Luhmann geht diesen Schritt aber nicht, für ihn

Damit ist ein wichtiges Merkmal dieser Erfolgsmedien benannt. Es gibt zum einen die Dimension, in der das zu lösende Problem verortet wird, und es gibt zum anderen die Notwendigkeit, die Problemlösung so zu gestalten, dass die Lösung kongruente Generalisierungen in den anderen Sinndimensionen beinhaltet. Dies ist die Voraussetzung dafür, dass die Lösung funktioniert. Symbolisch generalisierte Kommunikationsmedien sind Erfolgsmedien, die das Problem lösen, wie Ego dazu motiviert werden kann, den Sinnvorschlag von Alter Ego anzunehmen. Um dies zu erreichen, legt sich Alter Ego selbst in einer generalisierten Weise in der Zeit- und Sachdimension fest. Alter Ego zeigt an, worum es in der Kommunikation gehen soll, etwa um Liebe, Wahrheit, Recht usw. Darüber hinaus zeigt Alter Ego zeitlich an, dass es sich auch weiterhin (Zeitdimension) an dieser Festlegung orientieren wird. Die Generalisierungen in der Sach- und Zeitdimension ermöglichen in der Sozialdimension die kontinuierliche Schaffung von Motiven, um auch für die Annahme der ausgefallensten Sinnvorschläge kontinuierlich Motivationen zu ermöglichen. Derartige Generalisierungen ermöglichen Luhmann zufolge die strukturelle sachlich-funktionale Ausdifferenzierung von Funktionssystemen. In diesen ist Geld das Medium der Wirtschaft und Macht dasjenige der Politik.[48]

Im Unterschied zu diesem eher gesellschaftstheoretisch orientierten Verständnis von Erfolgsmedien, werden symbolisch generalisierte Kommunikationsmedien hier im Sinne einer reflexiven Institutionalisierung begriffen. Die Erfolgsmedien setzen zwar bei Ego-Alter-Tertius an, aber sie setzen vorhandene Institutionalisierungsprozesse voraus, an die die Erfolgsmedien reflexiv anschließen. Die Erfolgsmedien bilden nicht selbst institutionalisierte Gesamthandlungen, sondern sie bilden eine vermittelnde Ordnung in der Sozial-, Sach-, Raum- und Zeitdimension, die es ermöglicht, von einer Institution zur nächsten zu gelangen.

– *Ende des Exkurses* –

stellt es sich so dar, dass die in der Sozialdimension wirksamen Erfolgsmedien (Geld, Liebe usw.) selbst temporalisiert werden. In Anbetracht der Wirksamkeit der digitalen Raumzeit den Beginn und das Ende institutionalisierter Gesamthandlungen einzuleiten und die Abfolge solcher Gesamthandlungen zu strukturieren, scheint es mir jedoch angemessen zu sein, die digitale Raumzeit selbst als ein symbolisch generalisiertes Kommunikationsmedium zu begreifen (s. u.).

48 Für eine Diskussion der Unterschiede der Medientheorie von Parsons und Luhmann vgl. Künzler (1987), der auch das problematische Verhältnis zwischen symbolisch generalisierten Kommunikationsmedien und Sprache bei Luhmann gut herausgearbeitet.

Die Bearbeitung dieser Probleme erfolgt im Rahmen einer mehrdimensionalen Ordnungsbildung. Hier liegt eine Ähnlichkeit mit Luhmanns Theorie, der über die Sozialdimension hinausgehend auch die Sach- und Zeitdimension einbezieht. Dies muss lediglich um die Raumdimension ergänzt werden, die ebenfalls als operativ relevant für die Ordnungsbildung zu begreifen ist. Dass symbolisch generalisierte Kommunikationsmedien nur dann funktionieren können, wenn die jeweiligen Generalisierungen kongruent in allen Dimensionen erfolgen, scheint mir ebenfalls schlagend zu sein. Eine rein soziale Ordnung ist nicht vorstellbar. Auch Luhmann räumt der Sozialdimension allerdings noch ein unzulässiges Primat ein. An diesem Punkt gilt es über ihn hinauszugehen. Wenn man von der Gleichursprünglichkeit der Dimensionen ausgeht, lösen Erfolgsmedien nicht nur ein Problem in der Sozialdimension, vielmehr ist die Möglichkeit zu berücksichtigen, dass es originär Probleme auch in der Sach-, Zeit- und Raumdimension geben wird, die ebenfalls in generalisierter Weise zu bearbeiten sind. Es ist also auch mit dimensionsspezifischen Problemen und Problemlösungen zu rechnen, die aber nur funktionieren, wenn eine passende und ausreichende Generalisierung in den anderen Sinndimensionen gelingt.

Die Notwendigkeit, Ordnungsbildung mehrdimensional zu begreifen, ergibt sich aus der exzentrischen Leib-Umwelt-Beziehung. Dieser Ausgangspunkt erfordert eine wichtige begriffliche Modifikation bzw. Präzisierung. Sowohl Luhmann als auch Parsons sprechen von Motiv. Bei Luhmann geht es darum, dass das sinnverarbeitende Bewusstseinssystem Ego sich in der Rezeption des Sinnvorschlags von Alter Ego dazu motiviert, diesen nicht nur zu verstehen, sondern auch anzunehmen. Wenn man von Ego-Alter-Tertius ausgeht, die sich wechselseitig in ihren Leib-Umwelt-Beziehungen berühren, bilden nicht gegeneinander abgeschlossene Sinnsysteme die Voraussetzung, sondern einander berührende leibliche Aktionszentren. Durch symbolische Kommunikationsmedien wird in generalisierter Weise ein strukturierter Übergang zu einer neuen Gesamthandlung darstellbar, die eine spezifische Gestaltung der jeweiligen Leib-Umwelt-Beziehung beinhaltet – als Übergang zur nächsten institutionalisierten Gesamthandlung. Das Wort Motiv klingt in diesem Zusammenhang sehr psychologisch, es kommt aber nicht auf die Psyche an, sondern darauf, in der Leib-Umwelt-Beziehung eine Haltung einzunehmen, die zur Beteiligung bereit ist. Es ist also erforderlich, die Rede von einem psychologischen Motiv zu suspendieren. Stattdessen geht es um die Erzeugung einer leiblichen Bereitschaft, sich von Gegebenheiten in der Umwelt in bestimmter Weise auffordern zu lassen.

Leibliche Bereitschaft ist positiv oder negativ erforderlich. Denn es geht nicht nur um eine Bereitschaft zur Beteiligung, sondern auch um die Bereitschaft, die eigene Nichtbeteiligung hinzunehmen. Gemäß den gültigen Erfolgsmedien werden die Akteure A, B, C am Hausbau beteiligt, nicht aber D, E und F. Warum sollten D, E und F das akzeptieren, obwohl sie der Meinung sind, sie könnten es besser? Wenn es nicht nur um intern vor sich hin sinnierende Bewusstseinssysteme geht, sondern um einander berührende Leiber, stellen sich beide Probleme.

Das Bezugsproblem für die Bildung von Erfolgsmedien ist derart, dass nicht nur in der modernen funktional differenzierten Gesellschaft mit der Ausbildung symbolisch generalisierter Kommunikationsmedien zu rechnen ist. Das Bezugsproblem ist so einfach, dass vermutlich in allen Ordnungszusammenhängen derartige Medien ausgebildet werden. Hierin liegt ein weiterer wichtiger Unterschied zu Parsons und Luhmann, die die Durchsetzung von Erfolgsmedien für ein Merkmal der Moderne halten.

Erfolgsmedien des Beginnens und der Beteiligung

Wenn man die Bildung von Erfolgsmedien von der Institutionalisierung her denkt, kann man zunächst nur auf die Notwendigkeit hinweisen, dass es zur Bildung solcher Medien kommen muss, denn es muss institutionalisierte gesellschaftliche Formen geben, die einzelne Gesamthandlungen praktisch in eine sachliche, soziale und raum-zeitliche Ordnung bringen. Welche Medien es sein werden, ist dann eine empirische Frage. Die konkrete Bildung solcher Medien hängt davon ab, welche Institutionen gebildet werden, welche Probleme der Übergang von einer zur anderen bereitet und wie diese praktisch gelöst werden können. Die genauere Ausarbeitung einzelner Erfolgsmedien gehört folglich in die Gesellschaftstheorie. Es hängt von der strukturellen Integration einer Ordnung ab, wie sich welche Erfolgsmedien bilden. Dennoch ist es wichtig herauszuarbeiten, dass die Tatsache, dass es Erfolgsmedien gibt, nicht auf die Moderne beschränkt ist.

Es scheint mit besonderen Schwierigkeiten behaftet zu sein, wieder einen Anfang zu finden, nachdem eine institutionelle Gesamthandlung ein Ende gefunden hat. Wenn eine institutionalisierte Gesamthandlung erst einmal begonnen hat, können der weitere raum-zeitliche und sachliche Verlauf sowie je aktuelle Beteiligungen an den entsprechenden institutionellen Erwartungen orientiert werden. Für den Fall, dass institutionalisierte Gesamthandlungen entstehen, die immanent keinen Abschluss finden, muss evtl. auch die Beendigung der Gesamthandlung durch ein symbolisch generalisiertes Kommunikationsmedium sichergestellt werden. Symbolisch generalisierte Kommunikationsmedien dienen also der Verarbeitung einer spezifisch raum-zeitlich-sozial-sachlichen Problemlage, die sich unter der Voraussetzung exzentrisch leiblicher Umweltbeziehung ergibt. Wie aber wird, über die institutionalisierte raum-zeitlich-soziale Sachstruktur einer Gesamthandlung hinausgehend, die raumbezogene Gleichzeitigkeit bzw. das raumbezogene aufeinander folgende Beginnen einzelner institutionalisierter Gesamthandlungen institutionalisiert und wer beteiligt sich?

Dieses Problem kann – wie gesagt – kompakt gelöst werden, indem in allen Sinndimensionen passend generalisiert wird, wobei unentschieden bleiben kann, in welcher Dimension das Problem primär auftritt. Wenn das Problem derart kompakt gelöst wird, liegt eine enge Verwandtschaft mit Legitimationen im Sinne Bergers und Luckmanns vor. Es kann aber auch sein, dass die Entwicklung von Erfolgsmedien ihr Bezugsproblem in einer bestimmten Dimension hat, wobei die Lösung nur dann praktikabel wird, wenn in den unterschiedlichen Dimensionen zueinander passende Generalisierungen entwickelt werden. Demnach wäre es sinnvoll zu fragen, ob man Medien des Beginnens (und Endens), Medien der Beteiligung und Medien der Herstellung sachlicher Zusammenhänge unterscheiden kann. Bereits für einfache Gesellschaften kann die Antwort sehr unterschiedlich ausfallen.

Als ein einfaches Beispiel mag die Bildung einer Jagdgesellschaft bei den Arawete dienen. Es gibt Tiere, die allein, und solche, die nur zu mehreren gejagt werden können. Der Übergang zur institutionalisierten Gesamthandlung Jagd versteht sich nicht von selbst. Er muss herbeigeführt werden, indem einer der Männer (Jagd ist Männersache) den Vorschlag macht, gemeinsam jagen zu gehen. Wer die Aufforderung zur Jagd ausspricht, macht sich damit zugleich zum Anführer dieses Jagdunternehmens. Eine Aufforderung zur gemeinsamen Jagd auszusprechen, ist heikel, denn man kann sich blamieren, wenn niemand anders mitkommen mag. Derjenige, der die Aufforderung ausspricht, muss es also geschickt anstellen, die Stimmung der anderen richtig einschätzen. Nur dann ist es erfolgversprechend, die anderen zur Beteiligung zu bewegen (vgl. Viveiros de Castro 1986/1992: 111).

Wenn man die vier Erfolgsmedien von Parsons (1980: 147) heranzieht, würde es sich um einen Fall von »Einfluss/Überredung« handeln. Dieses Medium ist darüber definiert, dass Ego ein Alter Ego (bei Parsons »Objekt« genannt) dazu bringt, seine Intentionen im Sinne von Ego zu ändern (Charakteristik des Erfolgsmediums). Mit dieser Konstellation zwischen Ego und Alter scheint das Beispiel der Bildung einer Jagdgesellschaft ausreichend analysierbar – sowohl hinsichtlich des Beginnens als auch hinsichtlich der Beteiligung. Ego wendet sich im Sinne einer Überredung an das soziale Objekt Alter Ego und versucht, dessen Intentionen so zu beeinflussen, dass das soziale Objekt im Sinne Egos handelt, also es auf die Jagd begleitet. Wenn man das Beispiel genauer in den Blick nimmt, zeigt sich allerdings, dass Überredung nicht nur eine Angelegenheit zwischen Ego und Alter ist. Denn der Versuch, andere zu überreden, erfolgt vor Dritten und mit Bezug auf Dritte. Ego adressiert eine Aufforderung an unterschiedliche Alter Egos. Die Rezeption der Aufforderung durch Alter Ego erfolgt nicht nur vor Ego, sondern auch vor den anderen der Gruppe, vor Dritten. Für das rezipierende Alter Ego stellt sich die Frage: Als wer stelle ich mich unter Bezug auf Dritte dar, wenn ich der Aufforderung folge leiste? Der Bezug auf Dritte ist auch temporalisiert zu denken. Dies wäre der Fall, wenn Alter Ego gegenwärtig nicht anwesende aber zukünftige Dritte einbezieht. Was wird meine Frau sagen, wenn ich schon wieder auf die Jagd gehe, statt das Hüttendach zu reparieren? Entspricht es den aktuellen Beziehungen zu den Göttern, auf die Jagd zu gehen? War die Jagd auf diese Tiere ein Thema in den nächtlichen Gesängen der Schamanen? Werden es uns die Tiere übelnehmen, wenn wir sie schon wieder jagen? Usw. Bei den Arawete gibt es eine große Vielfalt möglicher leiblicher Aktionszentren, die sich jeweils auf ihre Umwelt richten können, mit denen also eine faktische Begegnung im Raum antizipiert werden muss. Entsprechend können diese Aktionszentren in gleicher Weise Ego-Alter-Tertius-Positionen besetzen.

Das Beispiel zeigt, dass die Operationsweise des Mediums nicht verstanden werden kann, wenn diese auf die Sozialdimension reduziert wäre. Die triadische Funktionsweise des Erfolgsmediums weist nicht nur eine soziale, sondern auch eine raum-zeitliche Struktur auf und sie zielt auf die Lösung eines Problems in der Raum-Zeitdimension: Es geht nicht darum, wer macht es (Sozialdimension)? Vielmehr geht es darum, was machen wir hier/jetzt unter der Berücksichtigung welcher Vergangenheit und Zukunft. Die Wahrscheinlichkeit, dass eine Überredung Erfolg hat, wird erhöht, wenn das Thema »Jagd auf bestimmte Tiere« in den nächtlichen Gesängen der Schamanen vorbereitet worden ist. Diese Gesänge stellen Bezüge zur kosmischen Ordnung her, sie thematisieren die Ankunft der Götter, wann sie zu erscheinen gedenken, wie die Beziehung zu bestimmten Tiere ist usw. Insofern erfolgt der Versuch, andere zu einer Jagdgesellschaft zu überreden, nicht ohne Bezug auf eine zeitlich vorhergehende Aktualisierung der übergreifenden Sinnwelt, des sachlich-sozialen Gesamtzusammenhangs der Ordnung und ihrer raum-zeitlichen Strukturierung. Die Wirksamkeit des Erfolgsmediums Überredung ist maßgeblich bestimmt durch dessen Bezug zur legitimierten Ordnung. Diese garantiert eine mehrdimensionale Generalisierung.

Im Rahmen anderer Ordnungen wird das Beginnen selbst in symbolisch generalisierter Weise dargestellt. Leenhardt zufolge funktioniert hier eine kosmische Interaktionskonstellation als Medium. Diese besteht erstens aus der Gruppe, die auf das Beginnen wartet, zweitens einem Priester/Häuptling und drittens göttlichen Gestirnen bzw. Göttern, die Gestirne als ihre Zeichen senden. Die erhaltene göttliche Mitteilung setzt sachlich und zeitlich fest, was zu tun ist, weshalb sie der Priester etwa in eine Handlung wie die Aussaat auf einem Beet umsetzen kann, was wiederum für die Dorfangehörigen ein sachlich spezifiziertes

Symbol des Beginnens darstellt: Sie verstehen es und beginnen mit der Aussaat derselben Pflanzen. Ein Ende der Gesamthandlung braucht nicht eigens symbolisiert zu werden. Deren Ausführung folgt den institutionalisierten Erwartungsstrukturen und sie endet, wenn der sachliche Gehalt der Gesamthandlung abgearbeitet ist. Der zeitliche Ablauf ist durch die Sachdimension bestimmt und variiert mit den sachlichen Notwendigkeiten, die sich jeweils ergeben. Der Beginn einer neuen institutionalisierten Gesamthandlung, etwa der Ernte, wird in gleicher Weise symbolisiert (vgl. hierzu insgesamt Leenhardt 1947/1983: 118 ff.). Zusammen mit der Einbettung in die kosmische Interaktionskonstellation wird das Beet des Priesters zu einem symbolischen Kommunikationsmedium, das eine sachlich-zeitlich-räumlich-sozial passende Generalisierung beinhaltet.

In Europa tritt wahrscheinlich im Verlauf des Mittelalters und der frühen Neuzeit die direkte symbolvermittelte Kommunikation mit den Gestirnen zurück. Das Erscheinen der Gestirne und der Wechsel der Jahreszeiten werden selbst zu einem Medium des Beginnens. Das Kommen der entsprechenden Jahreszeit disponiert Alter Ego dazu, Handlungsbereitschaft darzustellen, die von Ego entsprechend als Aufforderung zur Beteiligung an einer zukünftigen Gesamthandlung erlebt wird, deren Verpflichtungscharakter durch Drittenbezüge garantiert wird, die im europäischen Mittelalter letztlich auf Gott verweisen. Im Rahmen der mittelalterlichen und frühneuzeitlichen Ordnung ist das Erscheinen der Gestirne bzw. der Wechsel zu einer anderen Jahreszeit nicht selbst ein kommunikatives Symbol, durch das sich ein Gott an die Menschen richtet. Zu einem besseren Verständnis ist an Elias' Analyse der Zeit zu erinnern, die eher eine Theorie der Symbolisierung der Zeit ist. Sein Konzept der Wandlungskontinuen definiert Zeit als eine funktional dreipolige Relation »zwischen Menschen, die verknüpfen, und zwei oder mehr Wandlungskontinuen, von denen eines in einer bestimmten Menschengruppe jeweils die Funktion eines Standardkontinuums, eines Bezugsrahmens für das andere erhält« (Elias 1988: 12). Die Zeit wird im Wandlungskontinuum des Ablaufs der Gestirne bzw. der Jahreszeiten symbolisiert. Darüber vermittelt wird der erfahrene Stand der Gestirne, die Wandlung der Jahreszeit zu einem kommunikativen Symbol, das die Annahme von Sinnvorschlägen des Beginnens ermutigt. Zum Beispiel: Es ist an der Zeit, die Aussaat vorzubereiten.

Die zeitliche Festlegung über Gestirne und Jahreszeiten sollte nicht mit einer Zeitrechnung im modernen Sinn verwechselt werden. Diese ist gegen jahreszeitliche Schwankungen immunisiert und reguliert Abläufe ohne Rücksicht auf die sachlichen Gehalte der Gesamthandlung. Dies entspricht nicht einer mittelalterlichen Auffassung, denn die Arbeit für den Herrn ist nicht nach sieben Tagen und vier Stunden zu Ende, sondern erst dann, wenn die Arbeit beendet ist – wenn der Acker bestellt, die Ernte eingefahren ist usw. Damit zeichnen sich auch dimensionsspezifische Differenzierungen ab. Wann es an der Zeit ist, mit dem Dienst zu beginnen, wird jahreszeitlich (Erscheinen der Gestirne, Wetter) geregelt. Aber wer sich zu beteiligen hat, ist durch das überlieferte Recht und die Macht des Herrn gesichert, die festlegen, wer welche Dienste zu leisten hat. Dass die Auswahl der am Dienst zu Beteiligenden rechtmäßig zu erfolgen hat, wird daran deutlich, dass die Bauern gegen ihre Beteiligung auch klagen können, wenn der Herr wider das Recht eine Beteiligung an einer institutionellen Gesamthandlung verlangt (vgl. Schmale 1997).

In modernen Gesellschaften deuten sich weitergehende Differenzierungen an. In der Zeitdimension wird die Zeit nicht mehr in einem Wandlungskontinuum, sondern anhand einer diskreten Wandlungsreihe symbolisiert. Auf diese Weise wird die digitale Raumzeit zu einem symbolisch generalisierten Kommunikationsmedium, das anzeigt, wann etwas zu beginnen und zu beenden ist. Die digitale Raumzeit steuert institutionalisierte Gesamthandlungen und ermöglicht Übergänge zwischen institutionalisierten Gesamthandlungen. Die Strukturierung einzelner Gesamthandlungen beinhaltet, dass diese in Abläufe gegliedert ist, die jeweils ein definiertes Ende an einem definierten Ort zu einer definierten Uhrzeit haben. Auf diese Weise wird es möglich, das Ende einer Gesamthandlung nicht nur sachlich, sondern primär zeitlich bereits an ihrem Anfang zu symbolisieren und während des gesamten sachlichen Ablaufs symbolisch präsent zu halten. Die Zeit des rhythmischen Beginnens, die ihr Maß am sachlichen Ablauf hatte, die an Interaktionskonstellationen und die darin enthaltenen Unwägbarkeiten gebunden war, wird abgelöst durch die Steuerung gemäß der Uhrzeit. Dies scheint mir die Bedingung für das Phänomen der erlebten Beschleunigung zu sein (Rosa 2005), denn das digital-zeitliche Ende der einen Handlung und der digital-zeitliche Beginn der nächsten Handlung bilden den Zukunftshorizont jeder Aktivität. Eine derart bemessene Zeit weist quasi von selbst die Eigenschaft auf, knapp zu werden.

Um 10:15 Uhr beginnt das Seminar und um 11:45 endet es. Das ist unabhängig davon, ob das sachliche Problem für alle nachvollziehbar besprochen worden ist oder nicht – die Studierenden beginnen einzupacken. Diese Wirksamkeit beinhaltet eine passende Generalisierung in den anderen Dimensionen. In der Sozialdimension muss etabliert sein, dass der Verweis auf die Uhrzeit ausreicht, um eine Gesamthandlung zu beenden und es muss die Dominanz der digitalen Raumzeit über das Sachproblem etabliert sein. Der sachliche Aspekt muss grundsätzlich in den Zeittakt eingegliedert werden. Diesen Sachverhalt stellen einzelne Studierende (Alter Ego) für die Dozentin (Ego) dar unter Bezug auf die anderen anwesenden Studierenden sowie abwesende Dritte wie Studiendekan, Leute mit denen sie Termine haben, usw. Die Gültigkeit der

Generalisierung könnte man den Anwesenden nicht anvertrauen, denn diese können sich dazu entschließen, der sachlichen Diskussion den Vorrang zu geben und sich nicht an die Zeit zu halten. Die kontinuierliche Durchsetzung des Primats der Sachdimension würde dazu führen, dass die Gültigkeit des Erfolgsmediums digitale Raumzeit gefährdet wird. Die abwesenden Dritten sind dagegen vom sachlichen Problem unbeeindruckt. Mit Bezug auf sie muss die Institutionalisierung der digitalen Raumzeit als Medium des Beginnens und Endens von Gesamthandlungen aufrechterhalten werden.

Die Gültigkeit des Erfolgsmediums der digitalen Raumzeit lässt sich in beliebigen gesellschaftlichen Bereichen aufzeigen. Das Werkstück (Sachdimension) kommt an, wird in einem nach Minuten oder Sekunden gemessenen Takt behandelt und rollt weiter. Fehlerhafte Werkstücke kommen in den Abfall. Der Kontraktnehmer verpflichtet sich, das Werk an einem gegebenen Termin abzuliefern, sonst sind Vertragsstrafen fällig. Die Krankenschwester soll in zwei Minuten vier Pflegehandgriffe ausführen und es wird beobachtet, ob nicht auch noch ein fünfter Handgriff in dieser Zeit unterzubringen ist.

Wenn es um die Übergänge zwischen Gesamthandlungen geht, stellt es sich so dar. Die Arbeitszeit endet am 23.5.2012 um 17:03:24 Uhr (Auschecken mit der Stechuhr). Dann beginnt die Urlaubsreise als neue institutionalisierte Gesamthandlung. Ankunft aus dem Urlaub am 25.5.2012 um 00:32:00 – wenn die Bahn pünktlich ist. Dann Taxifahrt zur Wohnung und schlafen bis 5:45:00 und hernach aufstehen, frühstücken, zur Arbeit fahren und Einchecken, mit der Stechuhr am 25.5.2012 um 07:01:12. In einem solchen System kann durchaus eine individuell gestaltete Arbeitszeit im Sinne von Gleitarbeitszeit integriert werden. Dies wird allerdings erst möglich, wenn Zeitpunkte für Individuen technisch genau erfasst werden können – eben durch eine Stechuhr mit einer Karte, die es erlaubt, individuelle Zeitkonten automatisch zu berechnen. Genau dies ermöglicht andererseits eine noch präzisere Strukturierung der Sozial- und Sachdimension durch das symbolisch generalisierte Kommunikationsmedium digitale Raumzeit.

Wenn die digitale Raumzeit als symbolisch generalisiertes Kommunikationsmedium durchgesetzt ist, wird allein die Tatsache, dass es am Tag XYZ so und so spät ist, für Ego zum Symbol einer an ihn gerichteten Erwartung eines Alter Ego, sich in bestimmter Weise an einer bestimmten Gesamthandlung zu beteiligen. Die digitale Raumzeit schafft nur eine Bereitschaft dafür, eine Handlung an einem Ort zu beginnen und zu beenden. Die Probleme der Sozialdimension (wer ist zu beteiligen?) und der Sachdimension (wie wird der sachliche Zusammenhang zwischen institutionellen Gesamthandlungen hergestellt?) müssen anders gelöst werden – vom Problem der Etablierung eines übergreifenden Sinnzusammenhangs ganz zu schweigen.

Das Erfolgsmedium der digitalen Raumzeit erfordert zwar in allen Sinndimensionen zueinander passende Generalisierungen. Aber es löst nicht die zentralen Probleme der Sozialdimension. Wie wird die Bereitschaft zur Beteiligung an einer Gesamthandlung erzeugt und wie wird die Bereitschaft erzeugt, Nicht-Beteiligung zu akzeptieren, obwohl man mittun wollte. In einer modernen funktional differenzierten Gesellschaft entwickeln sich Erfolgsmedien, die auf die Lösung dieser Probleme zugeschnitten sind. Dazu gehören etwa Konkurrenz oder die Bildung besonderer sozialer Formen wie Netzwerke und Organisationen. Diese Erfolgsmedien bzw. diese sozialen Formen ermöglichen die Begrenzung bzw. Auswahl der an einer Gesamthandlung zu beteiligenden Akteure.

Nicht alle diejenigen, die Geld und Kaufbereitschaft oder eine Ware und Verkaufsbereitschaft haben, können aktuell an einem Tausch teilnehmen. Hierzu ist ein weiteres Erfolgsmedium erforderlich, das dieses Problem in der Sozialdimension löst, die Konkurrenz. Konkurrenz beschreibt eine Drittenkonstellation, die vom Typus her derjenigen des »tertius gaudens« (Simmel 1908/1980: 82 ff.) entspricht. Die Drittenkonstellation der Konkurrenz kann sich rein logisch sowohl darauf beziehen, dass Verkäuferinnen konkurrierend etwas anbieten, als auch auf konkurrierende Käuferinnen. Es scheint allerdings eher unwahrscheinlich zu sein, dass Käuferinnen um eine Verkäuferin konkurrieren. Dass es konkurrierende Käuferinnen gibt, wäre dann gegeben, wenn eine Verkäuferin ein Monopol für den Verkauf bestimmter Produkte in einem Markt hätte. Baumol (1982) versucht nun zu zeigen, dass auch eine Monopolistin die Preise nicht beliebig gestalten kann, denn sie müsse abwesende Konkurrentinnen einbeziehen. Diese würden auf den Markt drängen, wenn die Preise zu hoch seien. Wenn diese Annahme zutrifft, würde die Aufrechterhaltung der Monopolsituation durch Konkurrenz gesichert. Denn die Monopolistin müsse, um ihr Monopol nicht zu gefährden, bei ihrer Preisgestaltung gegenwärtig abwesende aber zukünftig möglicherweise anwesende Konkurrentinnen berücksichtigen, das heißt, die Preise müssen so gestaltet werden, dass es für mögliche Konkurrentinnen als gerade nicht mehr lohnend erscheint, etwas auf diesem Markt anzubieten. Nur wenn die abwesenden Konkurrentinnen berücksichtigt würden, könne das Monopol aufrechterhalten werden. Baumols Analyse von Märkten, die durch Monopole gekennzeichnet sind, macht eindrücklich die Bedeutung abwesender Dritter für die Konstruktion der Konkurrenz deutlich. Das Spezifische der wirtschaftlichen Konkurrenz besteht darin, dass im Prinzip unbegrenzt viele Konkurrentinnen möglich sind. Es muss immer damit gerechnet werden, dass es in naher Zukunft immer weitere Konkurrentinnen geben wird; sie sind aktuell vielleicht abwesend, aber zukünftig können sie anwesend sein. Entscheidend ist also nicht nur, dass und wie viele aktuelle Konkurrentinnen vorhanden sind, sondern auch die Möglichkeit von Konkurrenz. Hier gilt analog Luhmanns Argument, dass man den anwesenden Dritten die Norm nicht anvertrauen dürfe. Man kann ihnen ebenso wenig die Stabilisierung von Konkurrenz anvertrauen. Anwesende Konkurrentinnen könnten sich auf ein gemeinsames Vorgehen einigen und so die Konkurrenzsituation im Sinne einer rationalen Verteilung unter Anwesenden umgehen. Wenn Anwesende aber strukturell immer mit mehr Konkurrenz von noch nicht aber zukünftig vielleicht Anwesenden rechnen müssen, wird es unmöglich, sich der Konkurrenzkonstellation zu entziehen. Die anwesenden Konkurrentinnen sind immer auch die Repräsentantinnen zukünftiger Konkurrentinnen.

Die Raum-Zeit-Ordnung der ökonomischen Konkurrenz folgt der Logik der digitalen Raumzeit. Es sind gegenwärtig örtlich abwesende Konkurrentinnen, die aber zukünftig ebenfalls an diesem Ort sein könnten. Es ist unbestimmt, um wie viele es sich handelt, aber sie bestimmen als mögliche individuelle Konkurrentinnen die gegenwärtige Beziehung zu anderen. Diesen Sachverhalt offener Konkurrenz müssen Beteiligte für- und voreinander symbolisch darstellen, um so eine gültige Konkurrenzsituation zu erzeugen. Indem die Beteiligten füreinander und voreinander Konkurrenz symbolisch darstellen, identifizieren die Beteiligten ihre Bezüge zueinander mit der Struktur der Konkurrenz. Diese wird zur vermittelnden symbolischen Struktur ihrer wechselseitigen Bezüge und umgekehrt wird die Konkurrenz als eine vermittelt unmittelbare leibliche Realität erlebt.

Erfolgsmedien und die Bildung sozialer Vermittlungsformen: Organisation und Netzwerk

Erfolgsmedien ermöglichen die Bildung neuartiger sozialer Formen, die die Lösung des Problems der Vermittlung institutionalisierter Gesamthandlungen erleichtern. Es handelt sich um Bildungen in der Sozialdimension, die primär darauf zugeschnitten sind, das Problem der Beteiligung an Institutionen zu lösen. Dabei werden auch Probleme in der Zeitdimension gelöst, d. h. Probleme der zeitlichen Aufeinanderfolge von Gesamthandlungen. Ich möchte zwei Beispiele für die Bildung derartiger mediengestützter sozialer Formen anführen: Organisation und Netzwerk.

Das Gewaltmonopol, dessen Bedeutung im folgenden Abschnitt eingehend analysiert werden wird, zentralisiert die wirksame Drohung mit Gewalt bei der politischen Zentralgewalt. Dem Machthaber ist es möglich, aus eigener Macht Recht zu setzen. Dieser Umstand stellt eine Quelle für rechtliche Innovationen dar (vgl. Achter 1951). Dazu gehört nicht zuletzt, dass sich Akteure im Rahmen des vom Zentralherrn gesetzten Rechts selbst eine Satzung geben können. Ein historisches Beispiel dafür wären die freien Städte des deutschen Reiches im Hochmittelalter bzw. der frühen Neuzeit (Ebel 1966). Die historische Errungenschaft, dass Akteure sich selbst eine Satzung geben, ermöglicht die Bildung einer neuartigen Form der Vergesellschaftung: Organisationen mit selbstgegebener Satzung.

Organisationen schaffen intern einen eigenen Bereich von Macht (Organisationshierarchie) und Recht (Satzung der Organisation) mit verfahrensförmig strukturierten Sanktionsmöglichkeiten (s. u.). Die Abgrenzung erfolgt über die Unterscheidung zwischen Mitgliedern und Nichtmitgliedern (Luhmann 1964; Tacke 2008). Die spezifischen Gestaltungen in den Medien Macht und Recht gelten nur für Mitglieder. Die einzigen Beschränkungen für diese Gestaltungen liegen darin, dass sie im Einklang mit dem allgemeinen Recht stehen müssen, durch welches sie aber nicht strikt determiniert sind. Organisationen können sich als Typus erst dann durchsetzen, wenn die Herauslösung von Akteuren aus traditionellen Verpflichtungen begonnen hat, denn sie selegieren ihre Mitglieder nach selbstgesetzten Bedingungen und die Mitglieder haben die Freiheit ein- und auszutreten (Luhmann 1975/2005, Tacke 2008, Tacke 2011). Diese Freiheit setzt Individualisierung voraus (vgl. hierzu im letzten Kapitel den Abschnitt über die Ordnungen der individualisierenden Vergesellschaftung und der kontingenten Mehrfachvergesellschaftung).

Organisationen setzen zwar eine bestimmte Entwicklungsstufe der Kommunikationsmedien Macht und Recht voraus, aber sie sind in ihrer Funktionsweise nicht darauf zu reduzieren. Vielmehr bilden Organisationen eine neuartige Form sozialer Ordnung, die es ermöglicht, die Durchführung institutioneller Gesamthandlungen zu gestalten. Aus der Zwecksetzung von Organisationen heraus definieren sich die Sachbezüge institutioneller Gesamthandlungen und die Maßstäbe für die Selektion von zu beteiligenden Akteuren. Aufgrund dessen können Organisationen legitimerweise eine Auswahl an zu beteiligenden Akteuren vornehmen und raum-zeitliche Übergänge zwischen Gesamthandlungen festlegen. Da die moderne Gesellschaft nicht in gleicher Weise wie vormoderne Gesellschaften auf eine übergreifende Legitimation zurückgreifen kann, bedarf sie vermutlich besonders vielfältiger Formen, um die Übergänge zwischen institutionellen Gesamthandlungen zu bewerkstelligen. Die Bildung von Organisationen wäre ein Beispiel dafür. Ein weiteres Beispiel wäre die Vertragsfreiheit, die das moderne Recht garantiert. Die vertragschließenden Parteien können selbst festlegen, welche sachlichen Verpflichtungen sie eingehen, wann mit der Einlösung der Verpflichtung zu beginnen ist und wann sie beendet sein soll. Das Vertragsrecht stellt somit ein höchst variables Medium für die Konstruktion verbindlichen Beginnens und Endens zur Verfügung. Aber auch hier wird der Bezug zur rechtlichen Zentralgewalt nicht aufgegeben, denn Vertragsfreiheit setzt voraus, dass die wechselseitig vereinbarten Leistungen erzwingbar werden durch Gerichtsentscheid, dessen Gültigkeit durch das staatliche Gewaltmonopol gesichert wird.

Anhand des Beispiels von Organisationen lässt sich die Frage aufwerfen, ob nicht auch andere Medien wie Einfluss und Wertbindung die Bildung spezifischer sozialer Formen ermöglichen. Ich vermute, dass Netzwerke in dieser Weise begriffen werden können. Sie wären zu verstehen als eine soziale Form, die sich auf der Grundlage der Erfolgsmedien Einfluss und/oder Wertbindung entwickelt. Die Voraussetzungen sind deutlich weniger anspruchsvoll als bei Organisationen. Netzwerke entstehen überall da, wo es mehr oder weniger stabilisierte Einflussbeziehungen gibt bzw. Beziehungen, die durch ähnliche Wertbindungen oder Weltsichten gekennzeichnet sind. Die Merkmale von Netzwerken, die sich in spezifischer Weise von denjenigen einer Organisation unterscheiden, lassen sich auf diese Weise gut begreifen. Netzwerke bestehen nicht aus eindeutigen hierarchischen Unterstellungsverhältnissen. Es gibt keine formale Mitgliedschaft, vielmehr erweisen sie sich als in bestimmter Weise fluide (Belliger/Krieger 2008: 204). Die Stärke schwacher Bindungen (Granovetter 1973) besteht darin, dass weitverzweigte schwache Einflussmöglichkeiten weitreichende Konsequenzen haben können. Die Theorie kleiner Welten (Milgram 1967), in denen der eine den anderen kennt, welcher wieder jemand anders kennt usw. lässt sich ebenfalls rekonstruieren als empirische Erforschung der sozialen Kanäle von Einfluss und der sich daraus ergebenden Möglichkeiten. Wie Einfluss geltend gemacht werden kann, hängt davon ab, in welcher Art von sozialen Beziehungen bzw. im Rahmen welcher Gesamthandlungen er geltend gemacht wird, unter Freundinnen, unter Saufkumpanen, beim Kegelabend usw. (vgl. Lindemann 2012b). Wie Organisationen sind Netzwerke eine soziale Form, die nicht auf das sie ermöglichende Medium reduziert werden kann, ohne dieses aber eben auch nicht denkbar ist. Wie bei Organisationen besteht die Bedeutung von Netzwerken u. a. darin, die spezifische Funktion der Erfolgsmedien zu verstärken, nämlich das Problem zu lösen, wie institutionalisierte Gesamthandlungen aufeinander folgen und wie zu beteiligende Akteure an Gesamthandlungen selegiert werden.

4. Gewalt und Legitimität

Die Beständigkeit von Institutionen und symbolisch generalisierten Kommunikationsmedien hat mehrere tragende Momente. Das Wichtigste von ihnen ist die Selbstverständlichkeit institutionalisierter Erwartungen, weshalb die involvierten Beteiligten ihre Handlungen/ Kommunikationen/Interpretationen von sich aus an den vorgegebenen Erwartungsstrukturen orientieren. Die institutionalisierte Gesamthandlung kann mehr oder weniger bruchlos ablaufen. Wenn die Erwartungen enttäuscht werden, laufen zunächst institutionsimmanente Reparaturmaßnahmen an. Die Normverletzerin wird auf ihren Fehler aufmerksam gemacht und korrigiert ihn oder sie bittet um Entschuldigung bzw. Verständnis und erkennt damit die Gültigkeit der normativen Erwartung an. In diesem Fall erfolgt die Darstellung der Gültigkeit der Norm immer auch durch die Normverletzerin. Diese erkennt die Norm an, indem sie sich schuldig fühlt oder sich schämt. Eine weitere Möglichkeit besteht darin, dass eine Erwartung, die für normativ gehalten worden war, sich in der Reaktion auf die Erwartungsenttäuschung als kognitive Erwartung herausstellt. In diesem Fall würde die institutionalisierte Gesamthandlung leicht modifiziert, das heißt, auf die Erwartungsenttäuschung wird mit Lernen reagiert.

Wenn die Normverletzerin die Gültigkeit der verletzten Erwartung nicht kommuniziert, muss die Verletzte oder jemand stellvertretend für die Verletzte die Gültigkeit der normativen Erwartung darstellen. Dies ist insbesondere dann unerlässlich, wenn die Enttäuschung von Erwartungen eine Institution bzw. ein symbolisch generalisiertes Kommunikationsmedium derart gefährdet, dass dadurch auch der Gesamtzusammenhang der Kommunikation in Mitleidenschaft gezogen wird, d. h. der Zusammenhang von Institutionen und symbolisch generalisierten Kommunikationsmedien. Wenn der Gesamtzusammenhang der Kommunikation gefährdet ist, muss in einer generalisierten Weise klargestellt werden, dass die normative Erwartung weiterhin gilt. Die Verarbeitung der Erwartungsenttäuschung kann nicht mehr nur institutionsintern bzw. medienintern ablaufen. Es bedarf vielmehr einer allgemeinen Darstellung, dass an der verletzten normativen Erwartung festgehalten wird. In diesem Fall geht es nicht um die Vermittlung unterschiedlicher institutionalisierter Gesamthandlungen, sondern darum, dass der institutionalisierte Zusammenhang (Institutionen und Erfolgsmedien der Vermittlung) erhalten bleibt. Dies erfolgt, indem in allgemein-verbindlicher Weise symbolisch dargestellt wird, dass die Verletzung dieser Erwartungen nicht hinnehmbar ist. Hier liegt die Bedeutung von Gewalt für Vergesellschaftungsprozesse. Die Anwendung von Gewalt zeigt an, dass es für die Beteiligten ums Ganze geht.

Die Bedeutungsvielfalt des Wortes Gewalt (vgl. Grimm 1911/1999: 4910-5093) würde es unmöglich machen, Gewalt als theoretischen Begriff zu verwenden. Für die Zwecke einer Sozialtheorie muss der semantische Gehalt daher eingeschränkt werden. Dieses Vorgehen hat sich bei anderen Begriffen wie etwa Macht bereits bewährt. Ich beginne mit einer vorläufigen Definition:
Gewalt ist eine Tat, die von einem Ego gegen ein Alter Ego ausgeführt wird. Die Gewalttat interpretiert eine Handlung/Äußerung als Enttäuschung einer Erwartung, die unbedingt aufrechtzuerhalten ist. Denn die Enttäuschung der Erwartung beinhaltet eine erlebte Gefährdung des Zusammenhangs von Institutionen und symbolischen Erfolgsmedien. Indem ein leiblicher Operator Gewalt ausübt, erhebt er den Anspruch darauf, legitime Gewalt auszuüben. Legitim ist Gewalt dann, wenn aus der Perspektive von Dritten in der Gewaltanwendung ein Muster identifizierbar ist, nämlich die gültige Darstellung gültiger normativer Erwartungen. Die durch legitime Gewalt als gültig dargestellten normativen Erwartungen lassen sich als erste Formen der Rechtsbildung verstehen. Ein solches Recht kann nur gegenüber legitimen sozialen Personen in Anschlag gebracht werden, deshalb symbolisieren die Grenzen der Gewalt die Grenzen der Vergesellschaftung.

Wenn man Gewalt derart begreift, rückt sie in den Mittelpunkt des Verständnisses von Sozialität und Ordnungsbildung und wird zu einem zentralen Element des heuristischen Apriori; die Relevanz von Gewalt gilt also nur insofern, als sich diese Annahme in der empirischen Forschung bewährt. Sollte das nicht der Fall sein, ist das Konzept zu verwerfen.

Es ist ungewöhnlich, Gewalt in dieser Weise eine zentrale Position einzuräumen. Denn üblicherweise wird Gewalt als ein Randphänomen begriffen, welches nur vermittelt über das genuin soziale Phänomen Macht als sozial verstanden wird. Der Grund hierfür scheint mir darin zu liegen, dass Gewalt zumeist als ein dyadisches Phänomen verstanden wird – als ein Verhältnis zwischen Täter und Opfer. Um die Symbolik der Gewalt zu begreifen, bedarf es aber eines triadischen Sozialitätsverständnisses. Ich werde also zunächst herausarbeiten, inwiefern dyadische Sozialitätskonzepte vor dem Phänomen der Gewalt versagen und warum man eine Dreierkonstellation annehmen muss, um Gewalt als Kommunikation angemessen analysieren zu können. Darauf aufbauend kann der enge Zusammenhang von Gewalt und Legitimität expliziert werden. Das Kapitel schließt mit der Analyse der zerstörenden Kraft legitimer Gewalt. Denn gerade wenn sie durch Dritte legitimiert ist, das heißt, wenn sie das Recht einer Ordnung expliziert, enthält Gewalt die Gefahr, dass eine Ordnung an ihr zugrunde geht. Aus diesem Grund muss das symbolische Medium Gewalt so gestaltet werden, dass es langfristig den Bestand einer Ordnung ermöglicht. Die Analyse der verfahrensmäßigen Gestaltungen des Mediums Gewalt führen in die für Soziologinnen vertrauteren Gebiete von Macht und Herrschaft (Weber) oder der Legitimation durch Verfahren (Luhmann).

4.1. Theorien der Gewalt

Gewalt als symbolisch generalisierte Kommunikation zu verstehen und sie damit an besonderer Stelle in einer allgemeinen Sozialtheorie zu berücksichtigen, mag erstaunen. Damit unterscheidet sich diese Theorie der Gewalt von jenen, die Gewalt als sinnlos bzw. als Naturzustand begreifen, den es zu überwinden gilt. Der klassische Vertreter dieser Tradition ist Hobbes (1651/1984). Für ihn ist Gewalt ein Mittel der Selbsterhaltung im Naturzustand. Vergesellschaftung, die Unterwerfung unter den Gesellschaftsvertrag, kennzeichnet die Überwindung des gewalttätigen Naturzustandes. Allerdings erfordert die Aufrechterhaltung des Gesellschaftsvertrages ebenfalls Gewalt. Gewalt bleibt damit Teil der Ordnung, die die Gewalt beherrschen soll (vgl. auch Sofsky 1996: Kap. 1). In diesem Sinne erfolgt Gesellschaftsbildung, indem Gewalt in eine soziale Ordnung überführt wird, die durch Macht oder Herrschaft gekennzeichnet ist. Gewalt wird damit zu einem Rand- bzw. Grenzphänomen, das an der Schwelle der Ordnungsbildung gerade noch erkennbar ist, aber vom Sozialen ausgehend kaum noch direkt in den Blick genommen werden kann.

Weder bei Simmel, noch bei Mead, Parsons oder Luhmann wird Gewalt als ein zentrales Konzept begriffen, das auf der Ebene einer allgemeinen Theorie des Sozialen zu verhandeln wäre.[1] Bourdieu spricht zwar viel von symbolischer, aber umso weniger von handgreiflicher Gewalt. Auch wenn man neuere Vorschläge zur Sozialtheorie einbezieht, taucht Gewalt als Thema der allgemeinen Theoriebildung nicht auf. Weder bei White (2008) noch bei Latour (2005/2007) oder Schatzki (1996, 2003) ist Gewalt an zentraler Stelle thematisch. Es entsteht der Eindruck, dass die neueren Theorien, insbesondere Netzwerktheorie und Praxistheorie, Gewalt geradezu programmatisch ausklammern.[2] Gleiches gilt für aktuelle Arbeiten in der Tradition des Pragmatismus. Es gibt Arenen der Rechtfertigung, aber keine der Gewalt (Boltanski, Thevenot 1991/2007). Als Ausnahmen wären Weber und Foucault zu nennen. Weber bezieht in seiner Theorie des Rechts und der Herrschaft zwar physischen Zwang

---

1 Habermas bildet hier eine Ausnahme. Er thematisiert an zentraler Stelle im Anschluss an Freud Gewalt in affirmativer Weise und steht damit einzigartig in der gegenwärtigen Theorielandschaft da (s. u. den Abschnitt »Täter – Opfer – Dritte«.
2 Typisch hierfür etwa Laux (2014).

und dessen Androhung ein (Weber 1921-22/1980: 17, 28 f., Kap. III), aber auf die symbolische Bedeutung von Gewalt geht er nicht ein. Bei Foucault liegt der Fall anders. In »Überwachen und Strafen« (Foucault 1975/1979) untersucht er eingehend die symbolische Bedeutung von Gewalt. Ich werde darauf im Weiteren noch eingehen.

Die jüngere Diskussion, die sich des Themas der Gewalt annimmt, tendiert eher zu einer »Soziologie der Gewalt« (Collins 2008, Endreß/ Rampp 2013, Heitmeyer/Soeffner 2004, Neckel/Schwab-Trapp 1999, Tilly 2003, Trotha 1997a) als dazu, Gewalt so zu konzeptualisieren, dass ihre allgemeine Bedeutung für Ordnungsbildung begreiflich würde. Damit bleibt die soziologische Gewaltforschung aber auf halbem Wege stehen. Trotha (1997b: 21 f.) hatte über eine Mikroanalyse hinausgehend eine dichte Beschreibung gefordert, die auch die Bedeutung von Gewalt für die Bildung von Ordnung begreifbar machen können solle. Der erste Teil der Forderung kann mittlerweile als eingelöst gelten (Anderson 1999, Collins 2008, Findeisen/Kerten 1999, Sofsky 1996) und hat auch ausreichend Indizien dafür zutage gefördert, dass Gewalt auch eine sozialintegrative Funktion hat (vgl. Karstedt 2004: 270 f.). Es gibt bislang aber noch keine Sozialtheorie, die es erlauben würde, die Mikroanalyse der Gewalt mit dem Problem der Ordnungsbildung, das üblicherweise als Makroproblem verstanden wird, zu verbinden. An diesem Punkt erweist sich die Fruchtbarkeit des hier vorgeschlagenen Ansatzes, denn er verbindet die Ebene der leiblichen Berührung und diejenige der symbolischen Generalisierung. Hier liegt der Schlüssel für ein neues Verständnis von Gewalt und Ordnungsbildung. Es sind drei zentrale Einsichten der Soziologie der Gewalt, die für eine allgemeine Sozialtheorie relevant sind.

1. Gewalt kann nur dann sinnvoll Thema der Soziologie werden, wenn die Akteure als verkörpert bzw. verleiblicht begriffen werden (Collins 2008, Nedelmann 1997, Popitz 1982/2009, Trotha 1997b: 25-35), denn auf diese Weise kann auch die leiblich-affektive Dimension einbezogen werden.

2. Die Analyse der Gewalt muss die Perspektive des Opfers einbeziehen, um die Wirkung von Gewalt zu verstehen (Sofsky 1996: 60-63).

3. Nur eine Theorie, die den Dritten einbezieht, kann Gewalt angemessen begreifen (Beck 2011, Cooney 1998, Nedelmann 1997: 73, Reemtsma 2008: 474).[3] Denn der soziale Sinn von Gewalt lässt sich nur ausgehend von der triadischen Struktur Gewalttäter, Gewaltopfer und Dritter bzw. Beobachter verstehen. Reemtsma bringt das Anliegen dieser triadischen Analyse auf den Punkt, wenn er feststellt, dass die Soziologie die Gewalt solange nicht begreifen könne, wie sie den Dritten nicht berücksichtige (Reemtsma 2008: 472 ff.).

3 In abgeschwächter Form gilt dies auch für Keppler (1997).

Vor diesem Hintergrund wird einsichtig, warum die hier vorgestellte Sozialtheorie Gewalt integrieren kann, denn sie begreift Ordnungsbildung und Vergesellschaftung von der triadisch strukturierten Leib-Umwelt-Beziehung her.

Gewalt als Randphänomen in dyadischen Sozialtheorien

Ohne den Dritten kann Gewalt nur indirekt angesprochen werden, wie es in den meisten allgemeinen Sozialtheorien der Fall ist. Bei Weber wird Gewalt an drei Stellen seiner »Grundbegriffe« relevant. Zum einen, wenn es um sein Verständnis des Rechts geht, das er an die Existenz eines Erzwingungsstabes bindet (Weber 1921-22/1980: 17 f.), der die Geltung von Normen durchsetzt. Zum anderen bei seiner Analyse des Kampfes als eine Form sozialer Beziehung (Weber 1921-22/1980: 20 f.) und bei seiner Definition von Macht und Herrschaft (Weber 1921-22/1980: 28 f., Kap. III). In all diesen Fällen wird Gewalt aber nicht selbst thematisiert, sondern nur als Mittel verstanden, das es ermöglicht, eine soziale Ordnung aufrechtzuerhalten bzw. bestimmte Zwecke zu verfolgen.[4]

Auch bei Parsons und Luhmann wird Gewalt nur indirekt angesprochen – nämlich dann, wenn es um Macht geht. Für Parsons ist Gewalt selbst nicht symbolisch, sondern sie wird im Medium Macht symbolisiert (Parsons 1980: 60, 71), welches durch Legitimität und Generalisierung ausgezeichnet ist und nicht lediglich dadurch, dass Gewalt angedroht wird. Im Zentrum der Aufmerksamkeit steht dann das symbolisch generalisierte Kommunikationsmedium Macht. Bei Luhmann ist das Verhältnis von Macht und Gewalt im Rahmen seiner Medientheorie ähnlich konzipiert. Gewalt gilt als symbiotischer Mechanismus, aber nicht als symbolisch generalisiertes Kommunikationsmedium (Luhmann 1974/2005a, b). Wie der symbiotische Mechanismus »Gewalt« im Einzelnen funktioniert, bleibt bei Luhmann weitgehend unbestimmt (Luhmann 1974/2005b). Man lernt nur, dass Gewalt etwas mit dem Körper zu tun hat und dass es für einen solchen wohl nicht besonders angenehm ist, wenn ihm Gewalt angetan wird.

In diesen dyadischen Konzepten bleibt Gewalt aus zwei Gründen ein Grenzphänomen der Herrschaft bzw. der Macht. Gewalt, die nicht tödlich ist, zielt darauf, durch Zufügen von Schmerz oder Erzeugung von Angst auf die leiblichen Operationen von Alter Ego Einfluss zu nehmen.

4 Michael Mann, der Webers Theorie von Macht und Herrschaft historisch ausarbeitet, untersucht Gewalt ebenfalls nicht als ein eigenständiges Phänomen, sondern rückt die Organisation von Gewalt und Gewaltmitteln im Dienst von Macht und Herrschaft in den Mittelpunkt (Mann 1986-2012).

Dies ist ein sehr aufwändiges Verfahren; es gilt deshalb als unwahrscheinlich, dass auf diese Weise eine dauerhafte Ordnung hergestellt bzw. aufrechterhalten werden kann (vgl. Luhmann 1965/1999: 142). Zudem beinhaltet die Anwendung von Gewalt gegen Alter Ego immer auch die Möglichkeit der Eskalation bis hin zur tödlichen Gewalt. Dadurch würde aber die Beziehung zwischen Ego und Alter Ego zerstört. Der Tod von Alter Ego bildet insofern die absolute Grenze jeder Gewaltanwendung (Popitz 1982/2009: 52 f.). Daraus folgt für den soziologischen Gewalt- und Machtdiskurs: Macht und Herrschaft strukturieren die soziale Beziehung zwischen Ego und Alter. Ego hat Macht über Alter, wenn Alter sich dem Sinnvorschlag Egos beugt, gleichgültig, ob es dies möchte oder nicht. Die in jedem Fall zu vermeidende Alternative ist die tödliche Gewaltanwendung, mit der Ego drohen kann. Ordnungsbildend bzw. ordnungserhaltend ist Gewalt nur dann, wenn sie nicht angewendet, sondern nur angedroht wird. Wenn Alter sich dem Willen Egos nicht unterwirft und Ego seine Drohung wahr machen muss, also Gewalt anwendet, hat Ego seine Macht verloren. Denn Ego ist in Gefahr, sich entweder in der Gewaltanwendung zu verausgaben und damit seine Macht zu verlieren, oder aber Ego verliert seine Macht dadurch, dass es tödliche Gewalt gegen Alter Ego anwendet. Der Akteur, der gehorchen sollte, ist tot. Die soziale Beziehung ist beendet.[5]

Arendt (1969/2011: 42-58) hat dies pointiert formuliert: Dort, wo Gewalt ist, sei keine Macht und umgekehrt. Sie wendet sich mit dieser Pointe gegen solche Ansätze, die Macht und Gewalt sozusagen als Kontinuum sehen und deren qualitativen Unterschied nicht mehr begreifen würden. Arendt definiert Macht dabei in einer eher emphatischen Weise als das Resultat einer zumindest von der Bevölkerungsmehrheit geteilten Überzeugung (Arendt 1969/2011: 45). Deshalb sei es nicht erforderlich, zur Durchsetzung dieser Überzeugung Gewalt anzuwenden. Wenn der Einsatz von Gewalt notwendig würde, sei die Macht bereits verloren. Im Unterschied zur Macht sei Gewalt durch den instrumentellen Einsatz körperlicher bzw. technischer Mittel definiert, um jemanden zu zwingen (Arendt 1969/2011: 47).

Collins (2008) ist eine Ausnahme unter denjenigen, die im Rahmen eines dyadisch angelegten Sozialitätskonzepts Gewalt analysieren. Er

5 Ich referiere hier das dyadische Sozialitätsverständnis, dem die Prämissen der Moderne eingeschrieben sind, wonach nur lebende Menschen soziale Personen sein können. Dass anerkannte soziale Beziehungen auch nach dem Ereignis fortdauern können, das wir als Tod bezeichnen, wird an dem Phänomen des »Racheselbstmordes« deutlich (Leenhardt 1947/1983:72). Wenn ein Mann seine Frau betrügt und sie sich an ihm rächen will, besteht eine besonders gefürchtete Form darin, dass die Ehefrau sich umbringt, um nach ihrem »Tod« ihren Gatten als Geist zu verfolgen.

untersucht Gewalt als eine soziale Beziehung zwischen leiblichen Akteuren. Dass Gewalt eine soziale Beziehung sein kann, liege nicht zuletzt daran, dass Menschen rein handwerklich so außerordentlich schlechte Gewalttäter sind. Das meiste ist, Collins zufolge, Droh- und Imponiergehabe und sich ängstigen. Nur wenn es gar nicht anders geht, kommt es zur Gewalttat, die zumeist kurz und schlecht ausgeführt wird. Das gilt selbst für gelernte Handwerker der Gewalt – Soldaten.[6] Wenn Gewalt kaum tödlich ist und nicht als untaugliches Mittel der Herrschaftssicherung analysiert wird, kann man sie als eine soziale Beziehung mikrosoziologisch untersuchen. Hierbei stellt Collins den unmittelbaren Übergang hin zur physischen Gewalt zwischen Ego und Alter in den Mittelpunkt, wobei es sich auch um Gruppen handeln kann. Vor dem Gewaltakt identifiziert Collins eine Spannung zwischen vor und zurück, die er als Angstspannung (»tension and fear« Collins 2008: 19) beschreibt. Die teilweise psychologisch gehaltenen Beschreibungen von Collins deuten auf die Spannung hin, die Schmitz als die spezifische Spannung der Angst beschreibt. Diese besteht in dem Impuls »weg«, der zugleich gehindert ist, man fühlt sich leiblich in das Hier/Jetzt gedrängt und möchte um jeden Preis nur weg, aber genau das kann man nicht (vgl. Schmitz 1964: §19).

Collins' Gewaltanalyse ist darauf konzentriert, unter welchen situativen Bedingungen diese leibliche Spannung in Richtung Gewaltausübung aufgelöst wird und wie dies erfolgt. Eine besonders wichtige Form stellt die Vorwärtspanik dar, die Flucht nach vorn (Collins 2008: 93). Dabei wird der durchbrechende Impuls »weg« nach vorn gerichtet und nicht nach hinten im Sinne einer Flucht. Beispiele dafür wären etwa Soldaten, die sich vor der Schlacht fürchten und sich dann in den Kampf stürzen. Der Übergang ist plötzlich und die Beteiligten werden leiblich in einen gemeinsamen Rhythmus hineingezogen (Collins 2008: 80). Alle Aufmerksamkeit, der gesamte leibliche Richtungsraum, wird auf den Gegner fokussiert. Um dies zu erfassen, verwendet Collins die Metapher »Tunnel der Gewalt« (Collins 2008: 360 ff.). Solange diese leibliche Fokussierung die Erfahrung bestimmt, geht es um nichts anderes, als den Gegner zu töten, auch wenn er sich ergeben sollte, er wird niedergemacht (Collins 2008: 94). Erst wenn sich diese Richtungsfixierung wieder auflöst, werden Gefangene gemacht.

---

6 Collins (2008: 44) zitiert S. L. A. Marshall, einen amerikanischen Militärhistoriker, demzufolge sich selbst unter intensivem wechselseitigem Beschuss kaum mehr als 25 % aller Soldaten aktiv am Kampf beteiligen und zurückschießen. Im Durchschnitt sei eher mit 15 % aktiv Kämpfenden unter den Soldaten im Frontabschnitt zu rechnen, von denen aber noch ein großer Teil eher in die Luft und nicht auf den Feind schießen würde.

Eine zweite wichtige Möglichkeit, die Angstspannung aufzulösen, beschreibt Collins anhand von eher alltäglichen Situationen. Hier geht es um die unmittelbare Begegnung zwischen Ego und Alter, die in eine antagonistische leibliche Beziehung geraten. Sie richten sich aufeinander mit Droh und Imponiergesten, wobei eine Balance im wechselseitigen Bezug hergestellt wird. Die Situation kippt, wenn einer der Beteiligten eine leibliche Dominanz in der wechselseitigen Spannung erlebt und zum Angriff übergeht. In diesem Augenblick schlägt Ego zu (Collins 2008: 135). Dies ist auch das Muster von Gewalt gegen Schwächere. In diese Kategorie fallen auch das Prügeln von Ehefrau und Kindern. Auch in diesen Fällen tendiert die wechselseitige Fokussierung der Aufmerksamkeit dazu, dass die leiblichen Bezüge der Beteiligten in einem antagonistischen Rhythmus aufeinander bezogen sind, wodurch andere Relevanzen zunehmend in den Hintergrund gedrängt werden (Collins 2008: 360 ff.).

Collins arbeitet die Strukturen leiblicher Interaktion an einer Fülle von Beispielen heraus, übergeht dabei aber konsequent einen Aspekt, der auch in seinen Beispielen nahezu durchgängig auftaucht: Jeder Anwendung von Gewalt geht die Enttäuschung von Erwartungen voraus. Polizisten versuchen, ein Auto zu stoppen. Dieses überfährt die Straßensperre und flüchtet, die Polizisten verfolgen das Auto, stoppen es und verprügeln die Insassen. Eine Frau versucht, eine Crack rauchende andere Frau aus der Nachbarschaft zu vertreiben, diese flüchtet, die andere holt sie ein und schlägt sie nieder – von anderen angefeuert (Collins 2008: 130). Die Erwartungen der Beteiligten sind leicht zu identifizieren. Es geht um die Erwartungen der Polizisten an Autofahrer, die sich einer Straßensperre nähern oder um die Erwartung, dass die eigene Nachbarschaft Drogen- oder zumindest Crack-frei sein sollte. Wenn man in der Analyse den Bezug der Gewalt auf zuvor enttäuschte Erwartungen übergeht, gerät die moralische und damit ordnungsbildende Funktion von Gewalt aus dem Blick. Es gerät aus dem Blick, dass durch Gewalt Erwartungen dargestellt werden, an denen festzuhalten ist, auch wenn sie enttäuscht werden. Damit wird der Anspruch auf Legitimität ausgeblendet.

Die Verengung des Analysefokus verhindert auch, dass Collins nach der möglichen Legitimation der Gewalthandlung fragt, denn etwaige Dritte analysiert Collins nicht in ihrer Funktion als Dritte, d. h. in ihrer Bedeutung für strukturbildende soziale Reflexivität. Vielmehr werden Dritte lediglich als zahlenmäßige Erweiterung der Dyade begriffen. Für Collins sind Dritte quasi Beteiligte, die entweder anfeuernd in den leiblichen Antagonismus des Kampfes hineingezogen werden oder der Gewaltbeziehung eher neutral begegnen (Collins 2008: 236). Letzteres führt eher zum Abbruch von Gewalthandlungen, während im ersteren Fall die Dritten quasi in die leibliche Aktion einbezogen werden und diese in ihrer Intensität verstärken. Wenn man dagegen den Anspruch auf Legitimität und die sozialreflexive Funktion des Dritten einbezieht, lässt sich die ordnungsbildende Kraft der Gewalt begreifen.

4.2. Gewalt und der Dritte

Das Ziel der neueren Gewaltsoziologie (Collins 2008, Trotha 2008b, Nedelmann 2008, Reemtsma 2008, Sofsky 1996) besteht insgesamt darin, Gewalt als eigenständiges Phänomen ernst zu nehmen, es als soziales Handeln zu verstehen und nicht nur als ein Mittel, das instrumentell für andere Zwecke, etwa zum Erhalt von Macht und Herrschaft eingesetzt werden kann. Obwohl in ethnographisch basierten Studien der Zusammenhang zwischen Gewalt und Moralität deutlich hervortritt (Anderson 1999, Bourgois 1996/2003, Schiffauer 1983), wird dies in eher theoretischen Arbeiten (Collins 2008, Trotha 1997b) nicht zentral berücksichtigt. Eine Ausnahme bildet hier die Studie von Cooney (1998) und diejenige von Reemtsma (2008). Letzterer führt auch die legitimierende Funktion ein, die dem Dritten im Verhältnis zur Gewalt zukommt (vgl. auch Beck 2001).

Reemtsma unterscheidet zwischen lozierender, raptiver und autotelischer Gewalt, die jeweils in unterschiedlicher Weise auf den Körper anderer sozialer Akteure zielen würden, wobei auch für Reemtsma nur Menschen zählen. Lozierende Gewalt (Reemtsma 2008: 108 ff.) sei darauf gerichtet, den Körper anderer Akteure, die der Erreichung eines eigenen Ziels im Weg stehen, aus dem Weg zu räumen. Der Bewacher des Hauses hindert den Liebhaber daran, die schöne Milliardärsgattin zu küssen, deshalb muss er mit Gewalt überwunden werden. Diese Form der Gewalt entspricht am ehesten einem instrumentellen Gewaltverständnis. Ich vermute, dass lozierende Gewalt als zu isolierendes Phänomen aller Wahrscheinlichkeit nach nur in der Moderne möglich ist. Denn lozierende Gewalt setzt voraus, dass etwas nur noch als ein instrumentell zu handhabender Körper zu behandeln ist. Ein solches Behandeln von Körpern als bloßen Dingen ohne eigenes Inneres ist für nicht-moderne Ordnungen eher ein Grenzfall.

Die zweite von Reemtsma identifizierte Form bezeichnet er als »raptive Gewalt« (Reemtsma 2008: 113 ff.). Hier geht es nicht darum, den Körper des anderen Akteurs aus dem Weg zu räumen, sondern umgekehrt darum, sich diesen anzueignen. Dabei unterscheidet Reemtsma die Versklavung zur Arbeit und die Versklavung zur Befriedigung sexueller Lust. Im Fall der Versklavung zur Arbeit wird der Körper des anderen Akteurs letztlich zum Werkzeug, welches auch durch ein anderes effizienteres Werkzeug ersetzt werden kann. Es geht bei dieser Gewalt also nicht um den Körper des anderen als eines anderen leiblichen Aktionszentrums. Dieser Aspekt steht eher bei der Versklavung zur Befriedigung sexueller Lust, also bei einer sexuellen Vergewaltigung, im Vordergrund. Hier gehe es um die Aneignung des Körpers des anderen Akteurs. Es muss nicht unbedingt dieser besondere Körper sein, aber es muss der Körper eines anderen Menschen sein.

Vor allem die Versklavung zur Arbeit platziert den Körper des Anderen an der Grenze des Sozialen und ähnelt insofern der lozierenden Gewalt. Für beide ist der Körper des Anderen ein Mittel, entweder ein hinderliches, das überwunden werden muss, oder ein nützliches, das für die eigenen Zwecke eingesetzt werden kann. In beiden Fällen kann das Mittel durch einen nicht-personalen Mechanismus ersetzt werden. Der Wache haltende Kämpfer kann durch eine Überwachungsanlage mit Selbstschussmechanismus substituiert werden. An die Stelle von Sklaven tritt die Baumwollpflückmaschine, die im Unterhalt deutlich günstiger ist.

Die zweite Form der raptiven Gewalt, die sexuelle Vergewaltigung, zielt dagegen auf den anderen als leibliches Aktionszentrum. Es geht um den leiblichen personalen Anderen, den Ego sich zur sexuellen Lust unterwirft. Dies weist Gemeinsamkeiten mit derjenigen Gewaltform auf, die Reemtsma (2008: 116ff.) als »autotelische Gewalt« bezeichnet. Diese stelle die für uns moderne Menschen verstörendste Form der Gewalt dar. Denn hier gehe es ausschließlich um die Zerstörung des anderen menschlichen Körpers. Autotelische Gewalt verfolge keinen anderen Zweck als das Quälen bzw. die Tötung und Zerstörung des anderen Menschen. Autotelische Gewalt habe keinen anderen Zweck als sich selbst, die Anwendung von Gewalt. Diese Gewalt bilde gewissermaßen den Kern, von dem aus Gewalt zu denken sei. Denn die anderen beiden Formen von Gewalt beinhalten eine Beziehung zum Körper des anderen, die selbst nicht durch Gewalt gekennzeichnet ist, die aber durch Gewalt in einer besonderen Weise geformt werden kann. Der Körper des anderen als Hindernis oder der Körper des anderen als anzueignendes Mittel beschreiben Beziehungen zum Körper des anderen, die auch ohne Gewalt denkbar seien. Autotelische Gewalt sei dagegen ausschließlich und nur Gewalt. Sie sei nicht instrumentell und sie sollte auch nicht verwechselt werden mit der Aneignung des Körpers des Alter Ego zu anderen Zwecken.

Ich halte es an dieser Stelle für sinnvoll, noch einmal auf die Differenz einzugehen, die sich bei der Aneignung des Körpers als Mittel gezeigt hatte. Wenn der Körper des anderen zu einem bloßen Arbeitsmittel, zu einem Werkzeug, wird, kann er vollständig durch ein solches ersetzt werden. Die Frage ist nun, ob es noch Gewalt ist, wenn gegen ein solches Mittel körperliche Kraft angewendet wird. Ist es Gewalt, wenn Ego den Nagel auf den Kopf trifft? Ist es Gewalt, wenn Ego einen Sklaven mit einem Peitschenschlag dazu antreibt, mit einem Hammer auf einen

Nagel zu schlagen? Hier deutet sich ein Sachverhalt an, der noch ver-
störender ist als das, was Reemtsma als autotelische Gewalt beschreibt.
Gewalt ereignet sich im Sozialen, dieselbe Handbewegung, derselbe
Zugriff auf einen Körper ist etwas qualitativ anderes, wenn er sich auf
einen Körper als ein nicht-soziales Wesen richtet. Wenn aus jemandem,
der einmal ein sozialer Akteur war, ein Werkzeug geworden ist, wendet sich Ego diesem Körper nicht mit der Aufmerksamkeit zu, die die
Anwendung autotelischer Gewalt kennzeichnet. Der Körper ist kein
Alter Ego mehr, sondern lediglich ein Werkzeug, welches durch einen
gewissen Kraftaufwand dazu gebracht werden muss zu funktionieren.
Dieser Kraftaufwand enthält aber nicht mehr die Aufmerksamkeit, die
die autotelische Gewalt auszeichnet.

Dass Gewalt, um ihrer selbst willen ausgeübt, gleichwohl eine soziale Funktion besitzt, zählt zu den zentralen Einsichten der Studie von
Reemtsma.

>»Gewalt kommuniziert ihre autotelische Seite und wird so gerade
zu dem, was wir traditionellerweise als das bloß bizarre a-Soziale
an der Gewalt wahrnehmen (wenn wir es denn wahrnehmen) und
zu dem, wodurch Gewalt zu sozialem Handeln wird.« (Reemtsma
2008: 478)

Gewalt kann – und das ist ihre herrschaftssoziologische Pointe – nur
darum in Macht und Herrschaft transformiert werden, weil sie vor
Zeugen stattfindet und Dritten signalisiert, dass mit ihr nicht zu spaßen
ist. Die Gewalt gegen Alter Ego wird zu einer Botschaft an Dritte. Dies
schließt die Legitimation durch Dritte ein. Gewalt kommuniziert und
kann durch den Bezug auf Dritte legitimiert werden. Das Asoziale der
Gewalt und ihr sozialer Sinn werden dabei gleichermaßen berücksichtigt. Mit dieser Einsicht endet das Buch von Reemtsma.

Ausgehend von einer leibtheoretischen Perspektive kann man gut daran anschließen, wenn auch mit zwei Vorbehalten. (1.) In Reemtsmas
Argumentation steht der Körper als Ding, die Reduktion der Person auf
den Körper als Sache sehr stark im Zentrum. (2.) Reemtsma versteht
autotelische Gewalt kommunikativ. Dies ist dahingehend zu präzisieren, dass durch Gewalt symbolisch, d. h. vor Dritten, dargestellt wird,
dass an bestimmten normativen Erwartungen festzuhalten ist.

Reemtsma begreift den Körper als ein Ding, das überwunden werden
muss (lozierende Gewalt), das angeeignet (raptive Gewalt) und zerstört wird (autotelische Gewalt). Das Problem ist nur, dass damit recht
ungenau bestimmt wird, wovon die Rede ist. Körper muss im Rahmen einer solchen Argumentation anderes meinen als dreidimensionale
Ausdehnung. Dies kann man terminologisch als Leib-Umwelt-Beziehung besser erfassen. Die Leib-Umwelt-Beziehung ersetzt die Rede von
unräumlicher Seele und dreidimensionalem Körper. An die Stelle des

Körpers tritt das leibliche Selbst, dessen erlebte räumliche Ausdehnung weiter reichen bzw. weniger weit reichen kann als der Körper, denn Leib und Körper sind nicht miteinander identisch. Dies erlaubt es in einer phänomenologisch treffenden Weise, die Spannung von Angst und Angriff, von Zurückgehen und Vorangehen zu erfassen, die schließlich zu der spezifisch antagonistischen Fokussierung der Aufmerksamkeit bzw. der sich wechselseitig aufeinander richtenden leiblichen Bezüge führt (vgl. Collins 2008: Kap. 9). Dass es ein Selbst gibt, welches erlebt, ist an den Leib gebunden und nicht an den Körper. In der für moderne Leserinnen spontan einleuchtenden Gleichsetzung von Leib und Körper ist eine moderne Ordnungsvorstellung enthalten. Denn wir Modernen bringen uns als leibliche Aktionszentren in die Form von (menschlichen) Körpern (s. o.).

Wenn man Gewalt ausgehend von der leiblichen Umweltbeziehung denkt, lässt sie sich begreifen als eine bestimmte Form leiblicher Berührung – nämlich als antagonistisch leibliche Berührung, die darauf zielt, anderen Leibern Schmerz zuzufügen, sie zu ängstigen oder sie zu zerstören bzw. zu töten. Der Unterschied zu Reemtsmas Verständnis von Gewalt liegt also darin, dass Gewalt nicht auf den Körper zielt, sondern auf den anderen als leibliches Aktionszentrum. Gewalt zielt nicht darauf, eine Verfärbung bzw. Verformung der Körperoberfläche (vulgo blaues Auge) zu erreichen, sondern auf den anderen als Selbst, welches agiert, Schmerz empfindet und sich ängstigt (vgl. auch Sofsky 1996: Kap. 4). Wie und gegen wen Gewalt ausgeübt werden kann, hängt daher maßgeblich von der Sensibilität für Berührungen und, damit zusammenhängend, von der Frage ab, ob jemand als Person anerkannt wird oder nicht.

Kelsen beschreibt in seinem Buch »Vergeltung und Kausalität« (Kelsen 1941/1982) ausführlich Formen gewalttätiger Vergeltung, die nur im Rahmen einer anderen Ordnung der Sensibilität für Berührungen sinnvoll bzw. möglich sind.

> Bei einem Gewitter, das als Manifestation eines mächtigen Dämons angesehen wird, schießen die Sakai (Malaya) vergiftete Pfeile gegen den Himmel, die Brauen werfen brennende Holzstücke in die Luft, stampfen mit den Bambusrohren und rufen in den Sturm hinein: »Geh hinweg von uns und lasse uns allein! Wir haben dir nichts zuleide getan, darum tue auch du uns kein Leid an.« (Schebesta zit. nach Kelsen 1941/1982: 67)

Dieses Beispiel verweist darauf, dass auch ein Dämon als eine legitime soziale Person anerkannt wird. Die Sakai und Brauen erleben das Gewitter als eine Form der Gewalt, durch die der Dämon sich auf sie richtet. Zugleich wird diese Gewalttat als ungerechtfertigt erlebt, weshalb sie mit einem eigenen Gewaltakt beantwortet wird. Auf diese Weise stellen die Beteiligten dar, dass sie an der Erwartung, ein unbehelligtes Leben führen zu können, trotz der aktuellen Enttäuschung festhalten. Derartige erwartungssichernde Gewaltakte können nur im Rahmen einer anders strukturierten Berührungsordnung sinnvoll begriffen werden. Damit treten weitere Unterschiede zu Reemtsmas Verständnis autotelischer Gewalt in den Vordergrund. Zum einen ist es unzulässig, Gewalt auf Beziehungen zwischen Menschen zu begrenzen. Es können auch nicht-menschliche soziale Akteure Gewalt ausüben. Weiterhin ist dasjenige, was Reemtsma als den kommunikativen Aspekt der Gewalt begreift, in hohem Maße normativ aufgeladen. Durch Gewalt wird dargestellt, dass Akteure an enttäuschten Erwartungen festhalten und es wird dargestellt, um welche Erwartungen es sich dabei handelt. Das heißt, der kommunikative Aspekt der Gewalt ist zugleich derjenige, der ihren normativen Anspruch transportiert und der dazu herausfordert, Gewalt zu legitimieren.

Gewalt als leiblicher Akt und seine symbolische Generalisierung

Dass es einen Zusammenhang zwischen Gewalt und legitimer Ordnung, d. h. auch dem Recht einer Ordnung, gibt, ist bereits von Luhmann in seiner frühen Rechtssoziologie angesprochen worden (Luhmann 1972: 106-115). Von der neueren gewaltsoziologischen Diskussion unbemerkt hatte Luhmann Gewalt als symbolische Generalisierung verstanden. Die Generalisierungsleistung, die symbolische Kommunikationsmedien allgemein kennzeichnet, besteht in einer kongruenten Generalisierung in den drei Sinndimensionen sachlich, zeitlich, sozial (Luhmann 1974/2005a: 213). Genau diese Generalisierungsleistung vollbringt auch die gewalttätige Darstellung des Festhaltens an enttäuschten normativen Erwartungen. Recht versteht Luhmann als Zusammenhang normativer Erwartungen, der kongruent in allen drei Sinndimensionen (sachlich, zeitlich, sozial) generalisiert ist. »Dieses Erfordernis läuft auf einen Primat der physischen Gewalt bei der Abwicklung von Rechtsverstößen hinaus« (Luhmann 1972: 107).

Insofern Gewalt das Festhalten an kongruent generalisierten Erwartungen darstellt, wird sie selbst symbolisch. »Nur über Generalisierung als Symbol für weitere Möglichkeiten gewinnt die physische Gewalt weittragende Bedeutung in sozialen Systemen.« (Luhmann 1972: 108) Gewalt ist selbst ein Symbol, das die Gültigkeit normativer Erwartungen darstellt und zwar so, dass damit eine Generalisierung in allen Sinndimensionen erreicht wird. Damit erfüllt Gewalt die Kriterien, die Luhmann für symbolisch generalisierte Kommunikationsmedien formuliert.

Wenn man Gewalt als symbolisch generalisierbare leibliche Aktion begreift, zwingt dies dazu, sich von der Idee zu verabschieden, Gewalt als symbiotischen Mechanismus (Luhmann 1974/2005b) zu begreifen. Solche Mechanismen beziehen sich darauf, wie organische Prozesse in die Vergesellschaftung einbezogen werden sollen. Es gibt bereits in der frühen Systemtheorie Luhmanns die Tendenz, organische Prozesse als sinnfrei zu verstehen. Dies wird in der späten Theorie explizit, wenn Sinnverarbeitung auf Bewusstseins- und Kommunikationssysteme beschränkt wird. Unter der Voraussetzung einer Trennung zwischen sinnfreien organischen Prozessen und sinnverarbeitenden Systemen erfüllen symbiotische Mechanismen eine wichtige Funktion, denn sie machen sinnfreie organische Vorgänge für Kommunikationen und deren durch sinnhaft-symbolische Medien gebildete Ordnung zugänglich. Symbiotische Mechanismen sind dagegen nicht theorienotwendig, wenn Symbolbildung von der Umweltbeziehung exzentrischer leiblicher Aktionszentren her gedacht wird. Denn in diesem Fall kann symbolische Generalisierung im Sinne der vermittelten Unmittelbarkeit direkt an der leiblichen Erfahrung ansetzen.

Exkurs zur Verzichtbarkeit symbiotischer Mechanismen

Ich möchte an zwei Paarungen zwischen symbiotischen Mechanismen und symbolisch generalisierten Medien zeigen, worin der Vorteil eines leibtheoretischen Ansatzes liegt.

Symbiotische Mechanismen sind als theoretisches Konzept erforderlich, weil es eine vorausgesetzte Trennung zwischen sinnfreien natürlichen Mechanismen, die allgemeinen Gesetzmäßigkeiten folgen, und sinnhaften Bewusstseins- und Kommunikationsprozessen gibt, die die zahlreichen kulturellen Variationen ermöglichen. Mit anderen Worten, dass symbiotische Mechanismen erforderlich sind, ergibt sich daraus, dass die Aufteilung zwischen Organischem und sinnhaften symbolisch generalisierten Kommunikationsmedien mehr oder weniger der Natur-Kultur-Unterscheidung folgt. Erst durch symbiotische Mechanismen kann die sinnfreie Natur an symbolische Generalisierungen angeschlossen werden. Beispiele hierfür wären Sexualität bzw. Gewalt als jeweilige symbiotische Mechanismen und Liebe bzw. Macht als entsprechende symbolisch generalisierte Kommunikationsmedien.[7]

Es erscheint mir zweifelhaft, dass diese Aufteilungen Phänomene angemessen erfassen können. Romantische Liebe, die Luhmann in »Liebe als Passion« (Luhmann 1982/1994) als symbolisch generalisiertes Kommunikationsmedium beschreibt, soll auf sinnfreie organisch-physiologische Vorgänge zugreifen können. Sexualität bezeichnet, dass und wie die Symbole, die Liebesworte, mit dem sinnfreien Kopulationsvollzug

---

7 Luhmann nennt die folgenden Paare Sexualität/Liebe, Gewalt/Macht, Wahrnehmung/Wahrheit, Bedürfnis/Geld (Luhmann 1974/2005b: 268-271).

verbunden wird. Ego sagt zu Alter Ego zärtliche Worte, Alter Ego ziert sich, schließt aber nichts aus und stellt Ego den Vollzug der sinnfreien physiologischen Kopulationsmechanik in Aussicht und Ego kommuniziert, dass es dies nur wolle, wenn Alter Ego dies auch wolle. Der symbiotische Mechanismus Sexualität bezeichnet solche sinnhaften Bezüge auf die sinnfreie Mechanik des Organischen.

Die Alternative dazu besteht darin, die bei Luhmann vorausgesetzte moderne Trennung zwischen sinnfreien organischen Prozessen und symbolischer Generalisierung durch eine leibtheoretische Fundierung zu unterlaufen. Wenn man das Verhältnis von Sinnlichkeit und Sinn von der leiblichen Umweltbeziehung her versteht, werden auch symbolische Generalisierungen vom Leib her und mit Bezug auf den Leib begriffen. Dadurch werden andere Beschreibungen des sinnhaft-sinnlichen Phänomens der romantischen Liebe, des Verliebtseins und des sinnlichen Verlangens möglich. Es geht nicht um Liebesworte, Sexualität und sinnfreie organische Prozesse, sondern darum, wie Liebende dem in der eigenen Brust gespürten Sehnen nach der geliebten Person gestisch und sprachlich Ausdruck verleihen. Es geht um das Kribbeln im Bauch, das Verlangen, den Geruch der geliebten Person in der Nase und ihren Leib nahe dem eigenen zu spüren. Dabei muss man, der Theorie der vermittelten Unmittelbarkeit folgend, gar nicht ausschließen, dass die leiblich erlebten Zustände bzw. das erlebte Sich-auf-die-Geliebte-Richten symbolisch vermittelt sind. Verliebte können aus Büchern oder dem Internet lernen, wie sie sich zeigen und spüren sollten und wie sie ihrem sinnhaft-sinnlichen Erleben symbolisch Ausdruck verleihen sollten. Das ändert aber nichts daran, dass der symbolisch vermittelte leibliche Zustand eben auch unmittelbar leiblich durchlebt wird. Wenn man die sinnliche Begegnung in dieser Weise analysiert, sind die sich ereignenden leiblichen Berührungen immer sinnhaft. Dies gilt auch, wenn das leibliche Erleben eine Form annimmt, die man als Mechanik der Berührung von Körperteilen und Schleimhäuten beschreiben kann. Sexualmedizinisch aufgeklärte moderne Akteure können den Sinn ihrer sexualisierten leiblichen Begegnung erleben, indem sie ihr leibliches Erleben an physiologischem Wissen orientieren und sich dementsprechend einem sinnlosen Haut-Schleimhautkontakt hingeben. Dass es für diese Akteure sinnfreie organische Vorgänge gibt, wäre zu verstehen als eine mögliche, d. h. moderne, symbolische Formung leiblicher Berührung.

Nun könnte man einwenden, ja die Liebe »das ist ein zu weites Feld«, als dass man es in eine Analyse der Ordnungsbildung einbeziehen sollte. Aber die leibtheoretische Fundierung macht entsprechend auch die anderen symbiotischen Mechanismen überflüssig – auch das Verhältnis von Gewalt und Macht kann unter Verzicht auf das Konzept symbiotischer Mechanismen begriffen werden. Wie bei »Sexualität« erscheint es mir auch bei »Gewalt« sachlich unangemessen zu sein, sinnfreie organische

Prozesse anzunehmen, auf die symbolische Generalisierungen im Sinne von Macht nur durch einen symbiotischen Mechanismus »Gewalt« zugreifen können. Wenn man dagegen die Trennung zwischen sinnfreien organischen Mechanismen und sinnhaften Bewusstseins- und Kommunikationsprozessen aufgibt, kann man das leiblich-sinnhafte Phänomen der Gewaltanwendung und den darin zum Ausdruck kommenden Anspruch auf symbolische Generalisierung gut erkennen. Gewalt richtet sich gegen andere soziale Akteure, die Egos Erwartungen verletzen. Ego hält an den enttäuschten Erwartungen aber trotzdem fest. Dies würde auch für Fälle von Gewaltanwendung gelten, die leicht als asozial verkannt werden. Ich verwende ein fiktives Beispiel: »Ego geht durch die Straßen einer Stadt und nimmt jemand mit einem unerträglichen Backpfeifengesicht wahr, dem Ego einfach eine reinhaut.« Auch in diesem Fall hat Ego nicht sinnlos herumgeprügelt und es dürfte schwierig werden, zwischen sinnfreien physiologischen Prozessen und Sinn zu trennen. Die Wahrnehmung eines Gesichts als unerträgliches Backpfeifengesicht ist in seiner Sinnhaftigkeit gerade durch die aufwallende Erregung gekennzeichnet, die durch die aufdringliche sinnliche Präsenz eines solchen Gesichts provoziert wird. Deshalb ist es unmöglich, nicht in dieses Gesicht zu schlagen. Die heftige leibliche Geste des Zuschlagens expliziert den Sinn dieses Gesichts als eines, in das hineingeschlagen werden muss. Die Sinnhaftigkeit des leiblichen Erlebens ist aber selbst noch nicht symbolisch generalisiert. Dies erfordert den Dritten, der den Gewaltakt als einen legitimen Gewaltakt sanktioniert. Durch die Anerkennung des Dritten ist der Gewaltakt nicht mehr nur ein aktueller leiblicher Vollzug, sondern er symbolisiert die verletzten normativen Erwartungen in allgemein anerkannter Weise.

– Ende des Exkurses –

Wenn Gewalt als Basis der Rechtsbildung begriffen wird, wird Recht von der leiblichen Berührung her verstanden. Die Enttäuschung der Erwartung berührt einen oder mehrere Beteiligte in ihrem leiblichen Befinden derart, dass sie sich mit Gewalt gegen die Normverletzerinnen richten. Gewalt ist die kommunikative Interpretation einer Handlung als normverletzend. Der dyadisch strukturierte Gewaltakt (A verletzt B) ist aber noch nicht symbolisch. Wenn die A den B verletzt, stellt sie dar, dass ihre normativen Erwartungen enttäuscht worden sind und sie an diesen festhält; damit erhebt sie einen Anspruch darauf, dass ihre Erwartungen allgemein gültig und damit legitim sind. Zur Darstellung der Gültigkeit normativer Erwartungen und damit zu einem symbolischen Akt wird die Gewalttat aber erst dadurch, dass sie mit Bezug auf Dritte ausgeführt wird. Diese müssen die Angemessenheit der normativen Erwartung und die Angemessenheit der Reaktion anerkennen. Der Gewaltakt innerhalb der Dyade ist zunächst ein erhobener Anspruch.

Er wird erst durch Dritte zu einem bedeutungsidentischen Symbol, das gültige Erwartungen angemessen expliziert. Die Gewalttat muss von Dritten und aus der Perspektive Dritter als angemessen identifiziert und anerkannt werden. Formal lassen sich dabei drei Drittenkonstellationen unterscheiden:

1. Die Dritten sind anwesend und legitimieren den Gewaltakt als angemessene Explikation des Festhaltens an gültigen normativen Erwartungen. Die anwesenden Dritten könnten eingreifen, wenn die Gewaltanwendung zu weit oder nicht weit genug geht und damit als illegitim zu gelten hat. Solange sie dies nicht tun, billigen sie die Gewalttat und diese wird dadurch zu einer symbolischen Explikation gültiger normativer Erwartungen. Eine nachträgliche Delegitimierung der Gewaltanwendung bzw. der explizierten normativen Erwartungen ist nicht ausgeschlossen. Diejenigen, die die Gewaltanwendung und die damit explizierten normativen Erwartungen für gültig halten, geraten unter Rechtfertigungsdruck. Im Fall der anwesenden Dritten kann eine nachträgliche Delegitimierung dadurch erschwert werden, dass es das Gebot der konsistenten individuellen Selbstdarstellung gibt. Ein Akteur könnte sich blamieren, wenn er eine Gewalttat zunächst als legitim billigt und dies nachträglich in Frage stellt. Die Bedeutung der anwesenden Dritten kann dadurch gesteigert sein, dass sie als Repräsentanten abwesender Dritter erlebt werden.

2. Die legitimierenden Dritten sind abwesend, aber ihre Zustimmung wird unterstellt. Damit gerät der durch die Gewalttat erhobene Anspruch auf Legitimität in eine Schwebe. Der Anspruch wird nicht bestritten, von daher gibt es bei den Beteiligten eine Tendenz, ihn als legitim zu erleben. Aber der Anspruch ist (noch) nicht durch Dritte legitimiert. Es kann sich immer noch um eine spontane Fehleinschätzung handeln. Nachträglich kann immer die Frage aufgeworfen werden, ob es sich um gültige normative Erwartungen gehandelt hat oder ob die Gewaltanwendung zu weit oder nicht weit genug gegangen ist. Der in der Anwendung von Gewalt liegende Anspruch auf Legitimität kann nachträglich annulliert werden. Dieser Gewaltakt war nie eine legitime symbolisch generalisierte Darstellung gültiger normativer Erwartungen. Es hatte sich von Beginn an um nicht-rechtliche Gewalt gehandelt.

3. Als Grenzfall, der eine Form von Gewalt ohne den Anspruch auf symbolische Generalisierung beschreibt, könnte folgender Sachverhalt gelten. Die Akteure selbst erheben keinerlei normativen Anspruch und Dritte sind zwar anwesend, aber nicht als Dritte, die die leibliche Berührung zwischen Ego und Alter objektivieren und ein Muster identifizieren. Vielmehr sind die Dritten selbst in dem dynamischen Raum der wechselseitigen leiblichen Berührung hineingezogen. Es

gibt keine Akteure, die die Funktion eines Dritten ausfüllen, sondern lediglich ein weiteres Ego bzw. Alter Ego im antagonistischen leiblichen Interaktionsraum. Alle Beteiligten sind in die dyadische, wechselseitig aufeinander fokussierte antagonistische leibliche Beziehungsdynamik hineingezogen.

Die dritte Konstellation beziehe ich als idealtypischen Grenzfall mit ein, der empirisch kaum vorkommen dürfte. Denn selbst als beliebig erscheinende Gewalt, kann sich dem Bezug auf Legitimationen kaum entziehen. Die Ethnographien über Straßengangs stellen einen engen Zusammenhang zwischen Gewalt und Ehre her. Sie sind voll von Jugendlichen, die andere verprügeln oder töten, weil sie ihnen nicht den gebührenden Respekt erwiesen haben (Anderson 1999), weil sie an unserer Straßenecke herumstehen (Papachristos et al. 2013) usw. Collins kritisiert entsprechend, dass der sozialwissenschaftliche Diskurs über Gewalt und Ehre zwar gutgemeint sei, aber den Kern der Sache verfehlen würde. Dieser bestünde darin, Dominanz durch Gewalt zu erreichen (Collins 2008: 233). Collins hat Recht, darum geht es unübersehbar, aber er ist so gefangen in seiner Konzeption leiblicher Unmittelbarkeit, dass er das ebenso Offensichtliche nicht mehr sehen kann. Der Anspruch auf Dominanz ist selbst normativ bzw. moralisch und wird entsprechend symbolisch-generalisiert dargestellt. Dominanz durch Gewalt zu erreichen, erfordert ein ehrpussliges Selbstverständnis, durch das man ununterbrochen zur Gewalt herausgefordert wird. Die verletzliche Ehre ist Bestandteil einer symbolisch strukturierten Leib-Umwelt-Beziehung, in der es schnell ums Ganze geht. Gerade in diesen Fällen zeigt sich, dass wer Gewalt vor Dritten ausübt, sich in legitimierenden Drittenkonstellationen findet und damit wie von selbst auch in der Sphäre der Legitimation, des Moralischen und schließlich des Rechts gefangen ist. Dennoch sollte man für die Zwecke der empirischen Forschung die sozialtheoretische Annahme symbolisch bedeutungsloser Gewalt nicht ausschließen, denn so lassen sich die strukturellen Besonderheiten triadisch verfasster Gewalt prägnant abheben. Mit Bezug auf die legitimierenden Drittenkonstellationen (Konstellation 1 und 2) muss man noch Folgendes festhalten. Es ist nie auszuschließen, dass es unterschiedliche legitimierende Drittenkonstellationen gibt. In diesem Fall wird jeweils die Gewalttat der anderen als Rechtsverletzung erlebt und die eigene Gewalttat als Darstellung der Aufrechterhaltung einer gültigen normativen Erwartung.

Das Besondere der Gewaltkommunikation liegt darin, eine kongruente Generalisierung in allen Sinndimensionen zu symbolisieren. Gewalt richtet sich gegen die Operatoren von Vergesellschaftung, die exzentrisch-leiblichen Aktionszentren. Insofern betrifft Gewalt nicht nur partielle institutionelle Beteiligungen an einzelnen Gesamthandlungen, sondern die Möglichkeit der Beteiligung an allen möglichen institutionalisierten Gesamthandlungen. Dadurch ist die Ordnung in der Sozialdimension allgemein betroffen. Indem sich Gewalt gegen die leiblichen Aktionszentren richtet, betrifft sie allgemein die operative Möglichkeit von Ordnungsbildung. Gewaltanwendung bringt zur Darstellung, dass an den verletzten Erwartungen auch zukünftig festgehalten wird (Zeitdimension), denn die Normverletzerin wird nicht mehr existieren bzw. sie wird es nach der ertragenen Qual, die ihr durch die Gewalttat zugefügt worden ist, nicht mehr wagen, die betreffenden Erwartungen erneut zu enttäuschen. Das Festhalten an den verletzten Erwartungen soll schließlich nicht nur hier gelten, sondern auch an anderen Orten würde die Normverletzerin erschlagen (Raumdimension). Als Symbol stellt Gewalt auch den sachlichen Zusammenhang dar, auf den sich die verletzten Erwartungen beziehen. Mit der Gewalt gegen den gewitternden Dämon wird ein sachlicher Zusammenhang etabliert, es wird kommuniziert, dass die Störung durch ein Gewitter nicht ohne Vergeltung hingenommen wird. Die Generalisierung erfolgt damit in der Sozial-, Raum-, Zeit- und Sachdimension. Gewalt ist ein Symbol, das die normative Struktur der Leib-Umwelt-Beziehung in allen Dimensionen erfasst und symbolisch zur Darstellung bringt. Die Symbolhaftigkeit der Gewalt bezieht sich auf das Ganze triadisch strukturierter Leib-Umwelt-Beziehungen und deren Legitimität.

Mit dieser Theorie der Gewalt wird die Analyse Reemtsmas in drei Hinsichten weiter geführt. Zugleich wird die eingangs formulierte vorläufige Definition von Gewalt weiter präzisiert.

1. Gewalt wird als eine Gestaltungsmöglichkeit verstanden, die sich in triadisch sich in Ordnung bringenden leiblichen Berührungen ergibt. Nicht der Körper, sondern der Leib steht damit zentral. Eine allgemeine Sozialtheorie in dieser Weise anzusetzen, ist entscheidend, um die allgemeine Bedeutung von Gewalt berücksichtigen zu können.

2. Was Gewalt ist, kann nicht definitorisch aus der Beobachterperspektive festgelegt werden. Wenn Gewalt symbolische Kommunikation ist, bedarf es einer Rekonstruktion der kommunikativen Strukturen des Feldes, um ein Phänomen als Gewalt identifizieren zu können.

3. Durch Dritte legitimierte Gewalt ist eine entscheidende Stufe der Normentwicklung. Sie macht durch die Explikation aus selbstverständlich geltenden normativen Erwartungen Recht. Dabei lassen sich analytisch folgende Schritte voneinander abheben.

a) Gewalt verarbeitet die Unbestimmtheit einer Situation, die entsteht, wenn Erwartungen verletzt werden, deren Gültigkeit leibliche Operatoren als grundlegend für ihre Umweltbezüge erleben. Gewalt expliziert diese Erwartungen und identifiziert sie aus der chaotischen Menge möglicher Erwartungen als diejenigen, die unbedingt aufrechtzuerhalten sind, obwohl sie verletzt worden sind.

b) In der gewalttätigen Explikation wird der Anspruch auf die Legitimität der verletzten Erwartung und auf die Legitimität der gewalttätigen kommunikativen Explikation erhoben.

c) Dieser Anspruch wird in der an Alter Ego adressierten Gewalttat vor Dritten erhoben, deren Konsens unterstellt bzw. eingefordert wird. Solange der Anspruch auf Legitimität nicht bestritten wird, besteht er. Das heißt, solange die gewalttätige Explikation normativer Erwartungen nicht bestritten wird, wird sie als legitim erfahren.

d) Wenn die Anerkennung abwesender Dritter lediglich unterstellt werden kann, entsteht ein Zustand schwebender Legitimität. Schwebende Legitimität kann nachträglich vollständig annulliert werden.

e) Die in der durch Dritte legitimierten Gewalttat explizierten normativen Erwartungen bilden das Recht einer Ordnung.

f) Nichtlegitimierte Gewalt kann nicht hingenommen werden, sie muss beantwortet, d. h. delegitimiert oder in ihrem Anspruch auf Legitimität annulliert werden.

g) Wenn Gewaltanwendung delegitimiert wird, kann dies in eine Folge von Delegitimierungen und rechtfertigenden Legitimierungen münden.

Die insgesamt von mir vorgeschlagenen analytischen Differenzierungen sind bei Reemtsma im autotelischen Charakter der Gewalt nur insofern angedeutet, als er jede Gewaltanwendung in einen Reigen von Legitimation sowie von De- und Re-Legitimation einordnet. Damit ist implizit gesagt, wer Gewalt ausübt, muss sie legitimieren können bzw. er muss sich für die Gewaltanwendung verantworten. Dieser Anspruch auf Legitimität stößt der Gewalt allerdings nicht erst im zweiten Schritt zu, das heißt, nachdem sie ausgeübt worden ist. Vielmehr ist der Anspruch auf Legitimität bereits in der Gewaltanwendung enthalten. Der Anspruch bedarf der anerkennenden Legitimation durch Dritte und wird dadurch symbolisch generalisiert. Deshalb ist die Gewaltanwendung immer wieder zu weiteren Legitimationen herausgefordert, wenn die Legitimität bestritten wird.

Das im dritten Punkt angesprochene Problem lässt sich gut an dem Beispiel herausarbeiten, welches Reemtsma auswählt, um eine ihre Legitimität verfehlende Gewalthandlung zu beschreiben. Das Beispiel entstammt einem der frühesten literarischen Dokumente, der Ilias. Reemtsma bezieht sich auf die Darstellung der Schändung der Leiche Hektors durch Achill, nachdem dieser jenen getötet hat. Die Situation ist folgende: Achill stellt seine Beteiligung an den Kämpfen der Griechen gegen die Trojaner ein, weil ihm Agamemnon, der oberste Heerführer, seine ihm rechtmäßig zustehende Beute, die Sklavin Briseis, weggenommen hat – mit Unterstützung oder zumindest der Billigung der anderen Führer des griechischen Heeres. Durch Achills Weigerung, sich an den Kämpfen zu beteiligen, sind die Griechen in ihrer Kampfkraft so geschwächt, dass die Trojaner unter Führung Hektors beinahe das griechische Lager zerstören. In dieser Situation bittet Patrokolos, der Geliebte und Kampfgefährte Achills, diesen darum, ihm, Patrokolos, seine Waffen zu geben, damit er in den Waffen Achills gegen die Trojaner kämpfen könne. Achill willigt ein. Die Trojaner sind beim Anblick des vermeintlichen Achill erschrocken und verlieren die Oberhand, sammeln sich aber, von Hektor geführt, erneut und Hektor fordert Patrokolos, den er für Achill hält, zum Kampf und tötet ihn. Der Verlust des Geliebten erfüllt Achill mit Zorn und Kampfbereitschaft. Die Erwartungen, an denen er kontrafaktisch festhält, werden eindrücklich beschrieben, wenn er sich nächtens nach dem Geliebten verzehrt. Die Intensität des leiblichen Berührtseins durch diesen Verlust und die Legitimität des Anspruchs, an seinen Erwartungen kontrafaktisch festzuhalten, werden in Gewaltakten dargestellt, die sich nicht in der Tötung des Mörders des Geliebten erschöpfen. Achill zieht einen Strick durch die Fußsehnen Hektors, bindet diesen an seinen Streitwagen und schleift ihn um die Stadt Troja. Im Lager der Griechen schleift er Hektor auf dieselbe Weise um den aufgebahrten Patrokolos, den er zum Zeugen aufruft und dem er damit Befriedigung verschaffen will.

Achills Anspruch auf Legitimität, den er in seiner Gewalttat kommuniziert, ist allerdings problematisch. Einerseits wird dieser Anspruch von den Griechen und den sie unterstützenden Göttern legitimiert; andererseits erfolgt die Legitimation aber nicht eindeutig, denn Hektor ist auch ein Liebling derjenigen Götter, die die Trojaner unterstützen, und nicht zuletzt des Zeus, des obersten Gottes. Reemtsma missdeutet diese Situation als eine eindeutige Zurückweisung des Legitimitätsanspruchs, den Achill mit seiner Gewalttat geltend macht. Das scheint mir aber den Punkt zu verfehlen, denn es werden in der Ilias letztlich konfligierende Drittenkonstellationen mit unterschiedlichen legitimierenden Drittenbezügen beschrieben, in denen die legitime Gewalttat der einen die Verletzung der legitimen normativen Erwartungen der anderen ist. Dass es hier um problematische und möglicherweise unentscheidbare Legitimationen und nicht um eine eindeutige Delegitimation geht, kommt nicht zuletzt darin zum Ausdruck, dass Achill nicht durch eine sein Vorgehen delegitimierende Gewalttat bestraft wird. Vielmehr sendet Zeus dessen Mutter, Thetys, zu ihm. Sie solle ihren Sohn, Achill, dazu bewegen, Hektor nicht länger zu misshandeln. Gegen ein angemessenes Lösegeld solle Hektor vielmehr seinem Vater Priamos übergeben werden, damit dieser den Leichnam angemessen bestatten könne. Eine eindeutige Delegitimierung der Gewalttat müsste anders aussehen.

Jede Gewalttat, die vor Dritten erfolgreich, d. h. zumindest unwidersprochen, einen Anspruch auf Legitimität erhebt, expliziert in legitimer Weise diejenigen Erwartungen, an denen legitimerweise festzuhalten ist. Soll das nicht der Fall sein, muss der gewalttätigen Explikation normativer Erwartungen der Anspruch auf Legitimität abgesprochen werden.

Der Kommunikationszusammenhang der Gewalt bleibt erhalten, solange es einen personalen Adressaten gibt, der durch Gewalt getroffen werden kann und solange es legitimierende Dritte gibt. Als letztere können die die Griechen unterstützenden Götter gelten. Und Hektor bleibt als legitimer Adressat der Gewalt erhalten, solange seine Seele noch keine Ruhe gefunden hat, sie noch nicht in die Unterwelt übergegangen ist. Dies würde eine angemessene Bestattung voraussetzen. Es ist nicht etwa die Schändung einer Leiche, die Achill vollzieht. Die Misshandlung richtet sich gegen Hektor, dessen Körper noch nicht zu einer Sache geworden ist. Durch die Behandlung des Körpers ist Hektor selbst noch erreichbar. Eine Entität fällt aus diesem Kommunikationszusammenhang erst dann heraus, wenn sie nicht als eine solche verstanden wird, gegen die sich Gewalt angemessenerweise richten kann.

Diese Ausarbeitung des Zusammenhangs von Gewalt und symbolischer, d. h. drittenvermittelter, Darstellung gültiger normativer Erwartungen zwingt dazu, die phänomenologische Differenzierung Reemtsmas in lozierende, raptive und autotelische Gewalt noch einmal in den Blick zu nehmen. Gewalt, die rein lozierende Gewalt wäre, würde den Kraftaufwand gegen eine soziale Person auf eine Stufe stellen mit dem Kraftaufwand gegen eine Sache. Lozierende Gewalt ist eine Aktivität, die Menschen, Rinder, Holzbalken und Beton auf eine Stufe stellt. All diese Körper können von einem Ort an einen anderen gebracht werden. Das gleiche würde zumindest für denjenigen Fall raptiver Gewalt gelten, bei dem es um die Versklavung zur Arbeit geht. Als zu transportierendes Ding und als zur Arbeit verwendetes Werkzeug fallen Körper aus dem Kommunikationszusammenhang der Gewalt heraus, ihnen gilt nicht die kommunikative Aufmerksamkeit der Gewalt. Das Mittel muss effizient dazu gebracht werden zu funktionieren. Als es selbst ist es keiner Aufmerksamkeit würdig. Damit fällt es aus dem Kreis des Sozialen heraus. Wenn ein Sklave als sprechendes Werkzeug gilt, würde es seine Funktionsfähigkeit eher behindern, wenn ihm im Sinne Reemtsmas die kommunikative Aufmerksamkeit autotelischer Gewalt zuteil würde.

Zwischen Kraftaufwand gegen eine Entität und Gewalt kann man nur dann unterscheiden, wenn man zuvor zwischen sozialen Personen und anderem unterschieden hat. Diese Differenz wird bei Reemtsmas Phänomenologie der Gewalt selbstverständlich vorausgesetzt. In diesem Fall können auch lozierende und raptive Gewalt als solche identifiziert werden. Denn Gewalt liegt dann vor, wenn die Reduktion darauf, ein Mittel zu sein, gegenüber Entitäten angewendet wird, die anerkanntermaßen soziale Akteure sind. In diesem Fall wird durch die Reduktion auf ein Ding kommuniziert: Du bist eine Person, aber ich behandle Dich trotzdem wie ein Ding und niemand wird meinem Anspruch darauf, Dich so behandeln zu können, widersprechen. Auch wenn dieser Anspruch im Rahmen einer Ordnung als illegitim gelten muss, kann er trotzdem unter der Voraussetzung des abwesenden, den Anspruch explizit annullierenden Dritten erhoben werden. Unter dieser Voraussetzung kann für die Beteiligten der Zustand schwebender – wenn auch annullierbarer – Legitimation entstehen. Ego und Alter wissen, dass der Anspruch auf Legitimität, den Ego mit seiner Gewalttat erhebt, nichtig wäre, wäre ein Dritter anwesend. Aber der Dritte ist nicht anwesend und für die Anwesenden wird der Dritte zum schweigenden Dritten. Das Schweigen des abwesenden Dritten bringt den Legitimitätsanspruch Egos in die Schwebe. Mithilfe dieser Drittenkonstellation lässt sich vermutlich die Situation von Verbrechensopfern in einer modernen Gesellschaft begreifen.

Diese Interpretation lozierender und raptiver Gewalt setzt aber voraus, dass bekannt ist, wer eine soziale Person ist und was als Gewalt gilt. Dies kann aber nicht aus der Beobachterperspektive festgelegt werden, vielmehr ist es von den Strukturen einer Ordnung abhängig, welche Entitäten als soziale Personen gelten und wie diese durch Gewalt getroffen werden können. Deshalb ist es zwingend, an die interne Logik des Feldes anzuschließen. Anders lässt sich nicht herausfinden, ob es sich um Gewalt oder um einen Kraftaufwand gegen eine Sache handelt.

Im Fall sexueller Vergewaltigung ist der Sachverhalt von anderer Art. Bei vielen wenn nicht allen Formen sexueller Gewalt wird das Alter Ego als personaler Leib einbezogen. Die Gewalt richtet sich an und gegen diesen Leib und bleibt durchgängig als symbolische Kommunikation erhalten. Der Drittenbezug kann in zweifacher Weise gegeben sein. Entweder als legitime Vergewaltigung z. B. einer deutschen Ehefrau, die ihrem Mann in den 1950er Jahren die Erfüllung der ehelichen Pflichten versagen wollte oder als eigentlich nicht-legitime Vergewaltigung einer deutschen Ehefrau im Jahre 1998. Im letzteren Fall ist es der abwesende Dritte, dessen von beiden Beteiligten erlebte Unterlassung, den Legitimitätsanspruch zu annullieren, der der Vergewaltigung eine schwebende Legitimität verleihen kann.

Auch wenn der Gewaltakt des Gatten darauf zielt, die Gattin als personalen Leib zu erreichen, kann auch in dieser Konstellation der Versuch vorkommen, aus einem Akteur ein Ding zu machen – allerdings als Selbstverdinglichung des Gewaltopfers. Indem es versucht, sich zu einem bloßen Ding, einem leblosen Mittel, in der Gewalt des anderen zu machen, verweigert es von sich aus den kommunikativen Zusammenhang mit dem Gewalttäter. Der Leib, der hier und jetzt ausgeliefert ist, bin nicht ich. Es ist ein Ding in den Händen eines anderen. Dies erfordert eine Abschottung seiner selbst gegen die subjektiven leiblichen Empfindungen von Schmerz, Scham und Angst. Wenn das gelingt, kann das Gewaltopfer die eigene Beteiligung an der Gewaltkommunikation annullieren. Diese Selbstdistanzierung von sich als leiblicher Präsenz ist wahrscheinlich kaum durchzuhalten. Dennoch würde für ein Gewaltopfer hierin die einzige Möglichkeit liegen, der Beziehung zu entkommen, der es solange legitimerweise unterworfen sein wird, wie der Akt sexueller Gewalt nicht seinerseits delegitimiert bzw. in seinem Legitimitätsanspruch annulliert ist. Man kann die verworrenen Verhältnisse sexueller Gewalt wahrscheinlich nur dann deskriptiv erfassen, wenn man den Legitimationsanspruch der Gewalt in Rechnung stellt, der für die Beteiligten zumindest eine schwebende Legitimität erzeugen kann.

Der soziologische Gehalt von Derridas Kritik an Benjamin

Wenn man Gewalt derart als symbolisches Medium des Rechts versteht, wird es interessant, sich Benjamins (1920-1921/1999) These der Schicksalhaftigkeit mythischer Gewalt zuzuwenden und dabei Derridas Benjamin-Kritik miteinzubeziehen. Anhand dieser Diskussion lässt sich der leiblich-kommunikative Sinn der Gewalt präziser ausarbeiten. Benjamin untersucht in seinem Aufsatz »Kritik der Gewalt« (Benjamin 1920-1921/1999) das Verhältnis von Gewalt und Recht. Dabei unterscheidet er Gewalt, die sich auf ein bereits bestehendes Recht berufen kann und insofern legitim ist, von derjenigen Gewalt, die Recht setzt. Die rechtsetzende Gewalt kann sich nicht auf bestehendes Recht berufen, denn dieses wird durch einen Gewaltakt erst in die Welt gebracht. Wenn die rechtsetzende Gewalt sich nicht auf das Recht berufen kann, müsse sie als ungerecht verstanden werden. Wenn Recht durch einen Gewaltakt gesetzt wird, werden auch die späteren Gewaltakte, die durch das Recht legitimiert sein sollen, als legitime Gewaltakte problematisch, denn auch sie sind nur legitim, insofern sie durch ein Recht legitimiert sind, welches seinerseits auf einem nicht legitimierten Gewaltakt basiert (vgl. hierzu auch Menke 2011: 49 ff.).

Derrida (1991) hat dagegen eingewandt, dass die wechselseitige Durchdringung in beide Richtungen gedacht werden müsse, denn der rechtsetzende Gewaltakt partizipiere an der Legitimität des Rechts, das durch ihn gesetzt würde. Ich interpretiere dies so, dass es eine logische Gleichzeitigkeit gibt. Wenn der Gewaltakt Recht setzt, ist mit dem Gewaltakt auch das Recht gegeben. Es folgt ihm nicht nach, es ist mit ihm gleichursprünglich. Aus diesem Grund ist der Gewaltakt zugleich in seinem Vollzug legitimiert, denn mit ihm ist auch das Recht gegeben. Zugleich wirft Derrida aber auch die Frage nach dem Verhältnis von Recht und Gerechtigkeit auf. Wenn beide nicht zusammenfallen, kann das Recht ungerecht sein und würde insofern auch die Gewalt, die es setzt, nicht legitimieren können.

Die soziologische, am Erwartungsbegriff orientierte Analyse des Zusammenhangs von Gewalt und Recht erlaubt es, den Sinn dieser

Kontroverse aufzuklären. Vor allem erlaubt sie es, die zeitlichen Verhältnisse von Gewalt und Recht besser zu begreifen. Gewalt setzt nicht Recht, sondern sie expliziert normative Erwartungen, die als solche bereits zuvor bestanden haben, und macht sie dadurch zu Recht. Die Menge der Erwartungen, die Ego-Alter-Tertius an ihre Umgebung und insbesondere wechselseitig aneinander haben, bildet – wie ich weiter oben heraus gearbeitet habe – eine relativ-chaotische Mannigfaltigkeit. Es ist nur in geringem Maße von vornherein geklärt, welche einzelnen Erwartungen es gibt und wer sie wem gegenüber hat und aufrechterhalten wird. Erst im Enttäuschungsfall werden aus der (relativ) chaotischen Menge[8] von Erwartungen einzelne identifiziert und für alle als solche kenntlich gemacht. Gewalt setzt kein Recht, denn die Erwartungen, an denen festgehalten wird, gab es schon zuvor, sonst hätten sie nicht enttäuscht werden können. Diejenigen Erwartungen, an denen trotz Enttäuschung festgehalten wird, bilden die legitimen rechtmäßigen Regeln, die gelten müssen, damit der Gesamtzusammenhang der Kommunikation der involvierten leiblichen Aktionszentren aufrechterhalten werden kann. Legitime Gewalt expliziert die als Recht geltenden Regeln, indem sie diese für alle verbindlich darstellt. Die Verbindlichkeit ergibt sich aus der symbolischen Generalisierung, die durch die triadische Gewaltkommunikation ermöglicht wird. Wenn Gewalt in triadischen Konstellationen legitimiert ist, wird sie von den Beteiligten als notwendig erfahren. In dieser Notwendigkeit liegt das Moment, welches Benjamin als schicksalhaft versteht. Die Erwartung muss aufrechterhalten werden, um der Aufrechterhaltung der Ordnung willen. Dieser Sachverhalt wird in der triadischen Gewaltkommunikation symbolisch dargestellt.

Damit erhält die Kritik Derridas an Benjamin einen präzisen Sinn. Wenn der Anspruch der Gewalttat auf Legitimität durch Dritte eingelöst wird, war die Gewalt gerechtfertigt. Legitime Gewalt findet vor Dritten statt und in der Darstellung vor Dritten wird die Relation objektiviert, in der die Gewalttat stattfindet. Aus der Perspektive der Dritten wird das Muster in der aktuellen Tat erkennbar und als solches anerkannt. Es werden die Erwartungen identifizierbar, um die es geht. Damit erhält die Gewalt in ihrer Ausübung die Regel, an der sie orientiert ist. Aus der chaotischen Menge der Erwartungen, die das Handeln und seine Interpretation anleiten, werden für alle in gültiger Weise diejenigen Erwartungen expliziert, die als Recht gelten sollen. Ob dies gelingt, ist eine empirische Frage. Die explizierende symbolische Darstellung kann misslingen. Die Gewalttat wird nicht als gültige Darstellung von aufrechtzuerhaltenden normativen Erwartungen legitimiert. A erschlägt B und stellt damit vor C dar, dass die Tötung des Verwandten X nicht rechtens

---

8 Zur Differenz von chaotischen und relativ chaotischen Mengen vgl. S. 158-159.

war. Aber A tut es auf eine Weise, die keine Anerkennung findet oder A hätte nicht B, sondern M oder N töten müssen. Dass dies so ist, stellt sich allerdings erst im Nachhinein heraus, denn in dieser Detailliertheit waren die benannten Erwartungen zuvor für niemanden klar definiert. Der Gewaltakt verfehlt die symbolische Explikation. Es handelt sich nicht um eine gelingende explikative Darstellung gültiger Erwartungen, sondern lediglich um die Tötung einer sozialen Person. Dieses Risiko liegt in jeder Darstellung der Gültigkeit normativer Erwartungen durch Gewalt. Es ist als solches nicht zu verwechseln mit einer Veränderung des Rechts. Die falsche Explikation normativer Erwartungen verändert das Recht nicht. Aber die Möglichkeit der Veränderung besteht. Die triadischen leiblichen Relationen existieren zeitlich. In den zeitlichen Vollzügen von Gesamthandlungen können sich die chaotisch strukturierten Hintergrunderwartungen verändern und neue Explikationen werden erforderlich. Da das gewaltsam explizierte Recht in der Zeit existiert, stehen gelingende Explikationen immer unter einem Vorbehalt. Insofern ist das Recht immer auch potentiell ungerecht.

Der Unterschied zu Derrida und Benjamin liegt zum einen darin, dass beide von einer Rechtssetzung durch Gewalt ausgehen, statt von einer symbolischen Explikation normativer Erwartungen durch Gewalt. Zum anderen beinhaltet das Konzept triadischer Gewaltkommunikation die Möglichkeit der rationalisierenden Gestaltung legitimer Gewalt, die für die Analyse des Verhältnisses von Gewalt und Ordnungsbildung von entscheidender Bedeutung sind (s. u.).

Täter – Opfer – Dritte

Bislang folgte die Analyse eher dem Täter. Kommunikationstheoretisch heißt dies zu untersuchen, dass und wie Ego durch eine gewalttätige Handlung die Handlung Alter Egos als Verletzung normativer Erwartungen interpretiert. Die Perspektive des Opfers einzunehmen, heißt danach zu fragen, wie die Darstellung des legitimen Festhaltens an normativen Erwartungen durch Alter Ego interpretiert wird. Hier lassen sich idealtypisch zwei Situationen unterscheiden. Entweder stehen Alter Ego (Opfer) und Täter (Ego) in homogenen Drittenbezügen, durch die die Gewalt legitimiert wird. In diesem Fall ist die Gewalt legitim und Alter Ego hat sie hinzunehmen. Oder Alter Ego kann konkurrierende Drittenbezüge aufrufen. In diesem Fall gibt es einerseits Dritte, die die Gewalt legitimieren, während dieselbe Gewalt durch andere Drittenbezüge delegitimiert wird. Die Situation konkurrierender Drittenbezüge habe ich schon behandelt. Ich konzentriere mich hier daher auf den Fall, dass diese nicht gegeben sind und Alter Ego die Anwendung legitimer Gewalt hinnehmen muss.

Sich dieser Situation analytisch zuzuwenden, ist im gegenwärtigen Diskussionsklima nicht einfach. Denn dieses fordert implizit, bei der Analyse der Interpretation der Gewalthandlung nicht nur die Perspektive des Opfers zu übernehmen, sondern auch dessen Partei zu ergreifen. Dies führt in der Analyse dazu, Gewalt nur noch als delegitimierte Gewalt in den Blick zu bekommen. Reemtsma (2008: 488) hat hierzu eine hellsichtige Analyse vorgelegt. Er beschreibt es als ein Charakteristikum des Nachdenkens über Gewalt nach der Niederlage des deutschen Faschismus bzw. nach dem Nürnberger Prozess, dass die Perspektive der Opfer, der Toten wie der Überlebenden, moralisch aufgewertet wird. Wer als Gewaltopfer oder in deren Namen spricht, spricht mit Autorität. Dadurch wird die gegen das Opfer angewendete Gewalt delegitimiert. Muss eine Analyse nicht notwendigerweise diese Haltung übernehmen? Ich sehe hierin ein Problem, denn man bekommt auf diese Weise immer nur delegitimierte Gewalt in den Blick. Die Voraussetzung der Identifikation mit dem Opfer liegt in der gewaltsamen Delegitimierung der Täter. Ohne die gewalttätige Delegitimierung der Normen des Nationalsozialismus, z. B. im Nürnberger Prozess, hätte es wahrscheinlich keine Literatur aus der Opferperspektive gegeben. Wir können uns mit den Opfern identifizieren und ihre Perspektive übernehmen, wenn die Gewalt, die gegen sie angewendet worden ist, nicht mehr legitim oder zumindest in ihrer Legitimation problematisch geworden ist. Wenn man diese Perspektive analytisch generalisiert, werden legitime Gewalt und deren Rezeption durch ihre Opfer für die Beobachtung unsichtbar gemacht. Anders gesagt, wer die analytische Perspektive so auslegt, dass er nur noch delegitimierte Gewalt sehen kann, kann die Bedeutung von Gewalt für Vergesellschaftung nicht mehr begreifen. Gewalt würde wieder zu einem in der Vergesellschaftung zu überwindenden Problem und damit zu einem Randphänomen.

Durch legitime Gewalt stellt Ego (Täter) vor Dritten in anerkannter Weise das Recht einer Ordnung dar. Entsprechend wird Alter Ego (Opfer) die Unrechtmäßigkeit seines Erwartens und Handelns kommuniziert. In diesem Sinne unterscheidet Reemtsma denn auch scharfsinnig zwischen den »gegen das Gewaltopfer gerichteten Basisaffekte (n)« (Reemtsma 2008: 489) und einer kulturellen Neuinterpretation des Opfers, welche diesem eine neue Deutungshoheit über die Gewalterfahrung einräumt. Die Rede von Basisaffekten führt auf die Situation des Opfers legitimer Gewalt. Auch wenn es überlebt, kann das Opfer keine konkurrierenden Drittenbezüge aufrufen, und es kann der Gewalt erst recht nicht mit Gewalt gegenübertreten. Vielmehr bleibt es das Opfer legitimer Gewalt.

Wenn man einmal die analytische Perspektive so eingestellt hat, dass man nach rechtmäßiger Gewalt fragt, wird es leicht, entsprechende Phänomene zu identifizieren. Legitime Gewalt ermöglicht Erziehung, sie trägt das Strafrecht oder die Gruppenbildung unter Jugendlichen. Sie ist ein Elixier politischer Wandlungsprozesse. Ich schlage also vor, auch bei der Analyse der Rezeption der Gewalt von den spezifischen Begrenzungen der Gewalt, die die Moderne kennzeichnen, Abstand zu nehmen. Anders lassen sich keine brauchbaren Kategorien erarbeiten, die es erlauben, Gewalt und ihre verfahrensmäßige Begrenzung in vergleichender Perspektive zu untersuchen. Eine eindringliche Beschreibung der Rezeption der Gewalt durch ihre Opfer findet sich bei Sofsky (1996: Kap. 4). Er stellt vor allem zwei Aspekte in den Vordergrund: die Erfahrung von Angst und Schmerz – die Angst vor der Gewalt und das Ausgeliefertsein an den Schmerz, den die Gewalt zufügt.

> »Die Gewalt wirkt schon vor der ersten Verwundung. Eine akute, übermächtige Bedrohung zerschlägt die Gestalten des Raum- und Zeitbewusstseins. Jählings verkehrt sich die vertraute Welt ins Ungewisse, das Unterste ist zuoberst gekehrt. Es ist, als tue sich plötzlich ein Abgrund auf ... Wo die Angst grassiert, zieht sich die Welt auf die unmittelbare Nahwelt zusammen. Der Angstgepeinigte ist an den Fleck gebannt, wo er ist. Er will der Gefahr entfliehen, aber er kann es nicht. Der Impuls zur Flucht ist blockiert. Denn die Angst ist ja nichts anderes als dieser Antagonismus von Lähmung und Flucht.« (Sofsky 1996: 71)

Dies führt im Extremfall panischer Angst dazu, dass die differenzierte Wahrnehmung der Welt zusammenbricht. Dies kann analog auch in der Erfahrung von Schmerz geschehen (vgl. Scarry 1985/1992:53 ff.). In der Erfahrung intensiven Schmerzes reduziert sich alles darauf, den hier/jetzt existierenden schmerzenden Leib zu empfinden. Zugleich wird der hier/jetzt gespürte Leib als wirklich erfahren. Gerade in der Lähmung des gehinderten »Weg!« drängt sich in nicht zu leugnender Weise die Wirklichkeit des Schmerzes oder der Angst auf.

Solange der Extremfall nicht eintritt, hat die Erfahrung von Angst und Schmerz eine andere Wirkung. Wenn Angst an die erlebte Bedrohung durch die Gewalt gebunden ist, partizipieren die erlebten Strukturen der Welt an der unleugbaren Realität der erfahrenen Angst. Indem ich mich ängstige, wird dasjenige, wovor ich mich ängstige, zu einer Wirklichkeit, die ich nicht in Frage stellen kann.[9] Die dosierte Erfahrung von Angst und Schmerz führt in die Wirklichkeit der Ordnung eines bestimmten Weltzugangs hinein. Das Wechselspiel von drohen, sich-

---

9 Dieses Verständnis von Wirklichkeit orientiert sich an Schmitz (1965: § 24) und Berger/Luckmann (1966/1980), die beide in ungefähr gleicher Weise formulieren, dass Wirklichkeit dasjenige sei, was jemand gegenwärtig nicht bestreiten könne, sondern vielmehr als gegeben hinzunehmen habe.

ängstigen, Schmerz erleben und anteilnehmend in die Arme genommen werden kennzeichnet Erziehung und führt die heranwachsenden leiblichen Akteure dazu, eine bestimmt geordnete Welt einschließlich ihrer normativen Strukturen als wirklich zu erleben.

Eine theoretisch abstrahierende, Annahmen der Psychoanalyse aufnehmende Darstellung dieses Vorgangs findet sich in Habermas' Analyse der gestuften Perspektivenübernahme in der Sozialisation von Kindern. Dieser Text macht die Gewaltkommunikation der Erziehung an ganz unerwarteter Stelle zum Thema, indem er diese aus der Perspektive des Gewaltopfers beschreibt. Alter Ego anerkennt Egos Übermacht und folgt daher den durch Drohungen gestützten Imperativen, indem es die Perspektive des Täters übernimmt. »B verbindet die Ankündigung von Sanktionen nicht mehr nur mit einzelnen Imperativen, sondern mit der generalisierten Erwartung, dass A unter der Bedingung der Fürsorge, die er von B erfährt, Folgebereitschaft zeigt. A antizipiert diese Drohung und macht sich, wenn er Bs Imperativ ›q‹ befolgt, dessen Einstellung ihm gegenüber zu eigen. Das ist die Grundlage für die Internalisierung von Rollen.« (Habermas 1981/1995 Bd. 2: 57). Auf dieser Grundlage macht A die Erfahrung, das ihm eine »überpersönliche Willkür« (Habermas 1981/1995 Bd. 2: 57) gegenübersteht, das heißt, A unterwirft sich nicht nur dem konkreten gewalttätig drohenden und fürsorglichen Interaktionspartner, sondern der Gruppe, der A angehört. Dies wird im Weiteren durch die Figur des Dritten präzisiert. Mir kommt es hier nicht darauf an, die Struktur der Perspektivenübernahme zu rekonstruieren. Das habe ich bereits weiter oben getan. Vielmehr geht es mir hier darum, dass Habermas im Anschluss an Freud und Mead Sozialisation im Sinne einer Gewaltkommunikation beschreibt, die zu einem Muster geordneter Interaktion führt. Dabei balancieren sich Gewalt und Fürsorge aus und bilden füreinander einen Rahmen. Es kann weder auf das eine noch auf das andere verzichtet werden. Die derart kommunizierte Gewalt wird für das Alter Ego, das Opfer, zur legitimen Gewalt, die es anerkennt. Habermas beschreibt damit, welche Bedeutung das Zufügen von Schmerz (Sanktion) bzw. das Dosiert-in-Angst-versetzen (Drohung) dafür hat, dass eine bestimmte Ordnung und ihre Normen von den Beteiligten als die Wirklichkeit erfahren werden, in der sie leben.

Diabolische Symbolisierung – die Grenzen der Gewalt

Mit der Analyse der Gewalt schließt sich die Explikation der Sozialtheorie zu einem Kreis. Ich hatte zunächst die Sozialdimension und die Notwendigkeit der Grenzziehung herausgearbeitet. Bereits dabei musste die Argumentation indirekt auf die Symbolisierung eingehen, denn die Sensibilisierung für Berührung durch andere soziale Personen wird stabilisiert, indem sie die Beteiligten für- und voreinander zum Ausdruck bringen. Die Grenzziehung muss symbolisiert werden, um sich stabilisieren zu können. Vermittelt über die symbolische Darstellung der Grenzziehung wird die Sensibilisierung für andere personale leibliche Aktionszentren in der leiblichen Berührungsbeziehung unmittelbar erlebt. Gewalt erweist sich nun als ein besonders herausgehobenes Symbol einer solchen symbolisch-vermittelt unmittelbaren Beziehung. Denn einerseits ist legitime Gewalt als leibliche Beziehung unmittelbar und zugleich ist sie vermittelt über den Dritten ein Symbol des Rechts.

Als Symbol ist Gewalt nur mit Bezug auf den kommunikativen Zusammenhang zu verstehen, in den sie eingebettet ist. Dies ist in mehrfacher Hinsicht relevant. Bei den leiblichen Aktionszentren, die derart in triadische Konstellationen der Rechtsdarstellung involviert sind, muss es sich nicht um Körper im modernen Verständnis handeln. Vielmehr gelten als solche Aktionszentren in einer jeweiligen Ordnung alle, die von den Beteiligten als Aktionszentren erfahren werden, von denen leibliche Richtungen ausgehen, die also andere berühren können. Entscheidend ist weiterhin: Eine Berührung ist dann als Gewalt zu verstehen, wenn diese im Rahmen einer Drittenkonstellation als ein Fall realer Gewaltanwendung anerkannt ist. Was Gewalt ist, kann nicht durch einen externen Beobachter entschieden, es muss anhand der internen Logik des Feldes identifiziert werden. Da es sich um eine vermittelt-unmittelbare Beziehung handelt, kann deren Ordnung von zwei Seiten her modifiziert werden. Zum einen kann von der Ebene der leiblichen Berührung ausgehend etwas spontan als Gewalt erlebt werden, das zuvor noch nicht als Gewalt erlebt worden ist. Wenn dieses Erleben einen symbolischen Ausdruck findet, führt dies zu einer allgemeinen Modifikation der Sensibilität der beteiligten leiblichen Aktionszentren und damit zu einer Veränderung dessen, was als Gewalt gilt. Andererseits kann es auch symbolische Vorschläge für neue Sensibilitäten geben – etwa durch literarische Darstellungen. Wenn sich Leiber dadurch sensibilisieren lassen, kann auch das zu einer Änderung des Gewaltverständnisses führen.

Eine rituelle Beschneidung ermöglicht es Knaben bzw. Mädchen, ein richtiger Mann bzw. eine richtige Frau zu werden. Ob und inwiefern es sich dabei um einen Fall pädagogischer Gewalt handelt, kann nur anhand einer empirischen Untersuchung entschieden werden. Das gleiche gilt, wenn eine Puppe mit Nadeln durchstochen wird. Gemäß einem modernen Rechtsverständnis wäre dies zwar lediglich ein untauglicher Versuch einer Körperverletzung, in anderen Ordnungen wird eine solche Handlung dagegen als schädigende Gewalttat verstanden, die andere in ihrem Befinden mit unter Umständen tödlichen Wirkungen angreift und gegen die sich die Betroffenen entsprechend zur Wehr setzen müssen (Favret-Saada 1977/1979). Wenn die Araweté sich auf die Jagd begeben, sind sie den Angriffen von Geistern ausgesetzt, von denen einige auch die mitziehenden Frauen entführen und vergewaltigen. Es ist Aufgabe des Schamanen, die Angriffe dieser Geister abzuwehren und die Angreifer zu töten. Ohne diese Gewalttat bzw. ohne deren Androhung könnten die Araweté nicht die Erwartung aufrechterhalten, sich ungehindert im Wald zu bewegen.

Dies führt zu folgenden Thesen:

1. Die Grenze zwischen sozialen Personen und anderem muss unmittelbar in der leiblichen Berührungsbeziehung realisiert werden, ansonsten wird sie nicht als wirkliche Grenze erfahren. Aus diesem Grund haben solche Symbole eine besonders hohe Wirkmächtigkeit, die die leiblichen Beteiligten in einer unmittelbaren Weise in die Symbolisierung einbeziehen. Hierin liegt das Besondere der Gewalt.

2. Wem gegenüber Gewalt angewendet werden kann und was eine Gewalttat ist, wird nur aus dem Kommunikationszusammenhang heraus verständlich.

Die Institutionalisierung einer Regel, die zwischen denjenigen unterscheidet, mit denen Kommunikation möglich ist, und denjenigen, die aus dem Kreis sozialer Personen ausgeschlossen sind, fügt zusammen und trennt. Diese Regel ist im Wortsinn symbolisch-diabolisch. Etymologisch meint »Symbolon« zunächst ein Erkennungszeichen, etwa einen zerbrochenen Ring, dessen Hälften zusammengefügt werden können (vgl. Duden, Stichwort Symbol). Dadurch kann ein Gastfreund sicher als Gastfreund erkannt werden, denn er kann die passende Hälfte vorzeigen. Davon zu unterscheiden ist »Diabolos«, das auf das griechische Verb »diabállein« zurückgeht mit der Bedeutung entzweien, verfeinden. In seiner Analyse des Geldes hatte Luhmann als einer der wenigen den Zusammenhang von Symbolon und Diabolon gesehen (vgl. Luhmann 1988: Kap. 7). Denn dieses erlaubt Aneignung und Verständigung zwischen Ego und Alter und schließt andere explizit aus. Für die anderen Kommunikationsmedien stellt er diesen Aspekt nicht in der gleichen Weise heraus wie im Fall des symbolisch-diabolisch generalisierten Kommunikationsmediums Geld.[10]

Wenn es um die logisch vorgängige erste Stufe der zweistufigen Deutung (s.o.)[11] geht, ist es in jedem Fall zwingend, den Vollzug der Deutung des Ausdrucks vor Tertius im Sinne einer symbolisch-diabo-

10 Im Fall der Wahrheit bleibt der Bezug auf das Diabolische eher unbestimmt vgl. Luhmann 1992: 193, 195). In der Gesellschaftstheorie wird zwar die Allgemeinheit des Diabolischen behauptet, aber das Beispiel bezieht sich auf das Geldmedium (Luhmann 1997: 320).

11 Zur Erinnerung: Entsprechend dem doppelten Problem »Wer ist eine kommunizierende Person?« und »Um was geht es in dieser ?« muss der soziologische Kommunikations- und insbesondere der Deutungsbegriff erweitert werden. Denn es geht erstens um die Deutung, wer als eine soziale Person in Frage kommt und zweitens um die Deutung dessen, was

lischen Generalisierung zu begreifen. Es werden regelhaft diejenigen zusammengefügt, die miteinander kommunizieren können und es werden regelhaft diejenigen ausgeschlossen, mit denen Kommunikation grundsätzlich nicht möglich ist. Es ist wichtig, sich zu vergegenwärtigen, dass die symbolisch-diabolische Generalisierung keine moralische Unterscheidung im Sinne von gut/böse intendiert. Vielmehr grenzt diese Generalisierung den Bereich ab, in dem moralische Unterscheidungen und Verpflichtungen überhaupt relevant sind. Legitime Gewalt, die das Festhalten an gültigen enttäuschten Erwartungen symbolisiert, zeichnet sich genau dadurch aus. Sie stellt dar, wie der Kreis derjenigen festgelegt ist, von denen normativ zu erwarten ist, dass sie die Erwartungen erfüllen sollten. Aus diesem Grund und nur aus diesem Grund ist es legitim, ihnen gegenüber und vor Dritten darzustellen, dass an den verletzten Erwartungen festgehalten wird. Gewalt ist symbolisch, sie fügt diejenigen zusammen, die voneinander normatives Erwarten erwarten können sollten.

Die symbolisch-diabolische Generalisierung bildet den für die Beteiligten verbindlich orientierenden Bezugspunkt für die Darstellung der Grenzziehung. Es geht um die Symbolisierung des Zusammenhangs, in dem begegnende Wesen einander verstehbar als Personen berühren. Mit dieser Symbolisierung wird die institutionalisierte Grenzziehung für den betreffenden Kommunikationszusammenhang in generalisiert gültiger Weise dargestellt. Um die Besonderheit dieser diabolischen Symbolisierung zu fassen, bezeichne ich sie als das Diabolon-Symbolon eines Kommunikationszusammenhangs oder kürzer als Dia-Symbolon bzw. Dia-Symbolisierung.

Auf den ersten Blick scheint es naheliegend, Gewalt als ein universales Dia-Symbolon zu verstehen, denn Gewalt wird an diejenigen adressiert, von denen normatives Erwarten zu erwarten ist. Gewalt stellt dies auch in einer unmittelbaren Weise symbolisch dar. Aus dem Kommunikationszusammenhang der Gewalt fallen nur diejenigen Entitäten heraus, die instrumentell-technisch zu handhaben sind. Dennoch findet man keine Ordnung, in der Gewalt selbst das Diabolon-Symbolon bildet. Der Grund hierfür liegt in der Notwendigkeit der verfahrensmäßigen Gestaltung von Gewalt.

eine soziale Person mitteilt. Der traditionellen soziologischen Theorie, die von einfacher Weltoffenheit ausgeht, hatte ein einstufiger Deutungsbegriff ausgereicht und entsprechend steht hier der verbindende, der im eigentlichen Sinn symbolische Aspekt im Vordergrund. Unter der Voraussetzung erweiterter Weltoffenheit ist ein zweistufiger triadisch strukturierter Kommunikations- und Deutungsbegriff erforderlich, der auch die interpretierte Darstellung der Trennung zwischen Personen und anderem in den Blick nimmt.

4.3. Gewalt und Ordnungsbildung

Die Notwendigkeit der verfahrensmäßigen Gestaltung von Gewalt ergibt sich aus deren ordnungszerstörender Kraft. Die gewaltförmige Darstellung des Rechts bzw. die Ausübung wechselseitiger legitimer Gewalt führt in eine zerstörerische Spirale. In symmetrischen Gewaltbeziehungen fundiertes Recht weist eine Tendenz zur Zerstörung des gesellschaftlichen Zusammenhangs auf, dessen Recht es ist. Denn die Sicherung des Rechts der einen ist die mit Gewalt zu beantwortende Normverletzung der anderen. Ordnungsbildungen steuern damit auf eine Alternative zu: (1.) Das Recht wird in symmetrischen Beziehungen aufrechterhalten und die Ordnung geht an ihrem Recht zugrunde. (2.) Die legitime gewalttätige Darstellung der Gültigkeit normativer Erwartungen wird verfahrensmäßig gestaltet und damit zumindest teilweise in nicht-gewalttätige Darstellungen transformiert.

Gewalt kennzeichnet nicht, wie Hobbes mutmaßte, den zu überwindenden Urzustand, sondern sie ist selbst durch und durch ein ordnungsbildendes Phänomen – wenn auch eines mit einer selbstzerstörerischen Tendenz. Eine Ordnung kann nur dann auf Dauer gestellt werden, wenn es gelingt, die Gewalt des Rechts im Rahmen der triadisch strukturierten reflexiven Symbolbildung verfahrensmäßig zu gestalten und damit den zerstörerischen Charakter der Gewalt zu neutralisieren.

Gewalt ist vereinnahmend, da sie zu einer Generalisierung in allen Dimensionen der Ordnungsbildung führt. Damit fokussiert sie alle Operationen in allen Hinsichten auf die Aufrechterhaltung identifizierter normativer Erwartungen. Dies droht die alltägliche Reproduktion des Zusammenhangs von Gesamthandlungen und symbolischen Erfolgsmedien zu gefährden. Um eine derartige Totalisierung zu vermeiden, bedarf es einer verfahrensmäßigen Gestaltung der legitimen Gewalt. Dies ist die Bedingung dafür, die Darstellung normativer Erwartungen mit dem alltäglichen Ablauf von Gesamthandlungen und deren Vermittlung über Erfolgsmedien vereinbar zu machen.

Der Zusammenhang von Gewalt und in sozialer Reflexion basierten Verfahren ist folgendermaßen zu begreifen. Gewalt expliziert diejenigen Erwartungen, an denen Ego trotz Enttäuschung festhält. Durch diese Explikation werden diejenigen Erwartungen identifiziert, die dann gegebenenfalls als Muster der Beziehung zwischen den Beteiligten aus der Perspektive der Dritten objektiviert werden. Die an einem Muster orientierte Gewaltausübung symbolisiert, wer (Alter Ego) sich in welcher Weise/mit Bezug auf was (Sachdimension) auf wen (Ego) vor wem/mit Bezug auf wen (Tertius) wann und wo zu verhalten hat. Die Orientierung an einem solchen Muster bildet einen Ansatzpunkt für die Regelung – für die rationale Gestaltung – der Gewaltkommunikation und damit auch für die Bildung von Verfahren. Das heißt, Gewaltausübung weist eine Tendenz zur rational verfahrensmäßigen Gestaltung auf. Wenn Gewaltkommunikation im Sinne eines verfahrensmäßigen Ablaufs gestaltet wird, entwickelt sie sich zu einer institutionalisierten Gesamthandlung mit einer je spezifischen Verlaufsrationalität. Deren Sinn besteht darin, die Legitimität der Ordnung darzustellen, dadurch werden die die Ordnung tragenden sachlichen-räumlichen-zeitlichen-sozialen Bezüge, in die die Beteiligten eingeordnet sind, normativ erwartbar.

Die verfahrensmäßige Gestaltung legitimer Gewalt ist in ihrem Ablauf ihrerseits durch normative Erwartungen strukturiert. Abweichungen vom Ablauf der verfahrensmäßigen Gestaltung müssen ebenfalls in allgemein verbindlicher Weise dargestellt werden, sonst verliert das Verfahren selbst seine Verbindlichkeit. Daraus folgt, dass die das Verfahren strukturierenden Erwartungen normativ sind. Deshalb ist es wahrscheinlich, dass Verfahren Gewalt nicht nur begrenzen, sondern ihrerseits zu weiteren Explikationen normativer Erwartungen durch Gewalt führen. Verfahren orientieren Gewaltkommunikation an Regeln und rationalisieren sie auf diese Weise, zugleich ist es wahrscheinlich, dass Verfahren zu neuer Gewalt herausfordern, die ihrerseits wieder legitimiert werden muss.

Vage Hinweise darauf, das Verhältnis von Gewalt und Verfahren derart zu begreifen, finden sich bei Luhmann. Die Legitimität des Rechts könne einerseits durch Gewalt und andererseits durch Verfahren dargestellt werden (Luhmann 1972: 113). Verfahren würden Gewalt als symbolische Darstellung des Rechts ablösen. Damit wird den Verfahren und der Gewalt die gleiche Funktion zugeschrieben. Luhmann arbeitet diese Funktionsähnlichkeit aber nicht weiter aus, es bleibt deshalb auch offen, wie der Übergang von der einen zur anderen Form der Darstellung von Legitimität einer Ordnung zu begreifen ist. Auch die frühere Studie zur Legitimation durch Verfahren ist in dieser Hinsicht nicht aufschlussreich. Denn hier wird das Verhältnis von Gewalt, Legitimität und Recht nicht thematisiert und der Bezug auf vormoderne Legitimität bzw. Schlichtungsverfahren beschränkt sich darauf, die Legitimität verbürgenden Verfahren von sich differenzierenden Gesellschaften von Ritualen abzugrenzen (Luhmann 1969/1983: 40).

Um genauer herauszuarbeiten, dass und wie Gewalt ein verfahrensmäßig gestaltbares Symbol des Rechts ist, beziehe ich mich auf Girards Überlegungen zur Kanalisierung von Gewalt. Girards arbeitet anhand ethnographischer Beispiele und historisch-literarischer Dokumente eine Hypothese aus, wie die verfahrensmäßige Gestaltung von Gewalt erfolgen kann. Ich interpretiere dies als eine gesellschaftstheoretische Hypothese. Girard zufolge gehört die Kanalisierung der Gewalt zu den ursprünglichen gesellschaftsbildenden Leistungen.

Girard stützt seine Aussagen allerdings auf fragwürdige Annahmen, denn er begreift die zu kanalisierende Gewalt als eine Art Urkraft, die zur biologischen Grundausstattung des Menschen gehört (Girard 1972/2002: 10). Dass die Zerstörungskraft legitimer Gewalt in ihrem rechtlich verpflichtenden Charakter liegt, wird eher am Rande thematisiert (Girard 1972/2002: 37). Für Girard beginnt der eigentlich gesellschaftlich-institutionelle bzw. nicht-psychologische Prozess erst, wenn es um die Kanalisierung der Gewalt geht, die er in seiner Theorie der Opferstellvertretung entwickelt (Girard 1972/2002: 151 f.).

Als Ausgangspunkt dient für Girard die Annahme, dass es zu gewalttätigen Konflikten kommt, wenn eine Ordnung verletzt wird. Gewalt wird dabei als dyadisch verfasst und als symmetrisch begriffen. Die Verletzte richtet sich gegen die für die Tat Verantwortliche. Dies münde in eine Verkettung von Blutrachefehden. Ihre erste Kanalisierung finde Gewalt, indem sie nicht mehr in einer endlosen Folge von Blutrachemorden gegeneinander gerichtet, sondern auf ein Opfer fokussiert wird. Die dyadische Konstellation – Normverletzerin/diejenige, deren Erwartung verletzt wird, – wird transformiert in die Konstellation Gemeinschaft/Opfer. Das Opfer würde getötet als allgemeine Verletzerin aller Normen, deren Gültigkeit für eine bestehende Ordnung relevant ist. Wenn die Gültigkeit der Norm durch den Gewaltakt der Opferung symbolisiert würde, könnten alle anderen Konflikte auf nicht-gewalttätige Weise gelöst werden. Girard geht von einer kathartischen Uropferung aus, die rituell wiederholt wird. Dies beinhaltet eine zweifache Stellvertretung. In der ersten Opferung wird ein Opfer gewählt, das die Norm nicht verletzt hat, aber der Normverletzerin ähnlich genug ist, um die Gewalt auf es zu richten. Im Ritual wird das erste Opfer wiederholt, um die pazifizierende Wirkung auch weiterhin aufrechtzuerhalten. Damit die rituelle Opferung in dieser Weise wirksam sein kann, muss sie auch den Moment des Umschlagens wiederholen, in dem die wechselseitige Gewalt auf das Opfer gerichtet wird (vgl. hierzu insgesamt Girard 1972/2002: Kap. IV).

Diese Theorie lässt sich deutlich klarer formulieren, wenn man die rechtsexplizierende symbolische Funktion legitimer Gewalt von Anfang an einbezieht. Girard trennt Recht und Gewalt und lässt das erstere (gemeinsam mit der Religion) aus der letzteren entstehen. Dies ist umso erstaunlicher, als alle ethnographischen Belege, die er anführt, nicht auf Gewalt als Naturereignis hinweisen, sondern auf die, wie er selbst sagt, »schreckliche Pflicht zur Rache« (Girard 1972/2002: 37). Für Girard ist es aber nicht diese rechtliche Pflicht, die Gesellschaften zerstören kann, sondern die Gewalt als solche. Die Aussage, dass eine Gesellschaft an ihrem Recht zugrunde geht, wäre für Girard nicht möglich. Sie ist aber zwingend, wenn man Gewalt nicht als Urkraft, sondern von der Pflicht zur Rache her versteht. Denn in diesem Fall ist Gewalt keine

Urkraft, sondern eine explizierende Darstellung der Gültigkeit normativer Erwartungen. Dies macht eine grundbegriffliche Reformulierung erforderlich.

Die allgemeine Gültigkeit normativer Erwartungen, d. h. das Recht, wird durch legitime Gewalt expliziert. Damit wird Gewalt nicht in einer dyadischen, sondern einer triadischen Konstellation situiert. In dieser macht die Gewalt das Recht sichtbar, denn erst durch die von Dritten sanktionierte Darstellung des Sachverhalts, dass eine normative Erwartung enttäuscht worden ist, wird diese als gültige normative Erwartung, d. h. als Recht, fassbar. Die Gewalt muss sich nicht unbedingt gegen die Normverletzerin richten. Es reicht aus, wenn die Gewalttat in generalisierter Weise die Gültigkeit der verletzten Erwartung darstellt.

Die Gewaltanwendung führt einen ablaufenden Vergesellschaftungsprozess vor die oben dargestellte Alternative, sich entweder durch das gewalttätige Recht selbst zu zerstören oder die rechtliche Gewalt zu kanalisieren. Die Wahl der zweiten Alternative besteht darin, die Gewalt nicht mehr in einer endlosen Folge von Blutrachemorden gegeneinander zu richten, sondern sie stattdessen auf ein Opfer zu fokussieren. Das Opfer wird getötet als allgemeine Verletzerin aller Normen, deren Gültigkeit für eine bestehende Ordnung relevant ist. Mit dieser Verschiebung werden die Drittenbezüge homogenisiert. Es gibt nicht mehr unterschiedliche Dritte, vor denen jeweils partielle Normen als gültig dargestellt werden, sondern es gibt für alle einen gemeinsamen generalisierten Drittenbezug. Auf diese Weise kann die Gültigkeit der Norm durch den Gewaltakt der Opferung symbolisiert, und es können alle anderen Konflikte auf nicht-gewalttätige Weise gelöst werden. Der Übergang von der gegenseitigen gewalttätigen Rechtsdurchsetzung zur stellvertretenden Opferung einer universalen Rechtsverletzerin wird rituell wiederholt. Der generalisierte Drittenbezug wird gefestigt. Der Unterschied zu Girard liegt in der unterschiedlichen Konzeptualisierung der Sozialdimension, die triadisch statt dyadisch[12] begriffen wird. Auf diese Weise werden Gewalt und Recht enger zusammengezogen. Legitime Gewalt ist explizierender Ausdruck des Rechts – erst dieser Ausdruck macht die Gültigkeit des Rechts, d. h. die Gültigkeit der verletzten normativen Erwartung, für alle sichtbar. Erst durch diese Symbolik gewinnt die Gewalt ihre zerstörerische Kraft, die durch Generalisierung bzw. Homogenisierung der Drittenbezüge gezähmt wird.

Tertius erweist sich damit in mehrfacher Hinsicht als relevant für eine Theorie des Zusammenhangs von Recht und Gewalt. Die triadische

12 Auch bei Girard ist implizit eine triadische Struktur angelegt, wenn in der Opferung die Konflikte zwischen Akteuren dadurch befriedet werden, dass ein Dritter geopfert wird. Die triadische Struktur bleibt bei Girard aber implizit und wird in ihren analytischen Möglichkeiten nicht entfaltet.

Konstellation macht es nämlich nachvollziehbar, dass der symbolische Gewaltakt seine eigene Rationalität und Legitimität enthält. Denn er ist ein symbolischer Gewaltakt nur insofern, als er vor Dritten durchgeführt wird. Als vor Dritten durchgeführter Gewaltakt wird er kritisierbar und damit tendenziell auch zu einem regelgeleiteten Akt. Der im Gewaltakt erhobene Anspruch auf Legitimität kann im Fall abwesender Dritter auf einer Fehleinschätzung basieren und im Nachhinein annulliert werden oder der Anspruch auf Legitimität wird durch anwesende Dritte gestützt, aber durch andere Dritte in Frage gestellt. Empirisch sind hier die verschiedensten Gestaltungen denkbar. Die eindrücklichste Kritik an Gewalt besteht darin, ebenfalls Gewalt anzuwenden, die mit Bezug auf andere legitimierende Dritte die zuvor ausgeübte Gewalt delegitimiert. Je mehr die Gewaltkommunikation verfahrensmäßig gestaltet ist, umso eher kann auch die Kritik in verfahrensmäßige Bahnen gelenkt werden. Ein sehr elaboriertes Verfahren zur Etablierung von Legitimität ist die verbale Kritik an einem verbal erhobenen Geltungsanspruch und dessen Rechtfertigung. Habermas hat diese Form sublimierter Gewaltkommunikation als rationalen herrschaftsfreien Diskurs beschrieben. Der tödliche Hieb wird durch den sanften Zwang des besseren Arguments ersetzt. Die *conditio sine qua non* dieses Verfahrens besteht darin, dass sich die Beteiligten der ordnungslegitimierenden Gewalt unterwerfen (s. o. den Abschnitt Täter-Opfer-Dritte) bzw. einer gemeinsam vereinbarten Verfahrensordnung folgen. Die Ordnung wird nicht mehr durch Gewalt herausgefordert, sondern es werden die durch die Ordnung ermöglichten gewaltfreien Verfahren der Kritik und Rechtfertigung genutzt. Dieser Übergang ist möglich aufgrund der strukturellen Gemeinsamkeit zwischen gewaltsamer und verbaler Kritik. Die Rationalität bzw. Legitimität der Gewalt wird ebenso durch die soziale Reflexivität triadischer Symbolbildung und Kommunikation getragen wie die Verfahren wechselseitiger rationaler Kritik.

Dies führt zu einem logisch dreistufigen Verständnis normativer Ordnung.

1. Stufe: selbstverständliches Erwarten im Vollzug von Kommunikationen und Gesamthandlungen. In diesem Fall sind die normativen Erwartungen, an denen sich Akteure im Ablauf von Gesamthandlungen und Kommunikationen orientieren, als solche nicht identifiziert und expliziert. Wenn normative Erwartungen dennoch verletzt werden, wird dies entweder übersehen oder situativ auf das Einzelproblem bezogen repariert. Der Alltag läuft mehr oder weniger bruchlos weiter.

2. Stufe: Explikation des Rechts durch legitime Gewalt. Die Gewalttat identifiziert normative Erwartungen und erhebt den Anspruch, a) dass es sich um allgemein anzuerkennende Erwartungen handelt und b) dass die Gewalttat die normativen Erwartungen in angemessener

Weise darstellt. Wenn beide Ansprüche durch Dritte sanktioniert werden, handelt es sich um legitime Gewalt.

3. Stufe: Rationalisierung legitimer Gewalt durch Verfahren. Legitime Gewalt ist kritisierbare Gewalt und deshalb tendenziell regelgeleitet. Die Regelorientierung legitimer Gewalt ermöglicht die Entstehung nicht-gewaltförmiger Verfahren der Rechtsdarstellung. Die Kritik der Gewalt kann entsprechend auch nicht gewalttätige Formen annehmen.

Da Girard die theoretischen Mittel fehlen, um die der Gewalt innewohnenden Möglichkeiten zur rationalen Gestaltung zu erfassen, muss er Gewalt immer wieder als eine Urkraft missverstehen, die über die Menschen kommt, sie erfasst, sie wie mit einer Krankheit ansteckt usw. Damit wird die Analyse des Phänomens in Metaphern erstickt und es bleibt für Girard letztlich unbegreiflich, warum die Gewalt in verfahrensmäßige Formen gelenkt werden kann. Dies lässt sich dagegen zwanglos begreifen, wenn man sie von Anfang an als triadisch vermittelte, sich selbst rationalisierende symbolische Kommunikation versteht. Diese begriffliche Umstellung erlaubt es, die Alternative zu vermeiden, die das Sprechen über Gewalt lange Zeit verunmöglicht hat. Es handelt sich bei Gewalt weder um eine Urkraft, die die leiblichen Akteure überkommt, noch verbleibt die Gewalt an der Grenze des Übertritts in den Gesellschaftszustand, weshalb sie letztlich gar kein Gegenstand soziologischer Analyse sein kann.

Eine solche begriffliche Umstellung vorausgesetzt, verdient die gesellschaftstheoretische Hypothese Girards eine eingehende Prüfung. Ich reformuliere sie entsprechend der eben vorgetragenen Kritik. Girard zufolge haben sich historisch drei Möglichkeiten herausgebildet, um die unmittelbar gewalttätige Darstellung des Rechts zu kanalisieren: (1.) Die gewalttätige Rechtsdarstellung wird an einem Opfer vollzogen. Hier wird das Recht noch direkt gewaltsam dargestellt, wenn auch in fokussierter und insofern in kanalisierter Weise. (2.) Die gewalttätige Darstellung wird erschwert und der Konflikt wird durch befriedende Ausgleichshandlungen gelöst oder in stellvertretende Kämpfe verlagert. (3.) Die Darstellung der Gültigkeit normativer Erwartungen wird stellvertretend durch ein Gericht vollzogen, das den Schuldigen bestraft. Hier wird das Gerichtsverfahren zur Bedingung der gewalttätigen Darstellung des Rechts, etwa durch die öffentliche Hinrichtung bzw. die öffentliche Tortur (vgl. Girard 1972/2002: 36, Foucault 1975/1979: Kap. I). Nur die dritte Form kennt das Schuldprinzip und ein Strafrecht im eigentlichen Sinn. Wahrscheinlich kann erst im Rahmen dieser verfahrensmäßigen Gestaltung der Gewalt die Differenz von Sein und Sollen etabliert werden. Denn erst im Rahmen von Gerichtsverfahren wird der Sachverhalt etabliert, dass ein Individuum einen Willen hat, der sich an einer normativen Vorgabe orientieren soll.[13]

Eine verfahrensmäßige Gestaltung der Gewalt, die Girard nicht mehr in den Blick bekommt, ist diejenige, die auf der dritten Form aufbaut. Sie kennzeichnet die moderne rechtsstaatliche Form. In diesem Fall wird auch die Darstellung des Rechts durch die Zentralgewalt nicht mehr gewaltsam vollzogen. Die rechtsdarstellenden Verfahren sind selbst gewaltlos. Die Gewaltanwendung (Einsperrung) wird dem öffentlichen Blick entzogen. Gewalt erscheint in diesem Rahmen als ein Mittel, das für beliebige Zwecke eingesetzt werden kann. Es war vermutlich die Fixierung auf die vierte Form der verfahrensmäßigen Gestaltung der Gewalt, die die Soziologie dazu verführt hat, sich konzeptuell von der Gewalt zu verabschieden und auf Macht und Herrschaft zu setzen.

Diese Differenzierung im Prozess der Kanalisierung bzw. der Begrenzungen von Gewalt durch verfahrensmäßige Gestaltungen bietet einen großen Vorzug etwa im Verhältnis zu Benjamins Theorie, die einen direkten Übergang von der ersten Form, der wechselseitigen Rache, zur Begrenzung der Gewalt durch Gerichtsverfahren formuliert. Alle drei von Girard genannten Darstellungsformen der Gültigkeit des Rechts und die von mir ergänzte vierte Form sind als Institutionalisierungen zu verstehen, die reflexiv an die symbolische Generalisierung legitimer Gewalt anschließen. Das Opfer symbolisiert alle Normübertretungen und homogenisiert damit unterschiedliche Drittenbezüge, weshalb in der Gewaltanwendung gegen das Opfer die Drittenbezüge von konkreten Dritten abgelöst werden können und ein generalisierter Dritter als normativer Bezugspunkt institutionalisiert wird. Alle Beteiligten verständigen sich auf diese Weise darüber, dass die Norm gültig ist, sie sich aber nicht wechselseitig töten müssen, um die Gültigkeit der Norm darzustellen. Trotz gelegentlicher Normverletzungen können sich alle weiterhin an institutionalisierten Gesamthandlungen beteiligen und von einer zur anderen übergehen.

Die zweite Form beinhaltet die Einführung des Ausgleichsprinzips und institutionalisiert im Ansatz besondere durch spezifische Drittenpositionen ermöglichte Verfahren, die nichtgewalttätige Formen von Wechselseitigkeit, Vermittlung und Schlichtung zwischen den Parteien beinhalten. Auf dieser Stufe wird die gewalttätige Darstellung des Rechts durch die Geschädigte ersetzt durch besondere verfahrensmäßige Gestaltungen wie Gabentausch, Bußzahlungen oder durch Gottesurteile bzw. Stellvertreterkämpfe.[14] Aber auch die gewalttätige Darstellung des

13 Der Zusammenhang zwischen der Differenzierung von Sein und Sollen, der Entstehung individueller Schuld und der Etablierung von Gerichtsverfahren wird im folgenden Kapitel im Abschnitt über die individualisierende Vergesellschaftung eingehender behandelt.

14 Simmel hatte auf die Bedeutung von Drittenpositionen für das Recht schon sehr früh aufmerksam gemacht, indem er die Position des Vermittlers/Schiedsrichters /Richters von den Positionen der beiden Kon-

Rechts muss nicht immer eine Tötung beinhalten, wie das Phänomen der »Scheinblutrache« (Kelsen) zeigt. Diese akzentuiert sehr deutlich, dass es bei Gewalt um die Darstellung der Gültigkeit der verletzten Norm geht. Die Geister der Toten verlangen die Blutrache (vgl. Steinmetz 1928: 290 ff.). Vor ihnen muss also die Blutrache dargestellt werden. Dies erfolgt, indem der vorgesehene Kriegszug durchgeführt wird, wobei die Blutrache als vollzogen gelten kann, auch wenn niemand der anderen Gruppe getötet worden ist. Entscheidend ist, dass die Erfüllung der Pflicht zur Blutrache vor den Geistern dargestellt worden ist (vgl. Kelsen 1941/1982: 367 f.).

Die Einführung des Ausgleichsprinzips im Rahmen einer triadischen Sozialtheorie zu denken, ermöglicht eine Differenzierung, die für Girards Ansatz unsichtbar bleiben muss. Wenn für das Verständnis von Gewalt und Recht eine triadische Konstellation zugrunde gelegt wird, kommt es auf die Darstellung der Gültigkeit der normativen Erwartung an. Dies ermöglicht es, Ordnungen danach zu unterscheiden, ob der Schwerpunkt bei der Darstellung der Gültigkeit der verletzten Norm auf der Seite der Normverletzerin oder der Geschädigten liegt. Wenn die Pazifizierung darüber erfolgt, dass es primär als Aufgabe der Normverletzerin gesehen wird darzustellen, dass sie sich im Weiteren an der Norm orientieren wird, entwickelt sich das Recht anders, als wenn es Aufgabe der Geschädigten ist, die Normverletzung darzustellen. Im letzteren Fall kann die Rechtsentwicklung dahin gehen, subjektive Rechte auszubilden, auf denen die Akteure bestehen und deren Verletzung sie einklagen können. Dies ist die Entwicklung in Europa im Übergang zur Moderne. Davon zu unterscheiden sind andere Rechtsverständnisse, die stärker darauf bauen, dass die Normverletzerin selbst die Gültigkeit der Norm zum Ausdruck bringt, etwa durch Scham oder Selbstbestrafung. Hier stehen nicht subjektive Rechte im Vordergrund, sondern vielmehr das Eingebundensein in gesellschaftliche Ordnungsbeziehungen. Auch in diesem Fall wird verhindert, dass eine Gesellschaft an der gewalttätigen Darstellung ihres Rechts zugrunde geht, aber die Entwicklung wird eine ganz andere sein.

Ein Beispiel dafür, wie sich Recht entwickeln kann, wenn es primär Sache der Geschädigten ist, die Gültigkeit der normativen Erwartungen darzustellen, findet sich bei Achter (1951), der den Übergang zur verfahrensmäßigen gerichtlichen Durchsetzung des Rechts, Girards drit-

fliktparteien (Simmel 1908/1983: 76 ff.) unterschied. Simmel hatte dabei aber eine zentrale Differenz überspielt: Solange es noch keinen Richter, sondern lediglich einen Schiedsrichter bzw. einen Vermittler gibt, kann noch nicht von Schuld die Rede sein. Solange es um Ausgleich zwischen den Parteien geht, steht nicht die Feststellung von Schuld, sondern der Ausgleich zwischen den Parteien im Vordergrund.

te Form der Kanalisierung der Gewalt, behandelt. Die Voraussetzung für die von Achter beschriebene Entwicklung ist die Monopolisierung der Gewaltausübung, die Elias (1976) als zentralen Bestandteil des europäischen Zivilisationsprozesses beschrieben hat. Die einsetzende Zentralisierung ermöglichte »Friedenssicherung« durch die Macht des Zentralherrn, d. h. durch seine realistische Drohung mit überlegener Gewaltanwendung. Gestützt auf seine Macht kann der Zentralherr selbst Recht setzen und dessen Durchsetzung garantieren. Die Rechtsprechung wird einem Gericht übertragen, das die Befugnis hat, den rechtlichen Sachverhalt festzustellen, den Schuldigen zu identifizieren, ihn als Subjekt verantwortlich zu machen und zu bestrafen (Achter 1951, Lindemann 2009c: Kap. 3). Diese verfahrensmäßige Gestaltung der Gewalt enthebt die Beteiligten der Pflicht, die Rechtmäßigkeit normativer Erwartungen selbst durch eine Gewalttat darstellen zu müssen. Die Gültigkeit des Rechts wird aber weiterhin gewaltsam dargestellt und zwar in einem öffentlichen vor Dritten stattfindenden gewaltsamen Verfahren, das Foucault als »Fest der Martern« (Foucault 1975/1979: 44) bezeichnet hat. Wenn das Recht durch eine Zentralgewalt gestützt wird und Richter in einem legitimen Verfahren ein Urteil fällen, entstehen die Voraussetzungen für die Unterscheidung zwischen Sein und Sollen. Achters Studie ist als Hinweis darauf zu verstehen, dass ein Zusammenhang zwischen der Entwicklung der Zentralgewalt und der Ethisierung des Rechts besteht. Letzteres besagt, dass die Tat auf die Täterin zurückgeführt und die Tat moralisch beurteilt wird. Die Täterin hat nicht so gehandelt, wie sie hätte handeln sollen. Deshalb muss sie für ihre böse Tat bestraft werden.

Im Rahmen eines ethisierten Strafrechts tritt der symbolische Aspekt der Gewalt für die alltägliche Gestaltung der Beziehungen zwischen den leiblichen Aktionszentren in den Hintergrund. Die gewalttätige Darstellung des Rechts obliegt nicht mehr den Einzelnen, sondern beschränkt sich auf die öffentliche gewalttätige Bestrafung durch die Zentralgewalt. Wenn das der Fall ist, kann Gewalt auch in einer nicht-normativen Weise rationalisiert werden. Dazu gehört etwa die ästhetische Rationalisierung[15] oder die technische Rationalisierung der Verletzungs- und Tötungsmittel. Daraus folgt eine scheinbar paradoxe Regel. Je weniger das Gewaltsymbol die Beziehungen zwischen leiblichen Aktionszentren unmittelbar dominiert, desto eher können die Mittel zur Tötung und Verletzung rational perfektioniert werden. In pazifizierten Gesellschaften kann besser gelernt werden, effizienter zu verletzen und zu töten. Dieser Aspekt gerät bei Girard vollständig aus dem Blick.

15 Hierzu zählen etwa die sportlich ästhetisierte Gewalt im antiken Griechenland, die Gladiatorenkämpfe im römischen Reich, die mittelalterlichen Ritterspiele oder die moderne Ästhetik des Kampfsports.

Was Girard weiterhin ausblendet, ist die auf der Ethisierung des Rechts durch Gerichtsverfahren aufbauende und die Moderne kennzeichnende fast ausschließlich verfahrensmäßig gestützte Darstellung der Gültigkeit des Rechts. Gerichtsverfahren in einem demokratischen Rechtsstaat kommen weitgehend ohne gewalttätige Darstellung des Rechts aus, auch Straftäter werden eher gewaltfrei behandelt und die gewalttätige Bestrafung, die Einsperrung, erfolgt nicht im Sinne einer Darstellung für Dritte, sondern ist ihren Blicken weitgehend entzogen. Das Urteil erfolgt im Namen des Volkes, aber die Gewalttat, die Einsperrung, wird nicht vor dem Volk dargestellt (vgl. für diesen Übergang Foucault 1975/1979). Es scheint sogar ein Merkmal der Moderne zu sein, dass ein Vertrauen in gewaltlose Kommunikation entwickelt wird (Reemtsma 2008). Der Gewaltanwendung kommt damit in noch geringerem Maße die Funktion zu, die Gültigkeit bzw. die Legitimität des Rechts darzustellen. Damit tritt ihr Symbolcharakter noch stärker in den Hintergrund. Auf diese Weise werden die im Vorhergehenden beschriebenen Konsequenzen weiter radikalisiert. Gewalt wird zu einen faszinierenden ästhetischen Phänomen und die technische Rationalisierung der Mittel zu verletzen und zu töten, erfährt ebenfalls eine beachtliche Steigerung – bis hin zu einer möglichen Zerstörung des Planeten Erde. Unter dieser Voraussetzung kann der Anschein entstehen, dass Gewalt ausschließlich ein zu handhabendes Mittel ist, das zweck- oder wertrational eingesetzt werden kann.

Verfahrensmäßig gestaltete Gewalt oder Macht und Herrschaft?

In der Soziologie Webers wird Gewalt als Mittel begriffen. Dies zeigt sich etwa bei Webers Verständnis von Recht als einer Ordnung, die »äußerlich garantiert ist durch die Chance [des] (physischen oder psychischen) Zwanges durch ein auf Erzwingung der Innehaltung oder Ahndung der Verletzung gerichtetes Handeln eines eigens darauf eingestellten Stabes von Menschen« (Weber 1921-22/1980: 17). Die Aufrechterhaltung des Rechts wäre hier das Ziel und Gewaltanwendung das Mittel, welches dazu dient, die Durchsetzung des Rechts zu erzwingen oder Rechtsverstöße zu ahnden. In ähnlicher Weise scheint Weber auch das Verhältnis von Gewalt und Macht zu begreifen. »Macht bedeutet jede Chance, innerhalb einer sozialen Beziehung den eigenen Willen auch gegen Widerstreben durchzusetzen, gleichviel worauf diese Chance beruht.« (Weber 1921-22/1980: 28) Hier wird der Mittelcharakter der Gewalt noch deutlicher, denn das Mittel ist in der Definition explizit als austauschbar gedacht: »gleichviel worauf diese Chance beruht« heißt, es kann die Drohung mit Gewalt sein, es kann aber auch etwas anderes sein. Das Argument gilt analog für Herrschaft. Daraus folgt, Gewalt ist ein Mittel, das dazu dient, Recht aufrechtzuerhalten und Macht- und Herrschaftsbeziehungen zu begründen und/oder aufrechtzuerhalten.

Die Reduktion von Gewalt darauf, dass mit ihr realistisch gedroht werden kann, findet sich sinnentsprechend auch bei Luhmann und Parsons. Beide setzen Macht und Gewalt in dieser Weise zueinander ins Verhältnis. Immer wieder betont Luhmann, dass der Einsatz von Gewalt nicht ordnungssichernd wirken würde, sondern nur deren Androhung. Macht, die durch permanenten Einsatz von Gewalt aufrechterhalten werden müsste, würde schnell zusammenbrechen. Da der Machthaber seine Gewaltmittel schnell erschöpft haben würde (Luhmann 1965/1999: 142f.).

Gewalt in dieser Weise als Mittel zu begreifen, erscheint mir als unpassend. Denn dadurch wird deren symbolisch-kommunikativer Charakter außer Acht gelassen. Es ist aber gerade dieser Aspekt, der es überhaupt möglich macht, mit Gewalt zu drohen. Wenn man Gewaltanwendung als symbolische Kommunikation mit Legitimitätsanspruch begreift, wird es leichter nachzuvollziehen, dass Gewalt nicht nur dadurch wirkt, dass sie angewendet bzw. gegenüber denjenigen wirkt, gegen die sie angewendet wird. Durch Dritte legitimierte Gewalt kommuniziert, das heißt, sie stellt gegenüber beliebig vielen dar, dass jedem/jeder diese Gewaltanwendung raum-zeitlich generalisiert droht, wenn diese normative Erwartung verletzt wird. Gerade, wenn man Gewalt als symbolische Kommunikation begreift, kommt man ihrer indirekten Wirkung auf die Spur, die in den Konzepten von Recht, Macht und Herrschaft bei Weber, Luhmann oder Parsons angesprochen sind. Die Analyse von Gewalt als Gewaltsymbol präzisiert und expliziert die These, dass Macht bzw. Herrschaft dadurch stabilisiert werden, dass mit dem Einsatz von Gewalt gedroht werden kann. Die indirekteren Formen der Gewalt, auf die mit Macht und Herrschaft Bezug genommen wird, lassen sich besser erfassen, wenn man sie ausgehend vom Gewaltsymbol als dessen je spezifische verfahrensmäßige Gestaltungen begreift. Die Frage ist nicht, ob die hier vorgeschlagene Analyseperspektive die indirekteren Formen der Gewalt erfassen kann oder nicht. Vielmehr geht es darum, ob bei der Analyse der indirekteren Formen, die als Macht und Herrschaft bezeichnet werden, der begriffliche Bezug zur Gewaltsymbolik und damit zur Eigendynamik der Gewaltkommunikation gekappt wird oder nicht. Wenn man analytisch konsequent bei der verfahrensmäßigen Gestaltung des Gewaltsymbols ansetzt, bleibt dieser Bezug aufrechterhalten.

Diese Begriffsstrategie bietet analytisch Vorteile. Macht und Herrschaft als analytischen Rahmen zu verwenden, hat z.B. den Nachteil, egalitäre Gesellschaften ausblenden zu müssen. Wenn man der ethnologischen Forschung trauen darf, gibt es zwar Gesellschaften ohne Macht und Herrschaft[16], aber nicht ohne symbolische Anwendung von Gewalt (vgl. Knauft 1987). Gewalt als ordnungsbildendes Prinzip ist universaler und wenn man ihre verfahrensmäßigen Gestaltungen einbezieht, lassen sich auch die Phänomene, die als Macht und Herrschaft bezeichnet werden, problemlos erfassen. Es ist also systematisch konsistent, von Gewalt als in triadischen Konstellationen verfahrensmäßig zu gestaltender Ordnungskraft auszugehen und das darin liegende Potential zu einer immer weitergehenden rationalen verfahrensmäßigen Gestaltung auszuarbeiten. Auf diese Weise können Macht- bzw. Herrschaftsformen als jeweils spezifische verfahrensmäßige Gestaltung des Gewaltsymbols begriffen werden. Damit werden egalitäre Gesellschaften, in denen Macht und Herrschaft nicht vorkommen, und geschichtete Gesellschaften in gleicher Weise zugänglich.

Gesellschaften, die Macht und Herrschaft kennen, lassen sich dann danach unterscheiden, wie sie das Gewaltsymbol rationalisieren, indem sie es verfahrensmäßig gestalten. Auf diese Weise kann historisch der Punkt bestimmt werden, an dem das Gewaltsymbol soweit von seiner Funktion der Darstellung von Legitimität entlastet ist, dass Gewalt in mehrfacher Weise rationalisiert werden kann. Gewalt wird zunächst symbolisch rationalisiert, als Darstellung des Rechts. Je mehr nicht direkt gewalttätige Verfahrensmomente die Darstellung des Rechts übernehmen, umso eher kann Gewalt auch in anderer Hinsicht rationalisiert werden, wie z. B. ästhetisch im Sinne der Schönheit des verletzenden/tötenden Schlages oder technisch im Sinne einer Perfektionierung der Mittel des Verletzens und Tötens. Die unterschiedlichen Rationalisierungsmöglichkeiten und ihr Verhältnis zueinander kann man nur dann im Blick behalten, wenn man den Bezug zur Gewalt begrifflich aufrechterhält, statt ihn zu kappen.

Gewalt begrifflich präsent zu halten, ist auch deswegen von Vorteil, weil in einer gegebenen Gesellschaft unterschiedliche verfahrensmäßige Gestaltungen von Gewalt nebeneinander bestehen und miteinander um Ihre Gültigkeit konkurrieren können. In einer modernen Einwanderungsgesellschaft, wie etwa der Bundesrepublik Deutschland, konkurrieren z. B. das deutsche Strafrecht und der Ehrenkodex einer konservativen muslimischen Familie, deren Ehre nur durch die Tötung eines Familienmitgliedes aufrechterhalten werden kann. Dass und in welcher Weise solche Rechtsdarstellungen miteinander konkurrieren, kann man nur begreifen, wenn man den Symbolcharakter von Gewalt und ihrer je unterschiedlichen verfahrensmäßigen Rationalisierungen in das begrifflichen Arsenal der Soziologie einbezieht.

---

16 Vgl. hierzu etwa die Studien über die Arawete von Viveiros de Castro (1986/1992) bzw. über die Gebusi von Knauft (1985).

Auch unter der Voraussetzung, dass sich, wie in modernen Gesellschaften, gewaltfreie Darstellungen der Rechtsgültigkeit durchgesetzt
haben, besteht immer die Möglichkeit und vielleicht sogar die Notwendigkeit, auf verfahrensmäßig einfache und gewalttätige Rechtsdarstellungen zurückgreifen zu können. Hierbei lassen sich zwei Fälle unterscheiden

1. Die gewalttätige Darstellung des gültigen Rechts einer Ordnung.
Dies ist z. B. der Fall, wenn bei Polizeieinsätzen gegen gewalttätige
Straftäter oder gegen politische Gegner der Ordnung die überlegenen
Gewaltmittel des Staates dargestellt werden.

2. Die gewalttätige Darstellung der Infragestellung des Rechts einer
Ordnung. Der Legitimitätsanspruch, der der symbolischen Gewaltkommunikation eignet, beinhaltet den Anspruch, eine gültige
Regel expliziert zu haben. Insofern wird durch Gewaltanwendung
der Anspruch erhoben, eine bestehende Ordnung wirksam zu dele-
gitimieren. Dies wirkt wie von selbst als eine Kritik der Ordnung.
Der Angriff auf das World-Trade-Center am 11. September 2001
war eine eindrückliche symbolische Darstellung, durch die mitgeteilt wurde, dass die Verletzung der normativen Erwartungen von
Muslimen nicht länger hinzunehmen ist und dass niemand in den
USA und anderen westlichen Staaten mehr seines Lebens sicher sein
kann. Dies erforderte seinerseits einen Gewaltakt. Die Vereinigten
Staaten erklärten den Krieg gegen den Terror und greifen militärisch
alle Länder an, in denen Unterstützer und/oder Angehörige von Al-
Qaida vermutet werden.

Die Frage, ob man Gewalt und ihre verfahrensmäßigen Gestaltungen
oder Macht und Herrschaft begrifflich in den Mittelpunkt rückt, reduziert sich letztlich auf die Frage, ob man Gewalt begrifflich präsent
halten soll oder nicht. Alle Phänomene, die als Macht und Herrschaft
verstanden werden, lassen sich ebenso gut als verfahrensmäßige Gestaltung von Gewalt begreifen. Diesem Ansatz zu folgen bietet einen doppelten Vorteil: Zum einen wird es möglich, den Bezug zur Gewalt auch
noch in seinen sublimen verfahrensmäßigen Gestaltungen aufrechtzuerhalten. Und zum anderen bietet sich die Möglichkeit, das spontane
Auftauchen von Gewalt und die Konkurrenz von Gewaltsymbolen analytisch fassen zu können. Das scheint mir die empirisch ertragreichere
begriffliche Strategie zu sein.

5. Die reflexive Bildung der Ordnung von Weltzugängen

Ich fasse das Ergebnis des dritten und vierten Kapitels noch einmal zusammen.

Die leiblichen Operatoren triadischer Konstellationen existieren raum-zeitlich, d. h., leibliche Selbste realisieren ihre Grenzen, indem sie sich in zeitlich strukturierter Weise zuständlich erleben und aus dem eigenen Zentrum heraus in den umgebenden Weiteraum richten. Bei diesem handelt es sich um einen potentiell sozialen Raum, denn in diesem können die Grenzrealisierungen leiblicher Selbste einander in einer zeitlich strukturierten Weise berühren. Die Reflexivität der Gesamtstruktur wird durch die Übernahme der Perspektive Dritter auf die Begegnung zwischen leiblichen Selbsten operativ realisiert, damit weisen die Operationen der Ordnungsbildung eine triadisch reflexive Struktur auf.

In den praktischen Vollzügen exzentrischer, d. h. operativ triadisch verfasster, Leib-Umwelt-Beziehungen werden die Ordnungsstrukturen in den verschiedenen Dimensionen gebildet und zueinander in Passung gebracht. Strukturen werden darüber stabilisiert, dass sie in triadischen Konstellationen zum Ausdruck gebracht werden. In diesem Sinn folgt Ordnungsbildung dem Prinzip der vermittelten Unmittelbarkeit. Denn in der leiblichen Umweltbeziehung bilden sich Sensibilitäten und praktische Bezüge, die Stabilität erlangen, indem die Beteiligten sie füreinander zum Ausdruck bringen. An einer solchen Ordnungsbildung können in einer operativ tragenden Weise verschiedenste Entitäten beteiligt sein: Geister, Tiere, Menschen, Pflanzen oder Götter und andere. Welche Entitäten im Rahmen einer Ordnung in einem allgemein anerkannten Sinn teilnehmen, ist geschichtlichen Veränderungen unterworfen. Damit eine jeweilige Ordnung auf Dauer gestellt werden kann, müssen die Struktur der Grenzziehung und die anderen Strukturen der Ordnungsbildung in einer zueinander passenden Weise stabilisiert werden.

Die Bildung zueinander passender Sozial-, Raum-, Zeit-, Symbol- und Sachstrukturen wird durch unterschiedliche Gestaltungen triadischer Konstellationen ermöglicht. Da Raum und Zeit in besonderem Maße als invariant gegenüber geschichtlichen Modifikationen gelten, beginne ich mit diesen Ordnungsdimensionen. Ausgehend von der – auch von mir – als invariant betrachteten Struktur der modalzeitlichen Umweltbeziehung leiblich-raumbezogener Akteure lassen sich zumindest folgende Differenzen identifizieren. Es macht einen Unterschied, ob die modalzeitliche Umweltbeziehung an einer Dauer orientiert und auf einen Weiteraum bezogen ist, oder ob der Umweltbezug leiblicher Akteure mit der digitalen Raumzeit verschränkt ist. Es scheint so, als würde nur die erstere Form der Leib-Umwelt-Beziehung die Existenz von Geistern ermöglichen. Innerhalb von Ordnungen, deren Leib-Umwelt-Bezüge primär durch die digitale Raumzeit strukturiert sind, existieren solche Entitäten nach derzeitigem Wissensstand nicht als allgemein anzuerkennende soziale Personen.

Bezogen auf die Symbolbildung ergeben sich weitere Differenzierungen der Drittenbezüge. Institutionen und Symbole sind Objektivierungen, die durch triadische Konstellationen ermöglicht und reproduziert werden. Institutionen und Symbole sind weder identisch mit der raum-zeitlichen Ordnung noch mit den raum-zeitlich verfassten Ego-Alter-Tertius-Konstellationen. Insofern ist diese Ordnungsdimension weder räumlich noch zeitlich und sie ist auch von der Sozialdimension zu unterscheiden. Sie bildet eine historisch wandelbare Struktur eigener Art, an der sich Akteure in ihrem Bezug aufeinander orientieren. Obwohl sie nicht mit der Raum-, der Zeit- oder der Sozialdimension identisch ist, ist die institutionell-symbolische Ordnung nicht so zu verstehen, dass sie nach ihrem Entstehen fixiert ist. Die institutionell-symbolische Ordnung basiert auf einer Objektivierung, die durch die reflexive Struktur von Drittenkonstellationen ermöglicht wird. In solchen Konstellationen muss die institutionell-symbolische Ordnung immer wieder aktualisiert werden. Tertius verschwindet nicht in der objektivierten institutionell-symbolischen Ordnung. Vielmehr wird die Objektivierung erzeugt und aufrechterhalten, indem die die Reflexivität ermöglichende Drittenperspektive kontinuierlich durch konkrete Dritte aktualisiert wird. Ansonsten könnte die objektivierte Regel der Institutions- bzw. Symbolbildung beliebig gehandhabt werden und wäre folglich keine Regel mehr.

Wenn die institutionell-symbolische Ordnung immer an aktuelle Vollzüge in Drittenkonstellationen rückgebunden ist, bleibt die Raum-Zeit-Struktur der Drittenkonstellationen für die Bildung von Institutionen und Symbolen kontinuierlich relevant. Die institutionell-symbolische Ordnung ist den raum-zeitlichen Bezügen insofern nicht enthoben, als sie in leiblichen Umweltbezügen aufrechterhalten werden muss. Insofern gilt: Auch die Raum-Zeit-Strukturen von Drittenkonstellationen und die jeweiligen institutionell-symbolischen Strukturen können einander entweder wechselseitig stützen oder destabilisieren.

Der triadisch reflexiv strukturierte Zusammenhang lässt sich auf zwei voneinander zu unterscheidende Beobachtungseinheiten zurückführen, in die einander berührende leibliche Aktionszentren involviert sind: raum-zeitlich verfasste triadische Kommunikationen mit thematischem Sachbezug und sachlich orientierte raum-zeitlich verfasste institutionalisierte Gesamthandlungen. In raum-zeitlich strukturierten Kommunikationen bringen Beteiligte füreinander und voreinander zum Ausdruck, von wem sie derart berührt werden, dass sie zur Kommunikation herausgefordert sind und deshalb klären müssen, um was es sachlich in der Kommunikation geht. Institutionalisierte Gesamthandlungen sind zwar ohne kommunikative Verständigung darüber, worum es geht und mit wem Kommunikationen möglich sind, nicht denkbar, aber sie können nicht darauf reduziert werden. Denn institutionalisierte Gesamthandlungen beinhalten immer auch die leibliche Handhabung von Sachen oder den Umgang mit mehr oder weniger avancierter Technik. Es ist einsichtig, dass diese operativen Einheiten nicht gegeneinander isoliert werden können. Institutionen werden durch Kommunikation integriert, durch die in jeder Teilhandlung der Bezug auf die Gesamthandlung und die Erwartungen an den weiteren Fortgang der Handlungsfolge symbolisch dargestellt wird. Weiterhin bilden triadisch verfasste Kommunikationen die Einheiten von symbolisch generalisierten Kommunikationsmedien und Legitimationen, die Institutionen miteinander verbinden.

In den jeweiligen Einzelvollzügen werden für praktische Zwecke ausreichend Strukturzusammenhänge aktualisiert, problembezogen expliziert und identifiziert. Der Gesamtzusammenhang von raum-zeitlichen, sachlichen und symbolischen Bezügen bildet einen stets mitlaufenden Hintergrund nicht-explizierter Erwartungen. Diese bilden eine relativ chaotische Menge. Das heißt, einzelne Merkmale, einzelne strukturrelevante Erwartungen bzw. erwartete Sachverhalte werden explizit identifiziert, während alle anderen strukturrelevanten Erwartungen in einem chaotischen Verhältnis zueinander stehen. Für diese gilt, dass es unentschieden ist, um welche Erwartungen in welcher Ordnungsdimension es sich handelt, wer sie hat usw. Die nicht-explizierten, noch nicht einzeln identifizierten Hintergrundserwartungen, die zunächst in einem chaotischen Verhältnis zueinander stehen, werden als einzelne diskrete Erwartungen im Enttäuschungsfall isoliert. Erst dann wird klar, um welche Erwartungen es sich handelt und wer sie hat.

Aktuell identifizierte Erwartungen bzw. Sachverhalte verweisen auf eine reflexiv geordnete Form kommunikativ gestützter Institutionalisierung bzw. medienspezifischer Kommunikation. Die sachlich und raumzeitlich dimensionierte Berührung zwischen Ego und Alter findet vor bzw. mit Bezug auf Tertius statt, wird im Vollzug zu einem Muster objektiviert bzw. wird die Gültigkeit des regelhaften Musters dargestellt. Auf diese Weise wird die Beziehung in einen symbolischen Zusammenhang eingegliedert. Dies ermöglicht die Ausbildung und Stabilisierung von raum-zeitlichen und sachlichen Mustern. Dabei ist zum einen die diabolische Symbolisierung von Bedeutung, durch die in einer allgemeinen Weise kommunikative Adressierungen begrenzt werden, und zum anderen die Bildung institutionalisierter Gesamthandlungen, deren Beteiligte sich füreinander und voreinander symbolisch darstellen und interpretieren. Auf diese Weise klären sie, um was es bei einer jeweiligen Institution geht, welche raum-zeitlichen Strukturen sie aufweist und als wer sich Ego-Alter-Tertius jeweils an wen adressieren bzw. als wer sie die Interpretation einer symbolischen Geste vollziehen. In triadisch strukturierten Kommunikationsvollzügen werden Medien des Beginnens und Endes institutionalisiert, die Gesamthandlungen miteinander verbinden und den Fortgang von einzelnen Gesamthandlungen zu anderen Gesamthandlungen ermöglichen.

Von den Medien des Beginnens, die die Übergänge zwischen einzelnen Gesamthandlungen sicherstellen, sind Legitimationen zu unterscheiden. Diese stellen einen normativ orientierten sinnhaften Zusammenhang zwischen Gesamthandlungen und symbolisch generalisierten Kommunikationsmedien her und garantieren damit auch die Legitimität der Begrenzung des Adressatenkreises. Vorläufig folgt die Sozialtheorie der Annahme, dass Gewalt als Ausgangspunkt für Legitimationen zu begreifen ist. Gewaltkommunikation erhebt den Anspruch, die Normen einer Ordnung unmittelbar und zugleich in einer generalisierten Weise zu explizieren. Generalisiert meint, dass alle Dimensionen der Ordnungsbildung einbezogen sind. Die Allgemeinheit des in der Gewaltkommunikation erhobenen Legitimitätsanspruchs fordert zu weiteren Legitimationen heraus. Da Ordnungen nur dann nicht an ihrem gewalttätig kommunizierten Recht zugrunde gehen, wenn Gewalt in Verfahren rational geregelt bzw. verfahrensmäßig gestaltet wird, enthalten Legitimationen von dauerhaft bestehenden Ordnungen Verfahren der Rechtsdarstellung, die selbst nicht direkt gewalttätig sind.

Die Mehrdimensionalität der Ordnungsbildung führt zu einer gegliederten Hypothese, an der die Analyse einzelner Prozesse der Ordnungsbildung orientiert ist.

1. Es lassen sich typische Ordnungen von Weltzugängen voneinander unterscheiden.
2. Die Ordnung eines Weltzugangs weist ein je spezifisches Dia-Symbolon und dazu passende Symbole auf. Dadurch wird der Kommunikationszusammenhang in zweifacher Weise gesichert. Es wird die Grenze zwischen sozialen Personen und anderem dargestellt und es werden Symbole gebildet, die die Kommunikation sicherstellen.
3. Ordnungen von Weltzugängen unterscheiden sich danach, wie die Beteiligten sich im triadisch strukturierten Vergesellschaftungsprozess für- und voreinander darstellen. Ein dabei zu beachtender grundlegender Unterschied besteht darin, ob die Beteiligten sich als situationsüberdauernde Individuen oder als in Beziehungsnetze integrierte aktuell wirksame Operatoren, d. h. eher als Dividuen, für- und voreinander darstellen.
4. Die Ordnung eines Weltzugangs zeichnet sich durch eine passende verfahrensmäßige Gestaltung der Gewaltkommunikation aus.

5. Die Ordnung eines jeweiligen Weltzugangs ist gekennzeichnet durch passende Strukturen
   - in der Raumdimension,
   - in der Zeitdimension,
   - in der Sachdimension.
Das Insgesamt der zueinander passenden Strukturen bezeichne ich als die Ordnung eines Weltzugangs. Da mit einer großen empirischen Vielfalt zu rechnen ist, erscheint es mir sinnvoll, einzelne Weltzugänge anhand von idealtypischen Ordnungen zu beschreiben.

Wenn die hier entwickelte Vergleichsperspektive überhaupt sinnvoll sein soll, muss es mindestens zwei unterschiedlich strukturierte Typen von Weltzugängen geben. Vor dem Hintergrund meiner beschränkten Kenntnis ethnologischer und historischer Forschung unterscheide ich hypothetisch zunächst drei Typen geordneter Weltzugänge. Wahrscheinlich sind es mehr.

- Der Weltzugang der dividualisierenden Vergesellschaftung
- Der Weltzugang der individualisierenden Vergesellschaftung
- Der Weltzugang der Mehrfachvergesellschaftung

Diese Unterteilung ergänzt bzw. ersetzt die bisher in der Soziologie weit verbreitete Unterscheidung von segmentärer, stratifikatorischer oder funktionaler Differenzierung (vgl. Luhmann 1997: Kap. 4).[1] Der Unterschied der beiden Möglichkeiten, Gesellschaften zu typisieren, liegt in Folgendem. Die von mir vorgeschlagene Differenzierung orientiert sich daran, wie in der Sozialdimension die Grenzen des Sozialen gezogen werden und wie dies strukturell gestützt wird durch die Strukturbildung in den anderen Dimensionen der Ordnungsbildung. Im Unterschied dazu hebt die traditionelle Unterscheidung darauf ab, wie eine Gesellschaft in soziale Untereinheiten gegliedert ist. Letzteres wird in der Perspektive der Analyse von Weltzugängen als Differenzierung einer Ordnung in Subsinnwelten begriffen.

Den Begriff der Sinnwelt hatte ich bereits im Rahmen der Symbolbildung bzw. der Institutionalisierung von Kommunikationsmedien diskutiert. Berger und Luckmann beginnen ihre Analyse symbolischer Sinnwelten mit Bezug auf das Problem der Legitimation. Damit bearbeiten sie ein Problem, das sich ausgehend von ihrer Institutionalisierungstheorie ergibt. Dieser zufolge werden im Prozess der Vergesellschaftung unterschiedliche Institutionen gebildet, ohne dass es eine institutionell abgesicherte Garantie dafür gäbe, dass einzelne Institutionen miteinander kompatibel seien. Deren Passung würde durch die Institutio-

---

1 Luhmann unterscheidet dort auch noch »Zentrum/Peripherie« als mögliche Differenzierungsform. Dennoch bleibt er letztlich bei der genannten Dreiteilung, wenn es um die Beschreibung dominanter Differenzierungsformen geht.

nalisierung sinnhafter Kohärenz zwischen den Institutionen erreicht. Berger und Luckmann bezeichnen diesen Vorgang als »Legitimation« (Berger/Luckmann 1966/1980: 98 ff.). Legitimation führt im Ergebnis zur Institutionalisierung einer übergreifenden symbolischen Sinnwelt, die alle ablaufenden Institutionalisierungsvorgänge in einen kohärenten Zusammenhang ordnet. Im Rahmen der hier vorgeschlagenen Theorie wird das Problem der Kohärenz, zumindest dasjenige der normativen Kohärenz, durch Gewalt bzw. deren verfahrensmäßige Gestaltung gelöst. Auf diese Weise werden ablaufende Institutionalisierungsvorgänge als normativ kohärent dargestellt. Damit sind Ordnungen zugleich legitimierte Ordnungen. Die Art und Weise, wie die Legitimation der Ordnung erzeugt wird, hängt eng mit der Bildung des jeweiligen Dia-Symbolon und den dazu passenden Raum-, Zeit- und Sachstrukturen zusammen.

Ordnungen können intern in Subsinnwelten gegliedert sein. Ob und in welcher Weise eine solche interne Gliederung möglich bzw. für den Bestand der Ordnung erforderlich ist, ist eine empirische Frage. Anders gesagt: Die Beantwortung dieser Frage unterscheidet sich von Ordnungstypus zu Ordnungstypus.

Von einer Differenzierung in Subsinnwelten auszugehen, ist dann sinnvoll, wenn diese ebenfalls die Merkmale eines spezifizierten Weltzugangs aufweisen. Das heißt, Subsinnwelten bilden ein spezifisches Dia-Symbolon aus, spezifizierte verfahrensmäßige Gestaltungen von Gewalt und dazu passende Strukturen in der Sach-, Raum- und Zeitdimension. Da die Bildung von Subsinnwelten zugleich Bestandteil der ablaufenden Ordnungsbildung insgesamt ist, kann eine Ordnung nur dann stabilisiert werden, wenn die Strukturen der Ordnung und diejenigen der Subsinnwelten in ausreichendem Maße zueinander passen. Dabei kann es ausreichen, wenn kommuniziert wird, dass die Strukturen einer Subsinnwelt auf diese selbst beschränkt sind und ein Anspruch auf Gültigkeit für die Gesamtordnung nicht erhoben wird. Die Ordnung der Mehrfachvergesellschaftung gliedert sich in zahlreiche Subsinnwelten wie etwa religiöse Sinnwelten oder die Sinnwelten der Wirtschaft, der Politik, der Wissenschaft usw. Die unterschiedlichen Sinnwelten passen zueinander insofern, als für jede der Anspruch auf Allgemeingültigkeit begrenzt wird. Innerhalb einer religiösen Sinnwelt ist es etwa verpflichtend, an einen bestimmten Gott und nur an diesen zu glauben. Dieser Jenseitsbezug wird aber nicht für alle verbindlich gemacht und zugleich muss klargestellt sein, dass dieser Jenseitsbezug auch für die Strukturierung anderer Sinnwelten nicht verbindlich ist. Auf diese Weise können sehr divergierende Sinnwelten nebeneinander bestehen.

Solange die Sicherung des Rechts direkt durch Gewaltkommunikation erfolgt, ist eine Differenzierung in Subsinnwelten eher unwahrscheinlich. Denn Gewalt fordert die beteiligten leiblichen Aktionszentren in direkter und umfassender Weise und mobilisiert sie für die Aufrechterhaltung der Gesamtordnung. Um die Differenzierung einer Ordnung in Subsinnwelten zu ermöglichen, muss der Verfahrensaspekt bei der Darstellung der Legitimität der Gesamtordnung in den Vordergrund getreten sein. Daraus ergibt sich als Regel: Je gewaltnäher die Verfahren der Rechtsdarstellung sind, desto geringer die Wahrscheinlichkeit, dass sich Subsinnwelten ausdifferenzieren.

5.1. Dividualisierende Vergesellschaftung

Den Terminus der Dividualisierung entnehme ich den Arbeiten von Marylin Strathern. Ihr zufolge referiert das melanesische Konzept der Person nicht auf ein Individuum, sondern auf ein Dividuum, das in Relationen mit anderen steht, aber keine abgeschlossene Einheit bildet (Strathern 1988: 269 f.). Ich arbeite anhand dieses Beispiels zentrale Merkmale des Idealtypus der dividualisierenden Vergesellschaftung heraus.

Strathern schließt an die Analysen von Leenhardt an. Dieser hatte zuerst darauf hingewiesen, dass es verfälschend wäre, die Bewohner Melanesiens als Individuen zu begreifen, die mit anderen Individuen in Beziehung stehen. Das Individuum gehe vielmehr auf in der Pluralität seiner Beziehungen.

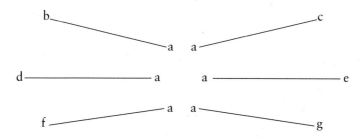

Abbildung 3: das melanesische Dividuum nach Leenhardt (1947/1983: 203)

Der von den kleingeschriebenen »a« gebildete Kreis (s. Abb. 3) beschreibt Leenhardt zufolge eine Leerstelle, an der ein Ich stehen könnte, im Rahmen der melanesischen Konzeption der Person aber nicht steht. Statt eines Individuums gäbe es eine Ansammlung von Beziehungen. »Jeder Strich entspricht ihm und seinem Vater, ihm und seinem Onkel, ihm und seiner Frau, ihm und seiner Kreuzcousine, ihm und seinem Clan etc.« (Leenhardt 1947/1983: 204) Genaugenommen steht in der Mitte auch kein ein einzelner Akteur, sondern ein vertretbares Exemplar einer Gruppe. »Um das, was ich hier schreibe, zu verstehen, muss man die melanesische gesellschaftliche Landschaft vor Augen haben. Man begegnet nie einem jungen Mann allein. Sondern immer in Gruppen von ›Brüdern‹, die einen Block bilden und gemeinsam und als Block dieselben Beziehungen zu anderen Gruppen unterhalten.« (Leenhardt 1947/1983: 204) Jedes kleingeschriebene a ist also die Replikation eines Gruppenmitgliedes im Verhältnis zu den Replikationen der Elemente einer anderen Gruppe, denn b, c, d, f, g sind ebenfalls keine Individuen, sondern Relationen in einem Netzwerk, dem die Knoten fehlen.

In Leenhardts Darstellung wird das abwesende Ich durch die Kreisanordnung der kleingeschriebenen a symbolisiert. Die a's umschließen eine leere Mitte.

An diesem Punkt setzt die Kritik von Strathern an Leenhardts Modell an. Er halte durch die kreishafte Anordnung nämlich noch an der Idee des Ich fest. Es gäbe aber in Melanesien auch keine Leerstelle, die auf ein abwesendes Ich verweist. Vielmehr gäbe es nur einzelne aktualisierende Ereignisse, die eine Verbindung zwischen Gruppen herstellen würden.

Abbildung 4: Das melanesische Dividuum nach Strathern (1988: 270-275)

Mithilfe dieses Modells (s. Abb. 4) versucht Strathern die Handlungsverpflichtungen von Akteuren zu erfassen. »Two relationships are involved, with the agent as pivot; they form, we might say, an analogous pair. This follows from the fact that as a person the agent is always socially distinct from the cause; and in acting for or because of the cause also acts with reference to other causes. The wife who grows food for her husband does so ›herself‹ because she is separated from him by her own ties with her natal kin. Thus she acts with reference to ›two kinds of men‹ – her spouse and her siblings. In short, an agent who acts with one person in mind is also acting with another in mind.« (Strathern 1988: 274)

Dieses Modell modifiziert Leenhardts Annahme in zweifacher Hinsicht. Zum einen hebt Strathern darauf ab, dass es sich bei den jeweils aktualisierten Beziehungen nicht um eine isolierte Dyade handelt, sondern um eine, wie sie es nennt, »rekursive Dualität« (Strathern 1988: 274). Diese Relationierung lässt sich angemessener als triadisch beschreiben. Denn der einheitstiftende Akt verbindet im Vollzug den Akteur mit »a« nur insofern, als zugleich eine Verbindung/Trennung mit »b« hergestellt wird. Die zweite Modifikation liegt darin, dass die triadische Struktur in je aktuellen Vollzügen hergestellt wird. Erst durch die jeweilige Aktualisierung würde die Einheit geschaffen, die mit den anderen beiden Enden des Dreiecks in Verbindung steht und darüber vermittelt auch deren Verbindung herstellt. Dasjenige, was wir als Individuum auffassen würden, besteht aus einer Vielzahl solcher Relationierungen. Insofern spricht Strathern vom melanesischen Dividuum, das durch je aktuell vollzogene Relationierungen hergestellt würde. Mit Bezug auf die Zeit- und Sozialdimension lässt sich dies als je aktueller leiblicher Vollzug einzelner triadischer Relationen beschreiben, ohne dass dabei ein Agent/Akteur auf sich als ein Ich, als ein dauerndes Aktzentrum, referieren würde.

Es erscheint allerdings fraglich, ob die Art und Weise, wie Strathern die Verursachung von Handlungen beschreibt, ausschließlich für Melanesien gilt. Ihre Beschreibungen reproduzieren ziemlich exakt Annahmen, die z. b. auch in der Theorie der symbolvermittelten Interaktion als Perspektivenübernahme gemacht werden. Wenn man diese in einem triadischen Konzept situiert, was durch die Beschreibungen von Strathern geradezu erzwungen wird, ergibt sich Folgendes. Ausgehend von einer triadisch strukturierten Perspektivenübernahme kann man entweder zu einem individualisierenden oder einem dividualisierenden Bezug der Akteure auf sich selbst kommen. Denn in der triadischen Kommunikation können Akteure sich vor anderen und für andere als dauerhaft adressierbares Aktzentrum darstellen und andere entsprechend interpretieren. Beteiligte können auf sich und andere aber auch lediglich als aktuelle Vollzugspunkte einer zeitlich dauernden Relation Bezug nehmen, ohne dabei auf sich selbst oder auf andere im Sinne eines dauerhaften Aktzentrums Bezug zu nehmen.[2]

Dennoch weisen die für Melanesien beschriebenen triadischen Konstellationen Besonderheiten auf, die sich einer solchen Homogenisierung nicht recht fügen wollen. Ich verweise hier zunächst auf die Strukturierung der Erfahrung durch den Bezug in einen ungegliederten Weiteraum hinein. Leenhardt beschreibt diesen Raum als »zusammenhanglos« (Leenhardt 1947/1983: 81), damit ist gemeint, dass dieser Raum nicht im Sinne einer kontinuierlich messbaren dreidimensionalen Ausdehnung zu begreifen ist. In einem derart ungegliederten Raum existieren die »vergöttlichten Ahnen« und auch die Geister. Dieser Raum kann durchaus in Gegenden gegliedert sein, auf die hin man sich richten kann bzw. von denen etwas kommt. Im Sinne solcher Gegenden sind die Inseln zu verstehen, auf denen die vergöttlichten Ahnen leben, »die Insel Bolotru der Leute von Fidji oder die Insel Suné der Leute

---

2 LiPuma (1998: 56 ff.) hatte – unter Außerachtlassung der Zeitdimension – Strathern ebenfalls dahingehend kritisiert, dass sich »Dividualisierung« und »Individualisierung« sowohl in Melanesien als auch in modernen westlichen Gesellschaften finden ließen.

der Salomon-Inseln. Wir könnten diese Inseln für irreal halten, und sie sind es in der Tat. Aber unsere Geographie ist es, die der Melanesier für irreal hält, und nicht seine eigene mythische Welt.« (Leenhardt 1947/1983: 81) Die Existenz solch ungegliederter Räume muss man in Rechnung stellen, wenn man die triadischen Kommunikationsvollzüge begreifen möchte, die Strathern beschreibt. Sowie man nämlich die raum-zeitlichen Merkmale der triadischen Konstellationen in den Blick nimmt, treten die Unterscheide zum pragmatistischen Konzept der Perspektivenübernahme deutlich hervor. Sie sind darin begründet, dass die modalzeitlich und richtungsräumlich strukturierten leiblichen Aktualisierungen in eine Dauer verschränkt sind und eine starke Betonung des Weiteraums enthalten. Dadurch erhalten die triadischen Relationen einen besonderen Zuschnitt. Dies lässt sich gut zeigen, wenn man sich einzelne Phänomene genauer anschaut.

»Parallel to male initiation is a rite for girls. Gimi girls are betrothed before puberty, and at her first menses the bride is ›initiated‹ by men of her husband's clan. They take male spirit from their forest and deposit it in the female. She drinks ancestral semen (river water) and eats a spirit child (a marsupial encased in sugarcane and vines, a penis). These objects are forced on her. If she does not eat these foods she will not bear her husband's children. Childbirth becomes testimony to male efficacy.« (Strathern 1988: 112 f.) In einer Endnote wird folgende Ergänzung angefügt: »This is also a sociological issue: the male spirit that the bride has within her is paternal in origin. It must be driven out and a ›spirit child‹ from the husband's clan substitutes it instead.« (Strathern 1988: 359)

Die Ahnen existieren im Wald. Wie sie dort raum-zeitlich existieren, wird von Strathern und ihrer Gewährsfrau Gillison nicht näher erläutert. Vor dem Hintergrund der Analysen Leenhardts liegt es nahe, davon auszugehen, dass Geister und Ahnen in einem ungegliederten Raum existieren, d. h. in einem Raum, der zwar ausgedehnt ist, aber nicht in messbarer Weise. In einem solchen Raum können Gegenden oder auch Orte fixiert werden, von denen Wirkungen ausgehen, ohne dass diese Orte messbar ausgedehnt wären. Zeitlich müsste man bezogen auf die Existenz der Geister von einer Dauer auszugehen. Die Ahnen bzw. die Ahnengeister existieren im Wald und es ist unentschieden, ob sie eindeutig vergangen, gegenwärtig oder zukünftig sind. Als diese dauerhaft existierenden Dritten werden sie von den Männern eines Clans über bestimmte Substanzen in den Körper der Braut hineingebracht. Dadurch wird diese von den ebenfalls in der Dauer existierenden Geistern des väterlichen Clans getrennt. Nicht mehr diese, sondern die Geister des Clans ihres Mannes wirken in der Braut. Diese Konstellation kennt weniger ein dauerndes ich, als dauernde Beziehungen, die über die Geister vermittelt werden

Nur wenn diese Restrukturierung der Drittenbezüge gelingt, wird die Frau die Kinder ihres Mannes, d. h. des Clans ihres Mannes, gebären. Wenn sie Kinder gebiert, ist dies der Beweis dafür, dass die Restrukturierung der Drittenbezüge gelungen ist. Es ist dokumentiert, dass die modalzeitlichen/richtungsräumlichen Bezüge der Frau in den ungegliederten Raum und die Dauer der Clanexistenz verschränkt worden sind. Wenn die Frau geboren haben wird, wird sich gezeigt haben, dass die Geister des Clans ihres Gatten erfolgreich in der Frau wirken. Hier zeigt sich sehr schön die von Strathern oben beschriebene Struktur: Die leibliche Aktivität der Frau, die Geburt, dokumentiert, dass und wie sie die Trennung/Verbindung zwischen zwei Sorten von Männern herstellt, nämlich die Trennung vom Vaterclan und die Verbindung zum Clan des Gatten. Zugleich wird deutlich, dass es simplifizierend wäre, hier lediglich davon zu sprechen, dass die Perspektiven unterschiedlicher Gruppen übernommen werden würden und dass diese sozialen Bezüge in ihr wirken. Denn es handelt sich nicht nur um die aktuell lebenden Männer des Vater- und Gattenclans, sondern auch um die Beziehung zu den Geistern der jeweiligen Clans, die durch die Einflößung von Substanzen in der Frau wirken und sie damit dem Raum und der Dauer des Vaterclans entziehen und in die Raumbezüge bzw. die Dauer des Gattenclans einführen bzw. hineinzwingen. Strathern betont an mehreren Stellen, dass zur Durchsetzung des Rituals auch Gewalt angewendet wird. In dieser Konstellation wird eher auf die Beziehungen zwischen den Clans als das Dauernde Bezug genommen, aber nicht auf die Dauer einer individuellen Person.

Der »einheitstiftende Akt«, der den Erfolg des Rituals und damit die Trennung/Verbindung ausdrückt, ist die Geburt. Die Geburt ist ein kommunikativer Akt, der das Ritual abschließend als ein gelungenes qualifiziert. Es erscheint mir wenig sinnvoll, den kommunikativen Vollzug des Gebärens als eine Handlung zu beschreiben. Denn der Begriff der Handlung ist stark mit der Orientierung entweder an einer Wert- oder einer Zweckrationalität verbunden. Vor allem aber ist es möglich, eine Handlung willentlich zu unterlassen. Das ist bei einer von Geistern induzierten Geburt nicht der Fall. Eher erscheint es mir sinnvoll, Gebären als ein leiblich durchlebtes Ereignis zu begreifen, das eine Zukunft und sinnentsprechend eine Vergangenheit entfaltet. Die Geburt entfaltet einen Zukunftsbezug insofern, als mit diesem Ereignis die Frau bzw. das geborene Kind in die Dauer des Clans des Gatten eingliedert wird; umgekehrt entfaltet die Geburt einen Vergangenheitsbezug, indem die Geburt für alle Beteiligten symbolisiert, dass die Beziehung zum väterlichen Clan gekappt ist. Damit wird die Geburt als ein leibliches das Hier/Jetzt der Gegenwart akzentuierendes Ereignis zu einer gültigen kommunikativen Interpretation des Aufnahmerituals der Braut in den Clan des Gatten.

Ich hatte im Rahmen der Analyse der Sozialdimension auf die Semantikanalyse der »Ilias« von Schmitz Bezug genommen, um die Variabilität und Andersartigkeit von Leiberfahrungen zu verdeutlichen. Schmitz zufolge gibt es in der Ilias kein Wort, das den Körper als Einheit bezeichnet. Der Körper ist das »Beieinander der Glieder« bzw. der »Gliederhaufen«. Diese Leiberfahrung kennt kein Impulszentrum, sondern über den Leib verteilte Regungsherde, die in der Brustgegend, den Knien, den Händen verteilt sein können. Der Körper ist keine dauernde Einheit, sondern es gibt nur gegenwärtige leibliche Vollzüge, die die Glieder bzw. Regungsherde zusammenfassen (vgl. Schmitz 1965: § 79). Auch die Helden der Ilias kann man schlecht als Individuen bezeichnen. Sie sind leiblich dividualisiert, sie haben kein einheitliches dauerndes Aktionszentrum, das man als Ich oder als Seele bzw. Willen der Person bezeichnen könnte. Analog zu diesen Konzepten könnte man für die melanesische Person von einem Beieinander der beziehungsstiftenden Substanzen sprechen, die motivieren bzw. für Motivationen empfänglich machen.

Die Substanzen müssen zusammengebracht/getrennt werden, die Verbindungssubstanz zum Vater muss aus der Braut entfernt und die Beziehungssubstanz zum Clan des Gatten muss in die Frau hineingebracht werden. Dies macht die Braut empfänglich für die Beziehungsanforderungen seitens des Gattenclans. Die in einen ungegliederten Raum und Dauer eingeordneten Beziehungssubstanzen stellen die Verbindungen zu allen möglichen Gruppen von Entitäten her, zu Männern, den zu gebärenden Kindern, zum Boden, zu Pflanzen, zu Geistern usw. Das Beieinander der Beziehungssubstanzen wird je situationsabhängig aktualisiert, ohne dass dabei auf ein Ich, ein dauerndes Aktionszentrum, explikativ Bezug genommen würde. Es gibt triadisch reflexiv gestaltete modalzeitliche Vollzüge, aber die beteiligten exzentrischen Selbste nehmen dabei auf sich nicht im Sinne eines dauernden Ichs Bezug. Modalzeitlich werden hier/jetzt einzelne Bezüge aktualisiert und andere in den Hintergrund gedrängt. Es wird dabei aber kein Ich mitexpliziert, das die jeweiligen aktuellen Bezüge überdauern würde. Anders gesagt: Es wird in den triadischen Vollzügen kein Ich expliziert, als welches sich die beteiligten leiblichen Selbste in unterschiedlichen sozialen Bezügen wiederfinden würden. Stattdessen werden in den kommunikativen Vollzügen die Beziehungssubstanzen und ihre Wirksamkeit expliziert.

Das triadische Kommunikationskonzept als Ausgangspunkt zu wählen, erlaubt es auch, die Kritik von Descola an Strathern aufzunehmen.

»Ohne zu bestreiten, dass in Melanesien eine Theorie der ›dividu-
ellen‹ Person existiert, muss dennoch … daran erinnert werden,
dass sie mit einer egozentrischen Auffassung des Subjekts koexis-
tiert – und in bestimmten Situationen durch sie ersetzt wird –, von
der sich in keiner Weise behaupten lässt, sie sei ausschließlich das
Ergebnis der europäischen Kolonisation … man geht also kaum ein
Risiko ein, wenn man jene Form der Individuation einräumt, die das
indexikale Selbstbewusstsein aufzeigt und die durch die mit dem Gebrauch des ›du‹ eröffnete intersubjektive Unterscheidung verstärkt
wird.« (Descola 2005/2011: 184)

Diese Kritik basiert darauf, dass in der Sprache ein individueller Akteur
auf sich als »Ich« rekurriert und auf das Gegenüber als »Du«. Die Frage
ist nun, wie diese Reflexivität gedacht wird. Ich habe bereits herausgearbeitet, dass sie im Pragmatismus als Reflexion des einzelnen Akteurs
auf sich gedacht wird. Wenn man davon ausginge, müsste man Stratherns Analysen partiell zurücknehmen. Wenn man aber davon ausgeht,
dass die Reflexion auf sich ein triadisch vermittelter reflexiver Vollzug
ist, bezeichnen die auf »Ich« verweisenden sprachlichen Partikel den
Ausgangspunkt aktueller leiblicher Vollzüge. Dies beinhaltet aber noch
keine stabilisierende Explikation als ein »Ich«, das an seinen Körper
gebunden ist und insofern aus »Interiorität« und »Physikalität« zusammengesetzt ist (vgl. Descola 2005/2011: 181). Wenn man diese Prämisse
Descolas teilen würde, ginge man ein erhebliches Risiko ein, die reflexive
Struktur der melanesischen explikativen Vollzüge zu verunklaren, denn
hier sind – wie Descola selbst zugibt – die »Prinzipien, die den Menschen als Person konstituieren, außerhalb seines Körpers« verteilt (Descola 2005/2011: 184). Unter dieser Voraussetzung enthält die Referenz,
die in den sprachlichen Ichpartikeln zum Ausdruck kommt, lediglich
eine aktuelle Referenz auf den Vollzugspunkt der Dividualität. Dieser
ist die aktuelle über den Bezug auf Geister vollzogene Vermittlung der
dauernden Beziehung zwischen Gruppen. Die Verteilung zwischen Interiorität und Physikalität besteht nicht mit Bezug auf das Individuum,
sondern, wenn überhaupt, mit Bezug auf die triadische Kommunikationskonstellation. Descola könnte Stratherns Analysen nur dann ernst
nehmen, wenn er sich bereitfinden würde, seine beobachtungsleitenden
Annahmen irritieren zu lassen.

Für das Ich gilt wie für alle anderen Strukturelemente auch, dass sie
nur insofern stabilisiert sind und existieren, als sie explikativ dargestellt
werden. Folglich kann man lediglich sagen, es gibt aktuelle modalzeitliche Vollzüge, einheitstiftende Akte, aber es gibt kein Ich. Es werden
in den triadischen Vollzügen jeweils unterschiedliche in der Dauer existierende Relationen, die Beziehungssubstanzen, expliziert. Es wird sich
zeigen, dass im Rahmen individualisierender Vergesellschaftung ein Ich

expliziert wird, welches Situationen überdauert und dem eine Verantwortung für seine Taten zugemutet werden kann.

Der enge Zusammenhang zwischen dem Dia-Symbolon einer Ordnung und der Gewalt bzw. der Kanalisierung von Gewalt tritt im Rahmen dividualisierender Vergesellschaftung deutlich hervor. Die Verbindung zwischen einzelnen Gruppen enthält eine spezifische Form der verfahrensmäßigen Gestaltung von Gewalt, die über das Zirkulieren von Gaben verläuft. Diese entspricht der zweiten Form der Kanalisierung von Gewalt im Sinne Girards (s. o.), denn sie bindet die Gewalt in wechselseitige Verbindlichkeiten zwischen den Gruppen ein. In diese Wechselseitigkeit sind unterschiedliche Akteure als aktive, operativ tragende Einheiten einbezogen: Menschen, Geister sowie gezähmte und ungezähmte Tiere und Pflanzen. Der Gabentausch ist aktueller Vollzug, ein einheitstiftender Akt im Sinne Stratherns. Das Gelingen des Gabentauschs wird in der Konsumtion der getauschten Güter dargestellt. Konsumtion ist, auch hier folge ich Strathern, ein interpretierender einheitstiftender Akt, durch den die sozialen Bezüge als hier/jetzt bestehende Bezüge in den Raum und die Dauer der Gruppenexistenz eingeordnet werden (Strathern 1988: 289).

Der Gabentausch und die Konsumtion der Güter nehmen eine zentrale Rolle für die Kanalisierung von Gewalt ein. In ihm werden die Wechselseitigkeit der sozialen Bezüge und der Zusammenhang der sozialen Akteure dargestellt. Der Gabentausch verbindet und er kennzeichnet im Sinne eines Dia-Symbolons diejenigen, die als soziale Akteure anzuerkennen sind. Eine Enttäuschung der Erwartungen an die Wechselseitigkeit im Gabentausch gefährdet den Gesamtzusammenhang, durch den die einzelnen Aktivitäten miteinander verbunden werden. Dies macht es wahrscheinlich, dass die im Gabentausch enttäuschten Erwartungen durch Gewalt dargestellt werden. Etablierter und intensiver Gabentausch hat eine doppelte Wirkung: Er kanalisiert Gewalt und er führt zur Gewalt. Knauft zitiert in seiner Überblicksarbeit über Gewalt und Krieg in Melanesien die Ethnographie von Gordon und Meggit. Das Zitat beginnt mit der Aussage eines Melanesiers, an das eine weiterführende Deutung seitens der Ethnologen anschließt:

> »›We make Te (ritueller Gabentausch, GL) first and then we fight.‹ This adage can be interpreted in two ways: one clan builds up alliances through the Te and then attacks the enemy; or Te transactions inevitably cause bad relations between groups because of inadequate exchanges or defaults that generate excuses for their engaging in warfare. On the surface the Te enables people to establish friendly relations, but in the process it creates potential conflict that lurks beneath the surface of sociality, or actual disputes.« (Gordon/Meggit zitiert nach Knauft 1990: 277)

Im Gabentausch werden die Beziehungen hier/jetzt in triadischen Konstellationen vollzogen, womit die Beziehungen zugleich in den Raum bzw. die Dauer der Gruppenbeziehungen eingeordnet werden. Wenn im Tausch die Erwartungen an Wechselseitigkeit verletzt werden, führt dies zunächst zu verbalen Konflikten darum, ob die Erwartungen aufrechtzuerhalten sind oder ob auf Lernen umgestellt werden sollte. Solche Dispute sind nichts anderes als eine wechselseitige Kritik, durch die diejenigen Erwartungen identifiziert werden, an denen kontrafaktisch festgehalten werden muss. Die Normen der Ordnung werden expliziert. Wenn die Verletzung der Erwartung an einen gerechten Tausch situativ als derart dramatisch erfahren wird, dass die Wechselseitigkeit des Gabentauschs auf dem Spiel steht, muss in allgemeinverbindlicher Weise dargestellt werden, dass es sich um Erwartungen handelt, an denen kontrafaktisch festzuhalten ist. Damit gehen Kritik und Rechtfertigung des aktuellen Gabentauschs in Gewaltkommunikation über – der Gabentausch führt zum Krieg zwischen denjenigen, die aneinander normative Erwartungen richten können. Diese Gewalt führt regelmäßig zu Toten, sie kann sogar in regelrechten Metzeleien enden. Alle Mitglieder des gegnerischen Clans, nicht nur die wehrhaften Krieger, werden getötet, wenn es ihnen nicht gelingt zu fliehen. Da auch für das Erschlagen Wechselseitigkeit gilt, hat die Gewaltkommunikation die Tendenz, sich in einer unablässigen Folge von Blutrachefehden zu verstetigen, die viele Gesellschaften auf Neuguinea kennzeichnen.

Es gibt allerdings auch Möglichkeiten, eine sich abzeichnende Spirale wechselseitiger Gewalt durch die Institutionalisierung der symbolisch generalisierten Medien Macht und Einfluss einzudämmen. In dem Maße, wie sich solche Kommunikationsmedien herausbilden, können sich sogenannte »große Männer« etablieren. Diese haben im Rahmen etablierter Netzwerke eine Gefolgschaft. Die großen Männer haben eine politische Führungsfunktion, innerhalb ihrer Gruppe und im Verhältnis zu anderen Gruppen. Bei Konflikten haben sie die Macht, friedenssichernd oder eskalierend zu wirken. Ihre Macht kann gerade dann als besonders groß gelten, wenn sie Konflikte begrenzen und Kriege vermeiden können (Knauft 1990: 289 ff.).

Versuche, die Verbreitung der Gewaltkommunikation durch im westlich-modernen Sinn rationale Faktoren zu erklären, scheitern. Die ökologische Hypothese, wonach dichte Besiedlung zu einem Kampf um Land führt, ist nicht haltbar, denn tödliche Konflikte kommen in dünn besiedelten Gebieten in gleicher Weise vor. Zusätzlich verliert die ökologische Hypothese durch die Pluralität der beteiligten Akteure an Überzeugungskraft. Das Land der besiegten, d.h. der getöteten und vertriebenen Feinde, kann nicht in Besitz genommen werden, weil die Geister, die in diesem Gebiet leben und die den Besiegten verbunden sind, nicht in gleicher Weise vertrieben werden können. Um nicht die

Rache der Geister auf sich zu ziehen, vermeiden es die Sieger, in den Gebieten ermordeter Gruppen zu siedeln (Knauft 1990: 270). Gäbe es keine Geister, könnten sich die menschlichen Akteure Melanesiens gemäß westlichen Rationalitätsannahmen verhalten. Dass es Geister gibt, hängt wie gesagt mit den anders gearteten Raum- und Zeitstrukturen dieser Ordnung zusammen, die sich an diesem Beispiel genauer klären lassen. Der Raum dieser Ordnung entzieht sich einer Definition durch messbare Ausdehnung, dennoch lässt er sich untergliedern in unterscheidbare Gegenden. Denn der ungegliederte Raum, in dem die Geister der Feinde existieren, kann von demjenigen Raum unterschieden werden, in dem die Geister der eigenen Gruppe existieren. Es handelt sich um zwei voneinander unterscheidbare Gegenden, die vage differenziert werden, etwa im Sinne von »jenseits des Flusses« oder »hinter den Hügeln«. Der Raum der Gegend selbst ist in sich relativ chaotisch, wobei chaotisch im Sinne chaotischer Mannigfaltigkeit zu verstehen ist. Gegenden können weiter in einzelne Orte ausdifferenziert werden – etwa »hinter dem Hügel bei den drei Bäumen«. Solche räumlichen Gliederungen zeichnen sich durch ihre praktische Relevanz aus. Man weiß, wohin man sich richten muss, um etwas zu finden bzw. wovon man sich fernhalten muss, um jemandem, z. B. einem Geist, nicht zu begegnen. Aber es handelt sich nicht um eine Ausdehnung im Sinne einer dreidimensionalen messbaren Ausdehnung (vgl. Schmitz 1967: § 134).

Die Eskalation von Blutrachefehden basiert darauf, dass es Sache der Geschädigten ist, die Gültigkeit normativer Erwartungen darzustellen. Wenn die Verpflichtung der Normverletzerin, die Gültigkeit der verletzten Norm darzustellen, eindeutig institutionalisiert ist, können Normverletzungen ausgesprochen gewaltfrei abgehandelt werden. Bateson (1949/1985) beschreibt in seiner Ethnographie der balinesischen Gesellschaft diese als eine, in der sich historisch die Option durchgesetzt hat, die Darstellung der Gültigkeit der normativen Erwartung primär der Normverletzerin aufzuerlegen. Die balinesische Gesellschaft kennt Bateson (1949/1985) zufolge keine subjektiven Rechte. Es ist vielmehr institutionalisiert, sich aus der Perspektive des Dorfes als jemanden zu sehen, der jederzeit einen Fehler machen kann und bereit sein muss, sich dafür zu schämen. Leibliche Aktionszentren referieren auf sich als solche, die stets aktuell gefährdet sind, einen Fehler zu machen, der das Beziehungsnetz in ein Ungleichgewicht bringt, und sie fühlen sich im Fall eines Fehlers verpflichtet, die Gültigkeit der Norm darzustellen. Indem sie sich schämt oder an ihrem Unrechtsgefühl regelrecht körperlich zugrunde geht, stellt die Normverletzerin die Gültigkeit der Norm vor der Dorfgemeinschaft (konkrete Dritte) als Repräsentantin des generalisierten Dritten dar. In dem Maß, in dem eine solche Institution gilt, kann es ein friedliches Zusammenleben geben, ohne dass es einer

Zentralgewalt bedürfte, die gegen die Normverletzerin vorgeht und dadurch die Gewalt verfahrensmäßig bindet.

Auf Bali ist – wie weiter oben gezeigt wurde – auch der leibliche Richtungsraum anders geordnet. Nicht der eigene Leib fungiert als Zentrum der Orientierung, vielmehr ist der Richtungsraum von einem Zentralpunkt her orientiert, der außerhalb liegt – wie z.B. dem Zentralgebirge. Dieser anders strukturierten Ordnung in der Raumdimension entspricht eine anders strukturierte Ordnung in der Symbol- und Sozialdimension. Rechtlich steht nicht das Individuum im Mittelpunkt, sondern das Beziehungsnetz, in dem es steht. Die Vergesellschaftung wirkt nicht individualisierend, sondern dividualisierend. Die Verpflichtung der Normverletzerin, die Gültigkeit der normativen Erwartung vor dem Dorf darzustellen, hat eine konkrete Entsprechung in der Struktur der Gesamtordnung. Auch in diesem Fall bilden die leiblich-raum-zeitlichen und symbolisch-normativen Orientierungen einen kohärenten passungsfähigen Zusammenhang.

Die Ordnung der dividualisierenden Vergesellschaftung kann in Ansätzen eine Differenzierung in Subsinnwelten aufweisen. Beispiele dafür wären etwa die nach Geschlechtern geteilte Arbeit und die nach Geschlechtern getrennten Rituale. Es gibt institutionalisierte Gesamthandlungen wie Gartenbau, Jagd oder Kriegführung, die jeweils einer bestimmten Personengruppe, den Frauen oder den Männern, vorbehalten sind. Dies lässt sich im Sinne einer Differenzierung von Weltbezügen verstehen, denn es handelt sich um unterschiedliche Sach-, Raum-, Zeit- und Symbolstrukturen, die den nach Geschlechtern getrennten Weltzugang regeln. Entsprechend werden reflexive Institutionen und Verfahren ausgebildet, die die spezifischen Wechselbezüge zwischen den Geschlechtergruppen stützen (vgl. zusammenfassend Strathern 1988: Kap. 3).

Die Differenzierung in die Sinnwelten von Frauen und Männern entspricht nicht dem, was unter segmentärer Differenzierung verstanden wird. Letztere bezieht sich darauf, dass es im Prinzip gleichartige gesellschaftliche Gliederungen gibt, wie etwa Familien, zwischen denen es keine Teilung der gesellschaftlichen Arbeit gibt (vgl. Durkheim 1930/1964: 230). Von der Sache her argumentiert Luhmann ähnlich (Luhmann 1997: 635) und hebt dabei auch hervor, dass diese Differenzierungsform »auf Individuen umgerechnet werden« könne (Luhmann 1997: 636). Mit solchen Aussagen wird die Struktur der dividualisierenden Ordnung, wie sich aus der ethnographischen Forschung ergibt, weitgehend verfehlt. Die von Strathern und Leenhardt beschriebene Ordnung stellt in den Vordergrund, dass es Austauschbeziehungen zwischen Gruppen gibt und dass die Geschlechter in je unterschiedlicher Weise in diese Austauschbeziehungen eingebunden sind (Strathern 1988: Kap. 3). Damit werden nicht gleichartige und im Prinzip autonome Segmente, sondern aufeinander angewiesene Gruppen als Bezugspunkt für die Bildung von Subsinnwelten angenommen.

Individualisierung als Verfallsform

Die Darstellung der dividualisierenden Vergesellschaftung möchte ich abschließen mit der Diskussion der Möglichkeit, dass Individualisierung eine Verfallsform der dividualisierenden Vergesellschaftung darstellen kann. Knauft (1985) beschreibt die auf Neuguinea existierende Gesellschaft der Gebusi, die von anderen prosperierenden Gesellschaften nicht nur umgeben, sondern auch in die Defensive gedrängt ist. Die angrenzenden Gesellschaften gehören zum Typus der dividualisierenden Vergesellschaftung und weisen weitausgreifende Tausch- und kriegerische Gewaltbeziehungen auf. Sie sind deutlich wohlhabender, haben eine größere Bevölkerung und nehmen ein größeres Territorium ein.

Die Gebusi sind explizit unkriegerisch. Die Norm ist, immer freundlich zueinander zu sein, denn es gilt, den Geist guter Gemeinschaft nicht zu verletzen. Die Vergeltung von Normverletzungen gilt als unschicklich, obwohl diese durchaus zur Kenntnis genommen werden. In diesem Rahmen ist es unmöglich, die Verletzung von Erwartungen in Wechselseitigkeitsbeziehungen wie etwa im Tausch durch Gewalt darzustellen, denn Gewalt ist verpönt. Eine Verpflichtung der Normverletzerin, die Gültigkeit von Normen etwa durch Scham darzustellen, ist ebenfalls nicht institutionalisiert.

Es gibt aber auch im Selbstverständnis der Gebusi Phänomene, die als rechtsdarstellende Gewalttaten interpretiert werden. Dabei handelt es sich um Ereignisse, die ein westlicher Beobachter als Krankheit deuten würde. Solche Vorkommnisse sind für die Gebusi durch zauberische Gewalt verursachte Leiden. Die zauberische Gewalt wird als eine illegitime Gewaltreaktion auf eine vorhergehende Enttäuschung normativer Erwartungen gedeutet. Die Logik ist also folgende: A hat eine normative Erwartung von B verletzt. Es wurde z. B. die Reziprozität beim Güter- oder Frauentausch nicht gewahrt. Eigentlich sind Gebusi verpflichtet, die Enttäuschung solcher normativer Erwartungen hinzunehmen. Einige tun dies aber nicht und stellen durch zauberische Gewalt dar, dass sie an ihren normativen Erwartungen festhalten. Diese Gewalt ist aber illegitim und muss daher ihrerseits bestraft werden. Da es sich um die gewalttätige Darstellung verletzter normativer Erwartungen handelt, ist es naheliegend, die verursachenden Zauberinnen dadurch zu identifizieren, dass danach gefragt wird, wessen Erwartungen die von der zauberischen Gewalt getroffene Person verletzt hat. Es ist unerlässlich, die Gewalttäterinnen zu identifizieren, denn sie haben die zentrale Norm, die das Zusammenleben der Gebusi übergreifend regelt, nämlich die Aufrechterhaltung guter Gemeinschaft, verletzt und müssen nun bestraft werden. In diesem Zusammenhang geht es nicht um die Relation von Gruppen, sondern es werden individualisierte Tat-Schuld-Relationen erzeugt. Die Tat wird eindeutig ethisch gewertet. Der Norm des friedlichen Zusammenlebens folgend wird die Frage, ob der Vorwurf der zauberischen Tötung zutrifft oder nicht, in einem geregelten Verfahren geklärt. Wenn es sich um die Relationen zwischen Individuen handelt, muss auch das Problem individueller Interessen berücksichtigt werden. Dies kommt darin zum Ausdruck, wie diejenigen ausgewählt werden, die das Verfahren tragen und wie es durchgeführt wird. Das Verfahren besteht in nächtlichen Seancen, in denen ein Medium vor den Augen der Dorfbewohner Kontakt mit Geistern aufnimmt. Die Geister geben Informationen, die es erlauben, die Person zu identifizieren, deren normative Erwartungen die Verzauberte verletzt hat und wie die zauberische Gewalt im Einzelnen durchgeführt worden ist. Die derart identifizierte Person muss öffentlich ein »Sago« kochen. Das ist ein mehr oder weniger schwierig zuzubereitendes Gericht. Wenn das Gericht misslingt, ist die Zauberin endgültig überführt (Knauft 1987: 465).

Das Verfahren belegt, wie weitreichend die Rationalisierung von Gewaltkommunikation in Drittenkonstellationen sein kann. Auch ohne Zentralgewalt kann auf diese Weise die legitime Isolierung der Täterin aus der Gruppe gesichert werden. Es kommt nur in sehr seltenen Fällen vor, dass die Angehörigen einer überführten und getöteten Hexe Blutrache üben. Zugleich wird auch in diesem Beispiel der inklusive Charakter der Gewaltkommunikation deutlich. Denn die Gewalt richtet sich nur gegen solche Entitäten, die normative Erwartungen enttäuschen können.

Die Pazifizierung des Zusammenlebens und die damit einhergehende Individualisierung haben zwei Konsequenzen. Bezogen auf die Gruppengröße führt die Verfolgung von Zauberei statistisch gesehen zu einer Totschlagsrate, die mindestens genauso hoch, wenn nicht höher liegt, als es bei den umgebenden kriegerischen Gesellschaften der Fall ist. Der Verzicht darauf, wechselseitige Verpflichtungen durch gewalttätige Darstellung des Rechts durchzusetzen, behindert die Einbindung in weiterreichende Tauschbeziehungen. Die Entfaltung solcher Tauschbeziehungen führt in den anderen Gesellschaften Neuguineas zu vielfältigen wirtschaftlichen Entwicklungen. Diese Entwicklungsmöglichkeiten sind den Gebusi verbaut, denn es mangelt an einer institutionellen Durchsetzung der Reziprozität des Tauschs. Zudem sind die Gebusi in Auseinandersetzungen ihren kriegerischen Nachbarn vollständig unterlegen, die tauschgestützte Bündnisse aufbauen können und so auch militärisch expandieren. Individualisierung entpuppt sich hier als eine Sackgasse für die Entwicklung einer Gesellschaft.

Abschließend möchte ich noch auf die Frage eingehen, ob es möglich wäre, die Ordnung der dividualisierenden Vergesellschaftung im Rahmen der Natur-Kultur-Unterscheidung zu begreifen. Die leiblichen Vollzüge sind in praktisch relevanter Weise in eine Ordnung von Raum und Zeit verschränkt, die sich durch einen ungegliederten bzw. in praktisch relevante Gegenden differenzierten Raum und eine Zeitstruktur auszeichnet, in der Beziehungssubstanzen im Sinne einer Dauer existieren. Eine solche Strukturierung von Raum und Zeit ermöglicht eine starke Einbindung in den umgebenden Raum, seine Gliederungen und die in ihm wirkenden Entitäten und damit auch eine hohe leibliche Sensibilität für die Wirkung von Geistern. Umgebender Raum ist dabei nicht mit Nahraum zu verwechseln, denn diese Kennzeichnung hat die Konnotation von lokal, nicht weit entfernt. Der ungegliederte Weiteraum enthält aber durchaus Gegenden, die sich nicht in einer abmessbaren Nähe befinden. Die Frage, ob die Geister im Nahraum, etwa 2 km im Umkreis, existieren, ist im Rahmen der Ordnung dividualisierender Vergesellschaftung schlicht unsinnig.

Ein Gedankenexperiment: Wenn man auf eine derart strukturierte Raumzeit die Natur-Kultur-Unterscheidung anwenden wollte, müsste man zwischen einem bedeutungsfreien Raum und einem von ihm zu unterscheidenden immateriellen kulturellen Glaubenssystem ausgehen. In einem solchen Raum könnte man messbar ausgedehnte Körper und Gegenstände, messbare physikalische Phänomene wie Licht usw. unterbringen. Eine solche Raumvorstellung würde den erlebten Raum, der in der Ethnographie zum Ausdruck kommt, zerstören, man müsste z. B. die Realität der Beziehungssubstanzen leugnen. Die Braut nimmt Flusswasser in einer bestimmten chemisch-physikalischen Zusammensetzung zu sich, welches die immaterielle Bedeutung hat, eine Beziehung herzustellen. Dieser moderne Realismus weist allerdings seine eigenen Probleme auf. Beobachtbar und messbar sind das Flusswasser und seine Zusammensetzung sowie das Verhalten der Körper. Normorientierung, Bewusstsein, Entscheidung oder Handlung sind nicht in diesem Sinn empirisch nachweisbar. Sie können nicht in der gleichen Weise gezeigt werden, wie ein Messwert gezeigt werden kann. An Normen, Bewusstsein oder Entscheidung müssen westliche Sozialforscher glauben, messen kann man sie nicht. Damit wären Geister und Entscheidungen eines Ich auf eine Stufe gestellt. Beide sind in gleicher Weise nicht direkt sinnlich zu erfahren wie ein messbar ausgedehnter Gegenstand. Die nächste Konsequenz wäre, nur das als wirklich gelten zu lassen, was im Sinne einer messbaren Ausdehnung existiert. Wenn das zutrifft, ergäbe sich eine eigenartige Konsequenz. Der erlebte Schmerz hat nämlich ebenfalls keine Existenz in einem dreidimensional ausgedehnten Raum. Damit wäre z. B. der erlebte Schmerz auf dem Zahnarztstuhl nicht real. Real wäre vielmehr die Messung neurophysiologischer Erregungen. Denn das eine entspräche nur einer subjektiven Erfahrung, die nicht als solche in einem dreidimensional ausgedehnten Raum verortet werden kann, während die Messung auf einen objektiv-wirklichen Sachverhalt im dreidimensional ausgedehnten Raum verweisen würde.

Ich muss zugeben, dass mich eine solche Position nicht überzeugt. Wenn mir ein Arzt erklärt, dass der Einstich der Spritze nicht weh tut, weil sich an dieser Stelle keine Nerven befinden, kann es trotzdem vorkommen, dass ich Schmerzen empfinde. An diesem phänomenologischen Realismus festzuhalten, scheint mir sinnvoll.

Wenn man den phänomenologischen Realismus zulässt, heißt das, von der leiblichen Erfahrung und der Notwendigkeit, diese zu explizieren, auszugehen. Unter dieser Voraussetzung ist man gezwungen anzuerkennen, dass es unterschiedliche Explikationen gibt. In der einen explizieren Beteiligte voreinander und füreinander, dass sie auf sich als ein immaterielles Ich Bezug nehmen, das Entscheidungen trifft und sich sozial orientiert. In anderen Ordnungen gibt es kommunikative Vollzüge, die Beziehungssubstanzen als real und in der leiblichen Erfahrung wirksam explizieren. Das eine ist so sinnig oder unsinnig wie das andere. Der Unterschied besteht lediglich darin, dass die eine Explikation mit der methodischen Natur-Kultur-Unterscheidung vereinbar ist, während dies bei der anderen nicht der Fall ist. Aber warum um alles in der Welt sollte es nur einen geordneten Zugang zu dieser geben?

5.2. Individualisierende Vergesellschaftung

Der Typus der individualisierenden Vergesellschaftung zeichnet sich dadurch aus, dass exzentrische leibliche Aktionszentren in der kommunikativen Explikation als individuelle Iche mit einem freien Willen aufeinander Bezug nehmen, welche für ihre Taten verantwortlich gemacht werden können bzw. zu machen sind. Das mit einem freien Willen ausgestattete Individuum, das als ein solches in eine hierarchische auf Gott bezogene Ordnung eingebunden ist, bildet das Dia-Symbolon dieser Ordnung. Die Frage, ob und wie ein Wesen als soziale Person anerkannt ist, steht in einem immanenten Zusammenhang mit dessen Stellung in der hierarchisch-göttlichen Ordnung. Innerhalb derer sind Abstiege und Aufstiege möglich, ohne dass dadurch die Gesamtordnung in Frage gestellt würde. Gerade die Mobilität macht es erforderlich, hierarchisch legitimierte Verfahren zu installieren, die festlegen, wer auf welcher Position in welchem Sinn als soziale Person anzuerkennen ist.

Diese Individualisierung entwickelt sich im Zusammenhang mit einer spezifischen verfahrensmäßigen Gestaltung der Gewaltkommunikation, die sich durch die Zentralisierung von Gewalt und die Etablierung von Gerichtsverfahren auszeichnet. Damit wird die Geschädigte davon entlastet, die Gültigkeit normativer Erwartungen gewaltsam darzustellen. Dies übernimmt das Gericht bzw. der Strafvollzug – gestützt auf die anerkannte Zentralgewalt. Damit wird ein Problem gelöst, das für die Gebusi nicht lösbar war. Es wird nämlich einerseits eine Pazifizierung von Tauschbeziehungen erreicht, die sich dadurch zu Marktbeziehungen entwickeln können. Zugleich kann aber daran festgehalten werden, dass in verbindlicher Weise dargestellt wird, an welchen Erwartungen trotz Enttäuschung festgehalten werden kann. Gestützt auf die Zentralgewalt wird das Recht in legitimen Verfahren expliziert.

Beispielhaft lässt sich eine solche Ordnung anhand der historischen Vorgänge in Europa vom ausgehenden 12. Jahrhundert bis zur Sattelzeit (1750-1850) beschreiben. In der gewaltsamen Konkurrenz um Macht zwischen den großen Herren setzen sich einzelne durch und etablieren eine Herrschaft über ein größeres Territorium. Der Territorialherr setzt aus eigener Machtvollkommenheit heraus Recht. Verstöße gegen das Recht bzw. enttäuschte normative Erwartungen werden nicht mehr einfach ausgeglichen wie im alten Recht, sondern es wird in einem Verfahren die individuelle Schuld des Täters festgestellt. In den Prozessen geht es um die Feststellung der materiellen Rechtswahrheit und die Tat wird ethisch gewertet. Dem Täter wird die moralische Verantwortung für seine Tat zugemutet, denn er hat die Tat aus einem bösen Willen heraus begangen und muss deshalb bestraft werden (vgl. insgesamt Achter 1951). All dies findet sich in der Ordnung der dividualisierenden Vergesellschaftung nicht.

In diesen Verfahren wird die Folter zu einem legitimen Mittel der Wahrheitsfindung. Anhand der Folter bzw. anhand der Debatten um die Abschaffung der Folter lässt sich das Phänomen der kommunikativen Referenz auf das Individuum als willensbegabtes Ichzentrum gut herausarbeiten. Das Beweisrecht ließ bei Verbrechen, auf welche die Todesstrafe stand, nur schwerlich eine Verurteilung allein aufgrund von Indizien zu, sondern erforderte immer auch Zeugenaussagen und/oder ein Geständnis. Nur wenn zwei Zeugenaussagen vorlagen, konnte eine Verurteilung erfolgen. Wenn nur eine oder gar keine Zeugenaussage vorlag, war das Geständnis unerlässlich für eine rechtlich gültige Verurteilung (Langbein 1977: 4). Die hohe Bedeutung, die dem Geständnis zugemessen wurde, war in den Zweifeln begründet, die den Indizienbeweisen entgegengebracht wurden. Hier lag der wesentliche Unterschied des kontinentaleuropäischen zum englischen Recht. Letzteres ließ Verurteilungen auch auf Grund von Indizienbeweisen ohne Geständnis bzw. ohne Zeugenaussage zu.

Dass das strengere Beweisrecht Kontinentaleuropas die Einführung der Folter begünstigte, hat seinen Grund nicht zuletzt in der im 12. Jahrhundert entwickelten Lehre vom freien Willen. Die in der Scholastik entwickelte Lehre vom freien Willen fasst Fried unter Verweis auf Bacon und Thomas von Aquin so zusammen: »Keine Folter kann den freien Willen eines Menschen vergewaltigen. Was der Wille unter äußerem Zwang will, ist zwar nicht sponte oder spontanea voluntate, aber es bleibt stets voluntarie. Entfällt der Zwang, wird auch aus dem unter der Folter voluntarie Gestandenen durch Wiederholung oder Bestätigung folterlose spontanea voluntas« (Fried 1985a: 422 f.). Die darin angesprochene Differenzierung zwischen »voluntarie« und »spontanea voluntas« bezieht sich auf die Rechtspraxis, die vorsah, dass ein Geständnis nur dann galt, wenn es ohne Drohung mit der Folter gemacht wurde. Ein Delinquent konnte im Vorverfahren der Folter unterzogen werden. Wenn er dabei ein Geständnis ablegte, war dies zwar willentlich, aber nicht dem spontanen freien Willen zuzurechnen. Dies war erst dann möglich, wenn der Delinquent das Geständnis wiederholte, ohne dass ihm die Hände gebunden waren oder die Folterinstrumente gezeigt wurden. Wenn er allerdings das vormalige Geständnis widerrief, begründete das zuvor unter der Folter gemachte Geständnis zumindest einen schweren Verdacht. Um diesem nachzugehen, wäre in jedem Fall ein erneutes Vorverfahren mit erneuter Folter gerechtfertigt.

Es wurde also durchaus anerkannt, dass die Folter Zwang beinhaltete, aber es wurde verneint, dass dieser Zwang den innersten Kern der Willensfreiheit erreichen kann. Das höhere Sein, die Seele, konnte nicht durch das niedere Sein, den Körper, gezwungen werden. Die Anwendung der Folter diente lediglich dem Zweck, die Delinquenten in einen Zustand zu bringen, in dem der Widerstand gegen die Wahrheit so stark geschwächt war, dass sie freiwillig die Wahrheit sagten: »Freiheit und Folter sind Geschwister der heraufziehenden abendländischen Vernunftkultur, die nach der Wahrheit fragt.« (Fried 1985a: 424, zustimmend Schmöckel 2000: 237 ff.) Reglementierungen der Folter (z. B. in der Bambergischen Halsgerichtsordnung oder der Halsgerichtsordnung Kaiser Karls V.) sind nicht als grundsätzliche Zweifel an der Wahrheit erfolterter Aussagen zu verstehen. Vielmehr ging es darum zu verhindern, dass ein Mittel, das grundsätzlich sehr gut geeignet war, die Wahrheit ans Licht zu bringen, durch falschen Gebrauch in Misskredit gebracht wurde.[3]

Die Folterpraxis basierte auf der Annahme eines auf das Jenseits bezogenen freien Willens. Darin deutet sich ein egalitäres Verständnis personaler Subjekte an, denn alle der Folter Unterworfenen wurden als in gleicher Weise frei anerkannt. Es wurde im Strafrecht, das im 13. Jahrhundert entstand und zu dessen essenziellen Bestandteilen die Folter gehörte, kein Unterschied zwischen Unfreien und Gemeinfreien

---

3 Vgl. hierzu die Diskussionen unter Juristen, etwa bei Damhouder (1565) oder Carpzov (Falk 2001).

gemacht (vgl. Hirsch 1922/1958: 234). Damit wurde im säkularen Strafrecht und in der Praxis der Folter eine Form der Gleichheit durchgesetzt, die es im christlichen Europa zuvor nur als Gleichheit vor Gott gegeben hatte.

In der Folter wird das Ich als eine dauernde Einheit adressiert, die hier/jetzt für eine unter Umständen lange zurückliegende Tat verantwortlich gemacht wird. Es geht dabei weder darum, dass die Bedingungen für einen Ausgleich hergestellt werden, noch darum, dass der Angeklagte als ein Element einer gleichartigen Gruppe bestraft wird. Vielmehr wird in dem durch die Folter gekennzeichneten Strafprozess der Täter als ein dauerndes ichhaftes Aktzentrum adressiert, das für eine bestimmte Tat verantwortlich ist, die es aus freiem Willen[4] heraus begangen hat. Es muss geklärt werden, ob es diese eine bestimmte Person war, die diese eine bestimmte Tat zu dieser Zeit an diesem Ort begangen hat. Eine solche Zurechnung wäre für melanesische Dividuen kaum denkbar. Sie weisen keine Dauer als ichhaftes Aktzentrum auf, sondern sind eingebettet in die leiblichen Bezüge zu ihrer Umwelt, d. h. in die Dauer ihres Erfahrungsraums. Ich halte es nicht für ausgeschlossen, dass es ähnliche Strukturen auch in Europa bis in das 13. Jahrhundert gegeben hat. Es kündigen sich aber im 12. und 13. Jahrhundert Änderungen an, die es erforderlich machen, ab jetzt von einer individualisierenden Vergesellschaftung zu sprechen. Diese adressiert die Akteure als Individuen mit einer je eigenen Dauer, die durch einen verbindlichen Transzendenzbezug, den Bezug auf den christlichen Gott, gewährleistet wird. Insofern es eine unsterbliche Seele hat, hat das Individuum bereits im Diesseits an der transzendenten Ewigkeit teil.

Dia-Symbolon

Als das Dia-Symbolon der individualisierenden Vergesellschaftung kann man das mit einem freien Willen begabte Individuum begreifen, das zugleich in eine hierarchische Ordnung mit gesichertem Transzendenzbezug eingebunden ist. Eine Gleichsetzung des Kreises sozialer Personen mit dem Kreis lebender Menschen findet nicht statt. Welchen Wesen in diesem Sinne ein freier Wille zukommt, der in einer unsterblichen, den Glauben an Gott ermöglichenden Seele fundiert ist, ist offen – und zwar in mehrere Richtungen. Es ist fraglich, ob nur Menschen in dieser Weise frei sind und es ist fraglich, ob dies auf alle Menschen zutrifft. In der Durchsetzung von Freiheit und Gleichheit kommt eine

---

4 Sartre hat einige hundert Jahre später in aller Naivität, d. h. in Unkenntnis der Geschichte, den Nagel auf den Kopf getroffen: Wir wurden »dazu verurteilt, frei zu sein« (Sartre 1943/1993: 950) – im Rahmen des im 13. Jahrhundert entstehenden Strafrechts.

wichtige Änderung gegenüber dem alten Recht zum Ausdruck. Im alten Recht galten die freien Herren als Akteure, die verpflichtet waren, für einen Ausgleich zu sorgen. Die Verfahren der Rechtsdarstellung waren eher gewaltnah. Wer auf frischer Tat ertappt wurde, konnte bußfrei erschlagen werden. Ansonsten galt, dass für eine Tat, die das Gleichgewicht der Ordnung gefährdete, ein Ausgleich, eine Buße, zu leisten war. Eine ethische Würdigung der Tat wurde nicht vorgenommen (vgl. Achter 1951). Die Fokussierung auf Ausgleich und Wechselseitigkeit weist gewisse Ähnlichkeiten mit den Prinzipien des Gabentauschs und der darin gegebenen Wechselseitigkeit auf. Im neuen Recht, d. h. seit ca. dem 13. Jahrhundert, werden Akteure als ein Ich angesprochen, das für seine Taten verantwortlich ist. Dies gilt für Freie wie Unfreie in gleicher Weise. Dies wirft ein Problem auf, das aus heutiger Perspektive skurril anmutet. Welche der bislang unfreien Entitäten sollen strafrechtlich belangt werden können? Knechte? Ochsen? Mägde? Bäume? Hunde? Die Abkehr vom ausgleichenden Recht hin zu einer ethischen Würdigung der Tat ermöglichte es auch, solche Wesen in gerichtliche Verfahren einzubeziehen, die gemäß dem alten Recht keine einen Ausgleich erfordernden Taten begehen konnten: Von der Mitte des 15. bis zur Mitte des 16. Jahrhunderts wurden in kirchenrechtlichen Prozessen die bösen Taten von Ratten, Mäusen oder Insekten verfolgt.

In den dokumentierten kirchenrechtlichen Prozessen kommt ein Aspekt sehr gut zum Ausdruck, um den es mir besonders geht: Die Bedeutung hierarchiegestützter Entscheidungen darüber, wer als eine soziale Person gelten kann. Gemäß der theologisch-philosophischen Lehre von der Willensfreiheit war diese ein Privileg des Menschen. Im Kirchenrecht wurden Tiere bis weit in das 15. Jahrhundert hinein nicht als schuldfähige Subjekte anerkannt, weshalb sie auch nicht in kirchenrechtlichen Prozessen bestraft werden konnten. Ab Mitte des 15. Jahrhunderts vertraten dagegen namhafte Theologen und Kirchenrechtler die Auffassung, auch Tiere könnten durch eine »malediction«, eine Verfluchung, oder den großen Bann, d. h. durch den Ausschluss aus der christlichen Gemeinschaft, bestraft werden (vgl. Amira 1891: 571). Diese Auffassung hielt sich ca. 100 Jahre bis zur Mitte des 16. Jahrhunderts, wurde dann wieder strittig und im Weiteren vollständig aufgegeben.[5]

Zu den tierischen Akteuren, gegen die kirchenrechtliche Prozesse angestrengt wurden, zählten keine Haustiere, sondern Insekten, Engerlinge, Ratten und sonstige schädliche Tiere, die die Ernte oder die Vorräte gefährdeten. Die dokumentierten kirchenrechtliche Fälle weisen idealtypisch folgendes Muster auf: Es wurde durch das zuständige

---

5 In der Praxis scheinen Verfluchungen gegen schädliche Tiere dagegen schon lange vor dem 15. Jahrhundert stattgefunden zu haben. Vgl. Berkenhoff (1937: 84 ff.) und Evans (1906: 25 ff.).

Gericht darüber entschieden, ob das Auftreten der schädigenden Tiere als deren eigene Aktion zu begreifen war oder ob deren Auftreten als Indiz für das Eingreifen einer höheren Macht gewertet werden musste. Erst wenn die Tiere durch die Entscheidung des Gerichts zu legitimen Adressaten kommunikativer Aktivitäten geworden waren, konnten sie als soziale Akteure interpretiert werden, die in einem Prozess einen Anspruch auf anwaltliche Vertretung vor Gericht haben.

Die Einbeziehung in die rechtliche Kommunikation bildet eine Form der Anerkennung als Person mit einem freien Willen. Die prozedurale Anerkennung rekurriert nicht auf ein generelles überzeitlich und überörtlich geltendes Kriterium. Vielmehr hängt es von der Entscheidung der in der Hierarchie zuständigen Stellen ab, ob etwa Rüsselkäfer oder Hunde soziale Personen sind, die einen freien Willen haben. Es handelt sich also um eine Begrenzung der Sozialwelt, die situativ immer wieder ausgehandelt werden kann und damit zu zeitlich und lokal begrenzten Grenzziehungen führt.[6]

Raum und Zeit

Die individualisierende Ordnung bedarf, um dauerhaft bestehen zu können, passender Raum- und Zeitstrukturen. Dass sich diese parallel entwickeln, lässt sich anhand zweier Phänomene begreifen: der Durchsetzung der Zentralperspektive als symbolischer Form der Beziehung zum Raum sowie der Entwicklung mechanischer Uhren, wodurch es möglich wird, den Zeitbezug aus der sinnlichen Einbindung in die rhythmisierte Dauer des jahreszeitlichen Wandels zu isolieren.

Die Zentralperspektive ermöglicht einen Bezug zum Raum, der vom Subjekt ausgeht, welches dabei den Dingen und dem messbaren Raum gegenübersteht. »Das Erst ist das Aug, das do sicht, das Ander ist der Gegenwürf, der gesehen wird, das Dritt ist die Weiten dozwischen« (Dürer zitiert nach Panofsky 1927/1980: 123). Die dem Auge gegenüber befindlichen Dinge und die Weite, durch die die Dinge vom Auge und voneinander (Weite zwischen den Dingen) getrennt sind, werden in ihrer Ausdehnung gleichermaßen mathematisiert. Die Zentralperspek-

---

6 Anhand der Debatten um den Status der Bewohner der neuen Welt zeigt sich folgendes. Die Individuen sind in ihrer Eigenart bestimmt durch ihre Ähnlichkeit/Unähnlichkeit zu anderen individuierten Entitäten. Die Frage, ob jemand eine soziale Person ist oder nicht, stellt sich unter dieser Voraussetzung nicht im Sinne eines »entweder/oder«, sondern im Sinne eines »mehr/weniger« ähnlich mit (vgl. Lüdtke 2013: Kap. 4.4). Aber auch diejenigen, die unähnlich sind, stehen doch in einer – wenn auch entfernten – Ähnlichkeitsbeziehung. Aus diesem Grund scheint es letztlich keinen vollständigen Ausschluss aus dem Kreis möglicher Akteure gegeben zu haben.

tive basiert auf der Idee eines messbaren Raums, in dem Dinge mit einer messbaren Ausdehnung existieren. Dies führt zu einer Raumkonzeption, die sich durch mathematische Dreidimensionalität auszeichnet. Es wird ein doppeldeutiges Verhältnis zwischen Subjekt und Dingwelt geschaffen. Die dem Subjekt »in selbständigem Dasein gegenüberstehende Ding-Welt« wird in das Auge des Betrachters hineingezogen, denn es hängt von seinem Standpunkt ab, wie die Welt erscheint (Panofsky 1927/1980: 123). Zugleich bringt die Zentralperspektive »die künstlerische Erscheinung auf feste, ja mathematisch exakte Regeln« (Panofsky 1927/1980: 123). Daraus resultiert ein spannungsreiches Verhältnis zwischen leiblichem Richtungsraum und mathematischem Raum. Denn einerseits bedarf die Zentralperspektive eines Standpunktes, von dem aus sie entfaltet wird und akzentuiert insofern einen Richtungsraum, der das handelnde Subjekt ins Zentrum stellt, welches die Ordnung des Raumes um sich herum entfaltet. Andererseits ermöglicht aber die Zentralperspektive einen mathematisierbaren Raum, in dem auch die Position des Auges als Blickpunkt kalkuliert werden kann. Auf diese Weise wird das Auge, als absoluter Punkt, von dem aus Blickrichtungen entfaltet werden können, zu einem relativ auf andere Punkte hin kalkulierbaren Punkt, von dem aus die Sicht erfolgt (vgl. Panofsky 1927/1980: 100 f.).

Panofsky bezeichnet diesen Raum im Anschluss an Cassirer als eine »symbolische Form«, die die Wahrnehmung bestimmt und grenzt diesen Raumbezug von anderen historisch rekonstruierbaren Raumbezügen ab. Er diskutiert dabei ausführlich den anders strukturierten Raum, der sich in der griechischen Kunst dokumentiert (vgl. Panofsky 1927/1980: 109 f.). Das Besondere des mit der Zentralperspektive begründeten Raums besteht darin, dass der Raum als ein durchgängiges System verstanden wird, welches auf die Beziehungen zwischen Höhe, Breite und Tiefe reduziert werden kann. Damit werden die Bezüge des leiblichen Raums »zwischen ›vorn‹ und ›hinten‹, ›hier‹ und ›dort‹, ›Körper‹ und ›Nichtkörper‹ ... in dem höheren und abstrakteren Begriff der dreidimensionalen Ausdehnung aufgelöst ...« und damit »sub specie eines ›Koordinatensystems‹« in den Blick genommen (Panofsky 1927/1980: 110). Der Raum und jede Position im Raum wird zu einer dreidimensional kalkulierbaren mathematischen Größe bzw. Stelle.

Die sich in der Durchsetzung der Zentralperspektive dokumentierende Modifikation des Raumbezugs zeigt sich auch in anderen Feldern, insbesondere in der Entwicklung eines mechanischen Verständnisses der Welt, welches die Möglichkeiten technischer Konstruktion im 16. und 17. Jahrhundert beflügelt (Schmidtchen 1997: 549 ff., Troitzsch 1997). Der Herausbildung der Zentralperspektive entspricht eine im 14. Jahrhundert sich anbahnende Veränderung des Zeitbezugs, die sich in der Konstruktion mechanischer Uhren dokumentiert. Damit wird die

Zeitmessung unabhängig von der leiblichen Einbindung in den rhythmischen Wechsel der Jahreszeiten. Die Zeitmessung wird auf das mechanische Maß immer und überall gleicher Stunden gebracht (Dohrn-van Rossum 1992/2007). Wenn messbare Zeit und ein dreidimensional messbarer Raum zu Formen werden, die den leiblichen Umweltbezug bestimmen, kann sich das Individuum als ein im Raum isolierter dreidimensionaler Körper identifizieren, der zu einer bestimmten Zeit an einem bestimmten Ort im dreidimensionalen Raum befindet. Damit wird der Erfahrungsraum in einer Weise restrukturiert, der den Bezug zu einem umgebenden ungegliederten Weiteraum in seiner Bedeutung herabsetzt. Diese Modifikation deutet sich in der Ordnung der individualisierenden Vergesellschaftung an. Sie setzt sich erst in dem Maße vollständig durch, wie im Rahmen der Mehrfachvergesellschaftung die digitale Raumzeit zum dominierenden symbolisch generalisierten Kommunikationsmedium wird.

Differenzierung von Sinnwelten

Individualisierende Vergesellschaftung ist durch eine interne Spannung gekennzeichnet. Zum einen werden Akteure als verantwortliche und insofern auch isolierte Individuen mit einem eigenen Willen und einer eigenen Dauer adressiert. Andererseits werden die derart adressierten Individuen wieder in eine hierarchische Ordnung und deren übergreifende Dauer integriert. Der Bezug auf die transzendente Dauer hält das Individuum an seinem Platz, es wird in die ständische Ordnung eingegliedert, die auch das vorhergehende Mittelalter (bis zum 12./13. Jahrhundert) kennzeichnet (Duby 1977/1981). Es steht in der hierarchischen Ordnung dort, wohin Gott es gestellt hat. Zugleich beinhaltet der Transzendenzbezug aber auch die Möglichkeit, sich als Individuum mit einer eigenen Dauer zu verstehen, welches einen Blick von außen auf die irdische Ordnung werfen und diese unter dem Gesichtspunkt kritisieren kann, ob sie gegen Gottes Gebot verstößt. Zugleich kommt dem Individuum die Freiheit zu, entsprechend der Ordnung zu handeln oder seinen eigenen Interessen zu folgen.

In der Spannung von integrierendem Transzendenzbezug und individuellem freien Willen bilden sich in zweifacher Weise Subsinnwelten heraus. Es entstehen Subsinnwelten, die die Individuen in die hierarchische Ordnung an einen bestimmten Platz binden. In diesem Sinn gibt es die standesgebundenen Subsinnwelten des Klerus, des Adels, der Bauern. Diese Subsinnwelten weisen unterschiedliche sachliche, raum-zeitliche und normative Strukturen auf (Duby 1977/1981). Die Begrenzung der Zugehörigkeit zu einer solchen Subsinnwelt, d. h. deren Dia-Symbolon, wird durch die Stellung in der Gesamtordnung bestimmt. Die Subsinnwelt von Bauern war in weitaus stärkerem Maße von raum-zeitlichen

Strukturen bestimmt, die eng in den jahreszeitlichen Wandel eingepasst sind. Eine Orientierung an der in der Uhrzeit symbolisierten, vom Wechsel der Jahreszeiten unabhängigen Zeit ist dagegen weniger zu erwarten. Diese Zeitorientierung war eher für den Klerus maßgebend. Sie bestimmte z. B. die Disziplin des Lebens in den Klöstern. Der Differenzierung dieser Subsinnwelten entspricht die Kennzeichnung dieser Ordnung als stratifikatorisch (vgl. Luhmann 1997: Kap. 4, VI).

Insofern sich leibliche Aktionszentren aber auch als freie Individuen unabhängig von allgemeinen Vorgaben aufeinander beziehen können, besteht ein Ansatzpunkt für die Bildung anders strukturierter Subsinnwelten. Individuen können z. B. eine Subsinnwelt gemäß der sachlichen Differenzierung von Handlungen bilden (Zunftwesen). Diese Subsinnwelt schließt ein eigenes Recht ein, das bezogen ist auf die richtige Ausführung sachlich spezifizierter Handlungen. Es gibt eigene zeitliche Rhythmen, eigene Orte des Zusammenkommens usw. Diese Differenzierungen lassen sich ebenfalls gut in die ständische Ordnung integrieren, aber sie lassen sich nicht auf sie reduzieren. Dies ist auch bei solchen Sinnwelten nicht mehr der Fall, die mit Bezug auf symbolische Medien gebildet werden, deren Funktion darin besteht, einzelne institutionalisierte Gesamthandlungen miteinander zu verbinden. Als für die weitere gesellschaftliche Entwicklung besonders relevant hat sich dabei das Geld herausgestellt. Ein Beispiel dafür wäre etwa die durch das Geld ermöglichte Subsinnwelt des kaufmännischen Handels und Geldverleihens. Geldvermittelter Handel und Geldverleih beinhalten eigene Raum-Zeit-Strukturen, die sich dadurch auszeichnen, dass sie individuell aushandelbar sind. Der Kredit soll etwa so und so lange laufen und dann mit Zinsen an eine bestimmte Person an einem bestimmten Ort zurückgezahlt werden. Das Charakteristikum dieser Subsinnwelt besteht darin, dass nur noch die Form des Raum-Zeit-Bezugs allgemein verbindlich gestaltet wird. Aber die genauen Festlegungen innerhalb des allgemeinen Rahmens sind der Beliebigkeit der Individuen überantwortet. Geld bzw. die Möglichkeit, etwas für Geld zu verkaufen, fungiert als das Dia-Symbolon für die Teilnahme an dieser Subsinnwelt. Wer darüber nicht verfügt, ist ausgeschlossen. Diese Subsinnwelten geregelter individueller Beliebigkeit waren bis in das 18. Jahrhundert hinein noch eingeordnet in die christliche Caritas (Le Goff 2010/2011: 240ff.). Die Verwendung von Geld war bis in das 18. Jahrhundert eingebunden in eine allgemeine Ökonomie sozialer Beziehungen, was sich an den drei Verwendungsweisen des Geldes im Mittelalter zeigen lässt. Leute die Geld haben, verwenden es für den Erwerb von Grund und Boden, für die Gewährleistung von militärischer Sicherheit der eigenen Leute und für das Seelenheil (Le Goff 2010/2011: 61). Eine rein am Individuum bzw. seinem Belieben orientierte ökonomische Kommunikation konnte sich unter dieser Voraussetzung nicht herausbilden. In der diskursiven Thematisierung dieser Subsinnwelten, die sich bis in das 13. Jahrhundert zurückverfolgen lässt (Le Goff 2010/2011: 38 ff.), galt der Eigennutz als Sünde. Diese Charakterisierung weist darauf hin, wie die Differenzierung in Subsinnwelten, die an Medien orientiert sind, von der stratifizierten Ordnung eingefangen wird: durch jenseitsbezogene Kritik. Die Charakterisierung einer verselbständigten Orientierung an der Subsinnwelt des rein wirtschaftlichen Handelns als Sünde bindet diese Handlungen solange erfolgreich in die hierarchische Ordnung ein, wie die Kritik am sündhaften Handeln wirksam ist.

Die Spannung der individualisierenden Vergesellschaftung wird auch in den Raumbezügen deutlich. Einerseits entsteht der geometrische Raum als symbolische Form des Raumbezuges. Andererseits setzt sich diese symbolische Form aber nicht vollständig im Alltag von Akteuren jeweiliger Subsinnwelten durch. Der bäuerliche Alltag weist einen Bezug zum umgebenden Raum, dem Boden, auf dem Akteure leben, auf, der eher einer Gegend ähnelt, in der leibliche Aktionszentren situiert sind, die sich gemäß ihrer Gewohnheiten auf diesen Raum beziehen. In dieser Gegend können auch Geister, Dämonen oder Teufel ihren Raum haben und ihr so in einem umfassenderen Sinn ein besonderes Gepräge geben. Der Boden wird zwar auch in seinen Abmessungen erfasst, aber er ist noch nicht auf eine messbare Ausdehnung reduziert, die rein als immobile Ware behandelt werden kann. Die Auflösung der leiblichen Bezüge zum Raum erforderte Gewalt. Dies lässt sich sehr gut an den Analysen von Polanyi (1944/1978) ablesen, der den Widerstand der lokalen Bevölkerung im 17. bzw. 18. Jahrhundert beschreibt, wenn es um die Umwandlung von Boden in eine Ware geht. Solange diese Umwandlung nicht gelungen ist, sind Grund und Boden mehr als nur eine in ihrer Größe messbare immobile Ware.

Die Ambivalenz der Raumbezüge hat eine Entsprechung hinsichtlich der Frage nach den Grenzen des Kreises sozialer Personen. Es scheint so, als könnten Geister in einem ungegliederten bzw. durch leibliche Richtungen und Gegenden strukturierten Weiteraum existieren. Aber es gelingt nicht, sie in einem dreidimensionalen mathematisierbaren Raum zu verorten. Jedenfalls gibt es bis jetzt noch keine Dokumente, die als Explikation der Existenz von Geistern in einem dreidimensionalen Raum gelten können. Dies führt zu der Hypothese: Wenn ein dreidimensionaler Raum bestimmend wird für die Struktur der Leib-Umwelt-Beziehung verlieren Geister, Dämonen oder Engel ihren Existenzraum. Wenn diese These zutrifft, verändern die sich im 15. Jahrhundert andeutenden Modifikationen des Raumbezugs die raum-zeitlichen Strukturbedingungen der Vergesellschaftung derart, dass die Existenz solcher Wesen zumindest für einige problematisch wird. Die neue symbolische Form des Raums setzt sich zunächst vor allem bei den Gebildeten durch, die den Geisterglauben aufklärerisch als Aberglauben abtun. Aus einer analytisch distanzierten Perspektive geht es weniger um einen Kampf zwischen Aufklärung und Aberglaube, sondern eher um unterschiedlich strukturierte Raumbezüge. In diesem Sinne wären die im 15. Jahrhundert einsetzenden Hexenprozesse ein Indiz dafür, wie wenig weit verbreitet die neue symbolische Raumordnung im Alltag noch war. Die Hexenprozesse stellen eine Verbindung zwischen dem im 13. Jahrhundert entstehenden Strafrecht (mit individueller Verantwortlichkeit) und der Existenz von Geistern, Teufeln und Dämonen im Erfahrungsraum her.[7] Da es sich bei den Taten von Hexen und Zauberern um böse Taten handelt, die aus einem bösen Willen heraus begangen wurden, muss das Strafrecht eingreifen. Dabei kommen die üblichen Mittel der Wahrheitsfindung zur Anwendung. In einem hierarchisch legitimierten Verfahren muss die Wahrheit durch Zeugen belegt werden. In solchen Verfahren wird geklärt, ob im konkreten Einzelfall davon auszugehen ist, dass ein Teufelspakt geschlossen worden war (Neumann 2007).

Die Hexenprozesse werden von Anfang an einer Kritik unterzogen. Diese bezieht sich zunächst darauf, dass in einer von Gott geschaffenen Welt Geister, Dämonen und Teufel nicht eigenmächtig agieren können (vgl. Thomasius 1701 u. 1712/1986). Diese Argumentation bezieht sich auf die Spannung zwischen individueller Freiheit und deren Einbindung in die göttliche Ordnung. Bereits auf der Grundlage dieser Kritik wurden Hexenprozesse eingestellt. Im 18. Jahrhundert setzt eine anders gelagerte Kritik ein, die darauf abhebt, dass es gar keine Geister, Dämonen o. ä. gäbe. Dies hängt mit der zunehmenden Durchsetzung der neuen symbolischen Form des Raums zusammen. Wenn dieser zu einem kalkulierbar durchgestalteten dreidimensionalen Gebilde wird, wird aus der Wirklichkeit von Geistern, Hexen und Zauberern der Hexenglaube der Ungebildeten (Behringer 1995). Mit dieser Entwicklung wird aber auch die Existenzbedingung der individualisierenden Vergesellschaftung zerstört, die darin besteht, dass der freie Wille der Individuen in eine übergreifende transzendent gestützte Ordnung integriert wird und dass alle Zweifelsfälle durch hierarchisch legitimierte Verfahren geklärt werden können. Letztlich zerstört diese Entwicklung die Möglichkeit, die an Medien orientierten Subsinnwelten durch Kritik zu integrieren. Die Ordnung der individualisierenden Vergesellschaftung bricht auseinander.

Es ist strittig, ab wann man von der Möglichkeit individueller Freiheit, fundiert in einem allgemein verbindlichen Jenseitsbezug, und der Möglichkeit der Integration der Individuen durch diesen Jenseitsbezug ausgehen kann. Jaspers hat in seiner Theorie der Achsenzeit (Jaspers

---

7 Behringer (1997) arbeitet heraus, wie magische Weltbezüge und staatliches Strafrecht in der Hexenverfolgung zusammenwirken.

1949) erste Anzeichen für das Auftauchen derart ambivalenter Transzendenzbezüge etwa in dem Zeitraum zwischen 600 vor und Christi Geburt entdeckt. Eisenstadt hat diese Überlegungen zur Achsenzeit weitergeführt und versucht, unterschiedliche Kulturen der Achsenzeit zu identifizieren, die unterschiedliche Wege in die Moderne ermöglichen (Eisenstadt 2007). Dies ist die Grundlage für seine Theorie der multiplen Moderne. Ich möchte auf diese Diskussion hier nicht weiter eingehen, sondern nur zu bedenken geben, dass es ein charakteristisches Merkmal der europäischen Entwicklung war, dass ab ca. dem 13. Jahrhundert die kommunikative Adressierung als Individuum auf breiter Basis erfolgte. Das sich nicht nur – aber auch – in der Folterkommunikation dokumentierende radikale Verständnis von christlicher Freiheit wurde zumindest von Zeitgenossen als ein unterscheidendes Merkmal zu anderen achsenzeitlichen Hochkulturen, wie etwa China, verstanden (vgl. Fried 1985b). Es wäre also zu prüfen, ob sich in den anderen achsenzeitlichen Kulturen, z. B. in China oder Indien, in gleicher Weise eine so stark ausgeprägte Adressierung als Individuum findet. Wenn man die Analysen von Achter (1951) und seine Differenzierung zwischen altem überliefertem Recht und gemachtem Recht einbezieht, lässt sich die spezifische Dynamik individualisierender Vergesellschaftung auch in Europa nicht vor dem 13. Jahrhundert ausmachen.

5.3. Kontingente Mehrfachvergesellschaftung

Der Terminus kontingente Mehrfachvergesellschaftung oder einfach Mehrfachvergesellschaftung bezeichnet eine Form der Ordnungsbildung, in der Individualisierung nicht mehr in eine übergreifende hierarchische Ordnung eingehegt wird. Vergesellschaftung vollzieht sich, indem in einem logisch ersten Schritt legitime soziale Personen identifiziert werden, die sich, in einem zweiten Schritt in eine Vielzahl unterschiedlicher Subsinnwelten integrieren bzw. integrieren können.

Das Dia-Symbolon der dividualisierenden Vergesellschaftung ist – wie oben gezeigt – die Möglichkeit zur Teilnahme an den Austauschbeziehungen der Gruppen. Zweifelsfälle gibt es letztlich nicht, wer situativ als operativ wirksam erfahren wird und normative Erwartungen enttäuschen kann, ist eine soziale Person. In der individualisierenden Vergesellschaftung bildet der freie Wille eingebunden in die durch einen allgemein verbindlichen Jenseitsbezug gestützte Hierarchie das Dia-Symbolon. Zweifelsfälle werden durch hierarchisch legitimierte Instanzen von oben nach unten entschieden. Das Dia-Symbolon der kontingenten Mehrfachvergesellschaftung beinhaltet ein sachliches Kriterium. Jede Entität, die als ein lebendiger Mensch identifiziert werden kann, ist als eine soziale Person anzuerkennen. Zweifelsfälle werden anhand wissenschaftlicher – vor allem biologischer bzw. medizinischer – Expertise geklärt (vgl. Lindemann 2002a: Kap. 7).

Was unter »Mensch« zu verstehen ist, wird anhand einer vierfachen Abgrenzung definiert, die ich als »anthropologisches Quadrat« (Lindemann 2009e: 96) bezeichne. Zum einen stellt sich die Frage, ab wann ein Mensch lebendig genug ist, damit für ihn die spezifischen Schutzrechte gelten, die in den Menschenrechten zum Ausdruck kommen. Anders gefragt: Ab wann ist ein Mensch lebendig genug, um ein Recht auf Leben zu haben? Dies führt auf die bekannten Grenzziehungsprobleme am Lebensanfang: Welchen Status hat ein Embryo, ein Fötus, ein Frühchen oder ein gerade geborenes Kind? Analog stellt sich die Frage am Lebensende, wenn es darum geht, ab wann ein Mensch nicht mehr lebendig genug ist, um eine Person sein zu können, der die garantierten Schutzrechte zukommen. Dies sind die bekannten Grenzfragen, die sich am Lebensende stellen: Ab wann ist der Mensch tot? Ab wann darf eine Behandlung eingestellt werden? Bei diesen beiden Grenzziehungen handelt es sich um überschreitbare Grenzen. Etwas, das noch keine menschliche Person ist, wird zu einer solchen. Entsprechend wird aus einer menschlichen Person etwas, das keine menschliche Person mehr ist, ein Leichnam. Darüber hinaus lassen sich zwei unüberschreitbare Grenzen identifizieren: die Mensch/Maschine-Differenz und die Mensch/Tier-Differenz.

Dabei ist es wichtig festzuhalten, dass es sich nicht um eindeutig fixierte Grenzziehungen handelt, sondern von Anfang an um umstrittene Grenzen. Das anthropologische Quadrat beschreibt keine festgezogenen Grenzen, sondern es beschreibt die Dimensionen, in denen die Grenzen des menschlich Lebendigen gezogen und bestritten werden.[8] Der Mensch wird als ein lebendiges diesseitiges Wesen begriffen, das ab einem identifizierbaren Zeitpunkt für einen begrenzten Zeitraum lebt, als lebendiges Wesen nicht mit dem Tier auf einer Stufe steht und keine Maschine ist. Andere Unterscheidungen werden für das allgemein verbindliche Verständnis des Menschen bedeutungslos (etwa die Differenz Mensch/Gott oder Mensch/Dämon). Die so verstandene anthropolo-

---

8 Nicht nur bei den Grenzziehungen am Lebensanfang und am Lebensende handelt es sich um konflikthafte und problematische Grenzziehungen, sondern ebenso bei der Mensch-Tier- und der Mensch-Maschine-Grenze. Sollen etwa Menschenrechte für die großen Menschenaffen gelten (Cavalieri/Singer 1993/1996), wie es nicht zuletzt unter Verweis auf deren kognitive Fähigkeiten gefordert wird? Oder: Sollen Roboter einen besonderen moralischen Status erhalten (Fitzi/Matsuzaki 2013)? In der Diskussion solcher Fragen, werden die Grenzen des anthropologischen Quadrats einerseits immer wieder problematisiert und – bislang zumindest – immer wieder restabilisiert.

gische Differenz ist eine für die Moderne entscheidende Einrichtung, durch welche die für die moderne Gesellschaft verbindlichen Grenzen des Sozialen gezogen werden. Dieses Verständnis des Menschen ist die kognitive Bedingung dafür, in einem allgemeinen Sinn von »Mensch« zu sprechen und dabei alle menschlichen Wesen einzubeziehen, ohne auf Besonderheiten des Standes, der Kultur oder des religiösen Jenseitsbezuges zu achten. Diese kognitive Universalität des Menschen erweist sich als eng verflochten mit der normativen Universalität, die in den Menschenrechten zum Ausdruck kommt.

Diejenigen, die auf Grund dieses sachlichen Kriteriums als soziale Personen anzuerkennen sind, können in beliebiger Weise an der Differenzierung von Sinnwelten teilnehmen. Derartige Differenzierungsprozesse werden selbst nicht mehr durch einen religiös-kritischen Diskurs in ein übergreifendes Ganzes integriert, das heißt, die Differenzierung von Subsinnwelten wird nicht diskursiv daraufhin beobachtet, ob durch die Handlungs- bzw. Kommunikationslogik einer jeweiligen Subsinnwelt die übergreifende Ordnung gefährdet wird. Auf diese Weise können Wirtschaft, Politik, Wissenschaft usw. als nebeneinander bestehende Subsinnwelten entstehen, sie leisten je spezifische Beiträge zum Bestand der Gesamtordnung.

Im Rahmen kontingenter Mehrfachvergesellschaftung werden soziale Personen logisch zweischrittig vergesellschaftet: Einerseits sind sie als Menschen das institutionalisierte Element der Vergesellschaftung und zum anderen sind sie als ein solches in jeweils unterschiedliche Subsinnwelten vergesellschaftet. Der Terminus »Mehrfachvergesellschaftung« akzentuiert, dass die Elemente der Gesellschaft jeweils in mehrere Subsinnwelten involviert sind. Es gibt aber keine allgemeine Vorgabe dahingehend, in welche Subsinnwelten soziale Personen vergesellschaftet sein sollten. Es können sich verschiedenste Subsinnwelten ausbilden und an welchen soziale Personen aktiv partizipieren ist kontingent.

Die Systemtheorie Luhmanns postuliert, dass die Subsinnwelten, er spricht von den Subsystemen der funktional differenzierten Gesellschaft, nicht mehr in eine Gesamtordnung, d. h. für ihn, in einen übergreifenden Sinnzusammenhang, integriert werden (Luhmann 1997). Diese Aussage könnte zutreffen, wenn Ordnung auf soziale Ordnung beschränkt wäre. Wenn man Ordnung allerdings als Ordnung eines Weltzugangs begreift, wird man zu einem anderen Ergebnis geführt. In dieser Perspektive zeigt sich, dass die Entstehung vielfältiger (Sub-)Sinnwelten durch eine Spaltung der Gesamtordnung in Natur und Kultur ermöglicht wird. Dabei ist die Natur gemäß allgemeinen Gesetzmäßigkeiten strukturiert. Auf dieser Basis kann sich die Vielzahl von Kulturen entwickeln, die von den anerkannten sozialen Akteuren, den Menschen, gebildet werden. Diese Spaltung entspricht der im zweiten Kapitel beschriebenen Matrix der Moderne.

Die Struktur der Gesamtordnung lässt sich folgendermaßen aufgliedern. Die Natur ist bestimmt durch eine Raum-Zeit-Struktur, die einer messbaren digitalen Raumzeit entspricht. Modalzeitliche Strukturen und Dauer sowie Weite- und Richtungsraum werden als subjektive Momente begriffen, die mit einer objektiven, intersubjektiv gültigen Ordnung von Raum und Zeit zunächst nichts zu tun haben. Das Dia-Symbolon dieser Ordnung ist der diesseitig lebendige Mensch. Dieser ist gekennzeichnet durch einen freien Willen, der in einem dreidimensional ausgedehnten diesseitigen Körper existiert – ohne allgemeinverbindlichen Jenseitsbezug. Dem dreidimensional verkörperten individuellen Menschen kommen Freiheit und Würde zu (Lindemann 2010a, 2012a). Diese normative Annahme gilt universell für alle Menschen, aber auch nur für diese.

Diesseitig lebendige Menschen werden als Wesen verstanden, die dazu in der Lage sind, beliebige (kulturelle) Sinnwelten zu bilden (Lindemann 2010b).[9] Die Bildung von Sinnwelten ist dabei als ein unabschließbarer, historisch offener Prozess zu verstehen. Denn es steht für Menschen nicht fest, zu welcher Art von Sinnbildung bzw. Sinnweltbildung sie fähig sind (vgl. hierzu die Diskussion der anthropologischen Annahmen im zweiten Kapitel sowie Lindemann 2013).

Unter der Voraussetzung, dass die unterschiedlichen Subsinnwelten vermittelt über die digitale Raumzeit miteinander koordinierbar bleiben, können einzelne Subsinnwelten eigene Raum- und Zeit-Strukturen ausbilden sowie eigene sachliche Orientierungen und Symbole. Die Rhythmen einer Familie mit zu erziehenden Kindern oder die Zeitstruktur der schulischen Erziehung sind von anderer Art als die Zeitstrukturen der Wirtschaft, der Wissenschaft oder des Rechts. Jede dieser Subsinnwelten bildet zudem andere Sach- und Symbolstrukturen zu ihrer Stabilisierung aus.[10] Dazu gehören nicht zuletzt sinnweltspezifische Medien, die die Selektion von Zu-Beteiligenden regeln, also die sinnweltspezifische Funktion eines Dia-Symbolon erfüllen. Für die Subsinnwelt der Wirtschaft heißt das etwa, dass Zu-Beteiligende über Geld verfügen, um etwas zu kaufen, bzw. über Waren, die sie verkaufen können. Dies garantiert zumindest die Möglichkeit, sich gemäß der Handlungs- bzw. Kommunikationslogik der Wirtschaft zu vergesellschaften. Es garantiert nicht die konkrete Teilnahme an einzelnen Gesamthandlungen, d.h. am Vollzug einzelner Tauschakte von Ware gegen Geld. Hierzu

---

9 Zur Kritik dieses differenzierungstheoretischen Konzepts aus systemtheoretischer Perspektive vgl. Göbel (2011) und die Replik darauf (Lindemann 2011b).

10 Vgl. hierzu etwa die Diskussion zur Vereinbarkeit von Beruf und Familie, sowie die Debatten um die unterschiedlichen Zeithorizonte der Wirtschaft, des Rechts und der Politik.

müssen Zu-Beteiligende es hinnehmen, dass gemäß dem Erfolgsmedium der Konkurrenz (s. o.) die konkret Beteiligten selegiert werden. Wenn man diese Differenzierung möglicher Weltbezüge des wirtschaftlichen, familiären, rechtlichen, wissenschaftlichen usw. Handelns und Kommunizierens bedenkt, ist es sinnvoll, von einer Differenzierung in Subsinnwelten zu sprechen. Die Theorie funktionaler Differenzierung von Luhmann affirmiert diese Annahme, wenn sie feststellt, dass es funktionale Differenzierung gibt und dass die einzelnen Subsinnwelten nicht mehr in ein übergreifendes Sinnmuster integriert werden können. Die Theorie der Weltzugänge zielt auf eine Analyse der Ermöglichungsbedingungen der Bildung von Subsinnwelten, indem sie sie als Bestandteil einer Gesamtordnung begreift, die durch die Trennung in Natur und Kultur und eine spezifische Begrenzung des Kreises sozialer Personen gekennzeichnet ist.

Die Differenz zwischen Affirmieren und Analysieren der Ordnung der Moderne tritt deutlich hervor, wenn man die Bedeutung der ordnungsbildenden Kraft von Gewalt einbezieht. Die Trennung von Natur und kulturbildenden Menschen beinhaltet, dass im Bereich der Natur zwar Kraft auf-, aber keine Gewalt angewendet wird. Gewalt kann nur gegen soziale Personen gerichtet werden und als solche kommen nur lebende Menschen in Frage. Mit Bezug auf diese werden auch indirekte Formen der Gewalt möglich, indem etwa Dinge zerstört werden, die für Menschen die Handlungen anderer Menschen symbolisieren. Auch in diesen Fällen bleiben Menschen als – wenn auch indirekte – Adressaten der Gewalt erhalten. Nur unter dieser Voraussetzung ist es sinnvoll, von Gewalt gegen Sachen zu sprechen. Gegen eine Sache, die nicht symbolisiert, dass sie in Beziehung zu einem anderen Menschen steht, kann in der Ordnung kontingenter Mehrfachvergesellschaftung keine Gewalt ausgeübt werden.

Es ist ein Charakteristikum der Mehrfachvergesellschaftung, dass im Rahmen subsinnweltspezifischer institutionalisierter Gesamthandlungen und Kommunikationen sowie im Rahmen von kommunikativen Vollzügen symbolischer Erfolgsmedien keine physische Gewalt angewendet werden soll. Der Grund dafür liegt in dem vereinnahmenden Charakter von Gewaltkommunikation. Sie mobilisiert die leiblichen Aktionszentren vollständig in allen Ordnungshinsichten. Durch Gewalt wird aktuell und in einer alle Dimensionen der Ordnungsbildung (sozial, räumlich, zeitlich, sachlich, symbolisch) zusammenfassenden Weise dargestellt, an welchen Erwartungen unter allen Umständen und in allen Hinsichten festzuhalten ist, obwohl sie enttäuscht worden sind. Der vereinnahmende Charakter der Gewaltkommunikation schließt es aus, dass Beteiligte sich für- und voreinander als Individuen darstellen, die einerseits involviert sind in die Handlungs- bzw. Kommunikationslogik einer einzelnen Subsinnwelt, etwa der Wirtschaft, und zugleich adressierbar bleiben für beliebige andere Kommunikationen, d. h. dafür, sich gemäß der Logik beliebiger anderer Subsinnwelten zu vergesellschaften.

Soweit ich sehe, gibt es von dieser Regel nur drei Ausnahmen: die Subsinnwelt der familiären und teilweise der schulischen Erziehung sowie die Subsinnwelt des Rechts und diejenige der Politik. Die Funktion der ersteren besteht darin, leibliche Aktionszentren durch balancierte Gewaltkommunikation in eine Ordnung zu sozialisieren (s. o. den Abschnitt »Täter, Opfer, Dritte«). Die Funktion der Subsinnwelt des Rechts besteht darin, die für die Gesamtordnung gültigen normativen Erwartungen darzustellen. Hierin liegt die gesamtgesellschaftliche Funktion des Rechts (vgl. auch Luhmann 1972: 106 ff.). Dazu gehört einerseits die Darstellung der Legitimität durch gewaltfrei durchzuführende Gerichtsverfahren (Luhmann 1969/1983, 1972: 109-114) und andererseits die gewaltsame, aber nicht mehr öffentliche Vollstreckung des Urteils (Foucault 1975/1979, Luhmann 1972: 109-114). In der Regel handelt es sich dabei um gewaltsame Einsperrung; es kann aber in Fällen besonders schwerer Normverletzung auch die legitime Tötung vorgesehen sein. Politik zwischen Staaten bzw. Staatenverbünden stützt sich ebenfalls in erheblichen Maß auf Gewalt und deren Androhung. Krieg zwischen Staaten und dessen Androhung ist eine stets präsente Möglichkeit, das Recht von Staaten auf ausreichende Versorgung mit Bodenschätzen, Wasser, Sicherheit vor terroristischen Angriffen usw. usf. darzustellen.

Ansonsten zeichnet sich die Verfahrensordnung der Gewalt, die die Mehrfachvergesellschaftung kennzeichnet, durch ein weitgehendes Verbot zumindest physischer Gewalt aus. Dies entspricht einem allgemeinen Zweck; es verhindert, dass die Handlungs- bzw. Kommunikationslogik einer Subsinnwelt den gesamten Erfahrungshorizont eines individualisierten leiblichen Aktionszentrums besetzt. Auf diese Weise wird sichergestellt, dass die Individuen immer auch als Potential für die Beteiligung an anderen Sinnwelten adressiert werden können. Wie ich zu Beginn des Gewaltkapitels bereits gezeigt habe, weisen die soziologischen Sozialtheorien ein pazifistisch gestimmtes Verständnis von Vergesellschaftung auf. Dies lässt sich jetzt als Affirmation des strukturell notwendigen Gewaltverzichts der Ordnung kontingenter Mehrfachvergesellschaftung begreifen. Eine Analyse dieser Ordnung einschließlich ihrer besonderen Form der rationalen verfahrensmäßigen Gestaltung der Gewalt steht noch aus. Es gilt im Rahmen einer mehrdimensionalen Ordnungsanalyse die spezifische strukturell notwendige Rationalisierung der Gewalt zu begreifen, ohne in die Falle der Verleugnung von Gewalt zu tappen.

5.4. Das reflexive Verhältnis von Sozial- und Gesellschaftstheorie

Die drei Skizzen sollen verdeutlichen, wie eine gesellschaftstheoretische Perspektive im Rahmen einer Theorie der Weltzugänge formuliert werden kann. Die Einbeziehung der Ebene der Gesellschaftstheorie ist erforderlich, um eine rationale Theoriekonstruktion zu ermöglichen. Denn nur so wird es möglich, den Universalitätsanspruch, den eine Sozialtheorie notwendigerweise erheben muss, rational zu kontrollieren. Die Sozialtheorie soll auch dazu dienen, die empirische Untersuchung der kontingenten Mehrfachvergesellschaftung anzuleiten. Zugleich ist die Formulierung einer Sozialtheorie ein Teil der operativen Reproduktion der Subsinnwelt der Wissenschaft und damit auch der Mehrfachvergesellschaftung. Um das Verhältnis zwischen Sozial- und Gesellschaftstheorie genauer in den Blick zu nehmen, ist es erforderlich, kurz auf das Verhältnis zwischen Theorie und empirischer Forschung einzugehen. Hierbei sind drei unterschiedliche Theorieebenen relevant, die in einem je unterschiedlichen Verhältnis zur Empirie stehen. Es handelt sich dabei um Sozialtheorie, Theorien begrenzter Reichweite und Gesellschaftstheorie (vgl. Lindemann 2009c: 19-33).

Eine Sozialtheorie formuliert allgemeine Aussagen darüber, was als ein für die Ordnungsbildung relevantes Phänomen gelten soll, wie Phänomene deskriptiv zu erfassen und zu analysieren sind. In dieser Weise sind z. B. Handlung, Interaktion, Kommunikation und Gesamthandlung oder situative Praktiken Kernbegriffe je unterschiedlicher Sozialtheorien. Insofern Sozialtheorien festlegen, was für die Beobachtung als ein relevantes Phänomen gelten soll, handelt es sich bei ihnen um einen Vorentwurf des Gegenstandes. Dieser formuliert die zentralen beobachtungsleitenden Annahmen und strukturiert insofern die empirische Forschung. Da die Sozialtheorie Vorentscheidungen darüber enthält, wie etwas als empirisches Phänomen auftreten kann, hat sie den Charakter eines universalen Apriori. Denn es handelt sich um formale Annahmen, die dem Anspruch nach für die Analyse aller historisch vorkommenden Ordnungstypen gelten. In dieser Weise formal-universale Annahmen zu formulieren, widerspricht nur scheinbar der gegenwärtig dominanten theoretischen Einstellung. Diese fordert etwa, sich auf die Logik des Feldes einzulassen und die situierten Praktiken als solche ernst zu nehmen, ohne eigene allgemeine Begrifflichkeiten an das Feld heranzutragen.[11] Es sei deshalb unmöglich, universale formale Annahmen zu machen. Bei dieser Forderung wird übersehen, dass auch die Aussage,

---

11 Vgl. etwa Amann/Hirschauer (1997), die fordern, von der Systematizität des Feldes auszugehen, statt eigene Begrifflichkeiten an das Feld heranzutragen.

es gäbe nur situierte Praktiken, eine formal-universale Annahme ist. Es wird nämlich gefordert, alles als situierte Praktik zu beobachten. Soziologisch-wissenschaftliche Beobachtung folgt immer beobachtungsleitenden Annahmen. Diese explizit zu machen, ist der Anspruch guter wissenschaftlicher Arbeit. Die beobachtungsleitenden Annahmen – die eigene Sozialtheorie – zu explizieren, hat auch einen wichtigen methodologischen Vorteil. Je expliziter und präziser die sozialtheoretischen Annahmen formuliert sind, umso eher haben empirische Daten die Chance, diese Annahmen zu irritieren. Das Gleiche gilt umgekehrt. Je mehr die sozialtheoretischen Annahmen implizit und diffus bleiben, umso weniger hat empirische Forschung die Möglichkeit, diese Annahmen in Frage zu stellen. Gerade wenn die Theorie explizit gemacht wird, kann man in der Forschung die Erfahrung machen, dass sich empirische Phänomene nicht klar und präzise mit der verwendeten Sozialtheorie erfassen lassen. Solche Irritationen[12] bilden die Grundlage dafür, die verwendete Sozialtheorie zu verwerfen, abzuändern oder zu erweitern, um die empirischen Phänomene präziser erfassen zu können. Die Verwendung des Irritationskonzepts zeigt, dass es nicht darum geht, die Sozialtheorie gegenüber der Empirie zu immunisieren. Vielmehr geht es darum, die Sozialtheorie mit der Empirie ins Gespräch zu bringen. Bei der hier vorgeschlagenen Sozialtheorie handelt sich also um ein heuristisches Apriori, d. h. um ein vorläufig gültiges Apriori, das durch empirische Forschung irritiert werden kann.

Empirische Forschungen setzen eine Sozialtheorie voraus und führen zu Aussagen, die auf begrenzte Ausschnitte der Ordnungsbildung zutreffen. Hierbei handelt es sich um Theorien begrenzter Reichweite. In diesem Sinne kann man empirisch begründete Aussagen über die Raum-Zeit-Strukturen im Rahmen der Organisation von Behandlungen im Krankenhaus machen oder über soziale Ungleichheit oder über die konkreten Regeln der Begrenzung des Kreises sozialer Personen. Theorien begrenzter Reichweite können verifiziert oder falsifiziert werden (Lindemann 2009c: 23). Aus solchen empirisch gestützten Theorien lässt sich eine Aussage über einen idealtypischen Zusammenhang von Strukturen extrapolieren (vgl. Lindemann 2008a). Einen solchen Zusammenhang bezeichne ich als den Idealtypus einer Ordnung. Die hier vorgelegten Skizzen unterschiedlicher Ordnungstypen belegen, dass es bereits auf der Grundlage der vorliegenden Forschungen möglich ist, unterschiedliche idealtypische Ordnungen zu formulieren.

Die in der Sozialtheorie angelegte Mehrdimensionalität der Ordnungsbildung hat Konsequenzen für das, was man traditionell als Gesellschaftstheorie begreift. Diese bezieht sich terminologisch auf die

---

12 Zum Konzept der Irritation im Unterschied zur Falsifikation vgl. Lindemann (2009c: 21 ff., Kap. 6).

Ordnung des Sozialen und gibt der Sozialdimension damit implizit einen Primat. Dies drückt sich etwa in der Formulierung aus, dass etwas, ein X, sozial oder gesellschaftlich konstruiert sei. An die Stelle des X kann Beliebiges treten: Geschlecht, Raum, Zeit usw. Um die erweiterte Ordnungsperspektive zum Ausdruck zu bringen, die sich nicht auf die Ordnung der Sozialdimension beschränkt und dieser auch keinen Primat einräumt, verwende ich den Terminus »Ordnung«, der terminologisch an die Stelle von »Gesellschaft« tritt. Entsprechend unterscheide ich nicht Gesellschaften oder Typen von Vergesellschaftung, sondern Typen von Ordnungsbildung. Da der Begriff Gesellschaftstheorie eingeführt ist, erlaube ich mir dennoch, ihn weiter zu verwenden. Es sollte aber klar sein, worin der Unterschied zur traditionellen Verwendung des Wortes besteht.

Die reflexive Einsicht, dass die Theorie der Gesellschaft ein Ereignis der gesellschaftlichen Kommunikation ist, wurde vor allem von Luhmann pointiert vorgetragen (vgl. Luhmann 1997: Kap. 1). Die Frage ist nun, wie man diese Einsicht für einen weiteren Erkenntnisgewinn fruchtbar machen kann. Ich sehe die Gefahr, dass mit der von Luhmann vorgeschlagenen Form der reflexiven Einordnung in die kommunikative Autopoiesis der modernen Gesellschaft eine Art affirmativer Selbstbindung an die Moderne erfolgt. Dies schließt es letztlich aus, eine Sozialtheorie zu formulieren, die den Anspruch erhebt, auch andere Ordnungen als die moderne gleichrangig in den Blick nehmen zu können. Dies ist nur möglich, wenn zumindest vorübergehend der Anspruch anerkannt wird, dass sich die formulierte Sozialtheorie ausreichend von den kommunikativen Strukturvorgaben der Moderne distanziert. Eine formal-universale Sozialtheorie muss diesen Anspruch erheben, sonst könnte sie gar nicht versuchen, die moderne Ordnung als eine Ordnung neben anderen möglichen Ordnungen zu begreifen, d. h., die Kontingenz der modernen Ordnung in den Blick zu nehmen.

Es wäre allerdings naiv, einen Anspruch auf universale Geltung der Sozialtheorie einfach zu postulieren, denn dieser wird zu einem irrationalen Anspruch, wenn nicht reflektiert würde, dass diese Sozialtheorie eine in der Moderne formulierte Theorie ist. Aus diesem Grund kann die Theorie nicht von dem Gegenstand, den sie beschreibt, getrennt werden, sie ist als universale Sozialtheorie zumindest auch die Theorie des Gegenstandes, den sie operativ reproduziert.

Um zu verhindern, dass die reflexive Einordnung der Theorie in die Moderne ein bloßes theoretisches Postulat bleibt, muss methodologisch sichergestellt werden, dass die historische Bindung der universalen Sozialtheorie einer kritischen Prüfung unterzogen werden kann. Diesem Zweck dient die Differenzierung zwischen heuristischem formal-universalem Apriori und heuristischem historischem Apriori. Im Vergleich der beiden apriorischen Annahmen lässt sich herausarbeiten, ob und inwiefern sich das heuristische formal-universale Apriori der Sozialtheorie von den unterschiedlichen historischen Apriori jeweiliger Ordnungstypen unterscheidet. Das Erstere formuliert die beobachtungsleitenden Annahmen der empirischen Forschung, die zu Theorien begrenzter Reichweite führt. Das historische Apriori ist das Ergebnis einer extrapolierenden Reflexion (Lindemann 2008a), die Theorien begrenzter Reichweite so zusammenführt, dass sich in idealtypischer Weise die Konstruktionsprinzipien einer bestimmten historischen Ordnung formulieren lassen. Wenn man Sozial- und Gesellschaftstheorie zueinander ins Verhältnis setzt, handelt es sich also um eine theoretische Reflexion, die als Zwischenschritt empirische Forschung einschließt. Die empirievermittelte theoretische Reflexion erlaubt es zu prüfen, inwiefern die Konstruktionsprinzipien, die den modernen Weltzugang der Mehrfachvergesellschaftung kennzeichnen und vor allem die Strukturen der Wissenschaftskommunikation, bestimmend sind für die Theorie der Weltzugänge.

In der Systemtheorie wird aus der Einsicht in die reflexive Einbindung in den untersuchten Gegenstand eine von vornherein gegebene Gewissheit, die der reflexiven Konstruktion der Theorie geschuldet ist. Damit wird ein möglicher Erkenntnisgewinn verspielt. Die Differenzierung zwischen universalem und historischem Apriori ersetzt die theoretisch gewonnene Gewissheit durch offenes Fragen und kritische Prüfung. Dies wird dadurch ermöglicht, dass der Bezug auf Empirie im theoretischen Reflexionsprozess einen systematischen Ort erhält. Die Voraussetzung dafür wird geschaffen, indem die Sozialtheorie die empirische Forschung so leitet, dass die extrapolierende Generalisierung möglich wird, die zur Formulierung einer Gesellschaftstheorie erforderlich ist. Theorietechnisch bildet die extrapolierende Generalisierung die Voraussetzung für eine rationale Theoriekonstruktion. Denn sie ermöglicht die Formulierung eines historischen Apriori. Dessen theoretische Explikation erlaubt eine Reflexion darauf, inwiefern die Theorie der Weltzugänge ein Ereignis darstellt, welches die kommunikativen Strukturen der Moderne reproduziert. Ohne eine solche empirievermittelte theoretische Reflexion, wäre es unmöglich, den Universalitätsanspruch der Sozialtheorie rational zu kritisieren.

Die Einsicht in diesen reflexiven Zusammenhang erlaubt es, auf ein Darstellungsproblem der Theorie der Weltzugänge aufmerksam zu machen. Die Theorie formuliert als Bezugsproblem das Problem der Kontingenz der Mitwelt. Damit ist gesagt, dass grundsätzlich sehr verschiedene Entitäten als soziale Akteure auftreten können: Götter, Engel, Tiere, Pflanzen, Menschen, Geister usw. Dennoch wird an keiner Stelle des Buches direkt etwa auf Interviews mit Ameisen oder Engeln Bezug genommen. Es sind immer von Menschen übermittelte Berichte über Kommunikationen mit Ameisen, Engeln oder Geistern. Dies wäre ein Beispiel dafür, wie die Vorgaben des historischen Apriori der Moderne, nämlich die Orientierung am anthropologischen Quadrat (s. o.) operativ in die Formulierung der Theorie hineinwirken. Die Theorie erhebt den Anspruch, auch die Moderne auf Distanz zu bringen, zugleich wiederholt sie aber in der operativen Durchführung der Ausarbeitung ein grundlegendes Prinzip legitimer moderner Kommunikation, indem lebende Menschen primär als soziale Personen in Betracht gezogen werden. Die Reproduktion moderner Kommunikationsstrukturen zeigt sich etwa bei den im Kapitel 3.1 verwendeten Beispielen, anhand derer die Struktur der zentrischen und der exzentrischen Positionalität erläutert werden. Im Abschnitt über zentrische Positionalität werden fast ausschließlich Beispiele benutzt, in denen Tiere vorkommen, erst im Abschnitt über exzentrische Positionalität tauchen Menschen in den Beispielen auf. Zentrische Positionalität ist eine formale Charakterisierung der Struktur der Umweltbeziehung, in deren Rahmen es um das Verstehen von Lebensäußerungen gehen kann, aber nicht um das Verstehen von Sprache und symbolischen Vermittlungen. Letzteres ist an die formale Komplexität der exzentrischen Positionalität gebunden. Obwohl die Theorie davon ausgeht, dass es historisch kontingent ist, welche Wesen z. B. als zentrisch oder exzentrisch positioniert erscheinen, folgt die Anordnung der Beispiele der Strukturvorgabe des modernen historischen Apriori. Demzufolge werden differenzierte sprachlich vermittelte kulturelle Bildungen operativ von Menschen erzeugt, aber nicht von Geistern, Ameisen, Pavianen[13] oder Göttern. Auch die Formulierung einer Theorie, die versucht, sich vom historischen Apriori der Moderne zu distanzieren, muss sich den durch dieses Apriori vorgegebenen wissenschaftlichen Kommunikationsstrukturen unterwerfen. Gegen ihre eigene Intention wiederholt die Theorie damit in ihrer operativen Ausarbeitung einen blinden Fleck der Moderne. Immerhin: Die Reflexivität der Theorie erlaubt es, dies festzustellen.

---

13 Primaten sind, wie gesagt, ein besonders interessanter Fall. Besonders Schimpansen scheinen sich als diejenige Spezies anzubieten, anhand derer sich die Gültigkeit der Mensch-Tier-Grenze immer wieder in Frage stellen und wieder stabilisieren lässt (vgl. Fn. 110).

Literatur

Achter, Victor (1951): Geburt der Strafe, Frankfurt/M.: Klostermann.

Adam, Barbara (1990): Time and Social Theory, Cambridge: Polity Press.

Aman, Klaus; Hirschauer, Stefan (1997): Die Befremdung der eigenen Kultur: Ein Programm, S. 7-52, in: dieselben (Hg.): Die ethnographische Herausforderung, Frankfurt/M.: Suhrkamp.

Améry, Jean (1966/2012): Jenseits von Schuld und Sühne: Bewältigungsversuche eines Überwältigten, Stuttgart: Klett-Cotta.

Amira, Karl von (1891): Thierstrafen und Thierprozesse, in: Mitteilungen des Instituts für Oesterreichische Geschichtsforschung, XII: 546-601.

Anderson, Elijah (1999): Code of the Street. Decency, Violence, and the Moral Life of the Inner City, New York, London: Norton & Company.

Apel, Karl Otto (1975): Das Leibapriori der Erkenntnis, in: Gadamer, S. 264-288 in: Hans-Georg, Vogler, Paul (Hg.): Neue Anthropologie Bd. 7, Stuttart: Thieme.

Apel, Karl Otto; Manninen, Juha; Tuomela, Raimo (Hg.): (1978): Neue Versuche über Erklären und Verstehen, Frankfurt/M.: Suhrkamp.

Apel, Karl-Otto (1973): Transformation der Philosophie II: Das Apriori der Kommunikationsgemeinschaft, Frankfurt/M.: Suhrkamp.

Apel, Karl-Otto (1979): Die Erklären:Verstehen-Kontroverse in transzendentalpragmatischer Sicht, Frankfurt/M.: Suhrkamp.

Arendt, Hannah (1969/2011): Macht und Gewalt, München. Piper.

Asemissen, Ullrich (1973): Die exzentrische Position des Menschen, S. 146-180, in: Grundprobleme der großen Philosophen. Philosophie der Gegenwart II, Göttingen: Vandenhoeck.

Bachmann-Medick, Doris (2006): Cultural Turns. Neuorientierungen in den Kulturwissenschaften, Reinbek bei Hamburg: Rowohlt.

Bateson, Gregory (1949/1985): Bali: Das Wertsystem in einem Zustand des Fließgleichgewichts, S. 156-181, in: Bateson, Gregory (Hg.): Ökologie des Geistes, Frankfurt/M.: Suhrkamp.

Bateson, Gregory; Haley, Jay (1955/1985): Eine Theorie des Spiels und der Phantasie, S. 241-261, in: Bateson, Gregory, Ökologie des Geistes. Anthropologische, psychologische, biologische und epistemologische Perspektiven. Frankfurt/M.: Suhrkamp.

Baumol, Williams J. (1982): Contestable Markets: An Uprising in the Theory of Industry Structure, in: The American Economic Review 72 (1): 1-15.

Beaufort, Jan (2000): Die gesellschaftliche Konstitution der Natur, Würzburg: Königshausen & Neumann.

Beck, Teresa Koloma (2011): The Eye of the Beholder: Violence as a Social Process, in: Internatinal Journal of Conflict and Violence 5(2): 345-356.

Bedorf, Thomas; Fischer, Joachim; Lindemann, Gesa (Hg.): (2010): Theorien des Dritten. Innovationen in Soziologie und Sozialphilosophie, München: Fink.

Behringer, Wolfgang (1995): Der »Bayerische Hexenkrieg«. Die Debatte am Ende der Hexenprozesse, S. 287-313, in: Lorenz, Sönke; Bauer, Dieter R. (Hg.): Das Ende der Hexenverfolgung, Stuttgart: Steiner ([Hexenforschung, Bd. 1).

Behringer, Wolfgang (1997): Hexenverfolgung in Bayern: Volksmagie, Glaubenseifer und Staatsräson in der Frühen Neuzeit. München: Oldenbourg.

Belliger, Andrea; Krieger, David J. (2008): Netzwerk, S. 204-206, in: Farzin, Sina; Jordan, Stefan (Hg.): Lexikon Soziologie und Sozialtheorie. Hundert Grundbegriffe, Stuttgart: Reclam.

Benjamin, Walter, (1920-1921/1999): Zur Kritik der Gewalt, S. 179-204, in: Benjamin, Walter: Gesammelte Schriften, Bd. II.1 (Herausgegeben von R. Tiedemann, H. Schweppenhäuser), Frankfurt/M: Suhrkamp.

Benkler, Yochai (2006): The Wealth of Networks. How Social Production Transforms Markets and Freedom, New Haven, London: Yale University Press.

Berger, Peter L.; Luckmann, Thomas (1966/1980): Die gesellschaftliche Konstruktion der Wirklichkeit. Eine Theorie der Wissenssoziologie, Frankfurt/M.: Fischer.

Berkenhoff, Hans Albert (1937): Tierstrafe, Tierbannung und Rechtsrituelle Tiertötung im Mittelalter; Bühl in Baden.

Bergmann, Werner (1983): Das Problem der Zeit in der Soziologie. Ein Literaturüberblick zum Stand der ›zeitsoziologischen‹ Theorie und Forschung, in Kölner Zeitschrift für Soziologie und Sozialpsychologie, 35: 462-504.

Bergson, Henri (1888/1989): Zeit und Freiheit, Frankfurt/M.: Athenäum.

Bloor, David (1976/1991): Knowledge and Social Imagery, Chicago, London: University of Chicago Press.

Bochow, Jörg (2005): Das Theater Meyerholds und die Biomechanik, Berlin: Alexander.

Boltanski, Luc (2010): Soziologie und Sozialkritik: Frankfurter Adorno-Vorlesungen 2008, Frankfurt/M.: Suhrkamp.

Boltanski, Luc; Thevenot, Laurent (1991/2007): Über die Rechtfertigung. Eine Soziologie der Urteilskraft, Hamburg: Hamburger Edition.

Bourdieu, Pierre (1972/1979): Entwurf einer Theorie der Praxis, Frankfurt/M.: Suhrkamp.

Bourdieu, Pierre (1980/1987): Sozialer Sinn. Kritik der theoretischen Vernunft, Frankfurt/M.: Suhrkamp.

Bourdieu, Pierre; Wacquant, Louis (1992/2006): Reflexive Anthropologie, Frankfurt/M.: Suhrkamp.

Bourgois, Philippe (1996/2003): In Search of Respect: Selling Crack in El Barrio, Cambridge: Cambridge University Press.

Bröckling, Ulrich (2007): Das unternehmerische Selbst: Soziologie einer Subjektivierungsform, Frankfurt: Suhrkamp.

Butler, Judith (1990): Gender Trouble. Feminism and the Subversion of Identiy, New York: Routledge.

Butler, Judith, 1993, Bodies that matter. On the discursive limits of sex. New York, London: Routledge.

Butler, Judith (2007): Kritik der ethischen Gewalt. Frankfurt/M.: Suhrkamp.

Butler, Judith (2004/2006): Precarious Life, London, New York: Verso.

Byrne, Richard; Whiten, Andrew (1990): Tactical deception in primates: the 1990 database, Primate Report 27: 1-101.

Callon, Michel (1986): Some Elements of a sociology of translation: domestication of the scallops and the fishermen of St Brieuc Bay, in: Law, John (Hg.): Power, Action and Belief, S. 196-233, London: Routledge.

Callon, Michel; Latour, Bruno (1992): Don't throw the Baby Out with the Bath School! A Reply to Collins and Yearley, in: Pickering, Andrew (ed.) Science as Practice and Culture S. 343-368, Chicago, London: University of Chicago Press.

Cassirer, Ernst (1923-1929/1994): Philosophie der symbolischen Formen, Darmstadt: Wissenschaftliche Buchgesellschaft.

Cavalieri, Paola; Singer, Peter (Hg.) (1993/1996): Menschenrechte für die großen Menschenaffen, München: Goldmann.

Coleman, James S. (1990): Foundations of Social Theory, Cambridge (MA), London: Belknap Press of Harvard University Press.

Collins, Harry M.; Yearley, Steven (1992a): Epistemological Chicken, S. 301-326, in: Pickering, Andrew (ed.) Science as Practice and Culture, Chicago, London: University of Chicago Press.

Collins, Harry M.; Yearley, Steven (1992b): Journey into space, S. 369-389, in: Pickering, Andrew (ed.) Science as Practice and Culture, Chicago, London: University of Chicago Press.

Collins, Harry M. (1985): Changing Order. Replication and Induction in Scientific Practice, Chicago: University of Chicago Press.

Collins, Randall (2008): Violence. A micro-sociological theory, Princeton, NJ: Princeton University Press.

Cooney, Mark (1998): Warriors and Peacemakers: How Third Parties Shape Violence, New York: New York University Press.

Damhouder, Joost de (1565): Praxis rerum criminalium. Gründlicher Bericht vnd Anweisung, Welcher massen in Rechtfärtigung Peinlicher Sachen ... vor vnd in Gerichten ordentlich zu handeln, Franckfurt am Main: Wolff.

D'Andrade, Roy (1995): The Development of Cognitive Anthropology, Cambridge.

Derrida, Jaques (1991): Gesetzeskraft: Der »mystische Grund der Autorität«, Frankfurt/M.: Suhrkamp.

Descola, Philippe (1993/2000): Leben und Sterben in Amazonien. Bei den Jivaro- Indianern, Stuttgart: Klett Cotta.

Descola, Philippe (2005/2011): Jenseits von Natur und Kultur, Frankfurt/M.: Suhrkamp.

Dilthey, Wilhelm (1900/1924): Die Entstehung der Hermeneutik, in: Gesammelte Schriften V. Band, Leipzig, Berlin: BG Teubner.

Dohrn-van Rossum, Gerhard (1992/2007): Die Geschichte der Stunde. Uhren und moderne Zeitordnungen, Köln: Anaconda Verlag.

Döring, Jörg; Thielmann, Tristan (Hg.) (2008): Spatial Turn. Das Raumparadigma in den Kultur- und Sozialwissenschaften, Bielefeld: transcript.

Duby, Georges (1977/1981): Krieger und Bauern. Entwicklung von Wirtschaft und Gesellschaft im frühen Mittelalter, Frankfurt/M.: Syndikat.

Duden, Barbara (1987): Geschichte unter der Haut, Stuttgart: Klett-Cotta.

Durkheim, Emile (1895/1991): Die Regeln der soziologischen Methode, Frankfurt/M.: Suhrkamp.

Durkheim, Emile (1902/1992): Über soziale Arbeitsteilung, Frankfurt/M.: Suhrkamp.

Durkheim, Emile (1912/1984): Die elementaren Formen des religiösen Lebens, Frankfurt/M.: Suhrkamp.

Durkheim, Emile (1930/1964): The division of labour in society, New York: Free Press.

Dux, Günter (1989): Die Zeit in der Geschichte. Ihre Entwicklungslogik vom Mythos zur Weltzeit. Mit kulturvergleichenden Studien in Brasilien (J. Mensching), Indien (G. Dux, K. Kälble und J. Meßmer) und Deutschland (B. Kiesel), Frankfurt/M.: Suhrkamp.

Ebel, Wilhelm (1966): Über die rechtsschöpferische Leistung des mittelalterlichen deutschen Bürgertums, in: Vorträge und Forschungen XI: 241-258.

Eisenstadt, Shmuel N. (2007): Die Vielfalt der Moderne, Weilerswist: Velbrück Wissenschaft.

Elias, Norbert (1976): Über den Prozeß der Zivilisation, 2 Bände. Frankfurt/M: Suhrkamp.

Elias, Norbert (1988): Über die Zeit. Arbeiten zur Wissenssoziologie II, Frankfurt/M.: Suhrkamp.

Endreß, Martin (2012): Formation und Transformation sozialer Wirklichkeit. Eine Untersuchung zur phänomenologisch begründeten Soziologie und Sozialtheorie, Habilitationsschrift, Tübingen.

Endreß, Martin; Rampp, Benjamin (Hg.) (2013): Human Studies, 36 (1) Special Issue on Violence.

Esser, Hartmut (1993): Soziologie. Allgemeine Grundlagen, Frankfurt/M., New York: Campus.

Esser, Hartmut (2006): Affektuelles Handeln: Emotionen und das Modell der Frame-Selektion, S. 143-174, in: Schützeichel, Rainer (Hg.): Emotionen und Sozialtheorie, Frankfurt/M.: Campus.

Evans, E.P. (1906): The Criminal Prosecution and Capital Punishment of Animals, London, Boston: Faber and Faber.

Falk, Ulrich (2001): Zur Folter im deutschen Strafprozeß. Das Regelungsmodell von Benedict Carpzov, in: www.rewi.hu-berlin.de/zitato106falkfolter.htm (letzter Aufruf 30.08.2013).

Favret-Saada, Jeanne (1977/1979): Die Wörter, der Zauber, der Tod. Der Hexenglaube im Hainland von Westfrankreich, Frankfurt/M.: Suhrkamp.

Fetz, Eberhard (1969): Operant Conditioning of Cortical Unit Activity, in: Science New Series, Vol. 163, No. 3870: 955-958.

Findeisen, Hans-Volkmar; Kerten, Joachim (1999): Der Kick und die Ehre. Vom Sinn jugendlicher Gewalt, München: Kunstmann Verlag.

Fischer, Joachim (2000): Exzentrische Positionalität. Plessners Grundkategorie der Philosophischen Anthropologie, in: Deutsche Zeitschrift für Philosophie 48: 265-288.

Fischer, Joachim (2006a): Der Dritte/Tertiarität. Zu einer Theorieinnovation in den Kultur- und Sozialwissenschaften, S. 146-163, in: Krüger, Hans-Peter; Lindemann, Gesa (Hg.): Philosophische Anthropologie im 21. Jahrhundert, Berlin: Akademie.

Fischer, Joachim (2006b): Der Identitätskern der Philosophischen Anthropologie, S. 63-82, in: Krüger, Hans-Peter; Lindemann, Gesa (Hg.): Philosophische Anthropologie im 21. Jahrhundert, Berlin: Akademie.

Fischer, Joachim (2006c): Philosophische Anthropologie. Ein wirkungsvoller Denkansatz in der deutschen Soziologie nach 1945, in: Zeitschrift für Soziologie, Jg. 35, Heft 5, S. 1-25.

Fischer, Joachim (2008): Philosophische Anthropologie. Eine Denkrichtung des 20. Jahrhunderts, Freiburg, München: Alber.

Fischer, Joachim (2010): Tertiarität/der Dritte. Soziologie als Schlüsseldisziplin, 132-160, in: Bedorf, T.; Fischer, J.; Lindemann, G. (Hg.): (2010): Theorien des Dritten. Innovationen in Soziologie und Sozialphilosophie, München: Fink.

Fitzi, Gregor; Matsuzaki, Hironori (2013): Menschenwürde und Roboter, S. 919-931, in: Hilgendorf, Eric/Jan C. Joerden/Felix Thiele (Hg.): Handbuch Menschenwürde und Medizintechnik, Berlin: Duncker & Humblot.

Fleck, Ludwik (1935/1980): Entstehung und Entwicklung einer wissenschaftlichen Tatsache, Frankfurt/M.: Suhrkamp.

Foucault, Michel (1966/1971): Die Ordnung der Dinge, Frankfurt/M.: Suhrkamp.

Foucault, Michel (1972/1993): Die Ordnung des Diskurses, Frankfurt/M.: Fischer.

Foucault, Michel (1975/1979): Überwachen und Strafen. Die Geburt des Gefängnisses, Frankfurt/M.: Suhrkamp.

Fried, Johannes (1985a): Wille, Freiwilligkeit und Geständnis um 1300, in: Historisches Jahrbuch 105: 388-425.

Fried, Johannes (1985b): Über den Universalismus der Freiheit im Mittelalter, in: Historische Zeitschrift 240: 313-360.

Fritz-Hoffmann, Christian (2013): Die Berührung der Gesellschaft. Zur Explikation von Gegenwart in sozialen Praktiken, unveröffentlichtes Manuskript.

Fuhse, Jan (2009a): Die kommunikative Konstruktion von Akteuren in Netzwerken, in: Soziale Systeme 15 (2): 288-316.

Fuhse, Jan (2009b): The meaning structure of social networks, in: Sociological Theory 27 (1): 51-73.

Gadamer, Hans-Georg (1960/1986): Wahrheit und Methode. Grundzüge einer philosophischen Hermeneutik I, Tübingen: Mohr, Siebeck.

Galtung, John (1959): Expectations and Interaction Processes, in: Inquiry 2: 213-234.

Garfinkel, Harold (1967): Studies in Ethnomethodology, Englewood Cliffs, NJ: Prentice Hall.

Garfinkel, Harold (2002): Ethnomethodology's Program Working Out Durkheim's Aphorism, edited and introduced by Anne Warfield Rawls, Lanham Boulder, New York, Oxford: Rowman and Littlefield Publishers.

Garfinkel, Harold; Lynch, Michael; Livingstone, Eric (1981): The work of a discovering science construed with materials from the optical discovered pulsar; in: The Philosophy of Social Sciences, 11(2): 131-158.

Gehlen, Arnold (1940/1993): Der Mensch. Seine Natur und seine Stellung in der Welt, Gesamtausgabe Bd. 3.1., Frankfurt/M.: Klostermann.

Gehlen, Arnold (1964/1975): Urmensch und Spätkultur. Philosophische Ergebnisse und Aussagen, Frankfurt/M., Bonn: Athenäum.

Gibson, James J. (1979/1982): Wahrnehmung und Umwelt. Der ökologische Ansatz in der visuellen Wahrnehmung, München, Wien, Baltimore: Urban und Schwarzenberg.

Giddens, Anthony (1984): The Constitution of Society, Cambridge: Polity Press.

Giddens, Anthony (1987): Time and social organization, S. 140-165, in: ders., Social Theory and modern sociology, Stanford: Stanford University Press.

Girard, René (1972/2002): Das Heilige und die Gewalt, Ostfildern: Patmos.

Göbel, Andreas (2011): Dritter Sein. Einige Überlegungen im Anschluss an Gesa Lindemanns ›Emergenzfunktion des Dritten‹, in: Zeitschrift für Soziologie 40 (2): 142-155.

Goffman, Erving (1977/1994): Das Arrangement der Geschlechter, S. 105-158, in: ders., Interaktion und Geschlecht, Frankfurt/M., New York: Campus.

Goffman, Erving (1980): Rahmenanalyse. Ein Versuch über die Organisation von Alltagserfahrungen, Frankfurt/M.: Suhrkamp.

Goffman, Erving (1981): Forms of talk, Oxford: Blackwell.

Goffman, Erving (1982): Das Individuum im öffentlichen Austausch. Mikrostudien zur öffentlichen Ordnung, Frankfurt/M.: Suhrkamp.

Goffman, Erving (1986): Interaktionsrituale. Über Verhalten in direkter Kommunikation, Frankfurt/M.: Suhrkamp.

Granovetter, Mark S. (1973): The Strength of Weak Ties, in: American Journal of Sociology 78(6): 1360-1380.

Greshoff, Rainer (2006): Das Essersche »Modell der soziologischen Erklärung« als zentrales Integrationskonzept im Spiegel der Esser-Luhmann-Weber-Vergleiche – was resultiert für die weitere Theoriediskussion?,

S. 515-580, in: Greshoff, Rainer; Schimank, Uwe (Hg), Integrative Sozial-theorie? Esser – Luhmann – Weber, VS-Verlag Wiesbaden 2006.

Greshoff, Rainer; Kneer, Georg; Schneider, Wolfgang Ludwig (Hg.) (2008): Verstehen und Erklären. Sozial- und Kulturwissenschaftliche Perspektiven, München: Fink.

Greve, Jens (2012): Praxis – Zuschreibung – Objektivität. Argumente gegen einen reduktionistischen Individualismus, in: Kölner Zeitschrift für Soziologie und Sozialpsychologie 64 (3): 431-454.

Grimm, Jacob und Wilhelm (1911-1999): Deutsches Wörterbuch in 33 Bänden, Bd. 6, Deutscher Taschenbuchverlag.

Gugutzer, Robert (Hg.) (2006): Body Turn: Perspektiven der Soziologie des Körpers und des Sports, Bielefeld: transcript.

Habermas, Jürgen (1981/1995): Theorie des kommunikativen Handelns, 2 Bände, Frankfurt/M.: Suhrkamp.

Habermas, Jürgen (1999): Hermeneutische und analytische Philosophie. Zwei komplementäre. Spielarten der linguistischen Wende, S. 65-101, in: Habermas, Jürgen, Wahrheit und Rechtfertigung. Philosophische Aufsätze, Frankfurt/M., Suhrkamp.

Habermas, Jürgen (2009): Zwischen Naturalismus und Religion: Philosophische Aufsätze, Frankfurt/M.: Suhrkamp.

Hauskeller, Christine (2004): How traditions of ethical reasoning and institutional processes shape stem cell research in Britain, in: Journal of Medicine and Philosophy 29 (5): 509-532.

Heidegger, Martin (1927/1979): Sein und Zeit, Tübingen: Niemeyer.

Heilbron, Johan; Magnusson, Lars; Wittrock, Björn (eds.) (1998): The rise of the social sciences and the formation of modernity, Dordrecht, Boston, London: Kluwer Academic Publisher.

Heintz, Bettina (1993a): Wissenschaft im Kontext. Neuere Entwicklungstendenzen in der Wissenschaftssoziologie, in: Kölner Zeitschrift für Soziologie und Sozialpsychologie 45: 528-552.

Heintz, Bettina (1993b): Die Herrschaft der Regel. Zur Grundlagengeschichte des Computers. Frankfurt/M., New York: Campus.

Heintz, Bettina (2000): Die Innenwelt der Mathematik. Zur Kultur und Praxis einer beweisenden Disziplin, Wien, New York: Springer.

Heitmeyer, Wilhelm; Soeffner, Hans-Georg (Hg.) (2004): Gewalt, Frankfurt/M.: Suhrkamp.

Hempel, Carl G. (1959/1968): The logic of functional Analysis, pp. 179-210, in: Brodbeck, May (Hg.): Readings in the Philosophy of Social Science, London und New York: MacMillan.

Hempel, Carl G.; Oppenheim, Paul (1948): Studies in the Logic of Explanation, in: Philosophy of Science, 15: 135-175.

Herder, Johann G. (1772/2012): Abhandlung über den Ursprung der Sprache, Hamburg: Tradition Classics.

Heritage, John (1984): Garfinkel and Ethnomethodology, Cambridge: Polity Press.

Herodot/Ernst, Paul (1916): Orientalische Königsgeschichten, Wien: Ullstein.

Hirsch, Hans (1922/1958): Die Hohe Gerichtsbarkeit, Darmstadt: Wissenschaftliche Buchgesellschaft.

Hobbes, Thomas (1651/1984): Leviathan. Oder Stoff, Form und Gewalt eines kirchlichen und bürgerlichen Staates, Frankfurt/M.: Suhrkamp.

Honneth, Axel; Joas, Hans (1980): Soziales Handeln und menschliche Natur. Anthropologische Grundlagen der Sozialwissenschaften, Frankfurt/M., New York: Campus.

Humboldt, Wilhelm von (1836/1985): Über die Verschiedenheit des menschlichen Sprachbaus und ihren Einfluss auf die geistige Entwicklung des Menschengeschlechts, Stuttgart: Reclam.

Hunt, Lynn (2007): Inventing Human Rights, New York, London: Norton & Company.

Husserl, Edmund (1913/1976): Husserliana, III/1: Ideen zu einer reinen Phänomenologie und phänomenologischen Philosophie, 1. Halbband, Den Haag: Nijhoff.

Husserl, Edmund (1928/1980): Vorlesungen zur Phänomenologie des inneren Zeitbewußtseins, Tübingen: Niemeyer.

Husserl, Edmund (1936/1976): Die Krisis der europäischen Wissenschaften und die transzendentale Phänomenologie. Eine Einleitung in die phänomenologische Philosophie. Herausgegeben von Walter Biemel. Nachdruck der 2. verb. Auflage. 1976.

Ingold, Tim (2000): The Perception of Environment. Essays in Livelihood, Dwelling and Skill, London, New York.

Institut für Sozialforschung Frankfurt am Main (Hg.) (1994): Geschlechterverhältnisse und Politik, Frankfurt/M.: Suhrkamp.

Jäger, Ulle (2004): Der Körper, der Leib und die Soziologie. Entwurf einer Theorie der Inkorporierung, Königstein/Taunus: Ulrike Helmer Verlag.

Jakobson, Roman (1964/1971): On the relationship between visual and auditory signs, S. 338-344, in: Word and Language. Selected Writings Band II, The Hague: Mouton. Deutsch in: ders., (1992): Semiotik, S. 286-300, Frankfurt/M.: Suhrkamp.

Jasanoff, Sheila (2005): Designs of Nature. Science and Democracy in Europe and the United States, Oxford, Princeton: Princeton University Press.

Jaspers, Karl (1949) Vom Ursprung und Ziel der Geschichte. München: Piper.

Joas, Hans (1989): Praktische Intersubjektivität, Frankfurt/M.: Suhrkamp.

Joas, Hans (2011): Die Sakralität der Person. Eine neue Genealogie der Menschenrechte, Frankfurt/M.: Suhrkamp.

Kamper, Dietmar (1973): Geschichte und menschliche Natur. Die Tragweite gegenwärtiger Anthropologiekritik, München: Hanser.

Kamper, Dietmar; Wulf, Christoph (1994): Einleitung, S. 7-14, in: dieselben (Hg.): Anthropologie nach dem Tode des Menschen. Frankfurt/M.: Suhrkamp.

Kämpf, Heike (2003): Die Exzentrizität des Verstehens. Zur Debatte um die Verstehbarkeit des Fremden zwischen Hermeneutik und Ethnologie, Berlin: Parerga.

Kant, Immanuel (1787/1956): Kritik der reinen Vernunft, Hamburg: Meiner.

Karstedt, Susanne (2004): Typen der Sozialintegration und Gewalt: Kollektivismus, Individualismus und Sozialkapital, S. 269-292, in: Heitmeyer, Wilhelm; Sowffner, Hans-Georg (Hg.): Gewalt, Frankfurt/M.: Suhrkamp.

Kelsen, Hans (1941/1982): Vergeltung und Kausalität, Wien, Köln, Graz: Böhlau.

Keppler, Angela (1997): Über einige Formen der medialen Wahrnehmung von Gewalt, S. 380-400, in: Trotha, Trutz von (Hg.): Soziologie der Gewalt, (Kölner Zeitschrift für Soziologie und Sozialpsychologie, Sonderheft).

Knauft, Bruce M. (1985): Good company and violence: Sorcery and social action in a lowland New Guinea society. Berkeley: University of California Press.

Knauft, Bruce M. (1987): Reconsidering Violence in Simple Human Societies, in: Current Anthropology 28: 457-500.

Knauft, Bruce M. (1990): Melanesian Warfare: A Theoretical History , Oceania, 60:4: 250-311.

Knoblauch, Hubert; Schnettler, Bernd (2004): »Postsozialität«, Alterität und Alienität, S. 23-41, in: Schetsche, Michael (Hg.): Der maximal Fremde. Begegnungen mit dem Nichtmenschlichen und die Grenzen des Verstehens, ERGON Verlag: Würzburg.

Knorr Cetina, Karin (1981/1991): Die Fabrikation von Erkenntnis. Zur Anthropologie der Naturwissenschaft, Frankfurt/M.: Suhrkamp.

Knorr Cetina, Karin (1998): Sozialität mit Objekten, S. 83-120, in: Rammert, Werner (Hg.): Technik und Sozialtheorie, Frankfurt/M., New York: Campus.

Knorr Cetina, Karin (2002): Wissenskulturen. Ein Vergleich naturwissenschaftlicher Wissensformen, Frankfurt/M.: Suhrkamp.

Kroeber, Alfred; Kluckhohn, Clyde (1952): Culture. A Critical Review of Concepts and Definitions, Cambridge (Mass.).

Krüger, Hans Peter (Hg.) (2007): Deutsche Zeitschrift für Phiolosophie, Sonderband 15 Hirn als Subjekt. Philosophische Grenzfragen der Neurobiologie, Berlin: Akademie.

Krüger, Hans-Peter (2001): Zwischen Lachen und Weinen, Bd. 2: Der dritte Weg Philosophischer Anthropologie und die Geschlechterfrage, Berlin: Akademie.

Künzler, Jan (1987): Grundlagenprobleme der Theorie symbolisch generalisierter Kommunikationsmedien bei Niklas Luhmann, in: Zeitschrift für Soziologie 16 (5): 317-333.

Laing, Ronald D. (1967/1981): Phänomenologie der Erfahrung, Frankfurt/ M.: Suhrkamp.

Laing, Ronald D. (1970/1980): Knoten, Reinbek: Rowohlt.

Lakatos, Imre (1978): The methodology of scientific research programmes, Cambridge, New York, Port Chester, Melbourne, Sydney: Cambridge University Press.

Landesman, Charles (1965/66): The New Dualism in the Philosophy of Mind, in: Revue of Metaphysics 19: 329-324.

Langbein, John H. (1967/2006): Torture and the law of proof, Chicago, London: University of Chicago Press.

Laqueur, Thomas (1992): Auf den Leib geschrieben. Die Inszenierung der Geschlechter von der Antike bis Freud. Frankfurt/M., New York: Campus.

Latour, Bruno (1984/1988): The Pasteurization of France, Cambridge, Mass.; London: Harvard University Press.

Latour, Bruno (1994): On Technical Mediation – Philosophy, Sociology, Genealogy, in: Common Knowledge 3: 29-64.

Latour, Bruno (1991/1995): Wir sind nie modern gewesen, Berlin: Akademie Verlag.

Latour, Bruno (1999/2001): Das Parlament der Dinge. Für eine politische Ökologie, Fankfurt/M.: Suhrkamp.

Latour, Bruno (2000): Die Hoffnung der Pandora. Untersuchungen zur Wirklichkeit der Wissenschaft, Frankfurt/M.: Suhrkamp.

Latour, Bruno (2005/2007): Eine neue Soziologie für eine neue Gesellschaft, Frankfurt/M.: Suhrkamp.

Latour, Bruno; Johnson, J. (1988): Mixing Humans with Non-Humans. Sociology of a Door-Opener, Social Problems 35: 298-310.

Laux, Henning (2014): Soziologie im Zeitalter der Komposition. Koordinaten einer integrativen Netzwerktheorie, Weilerswist: Velbrück Wissenschaft.

Law, John (1986): On the methods of long distance control: vessels, navigation and the Portuguese navigation route to India, S. 234-263, in: ders. (Hg.): Power, Action and Belief, London: Routledge.

Leenhardt, Maurice (1947/1983): Do kamo. Die Person und der Mythos in der melanesischen Welt, Frankfurt/M., Berlin, Wien.

Le Goff, Jacques (2010/2011): Geld im Mittelalter, Stuttgart: Klett Cotta.

Linde, Hans (1972): Sachdominanz in Sozialstrukturen, Tübingen: Mohr.

Linde, Hans (1982): Soziale Implikationen technischer Geräte, ihrer Entstehung und Verwendung, S. 1-31, in: Jokisch, Rodrigo (Hg.): Techniksoziologie, Frankfurt/M.: Suhrkamp.

Lindemann, Gesa (1993/2011): Das paradoxe Geschlecht. Transsexualität im Spannungsfeld von Körper, Leib und Gefühl, Wiesbaden: VS.

Lindemann, Gesa (1996): Zeichentheoretische Überlegungen zum Verhältnis von Körper und Leib, S. 146-175, in: Barkhaus, Annette; Mayer, Matthias; Roughley, Neil; Thürnau, Donatus (Hg.): Identität, Leiblichkeit, Normativität. Neue Horizonte anthropologischen Denkens, Frankfurt/M.: Suhrkamp.

Lindemann, Gesa (2002a): Die Grenzen des Sozialen. Zur sozio-technischen Konstruktion von Leben und Tod in der Intensivmedizin, München: Fink.

Lindemann, Gesa (2002b): Person, Bewusstsein, Leben und nur-technische Artefakte, S. 79-100, in: Rammert, Werner; Schulz-Schaeffer, Ingo (Hg.): Können Maschinen handeln? Soziologische Beiträge zum Verhältnis von Mensch und Technik, Frankfurt/M. u. a.: Campus.

Lindemann, Gesa (2003): »Michel Foucault: Die Abnormalen« in: Frankfurter Rundschau vom 19.8.2003.

Lindemann, Gesa (2005): Beobachtung der Hirnforschung, in Deutsche Zeitschrift für Philosophie, 53 (Heft 5): 761-781.

Lindemann, Gesa (2008a): »Theoriekonstruktion und empirische Forschung«, S. 107-128, in: Kalthoff, Herbert; Hirschauer, Stefan; Lindemann, Gesa (Hg.): Theoretische Empirie. Zur Relevanz qualitativer Forschung, Frankfurt/M.: Suhrkamp.

Lindemann, Gesa (2008b): »Allons enfants et faits de la patrie ...«. Über Latours Sozial- und Gesellschaftstheorie sowie seinen Beitrag zur Rettung der Welt, S. 339-360, in: Kneer, Georg; Schroer, Markus; Schüttpelz, Erhard (Hg.): Bruno Latours Kollektive. Kontroversen zur Entgrenzung des Sozialen, Frankfurt/M.: Suhrkamp.

Lindemann, Gesa (2009a): Bruno Latour – von der Wissenschaftsforschung zur Expertokratie, in: Zeitschrift für Kulturwissenschaften 2: 103-108.

Lindemann, Gesa (2009b): Kann die Öffentlichkeit totalitär sein? (Replik auf Kritiken), in: Zeitschrift für Kulturwissenschaft 2: 129-135.

Lindemann, Gesa (2009c): Das Soziale von seinen Grenzen her denken. Weilerswist: Velbrück Wissenschaft.

Lindemann, Gesa (2009d): From Experimental Interaction to the Brain as the Epistemic Object of Neurobiology. Human Studies, 32, 153-181.

Lindemann, Gesa (2009e): Gesellschaftliche Grenzregime und soziale Differenzierung. Zeitschrift für Soziologie, 38(2), 92-110.

Lindemann, Gesa (2010a): »Moralischer Status und menschliche Gattung –Versuch einer soziologischen Aufklärung«, in: Deutsche Zeitschrift für Philosophie 58 (3): 359-376.

Lindemann, Gesa (2010b): Die Emergenzfunktion des Dritten – ihre Bedeutung für die Analyse der Ordnung einer funktional differenzierten Gesellschaft, in: Zeitschrift für Soziologie 39 (6): 493-511.

Lindemann, Gesa (2011a): On Latour's social theory and theory of society, and his contribution to saving the world, in Human Studies 34 (1): 93-110.

Lindemann, Gesa (2011b): Die Gesellschaftstheorie von der Sozialtheorie her denken – oder umgekehrt?, in: ZfS Forum 3/1: 1-19.

Lindemann, Gesa (2012a): Menschenwürde – ihre gesellschaftsstrukturellen Bedingungen, S. 419-446, in: Joerden, Jan; Hilgendorf, Eric; Thiele, Felix (Hg.): Handbuch: Menschenwürde und Biomedizin, Baden-Baden: Nomos.

Lindemann, Gesa (2012b): Die Kontingenz der Grenzen des Sozialen und die Notwendigkeit eines triadischen Kommunikationsbegriffs, in: Berliner Journal für Soziologie 22: 317–340.

Lindemann, Gesa (2013): Kultur versus Natur, in: Rosa, Hartmut; Lamla, Jörn; Laux, Henning; Strecker, David (Hg.): Handbuch Soziologie, Konstanz: uvk/utb (im Druck).

Lindemann, Gesa; Matsuzaki, Hironori (2013): Constructing the robot's position in time and space – the spatio-temporal preconditions of artificial social agency, in: Science, Technology & Innovation Studies, zur Publikation angenommen.

LiPuma, Edward (1998): Modernity and forms of personhood in Melanesia, S. 53-79, in: Lambek, Michael; Strathern, Andrew (Hg.): Bodies and Persons. Comparative Perspectives from Africa and Melanesia, Cambridge: Cambridge University Press.

Locke, John (1689/1977): Zwei Abhandlungen über die Regierung, Frankfurt/M.: Suhrkamp.

Löw, Martina (2001): Raumsoziologie, Frankfurt/M.: Suhrkamp.

Lowie, Robert H. (1970): Primitive Society, New York.

Luckmann, Thomas (1970/1980): Über die Grenzen der Sozialwelt, S. 56-92, in: Lebenswelt und Gesellschaft, Paderborn, München, Wien, Zürich: Schöningh.

Luckmann, Thomas (1986): Zeit und Identität: Innere, soziale und historische Zeit, S. 135-174, in: Fürstenberg, Friedrich; Mörth, Ingo (Hg.): Zeit als Strukturelement von Lebenswelt und Gesellschaft, Linz: Trauner.

Lüdtke, Nico (2008): Intersubjektivität bei Schütz – oder: Ist die Frage nach dem Anderen aus der Phänomenologie entlassen?, S. 187-197, in: Raab, Jürgen; Pfadenhauer, Michaela; Stegmaier, Peter; Dreher, Jochen; Schnettler, Bernt (Hg.): Phänomenologie und Soziologie, Wiesbaden: VS.

Lüdtke, Nico (2010): Sozialität und Anthropozentrik. Aktuelle Probleme der Sozialtheorie am Beispiel Mead, AST-DP-4-2010: http://www.ast.uni-oldenburg.de/download/dp/ast-dp-4-10.pdf.

Lüdtke, Nico (2013): Das Soziale ohne Grenzen? Eine historisch-wissenssoziologische Analyse zu den Grenzen der Sozialwelt in der Frühen Neuzeit, Dissertation an der Carl von Ossietzky Universität.

Lüdtke, Nico; Fritz-Hoffmann, Christian (2012): Historische Apriori. Zur Methodologie Helmuth Plessners und Michel Foucaults, S. 91-112, in: Ebke, Thomas; Schloßberger, Matthias (Hg.): Dezentrierungen. Zur Konfrontation von Philosophischer Anthropologie, Strukturalismus und Poststrukturalismus, Internationales Jahrbuch für Philosophische Anthropologie, Bd. 3, Berlin: Akademie Verlag.

Luhmann, Niklas (1964): Funktionen und Folgen formaler Organisation. Berlin: Dunker & Humblot.

Luhmann, Niklas (1965/1999): Grundrechte als Institution, Berlin: Duncker und Humblot.

Luhmann, Niklas (1967/2005): Soziologie als Theorie sozialer Systeme, S. 143-172, in: ders., Soziologische Aufklärung 1, Wiesbaden: VS.

Luhmann, Niklas (1969/1983): Legitimation durch Verfahren, Frankfurt/M.: Suhrkamp.

Luhmann, Niklas (1971): Sinn als Grundbegriff der Soziologie, S. 25-100, in: Habermas, Jürgen; Luhmann, Niklas (1971/1990): Theorie der Gesellschaft oder Sozialtechnologie, 10. Aufl., Frankfurt/M.: Suhrkamp.

Luhmann, Niklas (1972): Rechtssoziologie, 2. Bände, Reinbek bei Hamburg: Rowohlt.

Luhmann, Niklas (1974/2005a): Einführende Bemerkungen zu einer Theorie symbolisch generalisierter Kommunikationsmedien, S. 212-240, in: Soziologische Aufklärung 2, Wiesbaden: VS.

Luhmann, Niklas (1974/2005b): Symbiotische Mechanismen, S. 262-280, in: Soziologische Aufklärung 3, Wiesbaden: VS.

Luhmann, Niklas (1975/2005): Interaktion, Organisation, Gesellschaft, S. 9-24. in: Soziologische Aufklärung 2, Wiesbaden: VS.

Luhmann, Niklas (1980): Temporalisierung von Komplexität: Zur Semantik neuzeitlicher Zeitbegriffe, S. 235-300, in: ders., Gesellschaftsstruktur und Semantik. Studien zur Wissenssoziologie der modernen Gesellschaft, Frankfurt/M.: Suhrkamp.

Luhmann, Niklas (1980-1995): Gesellschaftsstruktur und Semantik. Studien zur Wissenssoziologie der modernen Gesellschaft, Frankfurt/M.: Suhrkamp.

Luhmann, Niklas (1982/1994): Liebe als Passion, Suhrkamp: Frankfurt/M.

Luhmann, Niklas (1984): Soziale Systeme. Grundriß einer allgemeinen Theorie, Frankfurt/M.: Suhrkamp.

Luhmann, Niklas (1986/1995): Intersubjektivität oder Kommunikation: Unterschiedliche Ausgangspunkte soziologischer Theoriebildung, S, 169-188, in: Soziologische Aufklärung Bd. 6: Die Soziologie und der Mensch. Opladen: Westdeutscher Verlag.

Luhmann, Niklas (1987): Die Autopoiesis des Bewußtseins, S. 25-94, in: Hahn, Alois; Kapp, Volker (Hg.): Selbstthematisierung und Selbstzeugnis: Bekenntnis und Geständnis, Frankfurt/M.: Suhrkamp.

Luhmann, Niklas (1988): Die Wirtschaft der Gesellschaft, Frankfurt/M.: Suhrkamp.

Luhmann, Niklas (1992): Die Wissenschaft der Gesellschaft, Frankfurt/M.: Suhrkamp.

Luhmann, Niklas (1997): Die Gesellschaft der Gesellschaft, 2 Bände, Frankfurt/M.: Suhrkamp.

Lynch, M. (1988): Sacrifice and the transformation of the Animal Body into a Scientific Object: Laboratory Culture and Ritual Practice in the Neurosciences, in: Social Studies of Science 18: 265-289.

Lynch, Michael (1993): Scientific practice and ordinary action. Ethnomethodology and social studies of science, Cambridge: Cambridge University Press.

Lynch, Michael (1996): DeKanting agency. Comments on Bruno Latour's »On Interobjectivity«, in: Mind, Culture and Activity 3(4): 246-251.

Maihofer, Andrea (1995): Geschlecht als Existenzweise, Frankfurtt/M.: Helmer.

Magnusson, Lars (1998): The Language of Mercantilism: The English Economic Discussion during the Seventeenth Century, S. 163-188, in: Heilbron, Johan; Magnusson, Lars; Wittrock, Björn (eds) The rise of the social sciences and the formation of modernity, Dordrecht, Boston, London: Kluwer Academic Publisher.

Mann, Michael (1986-2012): The sources of social power, 4 Bände, Cambridge: Cambridge University Press.

Mantzavinos, Chrysostomos (2005): Naturalistic Hermeneutics, Cambridge: Cambridge University Press.

Martins (1974): Time and Theory in Sociology, S. 246-294, in J. Rex (Hg.): Approaches of Sociology, London, Boston: Routledge.

Marx, Karl (1844/1977): Ökonomisch-philosophische Manuskripte, S. 465-588, in: Marx Engels Werke, Ergänzungsband I, Berlin: Dietz.

Marx, Karl (1857-58/1974): Grundrisse der Kritik der Politischen Ökonomie, Berlin: Dietz.

Marx, Karl (1890/1977): Das Kapital, Bd. 1, Berlin: Dietz.

McTaggart, J.M. Ellis (1908): The Unreality of Time, in: Mind 17: 457-474.

Mead, George H. (1924-25/1987): Die Genesis der Identität und die soziale Kontrolle, S. 299-328, in: ders., Gesammelte Aufsätze Bd. I, Frankfurt/M.: Suhrkamp.

Mead, George H. (1932/1959): The Philosophy of the Present, Murphy, A. E. (ed.), Preface by J. Dewey. La Salle, Ill.: Open Court.

Mead, George H. (1934/1967): Mind, Self, and Society, Chicago, London: University of Chicago Press.

Mead, George H. (1969): Philosophie der Sozialität. Aufsätze zur Erkenntnisanthropologie, Frankfurt/M.: Suhrkamp.

Mead, George H. (1987): Körper und Geist (Nachlaß), S. 88-184, in: ders., Gesammelte Aufsätze II, Frankfurt/M.: Suhrkamp.

Menger, Carl (1883/2004): Untersuchungen über die Methode der Socialwissenschaften und der Politischen Ökonomie insbesondere, Leipzig.

Menke, Christoph (2011): Recht und Gewalt, Berlin: Augustverlag.

Merleau-Ponty, Maurice (1945/1966): Phänomenologie der Wahrnehmung, Berlin: de Gruyter.

Merton, Robert K. (1985): Entwicklung und Wandel von Forschungsinteressen. Aufsätze zur Wissenschaftssoziologie, Frankfurt/M.: Suhrkamp.

Merz, Martina; Knorr Cetina, Karin (1997): Denconstruction in a ›Thinking‹ Science: Theoretical Physicists at Work, in: Social Studies of Science 27: 73-111.

Milgram, Stanley (1967): The small world problem, in: Psychology Today 1 (1): 61-67.

Misch, Georg (1924/1984): Die Idee der Lebensphilosophie in der Theorie der Geisteswissenschaften, S. 132-146, in: Rodi, Frithjof; Lessing, Hans-Ulrich (Hg.): Materialien zur Philosophie Wilhelm Diltheys, Frankfurt/ M.: Suhrkamp.

Misch, Georg (1929-30/1967): Lebensphilosophie und Phänomenologie. Eine Auseinandersetzung der Diltheyschen Richtung mit Heidegger und Husserl, Stuttgart: Teubner.

Mitchell, W. J. Thomas (1994): The pictorial turn, S. 11-34, in: ders., Picture Theory, Chicago, London: University of Chicago Press.

Mitscherlich, Olivia (2007): Natur und Geschichte. Helmuth Plessners in sich gebrochene Lebensphilosophie, Berlin: Akademie.

Murphy, Arthur E. (1932/1959): Introduction, S. XI-XXXV, in: Mead, George H. (1932/1959): The Philosophy of the Present, Murphy, A. E. (ed.), Preface by J. Dewey. La Salle, Ill.: Open Court.

Nassehi, Armin (1993): Die Zeit der Gesellschaft. Auf dem Weg zu einer soziologischen Theorie der Zeit, Opladen: Westdeutscher Verlag.

Nassehi, Armin (2003): Geschlossenheit und Offenheit. Studien zur Theorie der modernen Gesellschaft, Frankfurt/M.: Suhrkamp.

Nassehi, Armin (2011): Gesellschaft der Gegenwarten. Studien zur Theorie der modernen Gesellschaft, Frankfurt/M.: Suhrkamp.

Neckel, Sighard; Schwab-Trapp, Michael (Hg.): (1999): Ordnungen der Gewalt. Beiträge zu einer Soziologie der Gewalt und des Krieges, Opladen: Leske und Budrich.

Nedelmann, Birgitta (1997): Gewaltsoziozoiologie am Scheideweg, S. 59-85, in: Trotha, Trutz von (Hg.): Soziologie der Gewalt (Kölner Zeitschrift für Soziologie und Sozialpsychologie Sonderhefte).

Neumann, Almut (2007): Teufelsbund und Teufelspakt (Mittelalter). In Gudrun Gersmann, Katrin Moeller & Jürgen-Michael Schmidt (Eds.), Lexikon zur Geschichte der Hexenverfolgung, in historicum.net, URL: http://www.historicum.net/no_cache/persistent/artikel/5527/ (7.12.07).

Okanoya, K.; Tokimoto, N.; Kumazawa, N.; Hihara, S.; Iriki, A. (2008): Tool-Use Training in a Species of Rodent: The Emergence of an Optimal Motor Strategy and Functional Understanding. PLoS ONE 3(3): e1860. doi:10.1371/journal.pone.0001860.

Papachristos, Andrew V.; Hureau, David M.; Braga, Anthony A. (2013): The Corner and the Crew: The Influence of Geography and Social Networks on Gang Violence. American Sociological Review 78(3): 417-447.

Panofsky, Erwin (1927/1980): Die Perspektive als ›symbolische Form‹, S. 99-167, in: Panofsky, Erwin: Aufsätze zu Grundfragen der Kunstwissenschaft, Berlin: Spiess.

Pape, Wilhelm (1914/3.Aufl): Griechisch-deutsches Handwörterbuch, Braunschweig: Vieweg.

Park, Robert E. (1928): Human migration and the marginal man, in: American Journal of Sociology 33 (6): 881-893.

Parsons, Talcott (1937/1968): The structure of social action, 2 Bände, New York: Free Press.

Parsons, Talcott (1964): The Social System, New York: The Free Press.
Parsons, Talcott (1968): Interaction: Social Interaction, S. 429-441, in: International Encyclopedia of the Social Sciences Bd. 7, New York: Macmillan/The Free Press.
Parsons, Talcott (1970/1977): Some Problems of General Theory in Sociology, S. 229-269, in: ders., (1977): Social Systems and the Evolution of Action Theory, New York, London: The Free Press/Macmillan.
Parsons, Talcott (1980): Zur Theorie der sozialen Interaktionsmedien, Wiesbaden: VS.
Peirce, Charles S. (1983): Phänomen und Logik der Zeichen, Frankfurt/M.: Suhrkamp.
Pels, Dick (1996): The politics of symmetry, in: Social Studies of Science 26: 277-304.
Piaget, Jean (1966/1984): Notwendigkeit und Bedeutung der vergleichenden Forschung in der Entwiclungspsychologie, S. 61-74, in: Schöfthaler, Traugott; Goldschmidt, Dietrich (Hg.): Soziale Struktur und Vernunft, Frankfurt/M.: Suhrkamp.
Pickering, Andrew (1993): The Mangle of Practice: Agency and Emergence in the Sociology of Science, in: American Journal of Sociology 99: 559-589.
Pieper, Hans-Joachim (2011): Art. Zeit, in: Neues Handbuch Philosophischer Grundbegriffe, S. 2635-2646, begründet von Krings, Hermann; Baumgartner, Hans Michael; Wild, Christoph, neu hg. von Kolmer, Petra; Wildfeuer, Armin G., Bd. 3, München: Alber.
Pietrowicz, Stephan (1992): Helmuth Plessner. Genese und System seines philosophisch-anthropologischen Denkens, München: Alber.
Planitz, Hans; Eckhardt, Karl August (1971, 3. Aufl.): Deutsche Rechtsgeschichte, Graz, Köln: Böhlau Nachf.
Plessner, Helmuth (1923/1981): Die Einheit der Sinne, in: Gesammelte Schriften Bd. III: Anthropologie der Sinne, S. 7-315, Frankfurt/M.: Suhrkamp.
Plessner, Helmuth (1928/1975): Die Stufen des Organischen und der Mensch, Berlin, New York: de Gruyter.
Plessner, Helmuth (1931/1981): Macht und menschliche Natur. Ein Versuch zur Anthropologie der geschichtlichen Weltansicht, S. 135-234, in: Gesammelte Schriften Bd. V: Macht und menschliche Natur. Frankfurt/M.: Suhrkamp.
Plessner, Helmuth (1938/1985): Phänomenologie. Das Werk Edmung Husserls, S. 122-147, in: Gesammelte Schriften IX. Schriften zur Philosophie, Frankfurt/M.: Suhrkamp.
Polanyi, Karl (1944/1978): The Great Transformation, Frankfurt/M.: Suhrkamp.
Popitz, Heinrich (1982/2009): Phänomene der Macht, Tübingen: Mohr Siebeck.
Rammert, Werner (2007): Technik-Handeln-Wissen. Zu einer pragmatistischen Technik- und Sozialtheorie, Wiesbaden: VS.

Rammert, Werner (2010): Technik, in: Sandkühler, H.-J. (Hg.): Enzyklopädie Philosophie, Hamburg: Meiner.

Rammert, Werner; Schulz-Schaeffer, Ingo (2002): Technik und Handeln. Wenn soziales Handeln sich auf menschliches Handeln und technische Abläufe verteilt, S. 11-64, in: dies. (Hg.): Können Maschinen handeln? Soziologische Beiträge zum Verhältnis von Mensch und Technik, Frankfurt/M. u. a.: Campus.

Rammstedt; Otthein (1975): Alltagsbewußtsein von Zeit, in Kölner Zeitschrift für Soziologie und sozialpsychologie 27: 47-63.

Reckwitz, Andreas (2003): Grundelemente einer Theorie sozialer Praktiken. Eine sozialtheoretische Perspektive, in: Zeitschrift für Soziologie 32 (4): 282-301.

Reemtsma, Jan Philipp (2008): Vertrauen und Gewalt. Versuch über eine besondere Konstellation der Moderne, Hamburg: Hamburger Edition.

Rheinberger, Hans-Jörg (1992a): Experiment-Differenz-Schrift, Marburg: Basilisken-Presse.

Rheinberger, Hans-Jörg (1992b): Experiment, Difference, and Writing: I. Tracing protein synthesis, in: Studies in the History and Philosophy of Science 23: 305-331.

Rheinberger, Hans-Jörg (2007): Epistemologie des Konkreten. Studien zur Geschichte der modernen Biologie, Frankfurt/M.: Suhrkamp.

Riches, David (1968): The anthropology of violence, Oxford, New York: Blackwell.

Rickert, Heinrich (1898/1921): Kulturwissenschaft und Naturwissenschaft, Tübingen.

Rosa, Hartmut (2005): Beschleunigung. Die Veränderungen der Zeitstrukturen in der Moderne, Frankfurt/M.: Suhrkamp.

Rousseau, Jean-Jaques (1762/1977): Vom Gesellschaftsvertrag, S. 59-208, in: ders., Politische Schriften, Bd. 1, Paderborn: Schöningh.

Said, Edward (1978/1981): Orientalismus, Frankfurt/M.: Ullstein.

Sanz, C.; Morgan, D. (2007): Chimpanzee tool technology in the Goualougo Triangle, Republic of Congo, in: Journal of Human Evolution 52, 4, 420–433.

Sanz, C.; Morgan, D. (2008): Complexity of Chimpanzee Tool Using Behaviors, in: Lonsdorf, E. V.; Ross, S. R.; Matsuzawa, T. (Hg.): The Mind of the Chimpanzee. Ecological and Experimental Perspectives.

Sanz, Crickette (2008): Neue Erkenntnisse zum Werkzeuggebrauch wildlebender Schimpansen, in: Forschungsbericht 2008 – Max-Planck-Institut für evolutionäre Anthropologie – http://www.mpg.de/455698/forschungsSchwerpunkt (Zugriff: 22.6.2012).

Sartre, Jean-Paul (1936-37/1982): Die Transzendenz des Ego, S. 39-96, in: ders., Die Transzendenz des Ego, Reinbek bei Hamburg: Rowohlt.

Sartre, Jean-Paul (1943/1993): Das Sein und das Nichts. Versuch einer phänomenologischen Ontologie, Reinbek bei Hamburg: Rowohlt.

Sartre, Jean-Paul (1960/1967): Kritik der dialektischen Vernunft. 1. Band: Theorie der gesellschaftlichen Praxis, Reinbek bei Hamburg: Rowohlt.

Scarry, Elaine (1985/1992): Der Körper im Schmerz. Die Chiffren der Verletzlichkeit und die Erfindung der Kultur, Frankfurt/M.: Fischer.

Schaff, Adam (1960/1973): Einführung in die Semantik, Reinbek bei Hamburg: Rowohlt.

Schatzki, Theodore R. (1996): Social Practices. A Wittgensteinian Approach to Human Activity and the Social, Cambridge: Cambridge University Press.

Schatzki, Theodore (2003): A New Societist Social Ontology, Philosophy of the Social Sciences 33: 174-202.

Schatzki, Theodore R.; Knorr Cetina, Karin (2000): The Practice Turn in Contemporary Theory, London: Routledge.

Scheler, Max (1912/1973): Gesammelte Werke, Bd. 7: Wesen und Formen der Sympathie, Bern: Francke.

Schiffauer, Werner (1983): Die Gewalt der Ehre: Erkla rungen zu einem deutsch-tu rkischen Sexualkonflikt, Frankfurt/M.: Suhrkamp.

Schmale, Wolfgang (1997): Archäologie der Grund- und Menschenrechte in der Frühen Neuzeit. Ein deutsch-französisches Paradigma, München: Oldenbourg.

Schmidtchen, Volker (1997): Technik im Übergang. Vom Mittelalter zur Neuzeit zwischen 1350-1600, S. 209-598, in: Ludwig, Karl-Heinz; Schmidtchen, Volker: Propyläen: Technikgeschichte. Metalle und Macht. 1000-1600, Propyläenverlag.

Schmitz, Hermann (1964): Die Gegenwart, in: System der Philosophie. Bd. I, Bonn: Bouvier.

Schmitz, Hermann (1964-1980): System der Philosophie, Bonn: Bouvier.

Schmitz, Hermann (1965): Der Leib, in: System der Philosophie. Bd. II,1, Bonn: Bouvier.

Schmitz, Hermann (1967): Der leibliche Raum, in: System der Philosophie. Bd. III,1, Bonn: Bouvier.

Schmitz, Hermann (1969): Der Gefühlsraum, in: System der Philosophie. Bd. III,2, Bonn: Bouvier.

Schmitz, Hermann (1973): Der Rechtsraum, in: System der Philosophie. Bd. III,3, Bonn: Bouvier.

Schmitz, Hermann (1977): Das Göttliche und der Raum, in: System der Philosophie. Bd. III,4, Bonn: Bouvier.

Schmitz, Hermann (1978): Die Wahrnehmung, in: System der Philosophie. Bd. III,5, Bonn: Bouvier.

Schmitz, Hermann (1980a): Die Person, in: System der Philosophie. Bd. IV, Bonn: Bouvier.

Schmitz, Hermann (1980b): Die Aufhebung der Gegenwart, in: System der Philosophie. Bd. V, Bonn: Bouvier.

Schmöckel, Matthias (2000): Humanität und Staatsraison. Die Abschaffung der Folter in Europa und die Entwicklung des gemeinen Strafprozeß- und Beweisrechts seit dem hohen Mittelalter. Köln, Weimar, Wien: Böhlau.

Schneider, Wolfgang Ludwig (2002): Grundlagen soziologischer Theorie, Bd. 1: Weber, Parsons, Mead, Schütz, Opladen: Westdeutscher Verlag.

Schroer, Markus (2006): Räume, Orte, Grenzen: Auf dem Weg zu einer Soziologie des Raums, Frankfurt/M.: Suhrkamp.

Schulze, Winfried (1987): Vom Gemeinnutz zum Eigennutz. Über den Normenwandel in der ständischen Gesellschaft der Frühen Neuzeit, Schriften des Historischen Kollegs, Vorträge 13, München.

Schulz-Schaeffer, Ingo (2007): Zugeschriebene Handlungen. Ein Beitrag zur Theorie sozialen Handelns, Weilerswist: Velbrück Wissenschaft.

Schürmann, Volker (1999): Zur Struktur hermeneutischen Sprechens. Eine Bestimmung im Anschluß an Josef König. Freiburg/ München: Alber.

Schütz, Alfred (1932/1981): Der sinnhafte Aufbau der sozialen Welt. Eine Einleitung in die verstehende Soziologie, Frankfurt/M.: Suhrkamp.

Schütz, Alfred (1973a): On the Methodology of the Social Sciences, S. 3-80, in: ders., Collected Papers. Vol. 1: The Problem of Social Reality, Den Haag: Martinus Nijhoff (deutsch: 1971).

Schütz, Alfred (1973b): Husserl's Importance for the Social Sciences, S. 140-149, in: Collected Papers. Vol. 1: The Problem of Social Reality, Den Haag: Martinus Nijhoff.

Schütz, Alfred (1973c): Scheler's Theory of Intersubjectivity and the General Thesis of the Alter Ego, pp. 150-179, in: Collected Papers. Vol. 1: The Problem of Social Reality, Den Haag: Martinus Nijhoff.

Schütz, Alfred (1973d): On Multiple Realities, pp. 207-259, in: Collected Papers. Vol. 1: The Problem of Social Reality, Den Haag: Martinus Nijhoff.

Schütz, Alfred; Luckmann, Thomas (1979): Strukturen der Lebenswelt, Bd. 1, Frankfurt/M.: Suhrkamp.

Schütz, Alfred; Luckmann, Thomas (1984): Strukturen der Lebenswelt, Bd. 2, Frankfurt/M.: Suhrkamp.

Schützeichel, Rainer (2003): Sinn als Grundbegriff bei Niklas Luhmann, Frankfurt/M.: Campus.

Shapin, Steven; Schaffer, Simon (1985): Leviathan and the Air-Pump. Hobbes, Boyle, and the Experimental Life, Princeton: University Press.

Shilling, Chris (1993): The Body and Social Theory, London: Sage.

Simmel, Georg (1908/1983): Soziologie. Untersuchungen über die Formen der Vergesellschaftung, Berlin: Duncker und Humblot.

Sirokorov, S.M. (1935): Versuch einer Erforschung der Grundlage des Schamanentums bei den Tungusen, in: Beiträge zur Völkerkunde Bd.: XVIII: 41-96.

Smith, Adam (1776/1978): Der Wohlstand der Nationen. Eine Untersuchung seiner Natur und seiner Ursachen, München: dtv.

Sofsky, Wolfgang (1996): Traktat über die Gewalt, Frankfurt/M.: Fischer.

Sommer, Volker (1992): Lob der Lüge. Täuschung und Selbstbetrug bei Tier und Mensch, München: Beck.

Spencer Brown, George (1969): Laws of Form, London: Allen and Unwin.

Srubar, Ilja (1979): Die Theorie der Typenbildung bei Alfred Schütz. Ihre Bedeutung und ihre Grenzen, S.43-64, in: Walter M. Sprondel und

Richard Grathoff (Hg.): Alfred Schütz und die Idee des Alltags in den Sozialwissenschaften, Stuttgart: Enke.

Star, Susan Leigh (1995): Introduction, pp. 1-35, in: dies. (ed.) Ecologies of Knowledge. Work and Politics in Science and Technology, State University of New York Press.

Steinmetz, Sebald, R. (1928): Ethnologische Studien zur ersten Entwicklung der Strafe. Groningen: Noordhoff.

Stichweh, Rudolf (2002): Raum und moderne Gesellschaft. Aspekte der sozialen Kontrolle des Raums, Institut für Weltgesellschaft Working Papers 12/2002.

Stichweh, Rudolf (2005): Zum Gesellschaftsbegriff der Systemtheorie: Parsons und Luhmann und die Hypothese der Weltgesellschaft. Zeitschrift für Soziologie, Sonderheft »Weltgesellschaft«: 174-185.

Strathern, Marilyn (1988): The gender of the gift. Problems with women and problems with society in Melanesia, Berkeley: University of California Press.

Tacke, Veronika (2008): Organisation, S. 212-215, in: Farzin, Sina; Jordan, Stefan (Hg.): Lexikon Soziologie und Sozialtheorie. Hundert Grundbegriffe, Stuttgart: Reclam.

Tacke, Veronika (2011): Soziologie der Organisation. Transcript, Bielefeld.

Taylor, A.-C.(1993): Remembering to forget: identity, mourning and memory among the Jivaro. Man (N.S.) 28: 653-78.

Tilly, Charles (2003): The Politics of collective violence, Cambridge: Cambridge University Press.

Thomasius, Christian (1701 u. 1712/1986): Vom Laster der Zauberei (1701), Über die Hexenprozesse (1712), München: dtv.

Tomasello, Michael (1999/2006): Die kulturelle Entwicklung des menschlichen Denkens, Frankfurt/M.: Suhrkamp.

Tomasello, Michael (2008/2011): Die Ursprünge der menschlichen Kommunikation, Frankfurt/M.: Suhrkamp.

Troitzsch, Ulrich (1997): Technischer Wandel in Staat und Gesellschaft zwischen 1600 und 1750, S. 11-267, in: Paulinyi, Akos; Troitzsch, Ulrich: Propyläen: Technikgeschichte. Mechanisierung und Maschinisierung. 1600-1840, Propyläenverlag.

Vierkandt, Alfred (1928): Gesellschaftslehre, Stuttgart.

Viveiros de Castro, Eduardo (1986/1992): From the Enemy's Point of View. Humanity and Divinity in an Amazonian Society, Chicago, London.

Viveiros de Castro, Eduardo (1998): Cosmological Deixis and Amerindian Perspectivism, in: Journal of the Royal Anthropological Institute, 4.3: 469-88.

Viveiros de Castro, Eduardo (2004): Exchanging Perspectives: The Transformation of Objects into Subjects in Amerindian Ontologies, in: Common Knowledge 10 (3): 463-484.

Völmicke, Elke (1994): Grundzüge neukantianischen Denkens in den Frühschriften und der ›Philosophischen Anthropologie‹ Helmuth Plessners, Alfter: Verl. und Datenbank für Geisteswissenschaften.

Trotha, Trutz von (Hg.): (1997a): Soziologie der Gewalt (Kölner Zeitschrift für Soziologie und Sozialpsychologie Sonderhefte).

Trotha, Trutz von (1997b): Zur Soziologie der Gewalt, S. 9-56, in: ders. (Hg), Soziologie der Gewalt (Kölner Zeitschrift für Soziologie und Sozialpsychologie. Sonderheft).

Wagner, Peter (1998): Certainty and Order, Liberty and Contingency: The Birth of Social Science as Empirical Political Philosophy, S. 241-263, in: Heilbron, Johan; Magnusson, Lars; Wittrock, Björn (eds) The rise of the social sciences and the formation of modernity, Dordrecht, Boston, London: Kluwer Academic Publisher.

Waldenfels, Bernhard; Broekmann, Jan M.; Pazanin, Ante (Hg.): (1977-1979): Phänomenologie und Marxismus, 4 Bände., Frankfurt/M.: Suhrkamp.

Weber, Max (1904/1988a): Die »Objektivität« sozialwissenschaftlicher und sozialpolitischer Erkenntnis, S. 146-214, in: ders., Gesammelte Aufsätze zur Wissenschaftslehre, Tübingen: Mohr.

Weber, Max (1904/1988b): Über einige Kategorien der verstehenden Soziologie, S. 427-474, in: ders., Gesammelte Aufsätze zur Wissenschaftslehre, Tübingen: Mohr.

Weber, Max (1917/1988c): Der Sinn der ›Wertfreiheit‹ der soziologischen und ökonomischen Wissenschaften, S. 489-540, in: ders., Gesammelte Aufsätze zur Wissenschaftslehre, Tübingen: Mohr.

Weber, Max (1919/1988d): Wissenschaft als Beruf, S. 582-613 in: ders., Gesammelte Aufsätze zur Wissenschaftslehre, Tübingen: Mohr.

Weber, Max (1920/1986): Gesammelte Aufsätze zur Religionssoziologie, Bd. 1, Tübingen: Mohr.

Weber, Max (1921-22/1980): Wirtschaft und Gesellschaft, Tübingen: Mohr.

White, Harrison (2008): Identity and Control. How Social Formations Emerge, Princeton and Oxford: Princeton University Press.

White, Harrison; Fuhse, Jan; Thiemann, Matthias; Buchholz, Larissa (2007): Networks and Meaning: Styles and Switchings, in: Soziale Systeme 13 (1/2): 543-555.

Whiten, A.; Byrne, R. W. (1988): Tactical deception in primates, in: Behavioral and Brain Sciences 11 (2): 233-273.

Wiese, Leopold von (1933): System der allgemeinen Soziologie als Lehre von den sozialen Prozessen und den sozialen Gebilden der Menschen (Beziehungslehre), München; Leipzig.

Winch, Peter (1958/1966): Die Idee der Sozialwissenschaft, Frankfurt/M.: Suhrkamp.

Wittgenstein, Ludwig (1977): Philosophische Untersuchungen, Frankfurt/M.: Suhrkamp.

Wobbe, Theresa; Lindemann, Gesa (Hg.): (1994): Denkachsen. Zur theoretischen und institutionellen Rede vom Geschlecht, Frankfurt/M.: Suhrkamp.

Woolgar, Steve; Latour, Bruno (1979): Laboratory Life. The Social Construction of Scientific Facts, London, Beverly Hills: Sage.

Wright, Georg H. von (1971/2008): Erklären und Verstehen, Frankfurt/M.: Hain.

Wundt, Wilhelm (1896): Grundriß der Psychologie, Leipzig.

Namenregister

Sachregister